苏东坡故事流变研究

SUDONGPO GUSHI LIUBIAN YANJIU

郭 茜◎著

人民出版社

中国语言文学"一流学科"建设项目成果

教育部人文社科重点研究（培育）基地"中国社会主义文学研究中心"成果

马克思主义文艺理论与批评建设工程重点研究基地"延安文艺与中国社会主义文艺话语体系建设"成果

前　言

一、问题的提出：东坡故事的形成与研究意义

苏轼是中国文化史上的巨人，不仅因为他在文学艺术领域所创作的众多的卓越作品，更因为他为中国士人提供了新的人格模式，大到生死荣辱小至一枝一叶，莫不所及。

对于苏轼的诗、文、词、书、画，以及通过这些文学艺术媒介所展现出来的广阔丰富的心灵世界，历代文人的评论著述浩如烟海，直至今日，蔚为大观。"子瞻文章议论，独出当世，风格高迈，真谪仙人也；至于书画，亦皆精绝。"① 就诗歌而言，苏轼堪称北宋杰出的诗人；就词的创作而言，苏轼与辛弃疾并称，开拓了词境；就书法而言，苏轼位列宋四家；就绘画而言，苏轼所创作的墨竹及枯木怪石图享有盛誉。"试问古往今来，几曾有过以一人之身在这么多的艺术领域内登峰造极的巨匠？是何等超凡入圣的灵心慧性，使东坡能在如此广泛的艺术领域内从心所欲、游刃有余？"② 但也有学者持不同的观点，认为将苏轼的才华放入整个中国文化史的大背景中，其只能胜于综合实力而却不能在某一个领域独领风骚。"论哲学，要推程朱理学的体系更为完备；论史学，司马光、李焘毕竟以其皇皇巨著居于首席；论政治，我们更应该同情王安石的改革主张和实践，即便在元祐党人的心目中，苏轼的地位之崇高也决比不上司马光；论文艺，他在宋代自是首屈一指，并且体现了中国历史上审美文化的一大转折，可是，有那些迫使转折出现的'集大成'者在前，他们确也更受推崇，比如在诗歌王国里，苏轼怎么也得屈居

---

① （宋）王辟之撰，吕友仁点校：《渑水燕谈录》，中华书局1981年版，第42页。
② 莫砺锋：《漫话东坡》，凤凰出版社2008年版，第215页。

于杜甫之下。可以说,在中国传统文化的各专门领域,人们都容易找到更具代表性的典范。"①

虽然关于苏轼的文学、艺术成就究竟该如何判断、定位仍有不同的意见,但可以确定的是,这位才华横溢的文人以其生命历程,以其文字、书法、画作等艺术形式展现出来的充满活力、生机、智慧的精神世界吸引了众多探索的心灵和景仰的目光,从而在整个中国文化史中成为了不可替代、不可或缺的关键人物。"就整体成就而论,像苏轼这样的'全才'恐怕是极少见的,其人生内涵的丰富性几乎无与伦比。尤其重要的是,通过其文字传达出的人生体验、人生思考、人生境界,影响了一代又一代后继者的人生模式的选择和文化性格的自我设计,其深刻、鲜明的程度远非以上各领域的代表人物所能比拟。人生问题是最大的问题,苏轼处理人生的方式,比它的结果(即在各领域的成就)更具有久远的影响……即此而言,苏轼的意义可以与我们民族的文化性格的铸造者孔子和庄生相匹敌,而且,由于苏轼的出现,才基本上完成了民族文化性格的铸造:用更超拔的人生领悟,将孔、庄两种人生态度统一于一种人生模式。毫无疑问,苏轼的人生模式是体现我们民族文化性格的最典型之模式。"②

作为生活着、思考着的真实人生,苏轼的生平获得了罕有的关注,从生前到身后,苏轼赢得了巨大的名声和广泛的热爱。历代士人们争相记诵他的作品,向往他的风神气度;农夫、市民们也许不了解他的哲学思想、政治立场或者美妙诗句,但依然以自己的方式,给予东坡一个从心底里发出的微笑。林语堂曾经这样描绘过他:"是个秉性难改的乐天派,是悲天悯人的道德家,是黎民百姓的好朋友,是散文作家,是新派的画家,是伟大的书法家,是酿酒的实验者,是工程师,是假道家的反对派,是瑜伽术的修炼者,是佛教徒,是士大夫,是皇帝的秘书,是饮酒成癖者,是心肠慈悲的法官,是政治上的坚持己见者,是月下的散步者,是诗人,是生性诙谐爱开玩笑的人。可是这些也许还不足以勾绘出苏东坡的全貌。我若说一提到苏东坡,在中国总会引起人亲切敬佩的微笑,也许这话最能概括苏东坡的一切了。"③

然而,这个意味着被更广大范围的人们所熟知、被更多层次的文化视域所记

---

① 王水照、朱刚:《苏轼评传》,南京大学出版社2004年版,第544页。
② 王水照、朱刚:《苏轼评传》,南京大学出版社2004年版,第544页。
③ 林语堂:《苏东坡传》,陕西师范大学出版社2006年版,第6页。

取的微笑却常常不是指向"苏轼"这个名称,而是给予了更加亲切、后人更加熟悉的号——"东坡"。

"东坡",是苏轼经历了乌台诗案之后躬耕黄州时为自己取的号,并一直伴随至其去世。北宋神宗元丰二年(1079)发生的乌台诗案成为年少得志的苏轼最为深重的灾难,将他陷入生死飘摇的境地。"御史李定、舒亶、何正臣摭其表语,并媒蘖所为诗以为讪谤,逮赴台狱,欲置之死,锻炼久之不决。神宗独怜之,以黄州团练副使安置。轼与田父野老,相从溪山间,筑室于东坡,自号'东坡居士。'"①苏轼曾在《送沈逵赴广南》一诗中这样描述他在黄州的生活:"我谪黄冈四五年,孤舟出没烟波里。故人不复通问讯,疾病饥寒疑死矣。"②

死里逃生的苏轼在黄州躬耕自给,过着清贫的生活,"布衣芒蹻,出入阡陌",在黄州城东的山坡上开辟荒地,种粮务农,躬耕以自给。"废垒无人顾,颓垣满蓬蒿。谁能捐筋力,岁晚不偿劳。独有孤旅人,天穷无所逃。端来拾瓦砾,岁旱土不膏。崎岖草棘中,欲刮一寸毛。喟然释耒叹,我廪何时高?"③《东坡八首》如实地记录了开荒、播种等农田劳作的情形,苏轼盼望着这片土地能够提供足够的粮食,使家人免于饥饿。就在这片坡地上,苏轼为自己取了"东坡"之号,很多文人认为苏轼之所以会以此为自号,是因为欣赏白居易的乐天知命④,是为一说。可以肯定的是,自号东坡之后的苏轼经历了人生重要的一次蜕变,经过彻骨的痛苦与思考,其内在自我才真正从混沌走向清朗,从怀疑犹豫走向坚定自信,从痛苦忧闷走向旷达自适,初步完成了自身人格精神的确立。

因为文祸,苏轼险些丧命,贬居黄州之时,曾多次在与友人的书信中表达"自得罪后,不敢作文字"⑤的惊弓之鸟式的恐惧。然而,当身处困厄的苏轼将深刻的外在批判、内在省察以诗化的语言铸入词赋作品之中时,诞生了妙语天然的千古佳作,谪居黄州时期成为苏轼文学创作的黄金时期之一。"乌台诗案"之前以批评政事、经国济民为主要内容的长篇进策之类的文章已经不再是主角,这一时期成就了如《念奴娇·赤壁怀古》、《前赤壁赋》、《后赤壁赋》等传世佳作,这

---

① 脱脱:《宋史·苏轼传》,中华书局1977年版,第10809页。
② 苏轼:《苏轼诗集》,中华书局1982年版,第1270页。
③ 苏轼:《苏轼诗集》,中华书局1982年版,第1079页。
④ 例如《二老堂诗话》、《王直方诗话》等书都推测苏轼之所以自号东坡是因为白居易的诗句。
⑤ 苏轼:《苏轼文集》,中华书局1986年版,第1433页。

些作品无一例外地将思考的焦点放在了人的内心而不是宏大的外在功业。一个人,如何在困窘的物质环境、严峻的生存挑战面前依然有尊严地生活下去,如何在个人无法控制的荣辱浮沉的命运之中保有主体的独立与超越,如何面对如白驹过隙的几十年人生的历程以及作为必然终点的死亡,又如何将个人性情生命与宇宙山川的气脉贯通,融入无言的大美之中乐而忘忧。苏轼用他的文字极为高妙精巧、幽微细致地传递了他的思考。而苏轼之所以为大文豪,并以苏东坡的名字成为中国历史上家喻户喻的文化伟人,是由他在黄州以及以后的思想经历所为奠定的,苏轼对宇宙人生空漠的体会,甚至整个人格,都是经历了被贬黄州以后才真正确立下来的。

"东坡"不仅标志着苏轼的人生进入到了新的阶段,也以它凝聚于苏轼人生的种种思想、情感、智慧中独有的风神蕴藉,真正成为中国文化的宝藏。

二、东坡故事的范围、研究现状、研究思路

除去哲学著作、文学作品、政论碑铭等文字流传于世,关于东坡,还有着更多、更广泛、更多层次的话题。"我国古代有很多作家,虽然写下了不少优秀作品,但生前默默无闻,死后萧条凄凉,年代久远,几乎姓名也被遗忘。而从生前死后的被人注意与重视讲,苏东坡在古代作家中可以说得上是一个'宠儿',几乎成了一个非常特殊的例外。"① 关于东坡,笔记小说、诗话词话多有记载,以其生平为题材的戏剧、小说、绘画、子弟书,甚至民间传说等东坡故事的数量之多是文化史上并不多见的。东坡故事不仅数量庞大,而且内容丰富,涉及精神、制度、文人人格、日常生活、佛道体验等生活的各个方面。从正史、笔记、诗话、词话、绘画,到小说、戏剧、子弟书、民间传说,东坡故事深深地扎根于民族的集体记忆之中,启迪、表达、慰藉着每一个喜爱苏东坡的中国人。这也许是苏轼的另一种意义所在,而从东坡故事入手,探寻这条漫长的文化之路,也许是苏轼研究的另一种方式。

关于东坡故事的基础资料可谓浩如烟海,大体来说,可以分为历代笔记小说、诗话、词话、戏剧、绘画作品、东坡传说等几大类,笔者将东坡故事的研究范围

---

① 颜中其:《苏东坡轶事汇编》,岳麓书社1984年版,第434页。

集中于小说、戏剧、诗话词话等以苏东坡为主人公的文学作品中,分析其中作为文学形象的东坡及其在不同时代、文化语境中的流变,而数量庞大的笔记小说、杂冗繁多的民间故事则作为整个故事发展流变中的资料佐证与必要的分析材料。

  文化魅力的产生、传承、发展一方面来自于东坡本人的文学造诣与人格精神,另一方面来自于众多东坡故事的传播与历代作者们以各自的途径将其时代矛盾与思考方式融入东坡故事之中,从而在多层面扩展了东坡的文化意义。历代文学作品中的东坡故事,虽多是以东坡为主人公进行创作的,但因作者的时代、身份不同,呈现出了多元的艺术世界。历代东坡故事,或依据史料,较为忠实地再现东坡的生平往事;或稍加虚构,在东坡生平的基本框架内融入自己对世事、人心的认识并提供情感的慰藉;或多加拼凑,将文人的轶闻趣事集中于东坡身上,将他塑造为各种文人形象的典型;或凭空臆想,借助东坡的文化偶像地位,将艳情故事、风流诗酒、才子佳人、迂腐窘迫都置入东坡故事之中,博得市井的娱乐效果,同时表达了对文人群体的讽刺与洞察。这些东坡故事都是宝贵的资料,不仅勾勒出了这位文化巨人身后的历史背影,更将历代各阶层不同的价值观念、审美趣味、伦理宗教观念熔为一炉,既为社会文化史的研究提供了良好的标本,又展现了文学自身的力量,用不可替代的方式重构世界的真实。

  正史中关于苏轼的记载并不少,史籍中对苏轼生平事迹的记载在今天的研究中可以作为较大程度的信史来对待。对苏轼生平、交游、家族的研究,已经取得了很多成果,帮助现代学者切近一个作为历史上曾经存在的苏轼。在这个较为真实的苏轼的参照下,也许可以发现很多后世文人重新塑造东坡的起点。

  作为文化偶像的东坡无疑提供了丰富多样的精神资源,在士人眼里,东坡拥有勇气、力量、圆融的胸襟,在平民眼里,东坡是兢兢业业的清官、善良、幽默、待人平等、乐于慈善,"大苏死去忙不彻,三教九流都扯拽",沙门扯他做妙喜老人,道家又道渠是奎宿。即使被刻画为酸腐不化的书生,他仍然能从中国人的心底激起来自文化深处的微笑。

  袁行霈所著的《中国文学概论》一书中,曾经将中国文学分为四大类别,即宫廷文学、士林文学、市井文学与乡村文学,"这种分类,既着眼于题材内容,又兼顾文学产生发育的环境土壤,以及作者和欣赏者,是一种综合的分类法。"[①]面

---

① 袁行霈:《中国文学概论》,北京大学出版社 2010 年版,第51页。

对如此繁多的原始资料,本书拟从袁先生分类中的两个层面进行延伸,勾勒、分析东坡故事流变的文化内涵,一是士大夫文化语境的东坡故事,二是市井文化中的东坡故事。同时,在这两个层面中构建、扩展宗教文化、思想文化、制度文化、政治文化以及商业文化、大众娱乐等不同的方面。在这两个层面中,虽然展现出迥异的面貌,但相互影响、相互渗透,共同建构起了近千年的东坡故事,并不断地创造新的活力与生机。

宋代士大夫阶层的发展与繁荣提供了绝佳的历代舞台,而作为宋代士大夫的杰出代表,东坡不仅在文学艺术、政治、哲学等方面卓有成就,更为后代的文人们提供了一种新的典型的士人人格精神。

市井文化在历史上就与商业交易有着密切的联系,坊井制的突破与瓦子的出现为宋代市井文化的繁荣奠定了基础。喧闹嘈杂的市井文化中呈现出了同样热闹丰富的东坡故事,既有东坡与佛印的酒色斗争,又有二人互谑互嘲的逗乐戏谑,既有风流痴情的东坡与妓女的恩爱情怨,又有落魄书生的无力与凄凉,还有酸腐迂阔的忠君与掉书袋式的表达方式,市井文化中形形色色的东坡故事相较于士林文化语境中的更加多元、多样,甚或有"饥者咏其食,劳者歌其事"式的感兴哀乐,却借东坡而发的种种情绪与感喟。

东坡故事可以作为一只双面镜,反照自宋而清的士林文化与市井文化。同时,东坡故事也构成了这样一种文化景观,即多元而富于韵味的想象东坡的方式,构建了中国人心目中的东坡形象。

苏轼研究自宋代开始就受到了文人们的广泛关注,至今亦然。大约可以分为诗词研究、文化人格研究、哲学审美思想研究等几个方面。然而,在这位文化巨人的身后,关于东坡故事的研究却甚寥寥,且大多集中于对某个时代、某部作品的个案解析,不涉及整体的东坡故事以及其历史发展的形态及脉络。

第一,前人已经注意到有关东坡故事资料的广泛与分散,对其进行了搜集与整理。明人曾编有《东坡笔记》,王世贞辑有《苏长公外纪》、清梁廷楠辑有《东坡事类》以及沈宗元辑有《东坡逸事》。而在《宋人轶事汇编》中,丁传靖将东坡与苏洵、苏辙一起辑录了二百五十三则,颜中其的《东坡轶事汇编》则在此基础上搜集了东坡轶事一千一百多则,但仍然有很多东坡故事被遗漏在外,尚待补充。四川大学中文系唐宋文学研究室编的《苏轼资料丛编》,引书六百余种,按照时代先后的顺序,以个人为单位,编辑相关的轶文,以有资于苏轼异文之考校、本事、典故之诠释为收录的标准。

第二,在对各个作品的具体解读中,关注最多的首先是东坡剧,即以东坡为主要人物的戏剧作品——自元至清累计有三十余种。研究论文有《杂论东坡剧》(《西南民族学院学报》2001年第12期)、《论元曲家笔下的苏轼形象》(《中国文学研究》2003年第2期)、《话语重构的历史——元代东坡杂剧的解读》(《重庆大学学报》,2003年第6期)、《从仕官经历论戏曲中的苏轼形象》(《千古风流:东坡逝世九百年纪念学术研讨会》,洪叶文化事业有限公司2001年版)、《剧作家笔下的东坡赤壁之游》(《中国苏轼研究》,学苑出版社2005年版)等。

第三,大量散见于笔记小说、诗话词话中的东坡轶事,虽然也被关注,但只是作为苏轼诗文、美学研究的辅助资料。如《苏轼评传》(曾枣庄,四川人民出版社1981年版)、《苏轼研究》(王水照,河北教育出版社1999年版)等。研究苏轼生平的著作也大量采用了轶事作为素材,例如《士气文心:苏轼文化人格与文艺思想》(张惠民、张进,人民文学出版社2004年版)一书充分运用了东坡轶事,立体地呈现了东坡其人及其生活,视角更为全面。可以说,苏轼研究中广泛地使用了笔记小说、诗话词话中的东坡轶事,但较少对其进行独立的研究与探讨。

第四,与东坡故事相关的历代画作也引起了学者的研究兴趣,如《战火与清游:赤壁图题咏论析》(《故宫学术季刊》200年夏季刊),分析以东坡赤壁之游为题材的绘画作品及题图诗,呈现其"风流人物"、"故事神游"、"人生如梦"的文化内涵,显示"赤壁"在文人的文化思维中,成为超越历史场景的永恒心灵空间,象征"是非成败转头空",一切"我执"终须化作灰烬,付诸江水东流。

第五,有学者着眼于小说与戏曲中的东坡故事,如胡莲玉的两篇论文《苏轼、佛印故事在戏曲小说中的流传及演变》(《南京师范大学文学院学报》2003年第3期)、《从〈明悟禅师赶五戒〉对〈五戒禅师私红莲记〉的改写论冯梦龙的艺术成就》(《安徽大学学报》2001年第3期),都对东坡、佛印的交往故事及其在戏曲小说中的变化做出了梳理和分析。

第六,关于民间口口相传的东坡故事,多以地方志、民间故事集、笑话集等形式书面整理、保留下来,尚待进一步的研究与探索。

第七,许多著作虽然利用了大量的东坡故事,但并不属于严格意义上的学术研究,而是从个人的体悟与文化敏感出发,阐发东坡的人格魅力与历史意义,仍然是东坡故事的现代延续。例如:东方龙吟所著《解读苏东坡》(江苏文艺出版社 2006 年版),李一冰所著《苏东坡大传》(九州岛出版社 2006 年版),聂作平所著《苏东坡游传》(上海社科院出版社 2006 年版)等。

可见,关于东坡故事的资料梳理刚刚起步,仍需从整体上勾勒、把握东坡故事的脉络,而从文化内涵的角度分析、阐释东坡故事则更是一片开阔而宽广的天地,本文拟对资料进行尽可能全面的搜集与整理,并从士林文化、市井文化的分野与融合中阐释东坡故事的文化内涵,并期望能以极其有限的学力深入社会史、文化史的深处,挖掘东坡故事之所以如此广受欢迎并延续不绝的原因所在。

以文学与文化的研究角度去面对文献资料众多、影响广泛的东坡故事,一则可以对数量众多但零散的资料进行初步的整理,一则透过文化分析的视野,可以对于各个时代、各种叙事文本的嬗变、故事流传中的同与异,做出更加细致、深入地挖掘,解析在名声不朽文化伟人的东坡身后,人们以何种形式、何种内容、何种人物形象来想象、纪念、记忆东坡,以及对于缘何如此进行初步解答。

东坡故事广泛分布于士林文学与市井文学之中,故而从士大夫文化语境与市井文化两个层面进行延伸、勾勒、分析东坡故事流变的文化内涵,同时,在这两个层面中构建、扩展宗教文化、思想文化、制度文化、政治文化以及商业文化、大众娱乐等不同的方面,以期发现在士大夫文化、市井文化中分别在东坡故事中深寓着怎样的期许、理想、公共的评价体系、价值标准等。

在重构的东坡故事中,士林文化与市井文化中呈现出了许多不同的特点,例如市井中的东坡故事具有更多的民间性、娱乐性。从叙事的角度来讲,士文化中的东坡故事,多由文人自己精心创作,叙事方式倾向于文人化,而市井中的东坡故事则主要以民间化叙事为主,例如"神话、传说、故事、叙事诗、谚语和民间小戏等"。① 除了叙事的不同,士文化中的东坡故事与市井中的东坡故事还呈现出以下相异之处:

首先,士文化中的东坡故事一般都具有较为理性的特点,批判性强,注重教化功能。市井文化中常见的民间叙事则多有非理性的内容,例如投胎转世、神仙下凡、风流艳情、巫蛊算命等。文人学士们多推崇社会伦理道德,重视人生理想,讲求修身养性,以理统情,奋发立志,保持节操,追求价值、人格等。市井之中则更多地着眼于生存与现实生活的需要,希望平安无事,增福延寿,家人团聚,儿孙

---

① 程蔷:《民间叙事模式与古代戏剧》,《文学遗产》2000 年第 5 期。

满堂等。士文化中的东坡故事多秉承于儒家精英伦理道德观,而市井中的东坡故事则多浸润于民间现实伦理道德观。

其次,一般来说,士文化语境中的东坡故事多是有意识地追求作品的文学性和艺术性。而市井文化中的东坡故事的开头结尾、起承转合、语言结构等方面的技巧性并不明显,而传说、笑话、谜语之类则文学性更加淡漠了。

再次,士文化中的文人受理性精神和精英意识的制约,叙事有一定的指向性,而市井中的东坡故事由民间生机自发,一派天然,少有礼教正统的束缚,也没有强烈的道德观念的匡正。其中神怪、荒诞、夸张、戏谑、非正统化的想象等,都展现出了市井中的感性力量。而有学者认为,这种自发原生的想象正是民间游乐传统的深层反应,其旨在自娱娱人。因为民间游乐活动"不需催生,无须倡导,任其自然,生机自存。"①"民人文化生活,有其充分自主性自动参与,非由圣贤高人之倡导,亦非官府领袖之编组,特别是民人之群体娱乐,抬神游街,皆出以民人自由参与自娱娱人。"②

最后,士文化中的东坡故事,更多的是为满足文人们自身心灵需求和兴趣爱好而作,其关注范围较为宽泛,包括自然、社会、人生,展现出文人们的精神世界,提供精神领域的思索,满足心灵世界的需求。市井中的故事多是娱乐消遣之作,但也不排除市井故事中有劝善的教化功能,陈独秀在《论戏曲》中就说过:"依我说起来,戏馆子是众人大学堂,戏子是众人的大教师,世上人都是他们教训出来的。"③

市井中的民间创作,有其粗拙、鄙俚的一面,却也有真实、质朴的一面,虽没有士大夫的闲情逸致,也缺乏高雅隽永的诗词格调,却是用市井小民的眼睛观察五光十色的俗人欲事,创造了一个与传统诗文迥然有别的艺术境界,充满了娱乐色彩,走向了庸俗化与狂欢化。

然而,不容忽视的是,士林文化与市井文化之间存在着许多交集与融合之处,"词、小说、戏曲等文学艺术载体,并非纯粹产生于市井之中,但它们却是通过市井文化的媒介,才堂而皇之地跨进雅文化的艺术圣殿的。士大夫与宫廷皇室作为享受,或聆听,或观赏这些艺术,只体现了这种媒介作用明显的一面;其隐

---

① 王尔敏:《明清时代庶民文化生活》,岳麓书社2002年版,第178页。
② 王尔敏:《明清时代庶民文化生活》,岳麓书社2002年版,第180页。
③ 陈独秀:《陈独秀文章选编》,三联书店1984年版,第57页。

蔽的一面,则是这些文学艺术样式逐渐为文人士大夫所掌握,纳入雅文化中。……市井文化属于俗文化,却又是雅俗两种文化交互、影响的中介。"① 不仅如此,市井文化与士林文化之间还会相互影响,从而使相同题材的东坡故事互相映照,更有生趣。

　　在东坡故事中,可以看到时代、阶层、文化、生活等多个方面的投影。宋代有关东坡的逸闻轶事之多,明清有关东坡诗文评注之多,都是其他作家少有的。纵观中国文化史,也许没有人比东坡更能引起如此之多的话题。历史中的东坡或许不能算是最为擅长抽象思辨的哲学家,但他通过诗词文所表达的人生思想,如此丰富、深刻和全面,颇具典型性和吸引力,成为后世中国文人竞相学习的对象,影响了一代又一代后继者人生模式的选择和文化性格的自我设计。在东坡故事中,东坡的生平经历经由文人们自由开放的想象和生花妙笔的铺陈,与大众对东坡的认识相互影响、互相融合,是严肃地仰望东坡的智慧光环之余,值得一瞥的角落。

---

① 赵伯陶:《市井文化与市民心态》,湖北教育出版社1996年版,第6页。

目　　录

前　言 1

第一章　从苏轼到苏东坡 1
第一节　苏轼生平 1
　　一、入仕 1
　　二、外任 3
第二节　苏轼人格形象 5
　　一、高才警悟 5
　　二、耿直善治 7
　　三、艺术人生 10

第二章　士文化中的东坡故事 13
第一节　仕隐中的东坡故事 13
　　一、宋代：耿介实干与不隐而隐的空漠 14
　　二、元代：贬谪中沉郁的归隐与虚幻的得志 30
　　三、明代：寄兴东坡——行藏之间的徘徊 33
　　四、清代：繁华尽落的东坡故事 40
第二节　日常生活兴味中的东坡故事 44
　　一、宋代：鲜活雅致的日常生活审美化与机趣的戏谑 ... 44
　　二、元代：感官享乐的高扬与虚无的自我生活放逐 64
　　三、明代：歌舞戏谑的及时行乐与真情风雅的理想 67
　　四、清代：雅正之作与娱乐游戏之乐 76

第三节 东坡故事的意义——东坡故事之于历代士人 …… 84
 一、理想人格 …… 85
 二、大美人生 …… 103
 三、山水的东坡印迹 …… 127
 四、东坡之死——生命的启示 …… 138

第三章 市井文化中的东坡故事 …… 143
第一节 贬谪中失意的东坡故事 …… 145
 一、穷途末路的冷暖炎凉 …… 145
 二、善恶对立思维下的怨天尤人 …… 150
 三、自作自受与世俗享乐中的贬谪之旅 …… 155

第二节 风流传奇的东坡故事 …… 162
 一、诗酒歌舞的流连与才子佳人故事 …… 163
 二、携妓参禅的喜剧 …… 171
 三、传奇东坡 …… 175
 四、轮回与救赎 …… 181

第三节 与友交往的东坡故事 …… 189
 一、与佛印、参寥等僧人交往故事 …… 190
 二、与王安石、黄山谷交往故事 …… 197
 三、苏小妹的故事——东坡与秦观的交往 …… 203

第四节 另一种重构的方式：庸俗化、狂欢化的东坡故事 …… 207
 一、亦庄亦谐与滑稽下流 …… 207
 二、坡仙——宿命的必然 …… 210

第四章 想象东坡的方式 …… 216
第一节 接受与重构之间——苏轼与东坡 …… 216
第二节 作为文化记忆的东坡故事 …… 220

参考文献 …… 226

第一章　从苏轼到苏东坡

要追寻东坡故事的起点与参照,一定会回到历史中的苏轼,或者说历史记载中的苏轼以及生平事迹。苏轼,历史上确有其人,早年仕途得意,文章行于天下,知名于身前死后。然而,其人生经历充满了戏剧性,在宦海沉浮中,或青云直上,位列公卿,或被一贬再贬以至于海南岛,生计堪忧。从出蜀入京的得意少年,到花发苍颜的垂垂老翁,苏轼的一举一动,一言一行,几乎都被记录了下来。根据正史列传、相关史籍中的记载,较大程度上复原历史上的苏轼,从而以正史及相关史书中记载的苏轼生平事迹为参考的底本,对比、分析每一时期对东坡故事的重构与创作,可以作为东坡故事文化研究展开的起点。

第一节　苏轼生平

由于声名卓著,各种关于苏轼的史传、史籍记载非常丰富,故而根据正史、史籍以及其诗文中所记载的年月事迹,在借鉴已有的研究成果的基础上,试图用白描的手法基本勾勒出东坡一生的经历,作为东坡故事的底色与起点。

一、入　仕

宋仁宗景祐三年(1036)十二月十九日,苏轼出生在眉山的诗礼之家。母亲程夫人,家富而知书达礼,"生而志节不群,好读书,通古今,知其治乱得失之故。"[①]有

[①] 苏辙:《栾城集》,上海古籍出版社1987年版,第1568页。

很好的文化修养,嫁入苏氏之后,"执妇职,孝恭勤俭。族人环视之,无丝毫鞅鞅骄倨可讥诃状。由是共贤之。"①在苏轼的成长过程中,程夫人的影响是深刻的。一方面,程夫人以志节激励苏轼,"汝果能死直道,吾无戚焉。"②根据《宋史·苏轼传》所载:"生十年,父洵游学四方,母程氏亲授以书,闻古今成败,辄能语其要。程氏读东汉范滂传,慨然太息,轼请曰:'轼若为滂,母许之否乎?'程氏曰:'汝能为滂,吾顾不能为滂母邪?'"③另一方面,程夫人以读书方法教授苏轼,例如"程夫人常戒曰:'汝读书,勿效曹耦,止欲以书生自名而已。'"并时时劝导、鼓励东坡读书、思考、谈历代得失。同时,陶冶其情操。程氏于院落中遍植竹柏杂花,并且不伤害鸟雀等动物,长此以往,鸟鸣于低枝之上,桐花凤栖于枝间,对幼年苏轼而言,不可谓影响不深刻。"能与鸟雀和谐相处,则应以不忮之诚取信于鸟雀,不以己骄鸟雀,而以平等待鸟雀。所谓平等,乃谓同为自然界之一生物,人为一生物,鸟与雀亦为一生物。苏轼谓其母之意实在于此,其感人处正在于此。"④苏轼一生能以不骄矜之心平等待人、待物,与母亲这样的性情、思想以及身教,不无关系。

庆历三年(1043),苏轼八岁时入学读书,师从张易简,东坡聪慧好学,了解了欧阳修、范仲淹等人与其事迹,"时虽未尽了,则已私识之矣"⑤。庆历八年,苏洵回乡居丧,亲自教导苏轼、苏辙兄弟二人读书,成为兄弟二人重要的老师。苏轼与苏辙共读书于南轩,这样的读书场景成为苏轼少年印象中最为清赏的情境,使其常常回忆。"忆我故居室,浮光动南轩。松竹半倾泻,未数葵与萱。三径瑶草合,一瓶井花温。"⑥

十八岁时,苏轼好读史、论史、亦好道。《上韩太尉书》:"自七八岁知读书,及壮大,不能晓习时事,独好观前世盛衰之迹,与其一时风俗之变。自三代以来,颇能论著。"⑦苏轼亦好道,常有归隐之志,不欲婚宦,这种想法在其诗文中屡屡出现,如"轼龆龀好道,本不欲婚宦,为父兄所强,一落世网,不能自逭。然未尝

---

① 司马光:《传家集》,文渊阁四库全书1094册,台湾商务印书馆1983年版,第718页。
② 司马光:《传家集》,文渊阁四库全书1094册,台湾商务印书馆1983年版,第719页。
③ 脱脱:《宋史·苏轼传》,中华书局1977年版,第10801页。
④ 孔凡礼:《三苏年谱》,北京古籍出版社2004年版,第82页。
⑤ 苏轼:《苏轼文集》,中华书局1986年版,第311页。
⑥ 苏轼:《苏轼诗集》,中华书局1982年版,第1019页。
⑦ 苏轼:《苏轼文集》,中华书局1986年版,第1381页。

一念忘此心也。"①再如"轼少时本欲逃窜山林,父兄不许,迫以婚宦,故汩没至今。"②由此,苏轼不仅熟悉史籍、儒家典籍,能论时事,能评史事得失,而且对于道家、道教思想,都有着较为浓厚的兴趣与较为深入的理解。

至和元年(1054),苏轼迎娶了首位妻子王弗:"君讳弗,眉之青神人,乡贡进士方之女。生十有六年,而归于轼。"③嘉祐元年(1056),苏洵带着二十岁的苏轼及弟弟苏辙前往成都,并准备赴京,给两个青年提供更大的成长空间,创造更多的仕宦机会。"二子轼、辙,……闻京师多贤士大夫,欲往从之游,因以举进士。洵今年几五十,以孏钝废于世,誓将绝进取之意。惟此二子,不忍使之复为湮沦弃置之人。今年三月,将与之如京师。"④苏轼父子三人到达京城,后,苏轼兄弟通过了科举考试,次年,经殿试,苏轼终登进士。

此次科举,令三苏名震京师,"自来京师,一时后生学者皆尊其贤,学其文以为师法。"⑤曾巩则记曰:"三人之文章盛传于世,得而读之者皆为之惊,或叹不可及,或慕而效之,自京师至于海隅障徼,学士大夫莫不人知其名,家有其书。"⑥从"人知其名、家有其书"、"名动天下,士争传诵其文"的盛况推知,这次三苏的京师之试是成功的,为苏轼一生知名于世奠定了基础,同时,也是苏轼个人仕途的开始。

二、外　任

嘉祐二年(1057),苏轼的母亲程氏病故,苏洵父子三人匆匆离京,回家奔丧。同年苏轼服母丧满,与父亲苏洵、弟弟苏辙一起返回京城,于嘉祐五年(1060)抵达京师,苏轼被授河南府福昌县主簿,但并未赴任,次年参加了秘阁的制科考试,苏轼应直言极谏科。

不久,苏轼被任命为大理评事、凤翔府签判。嘉祐六年(1061)十二月十四

---

① 苏轼:《苏轼文集》,中华书局1986年版,第1415页。
② 苏轼:《苏轼文集》,中华书局1986年版,第1820页。
③ 苏轼:《苏轼文集》,中华书局1986年版,第472页。
④ (宋)苏洵著,曾枣庄、金成礼笺注:《嘉祐集笺注》,上海古籍出版社1993年版,第346页。
⑤ (宋)欧阳修著,洪本健校笺:《欧阳修诗文集校笺》,上海古籍出版社2009年版,第903页。
⑥ 曾巩:《曾巩集》,中华书局1984年版,第560页。

日,苏轼到凤翔签判任,与当时的凤翔太守宋选相处融洽。

签判凤翔之际,东坡开始实践他在《进策》中的政治见解,兴利除弊,着眼于减轻民众的负担,削弱政府对于民众过于残酷的盘剥,让利于民,并安定社会。民众的疾苦也印在东坡心中,他面对役夫之艰辛,寝食难安,饥溺如己。

此外,东坡还广游了关中胜景。谒孔子庙观石鼓;至开元寺赏画;游览天柱寺,登太白山,访秦穆公墓,遍览周遭历史人文景观,亲身体悟了关中的文化蕴藉。

英宗治平二年(1065),东坡回京直史馆。五月,苏轼年轻的妻子王弗于京城去世。次年,苏轼丁父苏洵忧,扶柩回乡安葬并居丧三年。

熙宁元年(1068),神宗继位。苏轼在家乡服丧期满之后,娶王闰之为妻,十二月,苏轼、苏辙携家人返京,家中的坟垅田宅、洒扫吊祭等事皆委托亲属照管。

熙宁二年(1069),轰轰烈烈的变法开始了,苏轼也将无可逃避地卷入这场政治旋涡中。宋神宗曾召见苏轼,向他询问"方今政令得失",并且愿意真实地听取苏轼的意见,"虽朕过失,指陈可也。"苏轼直言直谏,批评神宗"求治太急,听言太广,进人太锐"。神宗回应说:"卿三言,朕当熟思之。"①苏轼授任杭州通判,而后知密州、徐州,在任所之地兴利除害,受到民众爱戴。元丰二年(1079)移知湖州,御史劾其谤讪朝廷,被捕赴京入狱。十二月责授黄州团练副使安置,不得签书公事。

苏轼在元丰三年(1080)二月到达黄州,翌年,经朋友请得一块久已废弃的营地,便以"东坡"命名,垦荒躬耕其中,并自筑雪堂,从此自号东坡居士。元丰七年(1084)初,朝廷改授苏轼以汝州团练副使,于是离开黄州。在前往汝州的路上,"无屋可居,无田可食,二十余口,不知所归"②,因为在常州宜兴县有田产,便上书朝廷请求往常州居住,不到汝州。元丰八年(1085)初,苏轼在得到朝廷准许之后便往常州居住。

不久,哲宗即位,复苏轼朝奉郎并令他任命登州。苏轼到登州刚五日,朝廷便召他入京,十二月除起居舍人。后为翰林学士。元祐四年(1089)七月至杭,以龙图阁学士出知杭州,为民造福。元祐六年(1091)应召回朝任吏部尚书,改

---

① 脱脱:《宋史·苏轼传》,中华书局1977年版,第10804页。
② 苏轼:《苏轼文集》,中华书局1986年版,第657页。

任翰林学士承旨。不久,苏轼以龙图阁学士出知颖州,翌年改知扬州,同年回京任兵部尚书侍郎,不久以端明殿学士兼翰林、侍读学士充礼部尚书。

元祐八年(1093)九月,太皇太后去世,哲宗亲政,翌年改元绍圣,起用原来主张变法新政的大臣。苏轼出知定州,第二年四月,御史奏苏轼"讥斥先朝",再贬至惠州安置。三年后,绍圣四年(1097)再贬为琼州别驾,居昌化军。苏轼将家属安置在罗浮山下,只携儿子苏过前往。此时,苏轼已是六十多岁的老翁,而昌化物质窘迫、生活艰苦、缺医少药,苏轼虽然深刻地体味着贬谪的艰辛,却也以著书为乐。元符三年(1100),徽宗即位,授苏轼舒州团练副使、永州安置,十一月,又诏复朝奉郎提举成都府玉局观,居地从便。自此度岭北归,五月突发"瘴疠",六月上表请以老致仕,七月二十八日于常州去世,享年六十六岁。

苏轼去世的消息一经传出,"吴越之民,相与哭于市。其君子相吊于家,讣闻四方,无贤愚皆咨嗟出涕。太学之士数百人,相率饭僧慧林佛舍。"①苏轼为一代文豪,有不少后进文士慕名尊他为师,李廌在苏轼死后,写文祭之,其有句曰:

皇天后土,鉴一生忠义之心;
名山大川,还万古英灵之气。

第二节 苏轼人格形象

一、高才警悟

苏轼的才华是毋庸置疑的,不仅是诗、词、文章等文学才华,还有对音乐、绘画、日常生活中的美学修养,以及他阔大的胸怀与丰富的、充满生机的精神世界,令人惊叹。

苏轼的文学才华从他少年时候就显示了出来。"比冠,博通经史,属文日数千言",他既读贾谊、陆贽之书,又喜读庄子之言,"好贾谊、陆贽书。既而读《庄

---

① 苏辙:《苏辙集》,中华书局1990年版,第1117页。

子》,叹曰:'吾昔有见,口未能言,今见是书,得吾心矣。'"①不仅好读书,还善于写作诗文,著述宏富:"吾文如万斛泉源,不择地皆可出,在平地滔滔汩汩,虽一日千里无难。及其与山石曲折,随物赋形,而不可知也。所可知者,常行于所当行,常止于不可不止。"②

对于科举考试所要求的文体及内容,苏轼也是游刃有游。《四库全书总目》中,《东坡书传》一条中说:"轼究心经世之学,明于事势,又长于议论,于治乱兴亡披抉明畅,较他经独为擅长。"③而欧阳修在《与梅圣俞书》中说:"读轼书,不觉汗出,快哉快哉。老夫当避路,放他出一头地也,可喜可喜。"④欧阳修还派自己的门生去拜访苏轼。苏轼后来回忆道:"嘉祐初,轼与子由寓兴国浴室,美叔忽见访。云:'吾从欧阳公游久矣。公令我来,与子定交,谓子必名世,老夫亦须放他出一头地。'"⑤苏轼《送晁美叔》诗中有:"醉翁遣我从子游,翁如退之蹈轲、丘。尚欲放子出一头,"⑥很快,东坡就凭借他过人的才华在科举考试中脱颖而出。嘉祐二年(公元1057年)苏轼和苏辙至京应试,同科进士及第,一举成名。就其成名之早、之顺利、知名度之大,当时少有人可以匹敌。嘉祐六年苏轼应制举,又以"贤良方正能直言极谏"取入第三等,这已经是高等级,"欧阳修以才识兼茂,荐之秘阁。试六论,旧不起草,以故文多不工。轼始具草,文义粲然。复对制策,入三等。自宋初以来,制策入三等,惟吴育与轼而已"。⑦

然而,正是"乌台诗案"促成了苏轼人生思想的成熟。巨大的打击使苏轼深切认识和体会到外部存在着残酷而又捉摸不定的力量,转而更体认到自身在茫茫世界中的地位。这场直接危及生命的文字狱,启发了苏轼对个体生命价值的重新审视,与对保持自我真率本性的珍视。"事皆前定,谁弱又谁强,且趁闲身未老,尽放我、些子疏狂。百年里,浑教是醉,三万六千场,"⑧充满对命运无常的慨叹。

---

① 脱脱:《宋史》,中华书局1977年版,第10801页。
② 苏轼:《苏轼文集》,中华书局1986年版,第2069页。
③ 永瑢:《四库全书总目》,中华书局1965年版,第90页。
④ 欧阳修:《欧阳修集编年笺注》,巴蜀书社2007年版,第195页。
⑤ 苏轼:《苏轼诗集》,中华书局1982年版,第1896页。
⑥ 苏轼:《苏轼诗集》,中华书局1982年版,第1896页。
⑦ 脱脱:《宋史》,中华书局1977年版,第10802页。
⑧ 邹同庆,王宗堂著:《苏轼词编年校注》,中华书局2007年版,第458页。

苏轼对虚幻与苦难的体悟,一方面,来源于对人生苦难的沉痛感受和深微省察,例如老子的"吾所以有大患者,为吾有身",庄子的"大块载我以形,劳我以身",佛教的缘起、性空、六如、四谛等学说。苏轼熟悉佛道两家的典籍,并将其中关于人生的思想观念熔铸于胸中。另一方面,也来自苏轼升沉起伏、荣辱顷刻之间变幻的真实人生经历。元祐时,苏轼迅速升迁。绍圣时,一贬再贬,贬到岭南,最终贬到了海岛之上。这种骤然的荣辱得失、不由自主的起伏升沉交替更迭,也促使他去思考、去体悟宇宙人生的真相,去探索在纷扰争斗的社会关系中个体生命存在的目的、意义和价值。苏轼正是从生活实践而不仅仅从纯粹思辨去探索人生底蕴,以深深的热爱眷恋人生而不是借否定人生来实现人的超越。

二、耿直善治

苏轼既是一位勇敢的谏者,又是一位担当民瘼的良吏,还是一位传统的儒家文人。苏轼自幼所接受的传统文化因素是多方面的,但儒家思想是其基础,充满了"奋厉有当世志"的入世精神。儒家有"立德、立功、立言"的"三不朽",在苏轼这里,自我道德修养的砥砺、社会责任的自觉担负和文艺创作的执着是融合为一体的,而社会责任感和历史使命感在其升沉不定的仕宦经历中得到了不断的强化。

苏轼是一位可将生死置之度外的谏者。苏轼有着强烈的经世济时、献身政治的决心,即使生死也可以置之度外。"忠臣不畏死,故能立天下之大事,勇士不顾生,故能立天下之大名。是人于道亦未也,特以义重而身轻。"①元祐三年,当苏轼处于党争倾轧旋涡而进退维谷时,高太后告知其之所以被召回京是因为神宗皇帝的赏识,"此是神宗皇帝之意。当其饮食而停箸看文字,则内人必曰:此苏轼文字也。神宗每时称曰:奇才,奇才!但未及用学士而上仙耳。"苏轼听罢,"哭失声,太皇太后与上左右皆泣。"高太后勉励苏轼说道:"内翰直须尽心事官家,以报先帝知遇。"②在苏轼看来,朝廷的礼遇与帝王的知遇,理应直言勇谏,即使以死报之都是值得的。"臣荷先帝之遇,保全之恩,又蒙陛下非次拔擢,思

---

① 苏轼:《苏轼文集》,中华书局1986年版,第623页。
② 李焘:《续资治通鉴长编》,中华书局1992年版,第9965页。

慕感涕,不知所报,冒昧进计。伏惟哀怜裁幸。"①社会历史责任的担当与朝廷的信重,使苏轼为自己谏言的行为赋予了崇高的使命感,"今侍从之中,受恩至深,无如小臣,臣而不言,谁当言者?"②虽然多言且直抵问题要害的忠言逆耳,既不得朝廷的欢心,也影响了当政者对他的态度,但苏轼依然苦谏直言:"臣等非不知言出怨生,既忝近臣,理难缄默!"③苏轼并不愿意成为多口舌是非之人,但对于关怀民生国计的谏言,始终未曾放弃过一分一毫,"臣非不知陛下必已厌臣之多言,左右必已厌臣之多事,然受恩深重,不敢自同众人,若以此获罪,亦无所憾。"④苏轼不仅是这样写的,也是这样做的。

对于苏轼而言,这种舍身报国,不仅是士人对于天下的担当,也是个人实现自身道德人格精神的完善的必由之路。

早在王安石改革学校贡举之法之时,苏轼就直言明确地向皇帝表达了自己的看法,"轼上议曰:得人之道,在于知人;知人之法,在于责实。使君相有知人之明,朝廷有责实之政,则胥史皂隶未尝无人,而况于学校贡举乎?虽因今之法,臣以为有余。使君相不知人,朝廷不责实,则公卿侍从常患无人,而况学校贡举乎?虽复古之制,臣以为不足。夫时有可否,物有废兴,方其所安,虽暴君不能废,及其既厌,虽圣人不能复。故风俗之变,法制随之,譬如江河之徙移,强而复之,则难为力。"⑤语言犀利却不失中肯,条理清晰,说理晓畅。当王安石变法之时,苏轼多论其对于国计民生的不利之处,更是屡屡上书,直言变法之害,字里行间,没有模糊两可的态度,也没有明哲保身的意愿,坦荡直言,掷地有声,在谏言无效的情况下,甚至利用科举考试的机会讽刺王安石的新政,"轼见安石赞神宗以独断专任,因试进士发策,以'晋武平吴以独断而克,苻坚伐晋以独断而亡,齐桓专任管仲而霸,燕哙专任子之而败,事同而功异'为问。安石滋怒,使御史谢景温论奏其过,穷治无所得,轼遂请外,通判杭州。"⑥

苏轼也是一位良吏、能吏。因为旗帜鲜明地反对学校贡举之法,王安石将苏

---

① 苏轼:《苏轼文集》,中华书局 1986 年版,第 771 页。
② 苏轼:《苏轼文集》,中华书局 1986 年版,第 808 页。
③ 苏轼:《苏轼文集》,中华书局 1986 年版,第 811 页。
④ 苏轼:《苏轼文集》,中华书局 1986 年版,第 835—836 页。
⑤ 脱脱:《宋史》,中华书局 1977 年版,第 10803 页。
⑥ 脱脱:《宋史》,中华书局 1977 年版,第 10808 页。

轼转为开封府推官一职。苏轼在这个职位上，充分地表现了自己处理政事、诉讼的精明果断、有理有据，"安石不悦，命权开封府推官，将困之以事。轼决断精敏，声闻益远。"①这就用事实证明了苏轼不仅只是纸上谈兵的文人，更对于现实世界有着自己深刻的认识与实用的处理方式，以能吏而名闻天下。"有盗窃发，安抚司遣三班使臣领悍卒来捕，卒凶暴恣行，至以禁物诬民，入其家争斗杀人，且畏罪惊溃，将为乱。民奔诉轼，轼投其书不视，曰：'必不至此。'散卒闻之，少安，徐使人招出戮之。"②苏轼不屑一顾的态度，既稳定了当地百姓在发生恶性事件之后恐惧的心态，又创造了看似宽松的假象，是一位沉隐、富有智谋的良吏。此后出京外任，苏轼庇护了新法之下其所在地方的民生安宁，每当任所发生蝗灾、水灾、瘟疫等自然灾害时，总是身先士卒，积极抗灾，并卓有成效地预见自然灾难所引发的粮食匮乏等现象，积极作为，拯救民众于生死之际。"既至杭，大旱，饥疫并作。轼请于朝，免本路上供米三之一，复得赐度僧牒，易米以救饥者。明年春，又减价粜常平米，多作饘粥药剂，遣使挟医分坊治病，活者甚众。轼曰：'杭，水陆之会，疫死比他处常多。'乃裒羡缗得二千，复发橐中黄金五十两，以作病坊，稍畜钱粮待之。"③正因为苏轼以民瘼为担当，又善于治理，故而赢得了民众的尊敬与爱戴，"轼二十年间再莅杭，有德于民，家有画像，饮食必祝。又作生祠以报。"④

苏轼是一位浸润于传统儒家思想的学者，其治世思想不在于以商贾富国，而同传统的儒家学者一样，依然着重于世道人心的风俗转变，"人主之所恃者人心而已，如木之有根，灯之有膏，鱼之有水，农夫之有田，商贾之有财"⑤，将人心的向背作为政权是否稳定、政治是否清明的根本所在，"国家之所以存亡者，在道德之浅深，不在乎强与弱；历数之所以长短者，在风俗之薄厚，不在乎富与贫"⑥。

敢言直谏的忠义并没有为苏轼带来更多青睐，反而带来了更多的倾轧之苦、贬谪之颠沛流离。即使苏轼的文才被激赏，其耿直忠义也使苏轼不同于唯利是图的政客，敢言直谏的性格与一针见血的批评使苏轼无法明哲保身，故而仕途生

---

① 脱脱：《宋史》，中华书局1977年版，第10804页。
② 脱脱：《宋史》，中华书局1977年版，第10808页。
③ 脱脱：《宋史》，中华书局1977年版，第10812页。
④ 脱脱：《宋史》，中华书局1977年版，第108014页。
⑤ 脱脱：《宋史》，中华书局1977年版，第10804页。
⑥ 脱脱：《宋史》，中华书局1977年版，第10806页。

涯坎坷。然而,如果苏轼没有敢言直谏,坦荡犀利,那么,苏轼就失去了之所以为苏轼的根基,诚如史家所言,"或谓:'轼稍自韬戢,虽不获柄用,亦当免祸。'虽然,假令轼以是而易其所为,尚得为轼哉?"①

三、艺术人生

苏轼对于书、画等艺术品的爱好与鉴赏的能力也是卓越的。更为难得的是,这些艺术的鉴赏行为并不是隔离于日常生活之外的,而是恰恰构成了东坡的日常生活。

苏轼自少年起就雅好笔砚书画,"子由之达,盖自幼而然。方先君与吾笃好书画,每有所获,真以为乐。唯子由观之,漠然不甚经意。"②并欣欣然乐于呈现他在书画之中所体会到的乐趣,"凡物之可喜,足以悦人而不足以移人者,莫若书与画。……始吾少时,尝好此二者,家之所有,惟恐其失之,人之所有,惟恐其不吾予也。"③不仅如此,对于生活,苏轼从少年时将普通的日常生活进行审美化的观察,不仅自己动手种松树、接花果,"予少年颇知种松,手植数万株,皆中梁柱矣"。④

除了对于艺术品用鉴赏的眼光去看,东坡还将整个人生作为了鉴赏对象。东坡经历了贬黄州、惠州、儋州,在经历情感的变化过程之后,更加艺术化地看待人生。"唯美的眼光,就是我们把世界上社会上的各种现象,无论美的、丑的、可恶的、龌龊的、伟丽的自然生活,以及鄙俗的社会生活,都把他当做一种艺术品来看,……因为观览一个艺术品的时候,小己的哀乐烦闷都已停止了,心中得着一种安慰,一种宁静,一种精神界的愉悦。"⑤

元丰时贬往黄州,苏轼《初到黄州》诗云:"自笑平生为口忙,老来事业转荒唐。长江绕郭知鱼美,好竹连山觉笋香。逐客不妨员外置,诗人例作水曹郎。只惭无补丝毫事,尚费官家压酒囊。"⑥似乎忘却了"诟辱通宵"的牢狱之苦,在对

---

① 脱脱:《宋史》,中华书局 1977 年版,第 10819 页。
② 苏轼:《苏轼文集》,中华书局 1986 年版,第 2296 页。
③ 苏轼:《苏轼文集》,中华书局 1986 年版,第 356 页。
④ 苏轼:《苏轼诗集》,中华书局 1982 年版,第 1902 页。
⑤ 宗白华:《宗白华全集》,安徽教育出版社 1994 年版,第 193—196 页。
⑥ 苏轼:《苏轼诗集》,中华书局 1982 年版,第 1031 页。

即将开始生活于此的黄州所拥有的"鱼美""笋香"的称赏之中,欣然忘忧。在黄州,苏轼写下了许多后来流传千古的佳作,虽然都不免于贬谪中灰暗的底色,却也都共同抒写出了翛然旷远、超尘绝世的意境,表现出旷达的文化性格的初步稳固。

绍圣初贬往惠州,苏轼《十月二日初到惠州》诗云:"仿佛曾游岂梦中,欣然鸡犬识新丰。吏民惊怪坐何事,父老相携迎此翁。苏武岂知还漠北,管宁自欲老辽东。岭南万户皆春色,会有幽人客寓公。"①被再次贬谪的苏轼在诗中倾诉了自己的"欣然",因口腹之乐而甘愿老于此地。在惠州,其荔枝诗更加明确地表达了他对于惠州的欣然与喜爱,"人间何者非梦幻,南来万里真良图"②,"日啖荔支三百颗,不辞长作岭南人"③,对于岭南风物的由衷的赏爱,最为呈现了他旷达的胸襟。绍圣四年,苏轼被贬往儋州,《行琼儋间,肩舆坐睡,梦中得句云:千山动鳞甲,万谷酣笙钟。觉而遇清风急雨,戏作此数句》一诗,更是比初到黄州、初到惠州更以艺术欣赏的目光面对新的环境和当时的自己:"应怪东坡老,颜衰语徒工,久矣此妙声,不闻蓬莱宫。"④诗中的自赏自得之情溢出诗外,诗意盎然,机趣豁达。

艺术化地看待人生,超越得失多少的算计与是非价值的绝对判断,旨在充分实现个体生命的存在,体现出宁静隽永、淡泊清空的审美情趣。苏轼的人生思考即充满诗意的艺术化人生意蕴,其生活也就有着非同一般日常生活的趣味,如文同在《往年寄子平》中所描述的两人交往时的情景,"虽然对坐两寂寞,亦有大笑时相羕。顾子心力苦未老,犹弄故态如狂生。书窗画壁恣掀倒,脱帽褫带随纵横"。⑤

苏轼的艺术化人生不是以否定平常的日常生活而实现超越的,苏轼乐于将最为平凡的事物作为审美的对象,从凡夫俗子的普通生活中发现愉悦自身的美。《记承天寺夜游》即是在被贬黄州时期写下的:"何夜无月,何处无竹柏,但少闲人如吾两人耳。"这里的"闲"正是日常生活中触手可及的现实环境,却又是忙忙

---

① 苏轼:《苏轼诗集》,中华书局1982年版,第2071页。
② 苏轼:《苏轼诗集》,中华书局1982年版,第2122页。
③ 苏轼:《苏轼诗集》,中华书局1982年版,第2194页。
④ 苏轼:《苏轼诗集》,中华书局1982年版,第2248页。
⑤ 四川大学中文系唐宋文学研究室编:《苏轼资料汇编》,中华书局1994年版,第11页。

碌碌的人们往往难以轻易达到的平和静谧的心态。也只有"闲人"才能真正于明月清景之间尽享自然之美与心灵的闲适,不役于外物。"东坡居士酒醉饭饱,倚于几上,白云左绕,清江右洄,重门洞开,林峦坌入。当是时,若有思而无所思,以受万物之备,惭愧!惭愧!"①在对于心灵的充满解放与主体自觉的基础上,达到主体的完全自适和充分肯定,以一种"逃"的姿态避免人间役人之物,享受人间的美好与自适:"吾非逃世之事,而逃世之机",于是在苏轼笔下的日常生活,就有了艺术化的审美气息,既是非常平凡普通的日常生活,又没有世俗之"机"的痕迹,成就美的发现中的人世天堂。

当苏轼老翁被贬惠州之时,欣欣然于自己所在的生活之中,"……惠州安置。居三年,泊然无所蒂芥,人无贤愚,皆得其欢心。"②还将自己每天都必须做的事情:早晨梳头、中午睡觉、晚上洗脚写进了诗里,且写得意兴盎然,乐在其中。《旦起理发》:"老栉从我久,齿疏含清风。一洗耳目明,习习万窍通"③;《午窗坐睡》:"谓我此为觉,物至了不受,谓我今方梦,此心初不垢"④;《夜卧濯脚》:"况有松风声,釜鬲鸣飕飕。瓦盎深及膝,时复冷暖投。明灯一爪剪,快若鹰辞鞲。"⑤宋诗不避凡俗之事,宋词也日趋生活化。但在苏轼这里,每一枝一叶都能化为审美主体的生活之美、自然之美、生命之美,"寂寂东坡一病翁,白须萧散满霜风。小儿误喜朱颜在,一笑那知是酒红。"⑥小儿与苏轼的玩笑也被写进了诗里,却充满了诗意,以最为平实朴素的文字写出最为平凡常见的生活,却充满了无尽的诗意与生命的机趣,这就是苏轼用自己的心灵与眼光所发现、描述、呈现出来的世界,这既是现实世界,又是只属于善于发现美的苏轼的精神世界。

以审美化的眼光呈现艺术化的生活,绝不是刻意而为之事,苏轼强调了真正的闲适、自由首先是由内心生活出来的,是性灵在自然状态中自然而然的达到的,坎坷的人生遭遇化作了充满艺术审美情趣的人生,艺术才华与艺术创作为苏轼展开了珍贵的生命图卷。

---

① 苏轼:《苏轼文集》,中华书局1986年版,第2278页。
② 脱脱:《宋史》,中华书局1977年版,第10816页。
③ 苏轼:《苏轼诗集》,中华书局1982年版,第2285页。
④ 苏轼:《苏轼诗集》,中华书局1982年版,第2286页。
⑤ 苏轼:《苏轼诗集》,中华书局1982年版,第2287页。
⑥ 苏轼:《苏轼诗集》,中华书局1982年版,第2327页。

第二章　士文化中的东坡故事

马克斯·韦伯的《儒教与道教》一书对中国科举的重要性也有十分清楚的认识:"在中国,12个世纪以来,由教育,特别是考试规定的出仕资格,远比财产重要,决定着人的社会等第。"①由读书、科举、入仕而获得基本生活保障与人生价值实现的道路,是大多数士人们的必由之路。士人们将自身读书、科举、入仕、为政等生活都写进了他们的作品,并进行深刻的反思。东坡故事无一例外地包括了封建士人们的共同经历,且更加突出地展现了各种矛盾与人生的起伏。士大夫文化中的东坡故事,集中了不同时代士人们对于仕途人生的不同观点,也折射了不同时代文人们自身的处境与心态。

无论从社会地位还是思想观念而言,古代士人都是一个非常复杂的群体,在社会发展过程中,部分地担负着传播知识、传承文化的任务。他们的命运迥异,有的位极人臣,衣轻裘,乘肥马,享尽荣华,在天子殿上倍泽恩渥,有的居于山林穷野,浪迹市井,穷困潦倒,生计堪忧。但更多的士人,都经历了科举、入仕、宦海浮沉的人生过程,或骤起骤落,或一直徘徊于下层,或辞官退隐,罕有常保富贵、功成身退的士人。所以,士人们逐渐形成了自身处世的方法、思维的方式、心理习惯以及性格气质等。

第一节　仕隐中的东坡故事

仕与隐是每一个进入仕途的士人所需直面的选择,政治环境的清明或险恶,

---

① 马克斯·韦伯:《儒教与道教》,商务印书馆1995年版,第159页。

科举的兴废、各种学说、思潮的盛行都会影响到不同时代、不同处境的文人们的选择。历史中的东坡一生历尽宦海浮沉,却从未主动地放弃入仕为官,虽然在被贬谪的旅程中呈现出了类似隐士般的生活状态与心境,但其从来都不是隐者。相反,即使以罪臣的身份在被贬谪之地,东坡仍然写诗写信,力图以自己的个人影响力去改变当地的陋习,未尝一日置自己于世外。

这样的东坡很大程度上被宋代的东坡故事所复制、汲取,成为积极入仕、社会责任感强烈的宋代士大夫们所认可、表彰的人物。元代,东坡故事很快滑落至两个极端,一是借用东坡屡屡被贬的事实,在东坡故事中融入了深重的郁郁不平的愤懑,成为高才被贬、忠义坎坷的典型;二是借用东坡的笑谑人间、幽默乐观的性格特点,在东坡故事中以庸俗化、狂欢化的"穷快活"呈现一派自在愉悦的情境。明代,东坡随缘放旷的淑世襟怀被广大文人所称道,故而在东坡故事中,多是穷则悠游于声色之乐、达则出入于庙堂之上,二而为一的东坡形象。而明代的物质繁华之中,东坡故事不再呈现物质的困窘与人格的羞辱,取而代之的,是对于感官享乐的流连与娱世情怀的沉醉。清代的东坡故事中,既没有了屈辱,也没有了狂放,大多中规中矩,同时也充满了闲逸之情、隐世之思。

一、宋代:耿介实干与不隐而隐的空漠

宋代的东坡故事是最为接近东坡本人的,因为距离东坡生活的年代并不久远,甚至与东坡生活的年代有着交集。更重要的是,相似的社会文化背景使得东坡故事更容易产生共鸣。

历史中的东坡积极入仕、勤勉实干、担当民瘼,无论是直谏当政的得失,还是杭州治湖、黄州抗洪等,都是宋代士大夫"先天下之忧而忧,后天下之乐而乐"的政治责任的实践。在宋代的东坡故事中,东坡的形象不仅是心系民生的儒家实践者,也是道德风骨凛然的刚直忠臣,还是对外维护国家安全与荣誉、对内熟悉礼法并积极规谏皇帝的栋梁之才。这些东坡的生平与性格侧面,都在宋代东坡故事中被强化,被强调,更具有冲击力。

首先,在宋人笔下,东坡未曾一日放弃实践自己的政见,始终保持其耿介实干的特点。

第一,在宋代东坡故事中,东坡将民生疾苦时时悬于心中,处处实干以改善

民生,并以终其一生主张以仁义治天下。在东坡故事中,东坡每任地方官员,便兴建基础设施,服务民生、为民谋利。在关于东坡守杭的故事中,东坡以工代赈,重修西湖。明代人在比较白居易与东坡开浚西湖时的艰辛时,不得不肯定东坡比白居易的难度要大很多。"西湖开浚之绩,古今尤著者,白乐天、苏子瞻、杨温甫三公而已。今考乐天集中,无开浚奏状,意其时法禁宽洪,守土者得以便宜举事,不烦陈请,而廷议亦不訾之。子瞻时,既上疏于哲宗,复具申于三省,凡钱米工役,具有成算。然其时御史贾易已劾其科骚部内,以事游逐,虽废格不行,而宰臣未免有两罢之请,已不及乐天时矣。"①

而在东坡守钱塘的故事中,东坡曾向朝廷申请了度牒以实现"回江之利"的工程,但终究因为东坡的离职,这项工程没有实施下去:

先生元祐四年,以内相出典余杭。时水官侯临亦继出守上饶,过郡以尝渡江败舟于浮山,遂阴画回江之利以献,从公相视其宜。一自富阳新桥港至小岭,开凿以通闲林港,或费用不给,则置山不凿,而令往来之舟般运度岭,由余杭女儿桥港至郡北关江涨桥以通运河。一自龙山闸而出,循江道过六和寺,由南荡朱桥港开石门平田,至庙山然后复出江道,二十里至富阳。而公诗有"坐陈三策本人谋,唯留一诺待我画"谓此。又云:"石门之役万金耳,首鼠不为吾已隘。"又云:"上饶使君更超逸,坐睨浮山如累块。"者。知所议出于侯也。时越尼身死,官籍其资,得钱二十万缗。公乞于朝,又请度牒三百道佐用。得请,而公入为翰林承旨,除林希子中为代。有谏者言今凿龙山姥岭,正犯太守身,因寝其议,而迁用亡尼之资,遗患至今,往来者惜之。②

同时,在故事中宋人肯定东坡的勤勉为政、整顿风俗,未尝一日懒惰怠慢,其实干精神与民本思想,更为后人所敬仰。"曾旼过泗州,谓余曰:某罢扬州教授,时子瞻守扬,某往见吕吉甫真州,吉甫问曰:'轼何如人也?'旼曰:'聪明人也。'吉甫怒,厉声曰:'尧聪明耶?舜聪明耶?大禹之聪明耶?'旼曰:'非三者之聪

---

① 田汝成:《西湖游览志余》,浙江人民出版社1980年版,第375页。
② 何薳:《春渚纪闻》,中华书局1983年版,第96页。

明,亦是聪明也。'曰:'所学如何?'旼曰:'学《孟子》。'愈怒,愕然而立,曰:'是何言欤?'旼曰:'孟子以民为重,社稷次之,此其所以知学《孟子》也。'吉甫默然久之。"①在东坡故事中,与东坡的担当民瘼相对的是其中所体现出的深重的民生之艰、民生之哀。

变法中,东坡切实为政,克己奉公、兢兢业业。在地方任上,东坡更加注重最实际的民生问题,为百姓计,抗灾救济,改善饮水、交通、耕种环境,造福一方。"东坡为郡,尤急于荒政。元祐中守杭,米斗八十,已预行措置。常云,熙宁八年,只缘张、沈二守不知此策,致二浙灾荒疾疫,只西路死者五十余万人。是年本路放秋苗一百三十万硕,酒税亏六十七万贯。"②正是由于东坡预先较为充分的准备,才使百姓免于灾荒之难。

东坡在乌台诗案之后被一贬再贬。然而,在东坡故事中,即使被贬谪,东坡依然关心当地民生,生死也没能动摇其为民谋利的信念。"陆宣公谪忠州,杜门谢客,惟集药方。盖出而与人交,动作言语之际,皆足以招谤,故公谨之。后人得罪迁徙者,多以此为法。至东坡,则不然。其在惠州也,程正辅为广中提刑,东坡与之中外,凡惠州官事,悉以告之。诸军阙营房,散居市井,窘急作过,坡欲令作营屋三百间。又荐都监王约、指使蓝生同干惠州纳秋米六万三千余石,漕符乃令五万以上折纳见钱,坡以为岭南钱荒,乞令人户纳钱与米并从其便。博罗大火,坡以为林令在式假,不当坐罪,又有心力可委。欲专牒令修复公宇仓库,仍约束本州科配。惠州造桥,坡以为吏屡而胥横,必四六分分了钱,造成一座河楼桥,乞选一健干吏来了此事。又与广帅王敏仲书,荐道士邓守安,令引蒲涧水入城,免一城人饮咸苦水、春夏疾疫之患。凡此等事,多涉官政,亦易指以为恩怨,而坡奋然行之不疑,其勇于为义如此!谪居尚尔,则立朝之际,其可以死生祸福动之哉?"③故事中坚定的民为重的信念甚至不因生死祸福而有所改变。

第二,在宋代东坡故事中,东坡是熟悉礼法、能力优异的臣子,是维护国家安全尊严的外交官员,是苦心规谏皇帝的士大夫。在宋人笔下,东坡熟悉历代的礼法,常据理力争国家的礼法之制度,"《礼》家如聚讼,虽兄弟亦不容苟同。其大

---

① (宋)王巩撰,戴建国、陈雷整理:《随手杂录》,见《全宋笔记》第二编第六册,大象出版社2006年版,第58页。
② (宋)方勺撰,许沛藻、杨立扬点校:《泊宅编》,中华书局1983年版,第56页。
③ (宋)费衮撰,金圆校点:《梁溪漫志》,上海古籍出版社1985年版,第37页。

者,无如天地之祭分合一议。自昔诸儒之论,不知其几,今姑摭二苏之议言之。东坡则据《周颂·昊天有成命·序》云:'郊祀天地也。'以为此乃合祭天地之明文。颖滨乃据《周礼》为说,谓冬至祀天于圆丘,夏至祀地于方泽。其后朝廷迄从坡说,合祭以至于今焉。"①对于不合乎礼法的事情进行直谏,甚至帝王也能不亢不卑,按照礼法行事。"东坡为礼部尚书,宣仁上仙,乃与礼官与太常诸官直宿禁中,关决诸礼仪事。至七日,忽有旨下光禄供羊酒若干,欲为太后、太妃、皇后暖孝。东坡上疏,以暖孝之礼出于俚俗,王后之举当化天下,不敢奉诏。有旨遂罢。"②

然而,在宋代东坡故事中,东坡并不是一成不变地拘泥于古礼,也会批评许多文人以自己所禀持的古代礼法僵化地实践于当下的社会之中,"司马丞相薨于位,程伊川主丧事,专用古礼。将祀明堂,东坡自使所来吊,伊川止之曰:'公方预吉礼,非哭则不歌之义,不可入。'东坡不顾以入,曰'闻哭则不歌,不闻歌则不哭也。'伊川不能敌其辩也。"③故事中,东坡对于程伊川等人在文字上恪据字眼的固执迂腐就深感不满,以敏捷的才气使其无言以对,司马文正公薨,时程正叔以臆说敛之,正如封角状。苏东坡嫉其怪妄,因怒诋曰:"此岂信物一角附上阎罗大王者耶?"④在这个故事中,"怪妄"的批评无疑是更严重的、更严肃的。

在宋人眼中,东坡还是机警的外交官员。在外交事务中,东坡自觉地维护着国家的荣誉。"承平时,国家与辽欢盟,文禁甚宽,辂客者往来,率以谈谑诗文相娱乐。元祐间,东坡寔膺是选。辽使素闻其名,思以奇困之。其国旧有一对曰:'三光日月星',凡以数言者,必犯其上一字,于是遍国中无能属者。首以请于坡,坡唯唯谓其介曰:'我能而君不能,亦非所以全大国之体。四诗风雅颂,天生对也,盍先以此复之。'介如言,方共叹愕。坡徐曰:'某亦有一对,曰四德元亨利。'使睢盱,欲起辨,坡曰:'而谓我忘其一耶? 谨阙而舌。两朝兄弟邦,卿为外臣,此固仁祖之庙讳也。'使出不意,大骇服。"⑤这段文字也被后代所记载,见于《坚瓠集》⑥。故事虽是东坡与辽国使臣之间的文字游戏,却于其中透出国家间

---

① (宋)周密撰,张茂鹏点校:《齐东野语》,中华书局1983年版,第90页。
② (宋)李廌撰,孔凡礼点校:《师友谈记》,中华书局2002年版,第43页。
③ (宋)邵博撰,刘德权、李剑雄点校:《邵氏闻见后录》,中华书局1983年版,第159—160页。
④ 《山中一夕话》,明清善本小说丛刊初编第六辑谐游篇,天一出版社1985年版,卷之一。
⑤ (宋)岳珂撰,吴企明点校:《桯史》,中华书局1981年版,第16页。
⑥ (清)褚人获辑撰,李梦生校点:《坚瓠集》,上海古籍出版社2012年版,第356页。

的较量,东坡以其敏捷的反应和杰出的才华不仅应对了辽使所出的难题,更加出题以屈其使,有力地维护了国家的尊严。

在宋人笔下,东坡时时用心劝谏皇帝,仁宗时,宫中每于立春日在门帐上帖一些吉祥语,而东坡常以此种非正式的春词表达自己的政见,力谏仁宗禁奢华、兴俭德,为世所赞,其春词也被收录、保存了下来。"翰林书待诏请春词,以立春日剪贴于禁中门帐。……春、端帖子,不特咏景物为观美,欧阳文忠公尝寓规讽其间,苏东坡亦然。""《苏东坡内制集》卷五中,收元祐三年春帖子词二十七首,卷八收元祐三年端午帖子词二十七首。"①在东坡故事中,东坡对于规谏皇帝,其用心之深,用意之厚,甚至于苦口婆心,反复再三。"公曰:'近因讲筵,从容为上言人君之学与臣庶异。臣等幼时,父兄驱率读书,初甚苦之,渐知好学,则自知趣向。既久则中心乐之。既有乐好之意,则自进不已。古人所谓知之者不如好之者,好之者不如乐之者。陛下上圣,固与中人不同,然必欲进学,亦须自好乐中有所悟入。且陛下之学,不在求名与求知,不为章句科举计也。然欲周知天下章疏,观其人文章事实,又万机之政,非学无所折衷。'上甚以为然。"②故事中的东坡以自身学习经历为例,劝谏皇帝,既然可以不为科举、功名而读书,为何不更加专注地读书以治天下。

第三,在宋代东坡故事中,东坡对于不合理的政策、不利于国计民生的事件、奸佞之人,都直斥其谬,毫不留情,风骨凛然。这也是宋人对东坡耿介直言精神的强调与肯定。

东坡的耿介入仕与毫不屈服的风节、舍身敢谏的勇气常被宋代文人所赞叹:

> 东坡不惟文章可以盖代,而政事忠亮,风节凛凛,过人远甚。元祐七年,上祀南郊,公以兵部尚书为卤簿使。上因太庙宿斋行礼毕,将至青城,仪卫甚肃。五使乘车至景灵宫东櫺轊门外,忽有赭伞覆犊车并青盖犊车百许两冲突而来。东坡呼御营巡检使立于车前,曰:"西来谁何,敢尔乱行?"曰:"皇后并某国太夫人。国大长公主也。"东坡曰:"可以状来。"比至青城,谕仪仗使、御史中丞李端伯之纯曰:"中丞职当肃政,不可不闻。"李以中宫不

---

① (宋)周煇撰,刘永辉校注:《清波杂志校注》,中华书局1994年版,第425—426页。
② (宋)李廌撰,孔凡礼点校:《师友谈记》,中华书局2002年版,第11页。

敢言。坡曰:"某自奏之。"即于青城上疏皇帝曰:"臣备员五使,窃见二圣寅畏祗慎,昭事天地,敬奉宗祧,而内中接车,冲突卤簿,公然乱行,恐累二圣所以明祀之意,谨弹劾以闻。"上欣然开纳。旧例,明日法驾回,中宫当迎于朱雀门下。是时因疏,明日中宫亦不复出。①

在宋人眼中,东坡因为直言敢谏,被列为当时谏言第一人,受人敬仰。"予旧从司马氏得文正公熙宁年辞枢筦出帅畏安日手稿密疏,公寻自免,绝口不复言天下事矣。其疏不见于《传家集》。曰:'臣之不才,最出群臣之下,先见不如吕诲,公直不如范纯仁、程颢,敢言不如苏轼、孔文仲,勇决不如范镇。……臣承乏两制,逮事三朝,与国家义则君臣,恩犹骨肉,睹安石专政,逞其狂愚,使天下生民被荼毒之苦,宗庙社稷有累卵之危,臣畏懦爱身,不早为陛下别白言之。轼与文仲皆疏远小臣,乃敢不避陛下雷霆之威,安石狼虎之怒,上书对策,指陈其失,黜官获谴,无所顾虑,此臣不如轼与文仲远矣。"②在诗文评论中,甚至将东坡的议论文作为文章之一变来记载:"唐文章三变,本朝文章亦三变矣。荆公以经术,东坡以议论,程氏以性理。三者要各自立门户,不相蹈袭。"③

在宋人对东坡诗的分析之中,常常可以看到评论东坡因反对王安石的新法而毫不隐讳的讽刺诗句,"东坡《山村》诗云:'烟雨濛濛鸡犬声,有生何处不安生。但教黄犊无人佩,布谷何劳也劝耕?'童言是时贩私盐者多带刀杖,故取前汉龚遂令人卖剑买牛卖刀买犊,曰:'何为带刀佩犊?'童言但得盐法宽平,令民不带刀剑而买牛犊,则民自力耕,不劳劝督,以讥盐法太峻不便也。又云:'老翁七十自腰镰,惭愧春山笋蕨甜。岂是闻韶解忘味?尔来三月食无盐。'童言山中之人饥贫无食,虽老犹自采笋蕨讥。时盐法峻急,僻远之人无盐食用,动经数月,若古之圣贤,则能闻韶忘味,山中小民岂能食淡而乐乎?以讥盐法太急也。又云:'杖藜裹饭去匆匆,过眼青钱转手空。赢得儿童语音好,一年强半在城中。'意言百姓请得青苗钱,立便于城中浮费使却。又言乡村之人,一年两度夏秋税及数度请纳和预买钱,今来更添青苗助役钱,因此庄家幼小子弟,多在城市,不着次

---

① (宋)李廌撰,孔凡礼点校:《师友谈记》,中华书局2002年版,第42—43页。
② (宋)邵博撰,刘德权、李剑雄点校:《邵氏闻见后录》,中华书局1983年版,第176页。
③ 陈善:《扪虱新话》,上海书店1990年版,卷五。

第,但学得城中人语音而已,以讥新法青苗助役不便也。"①先是评论东坡讥讽盐政之误农,继而陈说东坡斥盐政之弊端,使偏远地区的人们很难得到食盐,再将东坡诗中对于青苗法的祸殃强调出来,每逢青苗法实施,百姓得到青苗钱,城中物价就涨,而次年收获时收成的价格却贱,给人民带来了经济上的新负担。与其说是作者在解读、评论东坡诗句,不如说作者在借东坡诗表达自己对东坡的认同。

在宋人对于东坡诗的解读、评析之中,强调东坡以民众疾苦来激烈地反对新法中损害民生的政策。"子瞻《腊月游孤山》诗云:'兽在薮,鱼在湖,一入池槛归期无。误随弓旌落尘土,坐使鞭棰环呻呼。追胥连保罪及孥,百日愁叹一日娱。白云旧有终老约,朱绶岂合幽人纡。人生何者非庐故,故山鹤怨秋猿孤。何时自驾鹿车去,扫除白发烦菖蒲。麻鞋短褐随猎夫,射弋狐兔供朝晡。陶潜自作五柳传,潘阆画入三峰图。吾年凛凛今几余,知非不去惭卫蘧。岁荒无术归亡逋,鹄则画虎为难摹。'此诗云'误随弓旌落尘土,坐使鞭棰环呻呼',以讥新法行后公事鞭棰多也。又云'追胥连保罪及孥',以讥盐法收坐同保妻子移乡法太急也。又云:'岁荒无术归亡甫,鹄则易画虎难摹。'意取马援言'画鹄不成犹类鹜,画虎不成反类狗',言岁既饥荒,我欲出奇譬画赈济,又恐不从,恐似'画虎不成反类狗'也。"②在这样的解读中,肯定了东坡对于现实中百姓生活困苦的深切同情与体会,以宋代士大夫对于天下、民瘼的责任感强烈地批判了新法对于百姓生活造成的戕害。

除了新法,东坡对于王安石所提出的经学与字说,更加鄙夷,"东坡倅钱塘日,《答刘道原书》云:'道原要刻印七史固善,方新学经解纷然,日夜摹刻不暇,何力及此。近见京师经义题:国异政,家殊俗,国何以言异?家何以言殊?又有其善丧厥善,其厥不同何也?又说易观卦本是老鸦,诗大小雅本是老鸦,似此类甚众,大可痛骇。'时熙宁初,王氏之学,务为穿穴至此。"③东坡毫不隐讳地尖锐批评王安石的经义之题,并为此说大行而世而深为痛心。

在东坡故事中,东坡的直言敢谏不仅体现在他对于政事的耿直,更是体现在

---

① 阮阅:《诗话总龟后集》,人民文学出版社1987版,第239页。
② 阮阅:《诗话总龟后集》,人民文学出版社1987版,第241页。
③ (宋)邵博撰,刘德权、李剑雄点校:《邵氏闻见后录》,中华书局1983年版,第160页。

他所作的诗中,"以大议论发之于诗。"①然而,正是由于敢言直谏,东坡因为诗谤而被逮捕下狱,也就是著名的乌台诗案。

乌台诗案在史书中便有详细的记载,不仅如此,关于乌台诗案,还有许多笔记不惜笔墨地记载,均以同情的角度怜惜东坡的处境。

"东坡元丰间知湖州,言者以其诽谤时政,必致死地,御史台遣就任摄之,吏部差朝士皇甫朝光管押。东坡方视事,数吏直入上厅事,捽其袂曰:'御史中丞召。'东坡错愕而起,即步出郡署门,家人号泣出随之。弟辙适在郡,相逐行及西门,不得与决,东坡但呼:'子由,以妻子累尔!'郡人为之泣涕。下狱即问五代有无誓书铁券,盖死囚则如此,他罪止问三代。东坡为一诗付狱吏,他日寄子由,其诗曰:'圣主如天万物春,小臣愚暗自亡身。百年未满先偿债,十口无归更累人。是处青山可埋骨,他时夜雨独伤神。与君世世为兄弟,更结来生未了因。'狱吏怜之,颇宽其苦楚。狱成,神考薄其罪,止责散官,安置黄州。"②《萍州可谈》中的乌台诗案则是直接地描述了东坡如何被逮捕、如何以妻子托付子由,路人皆泣,着重于细节描写与同情之意的表达。

"苏轼以吟诗有讥讪,言事官章疏狎上,朝廷下御史台差官追取。是时,李定为中书丞,对人太息,以为人才难得,求一可使逮轼者,少有如意。于是太常博士皇甫僎被遣以往。僎携一子二台卒倍道疾驰。驸马都尉王诜与子瞻游厚,密遣人报苏辙。辙时为南京幕官,乃亟走介往湖州报轼,而僎行如飞不可及。至润州,适以子病求医留半日,故所遣人得先之。僎至之日,轼在告,祖无颇权州事。僎径入州廨,具靴袍秉笏立庭下,二台卒夹侍,白衣青巾,顾盼狞恶,人心汹汹不可测。轼恐,不敢出,乃谋之无颇。无颇云:'事至于此,无可奈何,须出见之。'轼议所以服,自以为得罪,不可以朝服。无颇云:'未知罪名,当以朝服见之也。'轼亦具靴袍秉笏立庭下,无颇与职官,皆小幞列轼后。二卒怀台牒拄其衣,若匕首然。僎又久之不语,人心益疑惧。轼曰:'轼自来激恼朝廷多,今日必是赐死。死固不辞,乞归与家人诀别。'僎始肯言曰:'不至如此。'无颇乃前曰:'太博必有被受文字。'僎问:'谁何?'无颇曰:'无颇是权州。'僎乃以台牒授之。及开视之,只是寻常追摄行遣耳。僎促轼行,二狱卒就执之,即时出城登舟,郡人送之雨泣,

---

① (宋)费衮撰,金圆校点:《梁溪漫志》,上海古籍出版社1985年版,第75页。
② (宋)朱彧撰,李伟国点校,《萍州可谈》,中华书局2007年版,第139页。

顷刻之间,拉一太守如驱犬鸡。此事无颇目击也。"①《孔氏谈苑》更加细腻、丰满地描述了东坡如何被逮捕的过程与当时的场景,从送信、探问以至最后被仓皇牵走,都如在目前,跃然纸上,并直接感叹"拉一太守如驱犬鸡"。

在诸多笔记之中,东坡陷于乌台诗案时的落魄、绝望、狼狈,也都一一呈现出来,"苏子瞻随皇甫僎追摄至太湖鲈香亭下,以柁损修牢。是夕,风涛倾倒,月色如昼,子瞻自惟仓卒被拉去,事不可测,必是下吏,所连逮者多,如闭目窒身入水,顷刻间耳。既为此计,又复思曰:不欲辜负老弟。弟谓子由也,言己有不幸,则子由必不独生也。由是至京师,下御史狱,李定、舒亶、何正臣杂治之,侵之甚急,欲加以指斥之罪,子瞻忧在必死,尝服青金丹,即收其余,窖之土中,以备一旦当死,则并服以自杀。有一狱卒,仁而有礼,事子瞻甚谨,每夕必然汤为子瞻濯足。子瞻以诚谒之曰:'轼必死,有老弟在外,他日托以二诗为诀。'狱卒曰:'学士必不至如此。'子瞻曰:'使轼万一获免,则无所恨。如其不免,而此诗不达,则目不瞑矣。'狱卒受其诗,藏之枕中,其一诗曰:'圣主宽容德似春,小臣孤直自危身。百年未了先偿债,十口无依更累人。是处青山可藏骨,他年夜雨独伤神。与君世世为兄弟,更结人间未了因。'其后子瞻谪黄州,狱卒曰:'还学士此诗。'子由以面伏案,不忍读也。子瞻好与子由夜话,对榻卧听雨声,故诗载其事。子瞻既出,又戏自和云:'却对酒杯浑似梦,试拈诗笔已如神。'子瞻以诗句被劾,既作此诗,私自骂曰,犹不改也。"②故事讲述了东坡在被逮去京的路上想要跳水自沉,但因为不忍舍弟弟子由而放弃,随后又在身上备有青金丹,随时准备自杀。"皇甫僎追取苏轼也,乞逐夜所至送所司案禁,上不许,以为只是根究吟诗事,不消如此,其始弹劾之峻,追取之暴,人皆为轼忧之。至是,用知轼必不死也。其后果然。天子聪明宽厚,待臣下有礼,而小人迎望要为深刻,如僎类者,可胜计哉!"③虽然乌台诗案来得迅速、气势汹汹,在东坡故事中更被渲染得凶险无比,但最终东坡能够死里逃生,其原因被解释为天子聪明宽厚,礼遇东坡,使他免于死罪。

---

① (宋)孔仲平撰,王根林校点:《孔氏谈苑》,见《宋元笔记小说大观》,上海古籍出版社2001年版,第2234—2235页。

② (宋)孔仲平撰,王根林校点:《孔氏谈苑》,见《宋元笔记小说大观》,上海古籍出版社2001年版,第2235—2236页。

③ (宋)孔仲平撰,王根林校点:《孔氏谈苑》,见《宋元笔记小说大观》,上海古籍出版社2001年版,第2236页。

而大多数有关乌台诗案的东坡故事中,东坡之所以被释放、能够从乌台诗案中保全性命的原因,是太后的求情,"东坡既就逮下御史狱,一日,曹太后诏上曰:'官家何事数日不怿?'对曰:'更张数事未就绪,有苏轼者,辄加谤讪,至形于文字。'太皇曰:'得非轼、辙乎?'上惊曰:'娘娘何自闻之?'曰:'吾尝记仁宗皇帝策试制举人罢归,喜而言曰:今日得二文士,然吾老矣,度不能用,将留以遗后人。'二文士盖轼、辙也。上因是感动,有贷轼意。"①故事中,正是太后语重心长地讲到仁宗当年的赏识,以及仁宗为子孙积蓄人才的苦心,才使皇帝网开一面,释放了东坡。

在东坡故事中,东坡的直谏与政治理想使其一再受挫于现实政治,晚年被贬海岛。然而志气不衰,与秦少游被贬时的酸涩、黄庭坚的叹息相比,更能鼓舞后人:"少游谪雷,凄怆,有诗曰:'南土四时都热,愁人日夜俱长。安得此身如石,一时忘了家乡。'鲁直谪宜,殊坦夷,作诗云:'老色日上面,欢情日去心。今既不如昔,后当不如今。'""轻纱一幅巾,短簟六尺床。无客白日静,有风终夕凉。'少游钟情,故其诗酸楚;鲁直学道休歇,故其诗闲暇。至于东坡《南中》诗曰:'平生万事足,所欠惟一死。'则英特迈往之气,不受梦幻折困,可畏而仰哉!"②《诗话总龟》中收录了与此相似的文字,感叹东坡"英特之气,不受折困"。而故事中,山谷见到东坡《和渊明饮酒诗》中的句子:"前山正可数,后骑且勿驱。"不禁也感叹道:"此老未死在。"③

在宋人笔下,东坡生前不仅在朝廷因诗遭谤,且在民间,也因为才高名重,而屡屡被冒名。"老杜诗云:'东阁官梅动诗兴,还如何逊在扬州?'按逊传无扬州事,而逊集亦无扬州梅花诗,但有《早梅诗》云:'兔园标物序,惊时最是梅。衔霜当露发,映雪凝寒开。枝横却月观,花绕凌风台。应知早飘落,故逐上春来。'杜公前诗乃逢早梅而作诗,故用何逊事,又意却月凌风,皆扬州台观名尔。近时有妄人假东坡名,作《老杜事实》一编,无一事有据。至谓逊作扬州法曹,廨舍有梅一株,逊吟咏其下,岂不误学者。"④又"今世所传《地里指掌图》,不知何人所作。其考究精详,诠次有法,上下数千百年,一览而尽,非博学洽闻者不能为,自足以

---

① (宋)方勺撰,许沛藻、杨立扬点校:《泊宅编》,中华书局1983年版,第2页。
② 释惠洪:《冷斋夜话》,见《宋元笔记小说大观》,上海古籍出版社2001年版,第2183页。
③ 阮阅:《诗话总龟前集》,人民文学出版社1987年版,第95页。
④ 葛立方:《韵语阳秋》,见《历代诗话》,中华书局1981年版,第610页。

传远。然必讬之东坡,其序亦云东坡所为。观其文浅陋,乃举子缀缉对策手段,东坡安有此语?最后有本朝升改废置州郡一图,乃有崇宁以后迄于建炎、绍兴所废置者,此岂出于东坡之手哉?"①许多作品都假东坡之名而流传于世。

东坡被谤讪的命运在其死后并未结束。因朝廷的禁令,东坡的文字被大量磨毁,手稿、画卷被销毁。在东坡故事中,也有更加生动的描述,"淮西宪臣霍汉英奏:欲乞应天下苏轼所撰碑刻,并一例除毁。诏从之。时崇宁三年也。明年,臣僚论列:司农卿王诏,元祐中知滁州,谄事奸臣苏轼,求轼书欧阳修所撰《醉翁亭记》,重刻于石,仍多取墨本,为之赆遗,费用公使钱。诏坐罪。汉英遗臭万世,臣僚亦应同科。政和间,潭州倅毕渐,亦请碎元祐中诸路所刊碑。从之。"②

一时间,东坡的遗迹被大量销毁。在东坡故事中,包含了许多与此相关的内容。"东坡文章妙一世,然在掖垣作《吕吉甫谪词》,继而吕复用,遂纳告毁抹。在翰苑作《上清储祥碑》,继而蔡元长复作,遂遭磨毁。非特此也,苏叔党云:'昔公为《藏经记》,初传于世,或以为非。在惠州作《梅花诗》,至有以为笑。'此皆士大夫以文鸣者,其说能使人必信,乃谬妄如此。……子由尝跋东坡遗稿云:'展卷得遗草,流涕湿冠缨。斯文久衰敝,流泾自为清。科斗藏壁间,见者空叹惊。废兴自有时,诗书付西京。'"③而在临安,人们发现了被磨去的东坡名字,"临安石屋洞崖石上,有题名二十五字,云:'陈襄、苏颂、孙奕、黄灏、曾孝章、苏轼同游。熙宁六年二月二十一日。'内东坡姓名磨去,仅存仿佛,盖崇宁党祸时也。"④类似的还有,"东坡在翰林,被旨作《上清储祥宫碑》,哲宗亲书其额。绍圣党祸起,磨去坡文,命蔡元长别撰。玉局遗文中有诗云:'淮西功德冠吾唐,吏部文章日月光。千载断碑人脍炙,不知世有段文昌。'其题云:绍圣中,得此诗于沿流馆中,不知何人作也,戏录之,以益箧笥之藏。此诗乃东坡自作,盖寓意储祥之事,特避祸,故讬以得之。味其句法,则可知矣。"⑤

然而,在东坡故事中,磨去的只是东坡的名字。讳东坡之名,却不能废东坡的见解。"后汉马文渊、路博德,皆尝为伏波将军,又皆有功于岭南,海上有伏波

---

① (宋)费衮撰,金圆校点:《梁溪漫志》,上海古籍出版社1985年版,第66页。
② (宋)周煇撰,刘永辉校注:《清波杂志校注》,中华书局1994年版,第191页。
③ 葛立方:《韵语阳秋》,见《历代诗话》,中华书局1981年版,第650页。
④ (宋)费衮撰,金圆校点:《梁溪漫志》,上海古籍出版社1985年版,第44页。
⑤ (宋)费衮撰,金圆校点:《梁溪漫志》,上海古籍出版社1985年版,第44页。

祠,古今所传,莫能定于一。东坡作碑,谓两伏波均当庙食。政和中,因修《九域图志》,以睢阳双庙为例,令祀两神。盖义理当于人心,虽是时正讳东坡议论,而亦不能废也。"①在东坡故事中,表达了人们对于东坡及其文字的肯定。

正是东坡的忠正耿介,让宋人肃然起敬,也为他寄予了最为理想化的政治境遇:累朝圣主,宠遇皆厚。

> 东坡先生学术文章,忠言直节,不特士大夫所钦仰,而累朝圣主,宠遇皆厚。仁宗朝登进士科,复应制科,擢居异等。英宗朝,自凤翔签判满任,欲以唐故事召入翰林。宰相限以近例,且召试秘阁,上曰:"未知其能否,故试之。如轼岂不能耶?"宰相犹难之,及试,又入优等,遂直史馆。神宗朝,以议变更科举法,上得其议,喜之,遂欲进用,以与王安石论新法不合,补外。王党李定之徒,媒蘖浸润不止,遂坐诗文有讥讽,赴诏狱,欲置之死,赖上独庇之,得出,止责置齐安。方其坐狱时,宰相有谮于上曰:"轼有不臣意。"上改容曰:"轼虽有罪,不应至此。"时相举轼桧诗云:"根到九泉无曲处,世间唯有蛰龙知。陛下飞龙在天,轼以为不知己,而求地下蛰龙,非不臣而何?"上曰:"诗人之词,安可如此论?彼自咏桧,何预朕事。"时相语塞。又上一日与近臣论人才,因曰:"轼方古人孰比?"近臣曰:"唐李白文才颇同。"上曰:"不然,白有轼之才,无轼之学。"上累有意复用,而言者力沮之。上一日特出手札曰:"苏轼默居思咎,阅岁滋深,人才实难,不忍终弃。"因量移临汝。哲宗朝起知登州,召为南宫舍人,不数月,迁西掖,遂登翰苑。绍圣以后,熙丰诸臣当国,元祐诸臣例迁谪。崇观间,蔡京蔡下等用事,拘以党籍,禁其文辞墨迹而毁之。政和间,忽弛其禁,求轼墨迹甚锐,人莫知其由。或传,徽宗皇帝宝箓宫醮筵,常亲临之。一日启醮,其主醮道流拜章伏地,久之方起,上诘其故,答曰:"适至上帝所,值奎宿奏事,良久方毕,始能达其章故也。"上叹讶之,问曰:"奎宿何神为之,所奏何事?"对曰:"所奏不可得知,然为此宿者,乃本朝之臣苏轼也。"上大惊,不惟弛其禁,且欲玩其文辞墨迹。一时士大夫从风而靡。光尧太上皇帝朝,尽复轼官职,擢其孙符,自小官至尚书。今上皇帝尤爱其文,梁丞相叔子,乾道初任掖垣兼讲席,一日,内中宿

---

① (宋)费衮撰,金圆校点:《梁溪漫志》,上海古籍出版社1985年版,第114页。

直召对,上因论文,问曰:"近有赵夔等注轼诗甚详,卿见之否?"梁奏曰:"臣未之见。"上曰:"朕有之。"命内侍取以示之。至乾道末,上遂为轼御制文集叙赞,命有司与集同刊之,因赠太师,谥文忠,又赐其曾孙峤出身,擢为台谏侍从。呜呼!昔扬雄之文,当时人忽之,且欲覆酱瓿,雄亦自谓"后世复有扬子云,当好之。"今东坡诗文,乃蒙当代累朝神圣之主知遇如此。使忌能之臣,谮言不入,且道流之语未必可信。解注之士出于一时之意,而当宁以轼之忠贤而确信之,身后恩宠异常。此诚尧、舜之君,乐取诸人以为善,而轼遂被此光荣,不其伟哉。①

从东坡故事的记载中,可发现东坡身后声名之起落,然其文字解禁之后,人们倍加热衷于东坡之文字、书画,亦赋予其更高评价。

东坡博览众家,对于人生如梦、人生如寄、梦幻泡影之说都有着深刻的体察,且于自己的经历之中,体悟到人生的空漠。在东坡故事中,亦有着对于这种空漠的体认与探究,以及对人生的警悟。

人生如梦、人生如寄的思想先秦时期就已经出现。至魏晋时期,"九品中正"的选人制度使得"上品无寒门,下品无士族",贵族文人们一边享受物质奢靡,一边面对生命易逝、江山破碎的局面大畅玄风,强调生命的短暂与脆弱——"生死如梦"。经过唐代稳定、开放、雄健的文化盛世之后,生与死的焦虑早已经消弭,取而代之的是"富贵如梦"的感慨。科举制度的建立为社会中下层的文人们提供了一条"通天之路",既可以实现政治抱负,又可以实现自我的价值,取得地位、荣誉、财富、心理满足等。然而,政治的残酷,沉浮之间的落差,使得用"如梦"的虚幻消除现实的真实性从而抚慰心灵、慰藉情感成为时代的共识。著名的唐人小说《枕中记》和《南柯太守传》中的"黄粱一梦"和"南柯一梦"正是这样的代表。晚唐至宋代,文化逐渐走向了精神世界的静敛与细腻。"富贵如梦"的感叹深入到了人生的空漠,而苏东坡即是这种空漠的先觉者,并将其提升至哲理化的高度。《二老堂诗话》曾因东坡频频使用"人生如寄"之语,而辨其出处。"苏文忠公诗文,少重复者。惟'人生如寄耳',十数处用,虽和陶诗亦及之,盖有感于斯言。此句本起魏文帝乐府。厥后《高僧传》王羲之《与支道林书》祖其语

---

① 陈岩肖:《庚溪诗话》,见《历代诗话续编》,中华书局1983年版,第170页。

尔。朱翌、新仲《猗觉寮杂志》,乃引高僧及高齐刘善明,似未记魏乐府。余为太和萧人杰秀才作《如寄斋说》,引文忠公诗甚详。"①

同时,道家、佛教思想的镕铸,使得这一古老的人生如梦的思想变得更加丰富、蕴藉。庄子有"游心于淡、合气于漠"的境界,禅宗有"平常心"消解苦难,从本质上来说,都是通过自我意识的改变来解决人生问题,却并不改变任何客观存在,也不能解决现实中的问题,且带有追求个人自适、自在及精神自由的倾向,为文人们在精神上开拓了巨大的自我调节空间,在现实的压迫下撑起精神自由的自适之所,即使没有真正地退隐山林,却也能在仕途中感受山林的自由气象,成为"不隐之隐"。

宋代的春梦婆故事就充满了这种不隐而隐的空漠。如果将"春梦婆"看做一个符号,那么它"能指"的背后,"所指"直接指向了富贵如梦,并在被贬的老年东坡与七十岁老妇之间的一问一答中充满幻灭感的体现出来。

苏东坡少年得志,名满天下。有着雄健的经世报国之志,即使在屡次贬谪中也从未消退;又有着佛道的修养,随缘自适,胸襟开阔。从高官显贵到一贬再贬的困厄生活,几番沉浮的际遇使他更深切地体会到人生的种种况味,也为他的思考提供了更大的空间。公元1097年,贬居惠州的苏东坡时年六十二岁,被再贬至海南岛的儋州。"儋在南陲,山崇海濆,燥湿交蒸。……即一日之内,一身之间,冷热互见,是以人胲跂多汗,体倦,脚气之患不时有也。"②垂老投荒的苏东坡过着"食无肉、病无药、居无室、出无友、冬无炭、夏无寒泉"③的清苦生活,且承受着残酷的政治迫害。他在《与王敏仲书》中写道:"某垂老投荒,无复生还之望,昨与长子迈诀,已处置后事矣。今到海南,首当作棺,次便作墓,乃留手疏与诸子,死则葬于海外。"④亲人们也以此为永诀,在他启程南行时,"子孙恸哭于江边,已为死别。"⑤三年后方遇赦北归,终死于途中。

春梦婆故事的背景正是设置在晚年东坡被贬儋州的绝境之中。苏东坡《被酒独行,遍至子云、威、徽、先觉四黎之舍》(其三)诗中提到过春梦婆:"符老风情

---

① 周必大:《二老堂诗话》,见《历代诗话》,中华书局1981年版,第661页。
② 《(万历)儋州志》,书目文献出版社1991年版,第14页。
③ 苏轼:《苏轼文集》,中华书局1986年版,第1628页。
④ 苏轼:《苏轼文集》,中华书局1986年版,第1695页。
⑤ 苏轼:《苏轼文集》,中华书局1986年版,第707页。

奈老何,朱颜减尽鬓丝多。投梭每困东邻女,换扇惟逢春梦婆。"①《侯鲭录》则初步勾勒出了春梦婆故事:"东坡老人在昌化,尝负大瓢行歌于田间。有老妇年七十,谓坡云:'内翰昔日富贵,一场春梦。'坡然之。里人呼此媪为春梦婆。"②

觉而后知大梦,已经不再是用梦幻的虚无来取代现实的真实性,从而取消带来痛苦的客观事实,而是将整个人生、世界、宇宙都推向了梦一样的彻底幻灭。东坡对人生空漠的体悟为春梦婆故事加入了厚重的文化内涵,它来源于对宋代士大夫们政治迷梦的反省。有宋一代,"士阶层不但是文化主体,而且也是一定程度的政治主体,至少他们在政治上所表现的主动性超过了以前的汉、唐和后面的元、明、清。"③熙宁变法时期,"士大夫作为政治主体在权力世界正式发挥功能,……尽管以权力结构而言,治天下的权源仍握在皇帝的手上,但至少在理论上,治权的方向('国是')已由皇帝与士大夫共同决定,治权的行使更完全划归以宰相为首的士大夫执政集团了。"④东坡正是在这一时期加入到了政治的斗争之中,直抒己见,刚直不阿,开始了宦海沉浮的。在此"郁郁乎文哉"的时代,东坡敏感地体察到了士人们在这样的文化模式中、在盛世繁华梦落尽之后最终的归宿与结局,那就是连自身的命运都无法把握,也不可能真正实现大同之治。春梦婆故事之所以能够广泛、长期地流传,也正是在于它如此深刻地点透了政治文化中士人们的无可逃遁的命运归宿。

春梦婆故事的产生不但与时代的文化特征、文人仕子们的命运紧密相关,而且明显地体现出了庄子思想与佛教教义的影响。

春梦婆故事中庄子思想的印迹是很明显的。首先,人生如梦、如寄都是庄子思想的基本内容,《庄子·内篇·齐物论》有云:"梦饮酒者,旦而哭泣;梦哭泣者,旦而田猎。方其梦也,不知其梦也。梦之中又占其梦焉,觉而后知其梦也。且有大觉而后知此其大梦也,而愚者自以为觉,窃窃然知之。"⑤庄子将每一次的觉醒都看做迷失于更大的梦中,觉与梦构成了无限的多米诺骨牌,最终连"觉"本身也被"梦"幻化了。而《庄子·内篇·大宗师》有:"夫大块载我以形,劳我以

---

① 苏轼:《苏轼诗集》,中华书局1982年版,第2323页。
② (宋)赵令畤撰,孔凡礼点校:《侯鲭录》,中华书局2002年版,第183页。
③ 余英时:《朱熹的历史世界》,三联书店2004年版,第1页。
④ 余英时:《士与中国文化》,上海人民出版社2003年版,第519页。
⑤ 郭象注,成玄英疏:《南华真经注疏》,中华书局1998年版,第53—54页。

生,佚我以老,息我以死。"①本就没有什么可以执着的意义,哪里有什么是非得失呢。人生不过一场路过而已,虚幻又偶然。

其次,故事中"负大瓢行歌于田间"的东坡形象富有庄子思想世界的气息。《庄子·内篇·逍遥游》中有一个故事:"惠子谓庄子曰:'魏王贻我大瓠之种,我树之成而实五石。以盛水浆,其坚不能自举也。剖之以为瓢,则瓠落无所容。非不呺然大也,吾为其无用而掊之。'庄子曰:'夫子固拙于用大矣!……今子有五石之瓠,何不虑以为大樽而浮乎江湖,而忧其瓠落无所容,则夫子犹有蓬之心也夫!'"②庄子以大瓠寄予了脱离世俗功利是非的超越之"大用",洋溢着生命的饱满与自在。大瓠几乎已经成为代表庄子思想的实物符号之一了。此外,"行歌"亦是庄子故事中有道之人的典型行为,如《庄子·外篇·达生》中一位在"鼋鼍鱼鳖之所不能游"的地方,"被发行歌而游于塘下,"孔子向他请教,他说:"吾始乎故,长乎性,成乎命。与齐俱入,与汩偕出,从水之道而不为私焉。"③又如《庄子·外篇·知北游》中的高士"行歌而去",曰:"形若槁骸,心若死灰,真其实知,不以故自持。媒媒晦晦,无心而不可与谋。彼何人哉!"④春梦婆故事中的东坡正是背着这样"无用"的大瓢"行歌"于空旷的田野之上,而故事中呈现出的一派自然气息,亦与庄子主张在内心世界解脱羁绊,返回自然,追求无拘无束、朴素淡泊以及对人与大自然的本然生命与力量的肯定是一致的。

佛教关于人生虚幻的思想在宋代被广泛地接受。东坡就曾书写司马光所撰的《解禅偈》,并被士大夫们所称赏。"余尝得东坡所书司马温公《解禅偈》,其精义深韫,真足以得儒释之同,特表其语而出之。偈之言曰:'文中子以佛为西方之圣人,信如文中子之言,则佛之心可知也。今之言禅者,好为隐语以相迷,大言以相胜,使学者伥伥然益入于迷妄,故余广文中子之言而解之,作《解禅偈》六首。若其果然,则虽中国行矣,何必西方,若其不然,则非余之所知也。忿气如烈火,利欲如铦锋。终朝常戚戚,是名阿鼻狱。颜回安陋巷,孟轲养浩然。富贵如浮云,是名极乐国。孝弟通神明,忠信行蛮貊。积善来百祥,是名作因果。仁人之安宅,义人之正路。行之诚且久,是名光明藏。言为百代师,行为天下法。久

---

① 郭象注,成玄英疏:《南华真经注疏》,中华书局1998年版,第143页。
② 郭象注,成玄英疏:《南华真经注疏》,中华书局1998年版,第16—17页。
③ 郭象注,成玄英疏:《南华真经注疏》,中华书局1998年版,第377—378页。
④ 郭象注,成玄英疏:《南华真经注疏》,中华书局1998年版,第424页。

久不可掩,是名不坏身。道义修一身,功德被万物。为贤为大圣,是名菩萨佛。'于虖！妄者以虚辞岐实理,以外慕易内修,滔滔皆是也,岂若是偈之坦明无隐乎！盍反而观之。"①既然世间的一切都是虚妄不真的,心生法生,心灭法灭,万象混一,归于本心,只能以内心的神秘体验去体贴领悟,那么所有的爱欲愁苦都不过是人自己作茧自缚,迷失于光怪陆离之中而已。苏东坡用这种幻灭彻底地打通世间的因果、生命的束缚、人生的困厄乃至生与死。他在《六观堂赞》中说:"我观众生,念念为人。昼不见心,夜不见身。佛言如梦,非想非因。梦中常觉,孰为形神？……佛言如幻,永离爱恶。饥餐画饼,无有是处。我观众生,起灭不停;以是为故,乃有死生。"②此外,宋代士大夫们的词中常常会出现各种佛家教义的变形,如"远离于断常,世间恒如梦",有时甚至就是禅理机锋的直接表达。而后代的文人也常常在此义理之上理解春梦婆故事中的"人生如梦"。

东坡本人就爱好庄子、佛教的思想,并与儒家思想融为一炉。以东坡为主人公的春梦婆故事亦有三家思想的共通与融合之处,"人生如梦"的空漠不仅仅是士人们对自身命运、意义的自省与反思,也是道、释二家思想影响的结果。

无论是东坡故事中呈现出来的担当民瘼、耿介实干,还是东坡对于人生、外在的不隐而隐的空漠,都是宋代文人士大夫们所体认最为深刻、也最易于强调的部分。虽然切近于历史中的东坡,却也已经在东坡故事的塑造中渐行渐远。

二、元代:贬谪中沉郁的归隐与虚幻的得志

"八娼九儒十丐"的元代文人再也没有唐宋文人"致君尧舜上,再使风俗淳"的雄心壮志,而是深深地陷入一种精神失落之中。传统的思想观念无法解释、支撑现实,而文人们更无法排遣由此而产生的种种抑郁与愤懑。其生存状态,或是归隐山林,洁身避世,或是玩世不恭,混迹于市井之中,与娼优共戏。

此时,走向市井的文人们,创作出了属于他们的独特的戏剧作品。这些艺术创造活动的成果,是作家审美创造主体的对象化、语符化。作家对外在生活素材的筛选、过滤、加工都倾注着作家自己的思想感情。才高一世却被一贬再贬,耿

---

① (宋)岳珂撰,吴企明点校:《桯史》,中华书局1981年版,第92页。
② 苏轼:《苏轼文集》,中华书局1986年版,第607页。

直忠良却被诬陷的无辜而无奈的悲剧命运成为元代文人笔下东坡故事的主要底色。

剧作《苏子瞻风雪贬黄州》，虽然整体情节构建切近《宋史》的记载，但其中充盈着浓烈的凄怆与悲愤的思想情感。郁郁不平的愤懑与卑微酸楚的凄凉共同造就了极为浓重的悲剧氛围，既是一种控诉，又是一种宣泄，但更多的是对绝世独立却微如草芥的自身悲剧命运的心酸与悲痛。

剧中，忠臣被谤而贬官的悲愤，与贬官路途中的孤独凄凉互相交融。东坡因为反对青苗法而得罪王安石，被其设计弹劾且欲致之于死地，即"乌台诗案"。死里逃生之后，东坡自比前代贤士，"我不怕文章似韩退之，史笔如司马迁，英俊如仲宣、子建，豪迈如居易、宗元，风骚如杜少陵，疏狂如李谪仙，高洁如谢安、李愿，德行如闵子、颜渊。为不学乘桴浮海鸥夷子，生扭做踏雪寻梅孟浩然，困煞英贤。"不由长叹，"想忠臣义士，好难处世也呵！"此时天寒地冻，大雪纷飞，东坡衣着单薄，没有暖食，环境的凄冷更加衬托内心的失意；只有一个书童相伴，孤独的身影诉说内心深沉的落寞。"骑着疋慢腾腾瘦寒，必丢不答践，冻的个立钦钦穄子滴羞笃速战。"书童终因寒冷而痛哭，东坡只得忍耐饥冷，"可做了雪拥蓝关马不前，哽咽无言。"①

其次，对世人势利鄙俗的愤懑与贬居生活物质困窘的凄凉相对应。到黄州后，杨太守屡屡为难东坡，不肯帮忙。剧中对人格屈辱的刻画尤为淋漓尽致，怨憎之声，发之于声，源之于心："倚主欺宾，仗富欺贫，倚势欺人，富而骄，贫而谄，贫无义，富无恩，富无恩，岂是人，岂是人，类飞禽，类飞禽，颇曾论，颇曾论，处人伦，处人伦。傲饥贫，傲饥贫，莫生嗔，莫生嗔，闭贤门。"其愤懑深厚凝重似无处排解："胸中有物，肚里无食，堪悲，虎病山前被犬欺。"②"一身褴褛"的东坡，面对"釜有蛛丝甑有尘"的房屋，听闻妻儿啼饥号寒，不尽凄凉意。

再次，对文人治世理想受挫的愤懑与最终坠向虚无、息心避世的凄凉共同指向了无可选择的悲剧命运。即使在风雪大作的往黄州路上，东坡也有气节不改，豪言壮志之时："万顷潇湘，九天星象，长江浪，吸入诗肠，都变做豪气三千丈。"而小官马正卿的安慰："大人此行，天下共知亏枉。青天可鉴，不久还朝重用

---

① （元）费唐臣：《苏子瞻风雪贬黄州》，见《孤本元明杂剧》，中国戏剧出版社1957年版，第二折。
② （元）费唐臣：《苏子瞻风雪贬黄州》，见《孤本元明杂剧》，中国戏剧出版社1957年版，第三折。

也"①;"大人今远处炎方,朝廷公道何在。后世史官,必有纪录,"②正是把道德、功业、载入史册的声名不朽作为最终成功的标志。东坡也向往着"乘肥马,衣轻裘"的生活以及其所蕴含的自我实现与价格认同。当皇帝为他平冤复官,恩仇毕报,却使东坡倍觉"升沉荣辱,好无定呵",陷入了人生的另一种虚无,以隐居自慰,"从教头上青天鉴,不愿腰间金印悬,受他冷冷清清多多少少,避是是非非万万千千。或向林皋声里,舴艋舟中,霍索溪边,一壶村酒,白眼望青天。"谢绝了皇帝的任命:"倒不如农夫妇蠢,绕流水孤村,听罢渔樵论,闭草户柴门,做一个清闲自在人。"③

剧中浓重的悲愤情绪,无疑是作者借东坡贬黄州之事,倾诉生活中所遭遇的不平与辛酸以及对自身生存状态的观照与反思。沦落不遇,可以说是元代大多数文人的共同命运,而东坡曾经被贬的不幸经历,正与元代文人的沉沦有某些相似之处,因此,元杂剧多忽略东坡曾经有过的辉煌人生,只加倍渲染其沦落潦倒的凄楚和悲凉,借以倾泻自己的痛苦与悲愤。剧中东坡的穷困落魄地为米折腰、斯文扫地,与其说是演苏东坡的经历,倒不如说是元曲作家们自述遭遇。在元代,科举考试常年被废除,文人即使入仕也难以得到重用。这就使得文人们一方面饱受生计的物质困扰,一方面遍尝由社会地位低下带来的人格屈辱,更易与东坡的高才不遇、反复被弃、不断贬谪的沦落命运产生共鸣。正如方回所言:"坡仙果何幸,黄州七年客。价高日月低,名大天地窄。"④

事实上,选择东坡作为"虎落平阳被犬欺"的典型人物,首先是由于历史中的东坡以及宋代东坡故事中的东坡,才高八斗,功名显赫,一生世宦,是典型的经过个人努力通过科举考试进入仕途的典范。"真宗朝,钱希白贤良方正擢第,庆历中,子明逸子飞、彦远子高相继制举登科;嘉祐末,苏轼子瞻、弟辙子由同年制策入等:衣冠以为盛事。故子高谢启云:'两朝之间,相继者父子;十年之内,并进者弟兄。'子瞻《汝州谢表》曰:'兄弟并窃于贤科,衣冠或以为盛事。'而子瞻入等尤高,故其谢启曰:'误玷久虚之等。'"⑤

---

① (元)费唐臣:《苏子瞻风雪贬黄州》,见《孤本元明杂剧》,中国戏剧出版社1957年版,第二折。
② (元)费唐臣:《苏子瞻风雪贬黄州》,见《孤本元明杂剧》,中国戏剧出版社1957年版,第二折。
③ (元)费唐臣:《苏子瞻风雪贬黄州》,见《孤本元明杂剧》,中国戏剧出版社1957年版,第四折。
④ 四川大学中文系唐宋文学研究室编:《苏轼资料汇编》,中华书局1994年版,第845页。
⑤ (宋)王辟之撰:《渑水燕谈录》,第1269页。

其次，宋代东坡故事中东坡屈才难伸的状态，被政敌迫害的窘状都使元代文人找到了得以共鸣之处。政敌的倾轧不仅表现在对东坡文章才华的有意贬低，"吕吉甫问客：'苏子瞻文辞似何人？'客揣摩其意，答之曰：'似苏秦、张仪。'吕笑曰：'秦之文高矣，仪固不能望，子瞻亦不能也。'徐自诵其表语云：'面折马光于讲筵，廷辩韩琦之奏疏。'甚有自得之色，客不敢问而退。"①更残忍的是对于东坡生命安全的步步紧逼，"东坡自惠迁儋耳，子由自筠迁海康，二公相遇于藤，因同行。将至雷之境，郡守张逢以书通殷勤；逮至郡，延入馆舍，礼遇有加。东坡将渡海，逢出送于郊，复官出钱僦居，以馆子由。帅臣段讽闻之大怒，劾逢馆留党人苏轼，及为苏辙赁屋等事。逢坐除名勒停，子由移循州。"②这样悲惨的遭遇屡屡出现在东坡故事之中，"绍圣中，贬元祐人苏子瞻儋州，子由雷州，刘莘老新州，皆戏取其字之偏旁也。时相之忍忮如此。"③

再次，宋代东坡故事中始终不改的忠义耿介更彰显了东坡作为文人的人格尊严。在宋代故事中的东坡，老年被贬至海岛九死一生之时，依然傲骨于胸，丝毫没有对苦难的媚态与屈服。元代，宋代东坡故事中的耿介忠直与空漠都大量弱化了，逐渐转化成了自哀身世，自怜命运的愤恨与悲悯。

在宋代东坡故事中，东坡自海南岛北归时的胜利是坚毅的精神的最终胜利，但在元代，这种精神胜利被最终的大团圆结局所代替。在元代东坡故事中，官复原职、洗冤平反、复召回京、高官厚禄、重享荣华成为了诸多戏剧作品殊途同归的选择，不管是《贬黄州》，还是《花间四友东坡梦》、《苏子瞻醉写赤壁赋》，无一例外地都安排东坡重新回到了庙堂之上，聊以安慰作家们的落寞、愤懑与不得志，却也只是一种虚幻的自我满足。

三、明代：寄兴东坡——行藏之间的徘徊

明代文人通过科举而走向仕途的道路被重新打开，命运与处境随即改变，东坡故事也呈现出新的变化。东坡受到了格外的关注，大量辑刻、选刊东坡的文集、诗集的现象屡见不鲜，其事迹的广泛传播，也使关于东坡故事的各种再创作

---

① （宋）陆游撰，李剑雄、刘德权点校：《老学庵笔记》，中华书局1979年版，第104页。
② （宋）曾敏行著，朱杰人标校：《独醒杂志》，上海古籍出版社1986年版，第35页。
③ （宋）陆游撰，李剑雄、刘德权点校：《老学庵笔记》，中华书局1979年版，第50页。

更加丰富多彩。在明代的东坡故事中,随机而动,依势而变,得志则积极入世、有所作为,失意则流连山水歌舞、享受人世的富裕繁华。行藏之间,一本万殊,悠游于心,悠游于天下。

明代东坡故事中常有依据历史建筑或遗迹来记忆东坡,例如:"前沙河,在菜市门外太平桥外沙河北,水陆寺前,入港,可通汤镇、赭山、仁和、盐场,东南接外沙河,北达后沙河。东坡尝于此开汤村运盐河,有《雨中督役宿水陆寺寄清顺》诗:'草没河堤雨暗村,寺藏修竹不知门,拾薪煎药怜僧病,扫地烧香净客魂。农事未休侵小雪,佛灯初上报黄昏,年来渐识幽居味,思与高人对榻论。'今水陆寺,元至正间筑城,围入城内。"①又如惠因寺,"后唐天成二年吴越王建。宋元丰八年,高丽国王子僧统义天入贡,因请净源法师学贤首教。元祐二年,以金书汉译华严经三百部入寺,施金建华严大阁,藏塔以崇之。元祐四年,统义天以祭奠净源为名,兼进金塔二所。适苏子瞻守杭,上疏云:'自熙宁来,高丽屡入朝贡,两浙骚然,皆因奸民徐戬等交通诱引,妄谈庸僧净源通晓佛法,以致义天羡慕来朝,从源讲解。净源既死,其徒复持真影舍利,违禁过海,以致义天差人祭奠,兼进金塔探瞰。朝廷受之,则以贪示外夷,计构纷然,朝贡踵接,夷使所至,图画山川,购买书籍,不惟中国受疲,而边防亦疏,乞却金塔勿受,绝其来意。'神宗从之。宁宗书'华严经阁',理宗书'易庵'。元延祐四年,高丽沈王奉诏进香,翻经于此。至正末毁,国初重葺,俗称高丽寺,础石精工,藏轮宏伟,两山所无。"②也会借东坡的政事来批判当下,"城中秀丽,惟紫阳为冠,第逼近巡台,游人往往逮捕;坐是羽流惮居,廊宇崩废,风景寥落,亦可慨也。……苏子瞻守杭时,登府中望海楼诗云:'楼下谁家焚夜香?玉箫哀怨弄清凉。'是以郡守未尝禁人歌吹也。乃今上日骄而下日谄,节级所历,鸡犬皆惊。有闻儿啼而杖其父母,至摔儿以死者,不独禁游紫阳而已,不亦重可慨哉!"③

然而,明代东坡故事中,当论及东坡"使其不言,谁当言者"的忠介时,多是对文人风雅幽默的欣赏,而不再主要关注其死谏敢言的气节。"东坡性不忍事,尝云如食中有蝇,吐之乃已。晁美叔每见以此为言,坡云:某被昭陵擢在贤科,一时魁旧往往为知己。上赐对便殿,有所开陈,悉蒙嘉纳,已而章疏屡上,虽甚剀

---

① 田汝成:《西湖游览志余》,浙江人民出版社 1980 年版,第 332 页。
② 田汝成:《西湖游览志》,浙江人民出版社 1980 年版,第 41 页。
③ 田汝成:《西湖游览志余》,浙江人民出版社 1980 年版,第 328 页。

切,亦终不怒,使其不言,谁当言者! 某之所虑,不过恐朝廷杀我耳。美叔默然,坡浩叹久之曰:朝廷若果见杀,我微命亦何足惜,只是有一事,杀了我后好了你。遂相与大笑而起。"①故事中,在"杀我"与"好了你"之间,无疑用了更为戏谑的角度去解决死谏与全身之间的矛盾,正是这种临大事而依然谈笑风生、幽默笑谑的气度,更得明代东坡故事之赞赏。

与元代相似,明代东坡故事中,也更多地将关注的焦点投入到了东坡被贬谪的经历之中。甚至文人们一遇牢狱之灾,便会想到东坡之乌台诗狱,"永乐间,宗吉以诗祸,下锦衣狱。盱江胡子昂亦以诗祸踵至。子昂以《东坡系御史台狱》二诗索瞿和,瞿诗云:'一落危途又几春,百忧交集未亡身。不才弃斥逢明主,多难扶持望故人。有字五千能讲道,无钱十万可通神。忘怀且共团栾坐,满炷炉香说善因。''酸风苦雾雨凄凄,愁掩圜扉坐榻低,投老渐思依木佛,受恩未许赦金鸡。艰难馈食怜无母,辛苦回文赖有妻。何日湖船载春酒,一篙撑过断桥西。'"②在类似的囚徒经历中,明人忆起东坡的经历和东坡故事中因谤下狱的仓皇与狼狈,以此自喻。也有文人认为,东坡之所以会遭遇乌台诗案,固然是由于政敌倾轧,但也由于他自身不懂得内敛自己,锋芒毕露,而四处树敌,最终招祸。

> 熙宁初,议行新法,子瞻力言不便。及出判杭州,遂以诗语贾祸,其诗云:"老翁七十自腰镰,惭愧春山笋蕨甜,岂是闻韶解忘味? 迩来三月食无盐。"以其讥盐法太急,而民皆淡食也。又云:"杖藜裹饭去匆匆,过眼青钱转手空。赢得儿童好音语,一年强半在城中。"讥青苗法行,乡村小民不得安堵畎亩也。又云:"吴儿生长狎涛渊,冒利忘生不自怜。东海若知明主意,应教斥卤变桑田。"讥主上好兴水利,犹以斥卤变桑田,终无成日也。子瞻得罪,固出无辜,而露才取忌,亦当自引。③

与"露才取忌,亦当自引"类似,也有文人认为东坡之所以获罪,是因为缺乏与人相处的温厚,"如东坡诗,只是讥诮朝廷,殊无温纯笃厚之意,人故得而罪

---

① 《山中一夕话》,明清善本小说丛刊初编第六辑谐游篇,天一出版社1985年版,卷之一。
② 田汝成:《西湖游览志余》,浙江人民出版社1980年版,第203页。
③ 田汝成:《西湖游览志余》,浙江人民出版社1980年版,第150页。

之。"①甚至一些荒诞的东坡故事中,也采用这样的说法,"大宋真宗朝有临安府太守,姓苏名轼,字子瞻,道号东坡居士。人皆称眉山老叟。前任翰林学士,后升端明殿大学士。此人文章冠世,下笔珠玑。为因口舌鲠直,多有伤人,恶了当朝宰相王荆公,被他寻件风流罪过,把苏学士贬去黄州安置。"②在行藏出处之间的明代文人,追求进退自如、游刃有余,而东坡的如鲠在喉、不吐不快则多被指责为多嘴多舌。

明代关于乌台诗案的东坡故事中,都被加入了戏谑、游戏的色彩,或者说,原有故事中可能蕴含的戏谑、讽刺、游戏的色彩被更多地表现、挖掘出来,已经部分或完全地过滤掉了乌台诗案中无奈的个人命运与沉重的历史宿命。

《孔氏谈苑》中曾经记载了隐士杨朴被征召面圣,小妾以幽默诗戏的故事。"真宗东封,访天下隐士,得杞人杨朴。上问曰:'卿临行有人赠诗否?'朴对曰:'臣妻一首云:更无落魄耽杯酒,切莫猖狂爱咏诗。今日捉将官里去,这回断送老头皮。'上大笑,使之复还山。"③《侯鲭录》中,东坡引用这则故事,在乌台诗案案发之时,临危不惧,安慰妻子,"真宗东封,访天下隐者,得杞人杨朴,能为诗。召对,自言不能。上问:临行时有人作诗送卿否?朴曰:独臣妻有诗一首云:'更休落魄贪杯酒,亦莫猖狂爱咏诗。今日捉将官里去,这回断送老头皮。'上大笑,放还山。东坡云:吾顷在湖州,坐作诗,追赴诏狱,妻、子送出门,皆哭,无以语之,顾老妻曰:独不能如杨处士妻作诗送我乎!老妻不觉失笑而止。"④《山中一夕话》再次引用了这个故事,"子瞻曰:余在湖州,坐作诗,追赴诏狱。妻子不能送,见余出门皆哭,余无以语之。顾妻曰:子独不能如杨朴处士妻,作一诗送我乎?老妻不觉失笑,余乃去。"⑤所描述的乌台诗案已经没有了"命如鸡"的紧张凄凉,代之以笑谑旷达。或以东坡的角度嘲讽乌台诗案,"余一日醉卧,有鱼头鬼身者自海中来,云:广利王请端明。予披褐履草黄冠而去,亦不知身步入水中,但闻风雷声。有顷,豁然明白,真所谓水晶宫殿也。其下骊目、夜光、文犀、尺璧、南

---

① 单宇:《菊坡丛话》,四库全书存目丛书集部第 416 册,齐鲁书社 1997 年版,第 385 页。
② 《苏长公章台柳传》,见《熊龙峰刊行小说四种》,江苏古籍出版社 1990 年版,第 17 页。
③ (宋)孔仲平撰,王根林校点:《孔氏谈苑》,见《宋元笔记小说大观》,上海古籍出版社 2001 年版,第 2250 页。
④ (宋)赵令畤撰,孔凡礼校点:《侯鲭录》,中华书局 2002 年版,第 164 页。
⑤ 《山中一夕话》,明清善本小说丛刊初编第六辑谐游篇,天一出版社 1985 年版,卷之一。

金、火齐,不可仰视。珊瑚、琥珀,不知几多也。广利佩剑冠服而出,从二青衣。余曰:海上逐客,重烦邀命。有顷,东华真人、南溟夫人造焉,出鲛绡丈余,命余题诗。……写竟,进广利,诸仙迎,咸称妙。独广利旁一冠簪者,谓之鳖相公,进言:苏轼不避忌讳,祝融字犯王讳。王大怒。余退而叹曰:到处被相公厮坏。"①将那些在皇帝面前谤讪的官员比作鳖相公。又戏刺乌台诗案的狱官,"苏东坡自元祐初为狱官挫,未几,以礼部员外郎召入,偶遇狱官,甚有愧色。东坡戏之曰:'有蛇蝥杀人,为冥府所追,议法当死,蛇前诉曰:诚有罪,然亦有功,可以自赎。冥曰:何功也?蛇曰:某有黄可治病,所活已数人矣。遂免,良久牵一牛至,云:触杀人亦当死。牛曰:我亦有黄可治病,所活数人矣。亦得免。久之,狱吏牵一人至曰:此人生常杀人,今当还命,其人妄言亦有黄。冥官大怒,诘之曰:蛇黄、牛黄皆入药,天下所共知,汝为人黄,何功之有?其人窘甚,曰:某别无黄,但有些惭惶。"②

同样展现的是东坡被一贬再贬的故事,明代的东坡故事的重心已经不再是元代所渲染的颠沛流离的窘迫生活与政治倾轧的愤懑,而是"吟诗度曲,风月任招呼"的文人闲逸的悠然之情。

《金莲记》一剧中,东坡虽然赏景怡情,但还未完全地悠然于闲逸之乐中。乌台诗案之后,几近于死的东坡贬居黄州,没有遭遇到生活的窘困与屈辱,生活平淡,充盈着田园的安宁与静谧。"何人问谪居,自家携朝云并过儿来到黄州,半载有余,一家无恙,幅巾小屩,偏宜出入烟霞,野老田夫相与追随溪谷,近营小筑,自号东坡。"③在《狮吼记》中,"谈禅"、"赏春"、"赤壁"等出中的东坡,虽然感慨一下"寄天地蜉蝣可吊",但更多地是逍遥自在的参禅谈趣。面对无常的政治变故,东坡一边风花雪月一边谈禅说佛,表现出一个风雅文人面对世事的豁然态度。与此类似的悠然之情,还有东坡外任时,面对怡人的景色,安之乐命,"苏子瞻佐郡日,与僧惠勤、惠思、清顺、可久、惟肃、义诠、为方外之交,尝同泛西湖,有诗云:'三吴雨连月,湖水日夜添,寻僧去无路,潋潋水拍檐。驾言徂北山,得与幽人兼,清风洗昏翳,晚景分浓纤。缥缈朱楼人,斜阳半疏帘,临风一挥手,怅

---

① 华东师范大学古籍研究所点校注释:《仇池笔记》,华东师范大学出版社 1983 年版,第 269 页。
② 《山中一夕话》,明清善本小说丛刊初编第六辑谐游篇,天一出版社 1985 年版,卷之一。
③ 陈汝元:《金莲记》,古本戏曲丛刊二集,商务印书馆影印本 1955 年版,第二十三出

焉起遐瞻。世人骛朝市,独向溪山廉,此乐得有命,轻传神所歼。"①在东坡故事中,东坡最终重归高位,过着富贵闲逸的生活,"后哲宗登基,复取回朝,除做临安太守。在任词清讼简,每日金书公座,并无事务发落,却去西湖之上,造一所书院。门栽杨柳,圃种花木。但遇闲暇,去书院中,吟诗作赋,清闲洒落。至今西湖号为西东杨柳院,和靖老梅轩,古迹犹存。"②

  与此相应的是,明代的东坡赤壁画中不乏渐渐远离了仕途升沉、困厄苦闷等主题的作品,走向了江南水乡的柔美安宁,闲逸自得,清雅悠然,有如张岱小说中的描写:"席开水面,恍东坡游赤壁,偏宜月白风清,"③一派江南闲逸的格调。如果不题名为"赤壁",则与其他山水画无异。以明代文征明的作品为代表,文征明晚年曾多次绘制以赤壁赋为题材的图卷,其《赤壁胜游图》④,藏于美国弗利尔美术馆。该图以赤壁环绕江水,水光连天,东坡与客及舟子四人于小船中泛舟水上,驶向山崖下的瀑布。与此类似,还有文征明行书《赤壁赋》,钱谷补赤壁图,⑤存于故宫博物院。画中山色峭拔,水波平缓。舟子摇橹,远山如岱,苏子与客乘舟飘于水上,秀丽清浚;文征明楷书《后赤壁赋》、陆冶补图⑥,存于上海博物馆;《后赤壁赋书画》⑦,存于上海博物馆;文征明等《前后赤壁书画》⑧存于南京博物院。此外,还有文嘉、文彭的《赤壁赋书画》⑨,藏于上海博物馆。山高水阔,远山点点,舟子站起撑船,客与东坡相向而坐,正向石壁驶去;张宏的《赤壁夜游图》⑩,藏于上海文物商店。一只乌篷船穿行于两岸岩壁之间,一边高耸入云,峭顶有繁树,映衬着月亮。一边相对低矮,景致错落,风格细腻柔美。

  另外,戏曲《金莲记》中的插图⑪共有四幅,其中题有"烹鲈供笑傲,赋鹤羡

---

① 田汝成:《西湖游览志余》,浙江人民出版社1980年版,第238页。
② 《苏长公章台柳传》,见《熊龙峰刊行小说四种》,江苏古籍出版社1990年版,第17页。
③ (明)张岱撰,马兴荣点校:《陶庵梦忆·西湖梦寻》,中华书局2007年版,第180页。
④ 海外藏历代中国名画编辑委员会:《海外藏历代中国名画》,湖南美术出版社1998年版,第31页。
⑤ 中国古代书画鉴定组:《中国古代书画图目》,文物出版社1986年版,第一册,第82页。
⑥ 中国古代书画鉴定组:《中国古代书画图目》,文物出版社1987年版,第二册,第311页。
⑦ 中国古代书画鉴定组:《中国古代书画图目》,文物出版社1987年版,第二册,第322页。
⑧ 中国古代书画鉴定组:《中国古代书画图目》,文物出版社1989年版,第七册,第33页。
⑨ 中国古代书画鉴定组:《中国古代书画图目》,文物出版社1990年版,第三册,第125页。
⑩ 中国古代书画鉴定组:《中国古代书画图目》,文物出版社1993年版,第十二册,第139页。
⑪ 中国美术全集编辑委员会:《中国美术全集绘画编》,文物出版社1988年版,第二十册,第92页。

逍遥"的,正是东坡夜游赤壁的场景,尽显文人闲逸之情。唐宋之际,文化的重心从外在的家国功业转向细腻的内在修养,文人们虽然仍以家国天下为己任,但同时也追求内心的逸静恬悦,娱目声色,寄情山水。明代东坡故事中,东坡仕途人生中沉重苦闷的成分都被过滤掉了,艺术地品味山水、吟诗把酒的悠闲情致与文人气息被凸显、强调出来。

然而,故事中的东坡被召还之时,欣然从之,颇有用世之志。《狮吼记》中的"祖席"一出,多的是"寒谷多年,陡回春意"的惊喜,如下场诗所言是"迁客还朝意气新",表示"倘见信于朝廷,愿荐桥梓",一心"为国荐贤,以报知己","驻马听"一曲更表现出了对皇帝感恩戴德的忠心。"同荣"一出,当东坡为季常争取到了官职,并奉旨宣召时,陈季常以"久无用世之心"加以推辞,东坡以"君命不可违,须索走一遭",恩威并施加以劝勉,将一个得志时积极入世、失意时超然出世的儒家文人范型刻画出来。

值得注意的是,除了行藏之间的取舍悠游,明人也会借东坡的仕途不幸抒发世事虚无的感慨。《金莲记》中,虽然东坡并未遭遇生活的困顿,但他的心境并未完全平和,依然为仕途的坎坷悲伤不已,"大江东涌浪惊涛,只见龙窟银妆蜃阙烟飘,问前途,泪喷狂澜,雪卷秋潮,你道出樊笼、冲天一鹗,谁知罹弓弦,泣露孤雕,更有尘嚣蜕羽难逃,除非是濯足江湖,闪魄林皋。"①在悲伤中,以东坡生平来表明一切皆空,"苏东坡上元夜,过赴儋守召,独坐,有感诗云:使君置酒莫相违,守舍何妨独掩扉。静看月窗盘蜥蜴,卧闻风幔落蛣蜣。灯花结尽吾犹梦,香篆消时汝欲归。搔首凄凉十年事,传柑归遗满朝衣。方虚谷云:此诗元符元年戊寅作,坡年六十三矣。坡甲戌之贬至元符三年庚辰、徽庙立,乃得北归。建中靖国元年辛巳卒于常州,学者睹此,则知身如浮云,外物如雌风如雄风,皆不足计较也。"②好景不长、盛事难再的幻灭之感跃然纸上,主张及时行乐。"宋时,西湖三贤堂两处,皆有东坡。其一在孤山竹阁,三贤者,白乐天、林君复、苏子瞻也;其一在龙井寿圣院,三贤者,赵阅道、僧辩才、苏子瞻也。宝庆间,袁樵尹京,移竹阁三贤祠于苏堤,建亭馆以沽官酒。或题诗云:'和靖东坡白乐天,三人秋菊荐寒泉,而今满面生尘土,却于袁韶趁酒钱。'"③

---

① 陈汝元:《金莲记》,古本戏曲丛刊二集,商务印书馆影印本1955年版,第二十三出。
② 单宇:《菊坡丛话》,四库全书存目丛书集部第416册,齐鲁书社1997年版,第373页。
③ 田汝成:《西湖游览志余》,浙江人民出版社1980年版,第362页。

明代的东坡故事既没有宋代东坡故事中对耿介实干的赞叹,也没有元代东坡故事中的愤懑屈辱,以悠游于物质繁华、清赏于湖光山色的闲逸之乐重构了东坡故事,津津乐道于东坡与友人的戏谑游宴、湖山风月,以及时行乐的醉态重构了东坡形象。

四、清代:繁华尽落的东坡故事

清代,明末清初誓不仕清的士大夫文人们渐已悄然,汉族士大夫文人们入仕为官的通道也已经打开。面对政治倾轧,汉族文人常常进退无据,甚至自愿归隐,于繁华落尽处避祸全身,养性怡情。

与明代东坡故事中文人们对于东坡的评价相似,东坡的直言敢谏并不被认为是智慧的,且诟病东坡诗、东坡文字不够温柔敦厚,批评东坡过于豪纵:"孙沙溪先生又云:苏东坡作《韩文公庙碑》诗曰:'作诗诋佛讥君王,要观南海窥衡湘。'方作谏书时,亦惟望谏行言听耳,岂故意诋讥君王,要为南海之行哉!大抵东坡诗过于豪纵,如'老死南荒吾不恨,兹游奇绝冠平生'之类,何如少陵所云'尚怜终南山,回首清渭滨',太白所云'回头语小姑,莫嫁如兄夫,'乐天所云:'君王若问妾颜色,莫道不如宫里时'为得诗人忠厚温柔之意。宋人终输唐人一筹也。"①

对于东坡日常生活审美的深入发现,清人或择其闲逸之兴味,主张全身保性,"常州宜兴县黄土村,东坡南迁北归,与单秀才闲步至其地。地主携酒来饷,曰:'此红友也。'坡曰:'人知有红友而不知有黄封,可谓快活。'余尝因是言而推之:金貂紫绶诚不如黄帽青簑,朱毂绣鞍诚不如芒鞋藤杖,醇醪豢牛诚不如白酒黄鸡,玉户金铺诚不如松窗竹屋。无他,其天者全也。"②同样,清人或为东坡未能一日辞官归隐而叹息,并将之归因于不得已的宿命,"苏东坡云:'退之以磨蝎为命宫,而仆以磨蝎为身宫,故虽有文章,而多小人之谤。'又自谪海南归,人有问迁谪之苦者,坡云:'此是骨相所招。'少时入京师,相者云:'一双学士眼,半个配军头。异日文章显,当知名,然有迁谪不测之祸。'坡又赠善相者程杰诗云:

---

① (清)褚人获辑撰,李梦生校点:《坚瓠集》,上海古籍出版社2012年版,第1115页。
② (清)褚人获辑撰,李梦生校点:《坚瓠集》,上海古籍出版社2012年版,第251页。

'火色上腾虽有数,急流勇退岂无人。'亦似相其不寿而欲以早休当之,故又曰:'我似乐天君记取,华巅赏遍洛阳春。'然坡生平居官起而复踬,未得遂急流勇退之愿,而卒于毗陵,年仅六十有六,未尝一日享林下之乐。则命与相者之言悉验。"①

与此相应,东坡离弃功名富贵的出尘词句也曾被清代文人所激赏。"苏东坡有《净浴·如梦令》词云:'水垢何曾相受,细看两俱无有。寄语揩背人,尽日劳君挥肘。轻手,轻手,居士本来无垢。'又云:'自净方能洗彼,我自汗流呀气。寄语澡浴人,且共肉身游戏,但洗,但洗,本为人间一切。'"②或以游戏的方式调侃人生,"苏东坡述怀有《行香子》词云:'清夜无尘,月色如银,酒斟时须满十分。浮名浮利,休苦劳神。似隙中驹,石中火,梦中身。虽抱文章,开口谁亲,且陶陶乐取天真。不如归去,作个闲人。背一张琴,一壶酒,一溪云。'"③或将东坡与其他人物相较,主张以旷达胸襟泯然荣辱得失。"苏东坡《洗儿诗》:'人皆养子望聪明,我被聪明误一生。但愿生儿愚且鲁,无灾无难到公卿'。明杨月湖反其意曰:'东坡但愿生儿蠢,只为聪明自占多。愧我生平愚且鲁,生儿那怕过东坡。'虽出于游戏,总不如少陵所云'有子贤与愚,何必挂怀抱'为旷达也。"④

明代中后期,随着"心学"影响的扩大,文人剧显示了知识分子对社会人生的探索和追求,主体意识得到张扬。清代文人剧在此基础上,形式更加自由多样,到了乾嘉之际,春梦婆故事剥去了两宋时期内在的道家、道教蕴涵,杨潮观《吟风阁杂剧》中的《换扇巧逢春梦婆》成为文人宣泄苦闷、通过的情感排遣和现实遭遇的变化来实现从"苦闷"到"希望"转化的一种方式。

杨潮观,虽有治世之志,却始终有志难伸。他熟悉官场生活,将不满悲愤寓之笔下。其杂剧主人主,多是有过贬谪经历或郁郁不得志的著名文人,例如被贬谪过的韩愈、苏东坡等,以排遣苦闷,寄托情感。

剧中东坡本是天上神仙,一朝失足,落在人间。朝云已经被观音大士补入散花天女,因为东坡宿业将满,奉菩萨法旨,着混元蝶母点化于他。混元蝶母即是故事中的春梦婆,她携四个女儿蓬仙、花犯、村里来、风中定正在游春。东坡一笠

---

① (清)褚人获辑撰,李梦生校点:《坚瓠集》,上海古籍出版社2012年版,第635页。
② (清)褚人获辑撰,李梦生校点:《坚瓠集》,上海古籍出版社2012年版,第233页。
③ (清)褚人获辑撰,李梦生校点:《坚瓠集》,上海古籍出版社2012年版,第262页。
④ (清)褚人获辑撰,李梦生校点:《坚瓠集》,上海古籍出版社2012年版,第17页。

一瓢,访长老不遇,又迷了路,请混元蝶母为他指引。混元蝶母问他:"你寻那条路?你寻下海的路?还是朝天的路?"①并请东坡回顾一生得意之处,"我有文章华国去,天教富贵逼人来"。随后步步追问:

(老旦)如今你的翰林学士呢?(外)罢任了。(老旦)你的杭州太守呢?(外)改调了。(老旦)你从前挣的科名呢?拏来我看。(外)这原是虚名。(老旦)原来是虚名。且问你的文章呢?你的政事呢?这自然是实在的了,如今何在?怎不拏来长久受用?(外叹介)不必说起。彼一时,此一时了。(老旦)原来如此。你那许多本事,到今来,流落天涯,一无可靠。内翰呀,你当初富贵,不是一场春梦来!②

东坡有所警醒,却依然未悟。此时风中定携花篮进一步点化东坡,"我这无底篮儿,收拾繁华,忧根早断。"混元蝶母送团扇给东坡,东坡以瓢相换。结果,瓢被跌破,扇子化为了蝶翅,朝云撒下阵阵花雨,东坡方才大悟。就在此时,诏使到来宣读诏书。东坡得以昭雪还朝,唱道:"我一身宠辱君恩大,百感消除无泪堕。从今后,须信道蝴蝶庄周,都不是我。只为拈花一笑痴,今年花发去年枝。从今一任春来去,颠倒繁华梦觉时。"③

该剧中为春梦婆设置了混元蝶母的仙人身份,自言"在罗浮山修炼千年,遇南海菩萨点化,显现人身,成其正果"。传说罗浮山有一种大蝴蝶,俗名仙蝶,"混元蝶母"这样的一神仙名目可能就是依此附会而来。很有意思的是,她的扮相是着"道装",但开口即言"一花一世界、一叶一如来"的佛家偈语。不仅由南海菩萨点化成仙,还因观音大士的旨意去点化东坡。她唱道:"你不曾睡里降魔。……要棒喝当头稍可,降魔是佛家结跏趺坐法的一种,而棒喝亦是禅宗常用的修行方法。"而混元蝶母表现出的,却是后世小说戏剧中庄周的气度风神,"剧中的蝶仙令人想起荒唐出世的庄周。"④《警世通言·庄子休鼓盆成大道》中庄子休本就是蝴蝶修炼而成的天仙,因罪谪凡投胎为庄周。《换扇》戏词中诸多典

---

① 杨潮观:《吟风阁杂剧》,上海古籍出版社 1983 年版,第 184 页。
② 杨潮观:《吟风阁杂剧》,上海古籍出版社 1983 年版,第 185 页。
③ 杨潮观:《吟风阁杂剧》,上海古籍出版社 1983 年版,第 187 页。
④ 杨潮观:《吟风阁杂剧》,上海古籍出版社 1983 年版,第 190 页。

故的是出于庄周,如第一句"换扇,思撄宁也。"撄宁即出自《庄子·大宗师》:"其为物无不将也,无不迎也,无不毁也,无不成也,其名为撄宁";"剩无多,蜗牛角上,一个瘦东坡",蜗角的比喻出自《庄子·则阳》篇;亦有"凭将一觉庄周梦,说与天涯沦落人"之言。作为仙人的混元蝶母已经不同于故事中春梦婆的文学形象了,她不仅一定程度上"象征着隐藏在生活混乱之中的在先的意义",①还承担了一种相对固定的模式规范中的典型角色。

高人点化、悟道成仙的模式早在先秦就已经出现了雏形,随着道教的发展,以"黄粱梦"为代表形成了庞大的故事系统。高士点化落魄文人成了固定的模式,然而,黄粱梦故事系统中的落魄文人常常是久困科场,无法顺利通过科举考试取得功名。有着"朝为田舍郎,暮登天子堂"、出将入相、列鼎而食的期望,却在现实中屡次失败。由高人让他们入梦,在梦中享有高官贵妻、荣华富贵而后失去一切回到现实,顿悟人生的虚幻。

《换扇巧逢春梦婆》亦是这样的悟道成仙模式下的戏作之一。"道教试图通过遂欲、纵欲的方式来让痴迷尘世者乐极生悲,悟道成仙。……或通过高人的点化让痴迷红尘者迷途知返,这种点化往往在痴迷红尘者经历种种挫折、痛苦的情况下方能有实效。"②该剧正是以东坡一生经历的种种挫折与痛苦为背景,使流放儋州的晚年东坡形象更适宜悟道故事的情境。后代也有文人将春梦婆故事与黄粱梦联系起来,不同的是,黄粱梦系统的故事都是以"梦中人生"来证明"人生如梦"。而东坡科场得志,宦海沉浮,"内翰昔日富贵,一场春梦"是以现实经历来证明人生即梦,都是虚幻的,更具有现实感与说服力。

道教将世俗欲望看作是修道的障碍与束缚,只有体悟人生的虚幻,消除对功名富贵的欲求才是修炼的必由之路。"笑今日天涯,梦绕觚棱,吊下忠魂一个",被流放的东坡虽然心有怨声,但依然执迷。混元蝶母点度东坡,关键在于让他"脱离名利缰锁"。而当剧中的东坡终于挣脱名利枷锁,却被皇帝重新诏回,委以重任。道教神仙戏剧是道教神仙思想与戏剧艺术形式的有机结合,以戏剧的形式表现现实社会的种种苦难以及带给人们的巨大痛苦,歌颂神仙世界的美好,张扬神仙的法术神通与慈悲悯人的救世情怀,给抽象的、无形可见的超现实的神

---

① 荣格:《心理学与文学》,三联书店 1987 年版,第 87 页。
② 吴光正:《中国古代小说的原型与母题》,社会科学文献出版社 2002 年版,第 138 页。

仙世界、神仙个体赋予了具体生动的形象,使得神仙思想易为广大民众所接受。而道教神仙思想又使戏曲作品带有了宗教想象色彩,剧作家在反映神仙思想的同时,通过神仙形象、法术神通、梦幻境界等构建了一个个神奇和谐的艺术世界。

剧中蝶仙令人"想起离不开尘世的'仙人',作者本人,看来有时也颇具有这种人物的精神状态"。① 这样的戏剧结局异于悟道成仙的最终归宿,却呈现了文人们精神世界中终难解脱的宿命。春梦婆故事的流传与发展,也许正是根源于历代士人们的政治体验。政治理想、用世志向与宦海风波、落魄境遇的矛盾使"富贵如梦"得到了普遍的认可与接受。苏东坡少年得志,一生坎坷,耿直豁达。他的经历、形象已经成为宋代以后的文人人格的标志与典范。春梦婆故事正是以晚年东坡的境遇为契机,打开了文人的心灵图景,也揭示了文人无可逃遁的命运。

清代文人笔下的东坡故事平实质朴,既没有深重的情绪,也没有高扬的色调。清代文人笔下的东坡故事,大多可以从前代东坡故事中找到来源。清代文人对于历代东坡故事做了一定程度的总结、整合与考证,也使得清代文人们笔下东坡故事更为多元、多样。

第二节　日常生活兴味中的东坡故事

苏轼对于日常生活所蕴涵的艺术之美有着敏锐的体味,故而其文字中流露出的生活细节也往往充满了风雅、机趣与欢愉。宋代的东坡故事很大程度上汲取了这样的生活态度并呈现出诸多生活细节,且欣欣然地给予了认同与肯定。明代的东坡故事则更多地将及时行乐融入了东坡故事之中,张扬人的欲望,在感官享乐中陶然忘忧。清代的东坡故事中则既有将艺术化的审美回归雅正之作,又有纯粹将东坡故事作为消遣娱乐的游戏玩笑,以资闲谈。

一、宋代:鲜活雅致的日常生活审美化与机趣的戏谑

东坡在诗、词、文中所表露的个人在生活中的审美体会是丰富而细腻的,对

---

① 杨潮观:《吟风阁杂剧》,上海古籍出版社1983年版,第190页。

于外界事物,大到山川河岳的雄伟壮丽,小至哪怕一枝一叶的纤细之美都深切地体察于心,蕴积于胸,发现前人所未发现,并以精妙的语言细致地传达出来。"严格来说,文人的生命就是充分发挥自己的生命格调,扩充感性经验,追求精神自由,以便在审美创作活动中能充分地驰骋想象,展示独立的个性风采和运用语言艺术的才能。其文人生活也无不多姿多彩,既执着于生命,又能无所系念,任性逍遥,潇洒旷达。"①审美化的生活与丰富的精神内蕴,或在事实上成为了文人们精神自由的一种支撑,审美主体与客体的形成甚至互相的交融,构成了东坡无待的自适、支持了精神自主性的完成,"这与儒者将社会承担精神内化为对道德律令的敬畏,及克己复礼的道德修养是有矛盾冲突的。因为过度的潇洒会游离了道德的规范性,淡化做人的社会责任感,所以朱熹对苏轼的为人和为学持激烈的否定态度。"虽然,精神自由与审美的满足并不能真正解决实际的问题,但能够释放和消解文人心中所郁积的情感。"文人的文学创作并不可能真正解决士人所面临的社会现实问题,但它能宣泄和疏导人生的各种痛苦和遗憾,提供精神性的审美愉悦,使士人在不如意的现实境遇中的忧愁得到化解。"②

在东坡故事中,东坡的日常生活是更加丰富多彩且充满生机与美的。这虽然与东坡的日常生活审美化有关,但更重要的是宋代文人们有着对于日常生活之美的共同体验,并将个人化的审美情致与发现都融入了东坡故事之中。

在宋人笔下,一块石头因为东坡的赞赏而声名斐然,价格倍增,"近年拳石之贵,其直不可数计。太平人郭祥正旧蓄一石,广尺余,宛然生九峰,下有如岩谷者,东坡目为'壶中九华',因此价重,闻今已在御前。东坡集中载《怪石供》,云谪居黄时所得。余寓居其地,屋后有山,名破湖山,乃此石所出处也。每年潦水退,细民往求之,五色莹彻,中有缠丝者,可琢为环珥玩饰,常苦其细,置斛中渍水养菖蒲,不适他用。"③然而,在东坡故事中,同样是这块被东坡称为"壶中九华"的石头,在一些专门搜集、品评石头的"专门人士"看来,并没有东坡所言的那样珍贵。"湖口李正臣所蓄石,东坡名以'壶中九华'者,予不及见之。但尝询正臣所刻碑本,虽九峰排列如鹰齿,不甚嶙峋,而石腰有白脉,若束以丝带,此石之病。不知坡何酷爱之如此,欲买之百金,岂好事之过乎?予恐词人笔力有余,多借假

---

① 张毅:《潇洒与敬畏》,岳麓书社1995年版,第14页。
② 张毅:《潇洒与敬畏》,岳麓书社1995年版,第14页。
③ (宋)朱彧撰,李伟国点校,《萍州可谈》,中华书局2007年版,第145页。

物象,以发文思,为后人诡异之观尔。"① 其实,不是石头变化了,而是品评石头的人所处角度不同。故事中的东坡以审美的眼光,发现其中所蕴藉的美,而品石人于鉴定者的角度,看到的是材质、纹路等石头本身客观的特征。然而,品石者易得,而从一般的事物中发现美的慧眼却极为难得。

与"壶中九华"非常相似的是关于潘衡制墨的故事。"宣和初,有潘衡者卖墨江西,自言尝为子瞻造墨海上,得其秘法,故人争趋之。余在许昌见子瞻诸子,因问其季子过,求其法,过大笑曰:'先人安有法？在儋耳无聊,衡适来见,因使之别室为煤,中夜遗火,几焚庐。翌日,煨烬中得煤数两,而无胶法。取牛皮胶以意自和之,不能挺,磊块仅如指者数十。'公亦绝倒,衡因谢去,盖后别自得法,借子瞻以行也。……衡今在钱塘竟以子瞻故,售墨价数倍于前。然衡墨自佳,亦由墨以得名,尤用功可与九华朱觐上下也"。② 虽然人们因东坡之名而愿意高价购买的潘衡之墨,并非东坡创制,但故事中东坡在做墨中"绝倒"之乐与苏过"大笑"的乐趣,却是真切而愉悦的。

更能体现这类特点的东坡故事,是关于酒的。东坡喜饮酒,且常饮酒,或高朋满座,或三五相邀,或独酌浅吟,或亲自动手酿酒,但东坡绝不是酗酒之徒,而是于微醺之时,体味其兴致的美好。

《竹庄诗话》引《渔隐丛话》所记,东坡贬黄州之时,发现了一株盛开的海棠,便每年携友人于花下饮酒做诗,把盏抒怀。"元丰间,东坡谪黄州,寓居定惠院。院之东小山上有海棠一株,特繁茂,每岁盛开时,必为携客置酒,已五醉其下矣,故作长篇。生平喜为人写,盖人间刊石自有五六本,云轼平生得意诗也。"③ 同时,《诗话总龟》还以另外的文字记载了这件事,文字稍异,"东坡谪黄州,居于定惠院之东,杂花满山而独有海棠一株,土人不知贵,东坡为作长篇,其中最警策者'朱唇得酒晕生脸,翠袖卷纱红映肉。'平生喜为人写,盖人间刊石者自有五六本,云:'吾平生最得意诗也。'"④ 而每每东坡饮酒醉后,或有趣事发生,"刘仲几饯饮东坡,中觞,闻笙箫声杳杳在云霄间,抑扬往返,粗中音节。徐而察之,则出

---

① (宋)方勺撰,许沛藻、杨立扬点校:《泊宅编》,中华书局1983年版,第81页。
② (宋)叶梦得撰,徐时仪校点:《避暑录话》,见《宋元笔记小说大观》,上海古籍出版社2001年版,第2606页。
③ (宋)何汶撰,常振国、绛云点校:《竹庄诗话》,中华书局1984年版,第177页。
④ 阮阅:《诗话总龟前集》,人民文学出版社1987年版,第297页。

于双瓶,水火相搏,自然吟啸,食顷乃已。坐客惊叹,请作《瓶笙诗》以记云:'孤松吟风细泠泠,独茧长缫女娲笙。陋哉石鼎逢弥明,蚯蚓窍作苍蝇声。瓶中宫商自相赓,昭文无亏亦无成。东坡醉熟呼不醒,但云作劳吾耳鸣。'"①或于醉中写下佳句,"吕申公帅维扬,东坡自黄岗移汝海,经从见之。申公置酒,终日不交一语。东坡昏睡,歌者唱:'夜寒斗觉罗衣薄',东坡惊觉,小语云:'夜来走却罗医博'也,歌者皆匿笑。酒罢行后圃中,至更坐,东坡即几案间笔墨,书歌者团扇云:'雨叶风枝晓自匀,绿阴青子静无尘。闲吟绕屋扶疏句,须信渊明是可人。'申公见之亦无语。"②

《韵语阳秋》曾引《酉阳杂俎》所载东坡评酒、酿酒的故事,"郑公愨尝于使君林避暑,取莲叶以簪刺其心,令与柄通,屈茎如象鼻,传酒吸之,名为碧筩。盖取莲叶芳馨之气,杂于酒中,为可喜也。故东坡诗云:'碧筩时作象鼻弯,白酒微带荷心苦'是已。大抵醪醴之妙,藉外而发其中,则格高而味可,如大宛之葡萄,大官之桐马,皆藉他物而成者。赵德麟以黄柑酿酒,东坡尝作《洞庭春色赋》遗之,所谓'命黄头之千奴,卷震泽而俱还'。坡亦以松明酿酒,所谓'味甘余而小苦,叹幽姿之独高'。二酒至今有用其法而为之者。至坡在黄州,自作蜜酒,惠州自作桂酒,皆一试而止,盖出于一时之戏剧,未必皆中节度尔。"③故事中,几杯酒下肚之后,东坡酣然入睡,"谓睡美为黑甜,饮酒为软饱,故东坡诗曰:'三杯软饱后,一枕黑甜余。'"④故事主人公惬意地享受感观生活中的闲逸乐趣。

故事中的东坡不仅能体味饮酒、酿酒所带来的生活乐趣,更于酒酣耳热、半醉半醒的状态下,神与物游,写下风格高迈的绝妙诗文。笔记记载,东坡贬于黄州时,与客人在雪堂夜饮大醉,归家时但见江水连天、风露浩然,心意自由舒展,于是写下了著名的词句:"夜阑风静縠纹平,小舟从此逝,江海寄余生。"于夜深人静之时,东坡独自伫立于门外听江声,陶醉于自然界永恒的静穆和江水流逝之中。想象自己脱离了世俗生活和社会政治的束缚,乘一叶小舟漂流江海,透露出对人生自由适意的无限向往。看到这首词,人们都以为东坡就此乘舟远去,"翌日,喧传子瞻夜作此辞,挂冠服江边,拏舟长啸去矣。郡守徐君猷闻之,惊且惧,

---

① 阮阅:《诗话总龟前集》,人民文学出版社1987年版,第225页。
② (宋)邵博撰,刘德权、李剑雄点校:《邵氏闻见后录》,中华书局1983年版,第147—148页。
③ 葛立方:《韵语阳秋》,见《历代诗话》,中华书局1981年版,第640页。
④ 释惠洪:《冷斋夜话》,见《宋元笔记小说大观》,上海古籍出版社2001年版,第2172页。

以为州失罪人,急命驾往谒,则子瞻鼻鼾如雷,犹未兴也。"①可见,故事中的东坡并非真的逃遁尘网,其所追求的人生自由和快乐,在很大程度上是艺术想象和审美创造,可以给人以某种愉悦和宽慰,进而传达某种人生感受和深刻体悟。

故事中的东坡酒量有限,稍饮辄醉,却深识酒中三昧。"晋人云:'酒犹兵也,兵可千日而不用,不可一日而无备;酒可千日而不饮,不可一饮而不醉。'饮流多喜此言。予谓此未为善饮者。饮酒之乐,常在欲醉未醉时,酣畅美适,如在春风和气中,乃为真趣;若一饮径醉,酩酊无所知,则其乐安在邪?东坡《和渊明饮酒诗序》云:'吾饮酒至少,尝以把盏为乐,往往颓然坐睡,人见其醉,而吾中了然,盖莫能名其为醉其为醒也。在扬州时,饮酒过午辄罢,客去,解衣盘礴终日,欢不足而适有馀,因和渊明饮酒诗,庶几仿佛其不可名者。'东坡虽不能多饮,而深识酒中之妙如此。"②宋人以东坡最为懂得饮酒之道,欣赏东坡于酒中体味的把盏微熏之乐。

虽然在东坡故事中,对于"壶中九华"的欣赏与潘衡墨的制作,东坡的看法都与专业鉴定结果或广告宣传相异,但是,东坡对于茶的爱好与鉴赏,却得到了文人们一致的认可。东坡常常在诗文中提到饮茶,在宋人眼中,东坡深得其中之法,东坡的家人都喜欢煎茶,对于蜀茶,尤为精通。"子由《煎茶诗》云:'煎茶旧法出西蜀,水声火态犹能谙。相传煎茶只煎水,茶性仍存偏有味。'此茶之佳者也。又云:'北方俚人茗饮无不有,盐酪椒姜夸满口。'茶出南方,北人罕得佳品,以味不佳,故杂以他物煎之。陈后山《茶诗》云:'愧无一缕破双团,惯下姜盐枉肺肝。'东坡《和寄茶诗》亦云:'老妻稚子不知爱,一半已入姜盐煎。'若茶品自佳,杂以他物,适败其味尔。茶性冷,盐导入下经,非养生所宜。"③而许多品评、论蜀茶的记载中,都援引东坡诗来佐证自己的看法,如"《诗》云:'谁谓茶苦。'《尔雅》云:'槚,苦荼',注:'树似栀子。今呼早采者为茶,晚采者为茗,一名荈,蜀人名之苦荼。'故东坡《乞茶栽》诗云:'周诗记苦荼,茗饮出近世。初缘厌粱肉,假此雪昏滞。'盖谓是也。……东坡守维扬,于石塔寺试茶诗云:'禅窗丽午

---

① (宋)叶梦得撰,徐时仪整理:《避暑录话》,全宋笔记第二编第十册,大象出版社2006年版,第261—262页。
② (宋)费衮撰,金圆校点:《梁溪漫志》,上海古籍出版社1985年版,第66页。
③ 葛立方:《韵语阳秋》,见《历代诗话》,中华书局1981年版,第624页。

景,蜀井出冰雪。坐客皆可人,鼎器手自洁。'"①

不仅对于蜀茶,许多论茶的记载中都称赞东坡尽得烹茶之要法,《诗话总龟》引《苕溪渔隐丛话》则专门解读了东坡的《汲江水煎茶》诗,"'活水还须活火烹,自临钓石取深清。大瓢贮月归春瓮,小杓分江入夜瓶。'此诗奇甚,道尽烹茶之要。且茶非活水则不能发其鲜馥。东坡深知此理矣。余顷在富沙,尝汲溪水烹茶,色香味俱成三绝。又况其地产茶为天下第一,宜其水异于他处,用以烹茶,水功倍之。

无论故事中的东坡多么善于烹茶、饮茶、品茶,区分茶的种类,讲究茶的烹法,"细色茶五纲,凡四十三品,形制各异,共七千余饼。其间贡新试新龙团、胜雪、白茶、御苑、玉芽,此五品乃水拣,为第一,余乃生拣,次之。又有粗色茶七纲,凡五品。大小龙凤并拣芽,悉入龙脑和膏为团饼茶,共四万余饼。东坡《题汶公诗卷》云:'上人问我留连意,待赐头纲八品茶。'即今粗色红绫袋八饼者是也。"②再讲究的茶道都不如品评东坡诗的评论中所指出的那样,东坡传达了茶之不可言传的妙处,"东坡《和曹辅寄壑源试焙新芽诗》云:'仙山灵雨湿行云,洗遍香肌粉未匀。明月来投玉川子,春风吹散武林春。要知玉雪心肠好,不是膏油首面新。戏作小诗君一笑,从来佳茗似佳人。'"③"烹茶、品茶不仅仅是满足口舌之味更是以宽阔的审美视角发现了茶的新美、新味。在历史中,或许有比东坡更能懂得怎样烹茶、品茶的热衷茶道之人,然而,在东坡故事中,赞赏的是能够以如此欣欣然而恬淡的审美趣味丰富茶的文化品格的文人,东坡就成为了这类文人的典型。

宋代东坡故事中鲜活雅致的日常生活,在食品中也体现得淋漓尽致、丰富多彩。即使是非常普通的食物,在东坡看来,都是珍贵的人间美味。在有关东坡羹的故事中,讲述了东坡被贬黄州时生活困乏,以各色菜入羹,虽普通、廉价,却被人珍奇,"东坡在黄州,手作菜羹,号为'东坡羹',自叙其制度,好事者珍奇之。"④又如东坡故事中对于普通白粥的欣然享受,"东坡一帖云:'夜坐饥甚,吴子野劝食白粥,云能推陈致新,利膈养胃。僧家五更食粥,良有以也。粥既快美,

---

① 阮阅:《诗话总龟后集》,人民文学出版社1987年版,第189页。
② 阮阅:《诗话总龟后集》,人民文学出版社1987年版,第182页。
③ 阮阅:《诗话总龟后集》,人民文学出版社1987年版,第182页。
④ (宋)朱彧撰,李伟国点校:《萍州可谈》,中华书局2007年版,第140页。

粥后一觉,尤不可说,尤不可说!'"①故事中的东坡不仅称赞了白粥对人体的补益功效,又以"尤不可说"来描绘食粥后睡眠的美妙的身体感受。在东坡故事中,将豆粥也写入诗里,并将其妙处化出于文字之外。"东坡于饮食作诗以写之,往往皆臻其妙,如《豆粥》诗是也。"②

在宋人笔下,东坡善于在各地不同风土中,寻找最具特色的美味,并以其入诗。"东坡居吴中久,颇熟其风土,尝作诗云:荷尽已无擎雨盖,菊残犹有傲霜枝。一年好景君须记,最是橙黄橘绿时。论者谓非吴人不知其为佳也。坡又尝作文与可洋州园池诗云,金橙纵复里人知,不见鲈鱼价自低。须是松江烟雨底,小船烧薤捣香虀。又云:溶溶春巷漾晴晖,芦笋生时柳絮飞。不见江南三月里,桃花流水鳖鱼肥。予谓橙虀、鲈鲙、桃花、肥鳖、似此景致,亦岂北人所有。"③在东坡故事中,东坡常于地方任上应邀赴宴,频频于美味珍馐中大快朵颐,以至于杭州被东坡称为酒食地狱,"杭州繁华,部使者多在州置司,各有公廨。州倅二员,都厅公事分委诸曹,倅号无事,日陪使府外台宴饮。东坡倅杭,不胜杯酌,诸公钦其才望,朝夕聚首,疲于应接,乃号杭倅为'酒食地狱'。后袁毂倅杭,适与郡将不协,诸司缘此亦相疎,袁语所亲曰:'酒食地狱,正值狱空。'传以为笑。"④明代,"酒食地狱"的故事继续流传。根据对饮食非常讲究的明代人的分析,东坡所吃的食物或许并不是最好的。"湖中物产殷富,听民间自取之。……宋时,聚景园中有绣莲,红瓣而黄绿,结实如饴,两角为芰,四角为菱,红者皮薄而鲜美。东坡诗云'乌菱白芡不论钱,'乌菱老而沉泥者,颇不佳,且非西湖所有,不若改为红菱,则于望湖楼景更切也。"⑤

在东坡故事中,即使是有毒的河豚,东坡也愿意冒着生命危险尝试,"河豚瞑目切齿,其状可恶,治不中度多死。弃其肠与子,飞鸟不食,误食必死。登州濒海,人取其白肉为脯,先以海水净洗,换海水浸之,暴于日中,以重物压其上,须候四日乃去所压之物,傅之以盐,再暴乃成。如不及四日,则肉犹活也。太守李大

---

① (宋)费衮撰,金圆校点:《梁溪漫志》,上海古籍出版社1985年版,第102—103页。
② (宋)何汶撰,常振国、绛云点校:《竹庄诗话》,中华书局1984年版,第192页。
③ 陈善:《扪虱新话》,上海书店1990年版,卷八。
④ (宋)朱彧撰,李伟国点校:《萍州可谈》,中华书局2007年版,第166页。
⑤ 田汝成:《西湖游览志余》,浙江人民出版社1980年版,第377—378页。

第二章 士文化中的东坡故事

夫尝以三日去所压之物,俄顷,肉自盆中跃出,乃知瀹之不熟,真能杀人也。"①而故事中的东坡尝过之后,大赞其美,甚至认为为之死去都是值得的,"经筵官会食资善堂,东坡盛称河豚之美。吕元明问其味。曰:'直那一死。'再会又称猪肉之美。范淳甫曰:奈发风何?东坡笑呼曰:淳甫诬告猪肉。"②故事中的幽默与美食相得益彰,更塑造出欣欣然尝试世间美食的东坡形象。

口腹之欲,人皆有之。有学者就批评东坡因口腹之欲而杀生,"今人以活脔而资口腹者,比比皆是也,是诚何心哉?或曰:'羊豕大身,难于刺割,蚶蛤微命,易于烹熬。'如是,则性命之小者尤不幸也。……东坡在海南,为杀鸡而作疏,张乖崖之在成都,为刲羊而转经,是岂爱物之仁,不能胜口腹之欲邪?"③仁与美食,孰轻孰重?在东坡故事中,东坡虽然对食物之美有着深切的感受,但与饮酒类似,东坡不会沉溺于口腹之欲。"东坡《撷菜诗》云:'秋来霜露满东园,卢服生儿芥有孙。我与何曾同一饱,不知何苦食鸡豚。'苟能如此,则岂肯纵嗜欲于口腹之间哉。"④《东坡志林》的小故事中,东坡对于口腹饮食有着清醒的认识,"夫已饥而食,蔬食有过于八珍;而既饱之余,虽刍豢满前,惟恐其不持去也。"东坡晚年被贬海岛,九死一生,北归之时,尝自言"东坡居士自今日以往,不过一爵一肉,有尊客盛馔,则三之,可损不可增。有召我者,预以此先之,主人不从而过是者,乃止。一曰安分以养福,二曰宽胃以养气,三曰省费以养财。"⑤

在宋人笔下,当东坡处于贫困之时,即使没有佳肴美味,也能从廉价的食物中,体味到生活的乐趣与美感。"今年东坡收大麦二十余石,卖之价甚贱,而粳米适尽,故日夜课奴婢舂以为饭。嚼之啧啧有声,小儿女相调,云是嚼虱子。然日中腹饥,用浆水淘之,自然甘酸浮滑,有西北村落气味。今日复令庖人杂小豆作饭,尤有味,老妻大笑曰:'此新样二红饭也。'"⑥虽然全家人面临着贫困与食

---

① (宋)孔仲平撰,王根林校点:《孔氏谈苑》,见《宋元笔记小说大观》,上海古籍出版社 2001 年版,第 2237 页。
② (宋)邵博撰,刘德权、李剑雄点校:《邵氏闻见后录》,中华书局 1983 年版,第 237 页。
③ 葛立方:《韵语阳秋》,见《历代诗话》,中华书局 1981 年版,第 641 页。
④ 阮阅:《诗话总龟后集》,人民文学出版社 1987 年版,第 304 页。
⑤ 华东师范大学古籍研究所点校注释:《东坡志林》,华东师范大学出版社 1983 年版,第 24 页。
⑥ 华东师范大学古籍研究所点校注释:《东坡志林》,华东师范大学出版社 1983 年版,第 236 页。

物匮乏的窘境,但依然从食物中发现了生活的乐趣,充溢着乐观与亲情。

在宋代的东坡故事中,东坡在食物中发现、寄予着不同的情思。如东坡故事中东坡怀念家乡的食物,"蜀中食品,南方不知其名者多矣,而况其味乎?东坡所谓'豆荚圆且小,槐牙细而丰'者,巢菜也。所谓'赠君木鱼三百尾,中有鹅黄子鱼子'者,棕笋也。是此物者,蜀川甚贵重。东坡在黄州时,去乡已十五年,思巢菜而不可得,会巢元修自蜀来,使归致其子而种之东坡之下,又作棕笋,蜜煮酢浸,可致千里外,尝以饷殊长老。则此二物之珍可知矣。"①故事中的东坡对于故乡美味的想念与珍视不仅在其味道,更在其所包含的故园之思。

在故事中,东坡常以食物为戏,"公昔遗余以暖肚饼,其直万钱;我今报公亦以暖肚饼,其价不可言。中空而无眼,故不漏,上直而无耳,故不悬。以活泼泼为内,非汤非水;以赤历历为外,非铜非铅;以念念不忘为项,不解不缚;以了了常知为腹,不方不圆。到希领取,如不肯承,当却以见还。"②有学者以为"暖肚饼"或为"心"之隐语,但也或为东坡以食物相戏。

在宋代的东坡故事中,东坡还常将食物比作高僧、良师,戏与朋友共谒共食。"东坡自海南至虔上,以水涸不可舟,逗留月余,时过慈云寺浴。长老明鉴魁梧,如所画慈恩,然丛林以道学与之。东坡作偈戏之曰:'居士无尘堪洗沐,老师有句借宣扬。窗间但见蝇钻纸,门外时闻佛放光。遍界难藏真薄相,一丝不挂且逢场。却须重说《圆通偈》,千眼重笼是法王。'又尝要刘器之同参玉版和尚。器之每倦山行,闻见玉版,欣然从之。至廉泉寺,烧笋而食,器之觉笋味胜,问'此笋何名?'东坡曰:'即玉版也。此老师善说法,要能令人得禅悦之味。'于是器之乃悟其戏,为大笑。东坡亦悦,作偈曰:'丛林真百丈,嗣法有横枝。不怕石头路,来参玉版师。聊凭柏树子,与问箨龙儿。瓦砾犹能说,此君那不知。'"③在故事中,食物不仅能满足口腹之欲,果腹充饥,更以食物的味道比拟人之才学特征,更具有了日常生活中艺术化的兴味,机趣盎然。

在宋代的东坡故事中,东坡审美化的日常生活绝不是孤芳自赏、自娱自乐,他鲜活雅致的日常生活,更在于与朋友们的相处之乐,即使睡觉,也不会赶客人

---

① 葛立方:《韵语阳秋》,见《历代诗话》,中华书局1981年版,第640页。
② 华东师范大学古籍研究所点校注释:《东坡志林》,华东师范大学出版社1983年版,第24页。
③ 释惠洪:《冷斋夜话》,见《宋元笔记小说大观》,上海古籍出版社2001年版,第2203页。

走。"东坡《醉眠亭诗》云:'醉中对客眠何害,须信陶潜未苦贤。'山谷云:'欲眠不遣客,佳处更难忘。'如是则不失宾主之礼,又可以通我之情,是宾主之情两得矣。"①宾主皆自在自得,无繁冗礼法之苛责,亦无彼此心思之博弈,唯顺心而为,安宁和谐。

在宋人笔下,东坡常与友人共话文章,于深厚的知己之情中,迸发出友谊的温暖与相知的乐趣。"梅圣俞送欧阳辟晦夫诗有曰:'我家无梧桐,安可久栖凤?凤巢在桂林,乌哺不得共。'晦夫,桂林人,尝从圣俞学,及其南归,故以是诗赠之。苏明允初至京师,时东坡与子由年甚少,人鲜有知者。圣俞独奇之,故赠明允诗有云:'岁月不知老,家有雏凤凰。百鸟戢羽翼,不敢呈文章。'后东坡谪海南,过合浦,始识晦夫,谈论累日。晦夫因出圣俞赠行之诗,东坡读毕,执晦夫手笑曰:'君年六十六,余虽少一,而白发苍颜大略相似,困穷亦不甚相远,圣俞所谓凤例如此。天下皆言圣俞以诗穷,吾二人又穷于圣俞之诗,可不大笑乎'!"②在东坡交往故事中,友人们共论异事,被彼此之间妙趣横生的想法激发出无限的乐趣。"刘讽参军宿山驿,月明有女子数自屋后来,命酌庭中,歌曰:'明月清风,良宵会同。星河易翻,欢娱不终。绿樽翠杓,为君斟酌。今夕不饮,何时欢乐。'此《广记》所载诗也。山谷曰:'当是鬼中曹子建所作。'东坡亦以为然。又有一篇云:'玉户金釭,愿侍君王。邯郸宫中,金石丝簧。郑女卫姬,左右成行。纨绮缤纷,翠眉红妆。王欢转盼,为王歌舞。愿得君欢,长无灾苦。'苏公以为'邯郸宫中,金石丝簧',此两句不唯人少能作,面知之者亦极难得耳。皆醉中为余书此。张文潜见坡谷论说鬼诗,忽曰:'旧时鬼作人语,如今人作鬼语。'二公大笑。"③故事中,东坡与友人的日常相处都充满了才情与雅谑。

在宋代的东坡故事中,东坡还常与友人一起对对子,享受文学的乐趣。"东坡曰:世间之物,未有无对者,皆自然生成之象。虽文字之语,但学者不思耳。如因事,当时为之语曰:'刘蕡下第,我辈登科',则其前有'雍齿且侯,吾属何患。'太宗曰'我见魏徵常妩媚',则德宗乃曰:'人言卢杞是奸邪。'"④《诗话总龟》也记载了这个对子,"韩存中云:"东坡尝云,人言卢杞是奸邪,我见郑公但妩媚,好

---

① 阮阅:《诗话总龟后集》,人民文学出版社1987年版,第305页。
② (宋)曾敏行著,朱杰人标校:《独醒杂志》,上海古籍出版社1986年版,第22页。
③ 阮阅:《诗话总龟前集》,人民文学出版社1987年版,第399页。
④ 释惠洪:《冷斋夜话》,见《宋元笔记小说大观》,上海古籍出版社2001年版,第2170页。

作一对,请诸人将去作一篇诗。"①而故事中善于、乐于对对子的东坡,随时随地都会与友人共对,"东坡帅杭,一日,与徐璹坐双桧堂,吟曰:'二疎辞汉去。'璹应声曰:'大老入周来。'璹字全夫,少年登科,疎纵不事事,晚益流落,终于武义县主簿。"②三卷本《泊宅编》更详细地记载了该事:"东坡帅杭,一日,与徐璹坐双桧堂,指二桧吟曰:'二疏辞汉去。'时以兄弟皆补外喻也。璹应声曰:'大老入周来。'对偶既亲切,又善迎合,公大喜。"③又如,东坡与秦少游在无意之间对的对子,机趣盎然,"秦少游在东坡坐中,或调其多髯者。少游曰:'君子多乎哉?'东坡笑曰:'小人樊须也。'"④又如,"东坡云:为我周旋宁作我一句,只是难对。时王平甫在座,应声云:'只消道因郎憔悴却羞郎。'"⑤故事中的东坡以敏捷的才学幽默地与友人于文字游戏中迸发机趣与生活的愉悦。

在宋人笔下,东坡乐于去拜访各地的高士贤人,与他们共话把酒,赏景论诗,使寻常景物变为胜迹。"贾收字耘老,雪之隐君子也,居城南。东坡作守时,屡过之,题诗画竹于壁间。耘老有诗集行于世。其家临流扃水,阁为浮晖,沈蔚会宗赋《天仙子》词咏其景,首句云:'景物因人成胜概'是也。"⑥《诗话总龟》引《苕溪渔隐丛话》也记载了该事⑦。"前辈访人不遇,皆不书壁。东坡作行,不肯书牌,其特地止书壁耳。候人未至,则扫墨竹。"⑧故事中,每当东坡出访,遇主人不在的情况,就等候在门前,扫墨竹为乐。

而在故事中,东坡也常于友人们聚会之中,获得不同的快乐。有的故事强调聚会时东坡的疏狂,"先生在东坡,每有胜集,酒后戏书,以娱坐客,见于传录者多矣。独毕少董所藏一帖,醉墨澜翻,而语特有味。云:'今日与数客饮酒,而纯臣适至,秋熟未已,而酒白色,此何等酒也,入腹无赃,任见大王。既与纯臣饮,无以侑酒。西邻耕牛适病足,乃以为炙,饮既醉,遂从东坡之东直出,至春草亭而归,时已三鼓矣。'所谓春草亭,乃在郡城之外,是与客饮酒,私杀耕牛,醉酒踰

---

① 阮阅:《诗话总龟前集》,人民文学出版社1987年版,第100页。
② (宋)方勺撰,许沛藻、杨立扬点校:《泊宅编》,中华书局1983年版,第3页。
③ (宋)方勺撰,许沛藻、杨立扬点校:《泊宅编》,中华书局1983年版,第68页。
④ (宋)邵博撰,刘德权、李剑雄点校:《邵氏闻见后录》,中华书局1983年版,第237页。
⑤ 阮阅:《诗话总龟前集》,人民文学出版社1987年版,第104页。
⑥ 韦居安:《梅涧诗话》,见《历代诗话续编》,中华书局1983年版,第542页。
⑦ 阮阅:《诗话总龟后集》,人民文学出版社1987年版,第208页。
⑧ 释惠洪:《冷斋夜话》,见《宋元笔记小说大观》,上海古籍出版社2001年版,第2169页。

城,犯夜而归。又不知纯臣者是何人,岂亦应不当与往还人也。"①有的故事强调东坡偶因神来之思而写下佳句,却未能流传,"先生一日与鲁直、文潜诸人会饭。既食骨䭔儿血羹,客有须薄茶者,因就取所碾龙团,遍啜坐人。或曰,使龙茶能言,当须称屈。先生抚掌久之曰:'是亦可为一题。'因援笔戏作律赋一首,以俾荐血羹龙团称屈为韵。山谷击节称咏,不能已。已无藏本,闻关子开能诵,今亡矣!惜哉!"②

不仅是友人,东坡亦能从身边的姬妾侍者那里,获得毫无功利的最纯粹的快乐。"东坡一日退朝,食罢,扪腹徐行,顾谓侍儿曰:'汝辈且道,是中有何物?'一婢遽曰:'都是文章。'坡不以为然;又一人曰:'满腹都是识见。'坡亦未以为当。至朝云,乃曰:'学士一肚皮不入时宜。'坡捧腹大笑。"③

总之,不管是品石、做墨、饮酒、美食、聚会,关于日常生活的东坡故事中,都以不自觉的审美化角度去观察、体味,使得平常、普通的日常生活成为愉悦、欢乐、自由、美好的生命组成部分。故事中的东坡是如此欣欣然于这种审美化的日常生活中的丰富的感官体验,却不执着于某一种物欲的沉溺,也绝不会因为有了更加精致的感官经验,而鄙弃、蔑视粗陋的生活。东坡故事所呈现出来的如此丰富的日常生活,是有原则、有智慧的生活,正如在宋人笔下,东坡所赞赏的金鲤鱼的养生之道,"临安六和寺亦有金鲫池。苏子美《六和寺》诗云:'松桥待金鲫,竟日独迟留。'亦以其出有时,故竟日待之云尔。自子美之后四十年,东坡始游兹寺,尝投饼饵待之,乃略出,不食复入。坡以为此鱼难进易退,而不妄食,宜其寿若此。其语深有味也。"④故事中的金鲤鱼饥则食,饱则罢,并不贪婪,亦不妄食,与故事中观察它们的东坡相映成趣。

在东坡故事中所呈现的意趣盎然的日常生活,却也恰恰是最为简单、朴素的生活,"东坡性简率,平生衣服饮食皆草草,至杭州时,尝喜至祥符寺琴僧惟贤房闲憩,至则脱巾袯衣,露两股榻上,令一虞候摇。及起观其岸巾,止用一麻绳约发,再又筑新堤时,坡日往视之。一日饥,令具食,食未至,遂于堤上取筑堤人饷

---

① 何薳:《春渚纪闻》,中华书局1983年版,第92页。
② 何薳:《春渚纪闻》,中华书局1983年版,第97页。
③ (宋)费衮撰,金圆校点:《梁溪漫志》,上海古籍出版社1985年版,第46页。
④ 葛立方:《韵语阳秋》,见《历代诗话》,中华书局1981年版,第619页。

器满贮其陈仓米一器,尽之,大抵平生简率类如此。"①故事中的东坡不仅身体力行,还积极地奉劝身边的人力行简省,"叔党又曰:蒲公有大洗面、小洗面、大濯足、小濯足、大澡浴、小澡浴。盖一日两洗面、两濯足,间日则浴焉。小洗面,一易汤,用二人,惟頮其面而已。大洗面,三易汤,用五人,肩颈及焉。小濯足,一易汤,用二人,惟踵踝而已。大濯足,三易汤,用四人,膝股及焉。小澡浴,则汤用三斛,人用五六。大澡浴,则汤用三斛,人用八九。口脂、面药、薰炉、妙香次第用之,人以为劳,公不惮也。盖公以文章显用,为时大臣,志气磊落,奉养雅洁故也。顷公有书与东坡,自云晚年有所得。东坡答之曰:'闻所得甚高,固以为慰,然复有二,尚欲奉劝,一曰俭,二曰慈。'此言,真蒲公之所当闻也。"②故事中蒲公的生活虽清洁雅致,却大量耗费人力、物力,故而东坡劝告其以更为简易平常的方式来生活。

　　在东坡故事中,当东坡贬儋州时,遇到赵梦得,拒绝将诗句写在绫上,而是将佳句写在了纸上。"东坡谪儋耳时,为致中州家问。坡尝题其澄迈所居二亭:曰清斯、曰舞琴。仍录陶渊明杜子美诗,及旧作数十纸与之。梦得以绫绢求,东坡答云:'币帛不为服章,而以书字,上帝所禁。'又有帖云:'旧藏龙焙,请来共尝,盖饮非其人茶有语,闭门独啜心有愧。'真佳句也。"③故事中的东坡在清简平常的生活中自得其乐,并于细节处总结心得,传授他人,"东坡谓鹰与李祉言曰:'某平生于寝寐时,自得三昧。吾初睡时,且于床上安置四体,无一不稳处。有一未稳,须再安排令稳。既稳,或有些小倦痛处,略按摩讫,便瞑目听息。既匀直,宜用严整其天君。四体虽复有疴痒,亦不可少有蠕动,务在定心胜之。如此食顷,则四肢百骸,无不和通。睡思既至,虽寐不昏。吾每日须于五更初起,栉发数百,頮面尽,服袭衣毕,须于一净榻上,再用此法假寐。数刻之味,其美无涯。通夕之味,殆非可比。平明,吏徒既集,一呼即兴,冠带上马,率以为常。二君试用吾法,自当识其趣,慎无以语人也。天下之理,能戒然后能慧。盖慧性圆通,必从戒谨中入。未有天君不严,而能圆通觉悟者也。二君试识之。'"④

---

① 施德操:《北窗炙輠录》,见《文渊阁四库全书》第1039册,台湾商务印书馆1983年版,第370页。
② (宋)李廌撰,孔凡礼点校:《师友谈记》,中华书局2002年版,第26页。
③ 周必大:《二老堂诗话》,见《历代诗话》,中华书局1981年版,第667页。
④ (宋)李廌撰,孔凡礼点校:《师友谈记》,中华书局2002年版,第35—36页。

当然,一味执着于追求简单、朴素,也造就不了鲜活雅致的生活。宋代东坡故事的可贵,在于故事中的东坡无论身处怎样的境遇都能够随缘放旷,保持自身审美主体的独立,保持敏锐的感知能力,充盈发现美的生机盎然的精神世界。恰恰是精神的独立,心灵的安定,造就了"此心安处是吾乡"的赞叹。"王定国岭外归,出歌者劝东坡酒。坡作《定风波》,序云:'王定国歌儿曰柔奴,姓宇文氏,眉目娟丽,善应对。家世住京师。定国南迁归,余问柔:广南风土应是不好? 柔对曰:此心安处便是(吾)乡。因为缀此词云。''常羡人间琢玉郎。天教分付点苏(酥)娘。自作清歌传皓齿。风起。雪飞炎海变清凉。万里归来年愈少。微笑。笑时犹带岭梅香。试问岭南应不好? 却道此心安处是吾乡。'"①故事上东坡所称赞的"心安",与孟子所谓的"求放心"有异曲同工之妙,而东坡故事亦因其内涵的对人生与命运的哲思而愈加丰富,更具魅力。在东坡故事所呈现出的丰富多彩的日常生活中,常常以出人意料的戏谑带给人们喜剧般的快乐。

在宋人笔下,东坡或以出人意表的戏谑表达讥讽之意,一语中的,呈现喜剧效果。《诗话总龟》引《王直方诗话》的记载,"郭祥正,自梅圣俞赠诗有'采石月下访谪仙',以为李白前身,缘此有名。又有《金山行》云:'鸟飞不尽暮天碧,渔歌忽断芦花风。'大为王荆公所赏。秦少章尝云:郭功父过杭州,出诗一轴示东坡,先自吟诵,声振左右,既罢,谓坡曰:'祥正此诗几分?'坡曰:'十分诗也。'祥正问之,坡曰:'七分来是读,三分来是诗,岂不是十分也。'"②相似的故事情节存于《齐东野语》,但未指出吟诗人的姓名。"昔有以诗投东坡者,朗诵之而请曰:'此诗有分数否?'坡曰:'十分。'其人大喜。坡徐曰:'三分诗,七分读耳。'"③至明代,该故事继续流传,"郭功甫,讳祥正,过杭州,出诗一轴示苏东坡,先自吟诵,声振左右,既罢,谓苏曰:'祥正此诗几分?'苏曰:'十分。'功甫喜,又问之,苏曰:'七分来是读,三分来是诗,岂不是十分耶。'"④又如在东坡故事中文人请东坡点评自己的诗歌,"杜子美《古柏行》云:'霜皮溜雨四十围,黛色参天二千尺。'沈存中《笔谈》云:'无乃太细长乎?'余谓诗意止言高大,不必以尺寸计也。《诗评》载王郊《大夫竹诗》示东坡,其一联云:'叶排千口剑,干耸万条

---

① 阮阅:《诗话总龟后集》,人民文学出版社1987年版,第302页。
② 阮阅:《诗话总龟前集》,人民文学出版社1987年版,第43页。
③ (宋)周密撰,张茂鹏点校:《齐东野语》,中华书局1983年版,第369页。
④ 《山中一夕话》,明清善本小说丛刊初编第六辑谐游篇,天一出版社1985年版,卷之一。

枪。'坡曰:'十条竹一个叶也。'若郊者又何足以语诗乎?坡公云:'人看王郊诗,若能忍笑,诚为难事。'盖谓此尔。"①《诗话总龟》亦载此事,文字稍异。故事中的东坡以机智诙谐的方式,一针见血地指出该诗的差谬,不仅是诗歌技艺的批评,更是生活中的戏谑之乐了。

在宋代东坡故事中,东坡也常以他的机警幽默进行有力反击,如东坡以寓言回应王荆公,"苏公自黄移汝,遇金陵见王荆公,公曰:'好个翰林学士,某久以此奉待。'公曰:'抚州出杖鼓鞚,淮南豪子以厚价购之,而抚人有之保之已数世矣,不远千里,登门求售。豪子击之,曰:无声!遂不售。抚人恨怒,至河上,投之水中,吞吐有声,熟视而叹曰:'你早作声,我不至此!'"②又如东坡戏嘲章子厚,掷地有声而不失幽默。"东坡在惠州,尽和渊明诗。时鲁直在黔南闻之,作偈曰:'子瞻谪海南,时宰欲杀之。饱吃惠州饭,细和渊明诗。渊明千载人,子瞻百世士,出处固不同,风味亦相似。'寻又迁儋耳。久之,天下盛传子瞻已仙去矣。后七年,北归时,章丞相方贬雷州。东坡至南昌,太守云'世传端明已归道山,今尚尔游戏人间耶?'东坡曰:'途中见章子厚,乃回反耳。'"③

在宋人眼中,东坡总能令人愉悦,在文人们的聚会之中,东坡以其幽默令满堂捧腹绝倒,"田承君云:'王居卿在扬州,同孙巨源、苏子瞻适相会。居卿置酒曰:疏影横斜水清浅,暗香浮动月黄昏,此林和靖梅花诗,然而为咏杏与桃李皆可。东坡曰:可则可,但恐杏李花不敢承当。一座大笑。'"④这则故事明代仍见于记载,只是文字稍异,"林和靖疏影暗香之联,欧阳文忠公极赏之,而王晋卿顾谓:'此两句,杏与桃、李皆可用也。'苏东坡云:'可则可,但恐杏、桃、李不敢承当耳。'"⑤在东坡故事中,或着意表现东坡的清谈善谑,"遭金人媒孽,谪居黄州,有陈处士者,携纸笔求书于子瞻,会客方鼓琴,遂书曰:或对一贵人弹琴者,天阴声不发,贵人怪之,曰:'岂弦慢邪?'对曰:'弦也不慢。'子瞻之清谈善谑,皆此类也。"⑥故事中的东坡随物赋形,于各种情境中幽默笑谑,极尽欢宴。

在东坡故事中,东坡依据每个人不同的特点,戏谑其人,"东坡多雅谑。尝

---

① 葛立方:《韵语阳秋》,见《历代诗话》,中华书局1981年版,第615页。
② (宋)陈师道撰,李伟国校点:《后山谈丛》,上海古籍出版社1989年版,第63页。
③ 释惠洪:《冷斋夜话》,见《宋元笔记小说大观》,上海古籍出版社2001年版,第2203页。
④ 阮阅:《诗话总龟前集》,人民文学出版社1987年版,第109页。
⑤ 田汝成:《西湖游览志余》,浙江人民出版社1980年版,第380页。
⑥ (宋)王辟之撰,吕友仁点校:《渑水燕谈录》,中华书局1981年版,第42页。

与许冲元、顾子敦、钱穆父同舍。一日,冲元自窗外往来,东坡问:'何为?'冲元曰:'绥来'。东坡曰:'可谓奉大福以来绥'。盖冲元登科时赋句也。冲元曰:'敲门瓦砾,公尚记忆耶?'子敦肥硕,当暑,袒裼据案而寐。东坡书四大字于其侧曰:'顾屠肉案。'穆父眉目秀雅,而时有九子,东坡曰:'穆父可谓之九子母丈人。同舍皆大笑。'"①故事中的东坡善于发现他人最显著的特点,以此笑谑,往往能引人开怀。

在宋人笔下,东坡也会以最为幽默的表达方式,与亲近的友人心无芥蒂地互相取笑为乐,"东坡尝与山谷论书,东坡曰:'鲁直近字虽清劲,而笔势有时太瘦,几如树梢挂蛇。'山谷曰:'公之字固不敢轻议,然间觉褊浅,亦甚似石压虾蟆。'二公大笑,以为深中其病。"②米芾亦是东坡故事中东坡的挚友之一,"米芾元章豪放,戏谑有味,士大夫多能言其作止。有书名,尝大字书曰:吾有《瀑布》诗,古今赛不得。最好是'一条界破青山色。'人固以怪之,其后题云:'苏子瞻曰:此是白乐天奴子诗。'见者莫不大笑。"③故事中的米芾以东坡为谑,幽默诙谐。

东坡与刘贡父之间的互谑,则是最为典型的互相挖苦而取乐的东坡故事。双方你来我往,言刀语箭,用对方最为敏感的事情来嘲讽。"刘贡父舍人,滑稽辨捷,为近世之冠。晚年虽得大风恶疾,而乘机决发,亦不能忍也。一日与先生拥炉于慧林僧寮,谓坡曰:'吾之邻人,有一子稍长,因使之代掌小解。不逾岁,偶误质盗物,资本耗折殆尽,其子愧之,乃引罪而请其父曰:某拙于运财,以败成业,今请从师读书,勉赴科举,庶几可成,以雪前耻也。其父大喜,即择日具酒肴以遣之。既别且嘱之曰:吾老矣,所恃以为穷年之养者子也。今子去我而游学,傥或侥幸改门换户,吾之大幸也。然切有一事,不可不记,或有交友与汝唱和,须子细看,莫更和却贼诗,狼狈而归也。'"是以乌台诗案中因和东坡诗而得罪的友人为谑。"贡父语始绝口,先生即谓之曰:'某闻昔夫子自卫返鲁,会有召夫子食者,既出,而群弟子相与语曰:鲁,吾父母之邦也。我曹久从夫子辙环四方,今幸俱还乡里,能乘夫子之出,相从寻访亲旧,因之阅市否。众忻然许之,始过阓阛,未及纵观,而稠人中望见夫子,巍然而来,于是惶惧相告,由夏之徒奔踤越逸,无一留者。独颜子拘谨,不能遽为阔步,顾市中石塔似可隐蔽,即屏伏其旁,以俟夫

---

① (宋)曾敏行著,朱杰人标校:《独醒杂志》,上海古籍出版社1986年版,第46—47页。
② (宋)曾敏行著,朱杰人标校:《独醒杂志》,上海古籍出版社1986年版,第22页。
③ 释惠洪:《冷斋夜话》,见《宋元笔记小说大观》,上海古籍出版社2001年版,第2187页。

子之过。已而群弟子因目之为避夫子塔。'盖讥贡父风疾之剧,以报之也。"①故事中刘贡父以东坡因诗遭谤的惨痛经历来进行嘲讽,而东坡也以贡父的疾病来挖苦打击他。这个著名的互相嘲谑的故事见于多处记载,《渑水燕谈录》中文字简练:"贡父晚苦风疾,鬓眉皆落,鼻梁且断。一日与子瞻数人小酌,各引古人语相戏。子瞻戏贡父云:'大风起兮眉飞扬,安得壮士兮守鼻梁。'座中大噱,贡父恨怅不已。贡父晚年鼻既断烂,日忧死亡,客戏之云:'颜渊、子路微服同出,市中逢孔子,惶怖求避,忽见一塔,相与匿于塔后。孔子既过,颜子曰:此何塔也?由曰:所谓避孔子塔也。'"②《后山谈丛》亦有此事,文字稍异。

在东坡故事中,东坡将幽默滑稽的生活小事入诗并流传开来,"东坡夜宿曹溪,读《传灯录》,灯花堕卷上,烧一'僧'字,即以笔记于窗间曰'山堂夜岑寂,灯下读《传灯》。不觉灯花落,茶毗一个僧。'"③《诗话总龟》亦有记载,文字稍异,"东坡宿曹溪,读《传灯录》,灯花堕卷上烧一僧字,以笔记于窗曰:'曹溪夜岑寂,灯下读《传灯》。不觉灯花落,茶毗一个僧。'"④

在宋人笔下,东坡不仅与友人戏谑相嘲,亦于生活中随处戏谑。其中,东坡戏谑老夫娶少妻的故事屡见不鲜,有的东坡故事记载的是八十五岁的张子野娶妾,"张子野年八十五犹聘妾,东坡作诗所谓'诗人老去莺莺在,公子归来燕燕忙'是也。荆公亦有诗云:'篝火尚能书细字,邮筒还肯寄新诗。'其精力如此,宜其未能息心于粉白黛绿之间也。坡复有《赠张刁二老诗》,有'共成一百七十岁'之句,则子野年益高矣。故其末章云:'惟有诗人被磨折,金钗零落不成行。'"⑤有的东坡故事讲述的是七十老翁娶三十岁的美妾,"有村校书年已七十,方买妾馔客。东坡杖藜相过,村校喜,延坐其东,起为寿,且乞诗。东坡问:所买妾年几何?曰:三十。乃戏为诗,其略曰:侍者方当而立岁,先生已是古稀年。此老滑稽,故文章亦如此。"⑥有的东坡故事讲述的是丰城七十岁老人,其妾三十岁为其生子之事,《诗话总龟》引《迩斋闲览》,"东坡在丰城,有老人生子,为具召东坡,

---

① 何薳:《春渚纪闻》,中华书局1983年版,第95页。
② (宋)王辟之撰,吕友仁点校:《渑水燕谈录》,中华书局1981年版,第125页。
③ 释惠洪:《冷斋夜话》,见《宋元笔记小说大观》,上海古籍出版社2001年版,第2226页。
④ 阮阅:《诗话总龟前集》,人民文学出版社1987年版,第390页。
⑤ 葛立方:《韵语阳秋》,见《历代诗话》,中华书局1981年版,第642页。
⑥ 释惠洪:《冷斋夜话》,见《宋元笔记小说大观》,上海古籍出版社2001年版,第2196页。

且求一诗。东坡问：'翁年寿几何？'曰：'七十'。翁之妻几何？曰：'三十'。东坡即席戏作八句，其警联云：圣善方当而立岁，乃翁已及古希年。"①虽然故事中的主人公、发生地点大多不同，但其主要情节是类同的，东坡对于老夫少妻或者老翁生子的笑谑大多如此。

在东坡故事中，东坡于宴席中戏谑歌女舞婢，则多有调侃戏乐之意。如东坡戏谑苏姬太胖的故事，"元居中作宿守，郡有官妓小苏善歌舞，幼而聪慧，元守甚怜之。一日宴罢，令就座客关彦长求诗，关善诙谐，即当时名公也。得诗云：'昔日闻苏小，今朝见小苏。未知苏小貌，得似小苏无？'由是以此自负，相传以起声，士大夫从此作诗甚众。洎长大，数年间体丰修长，未免尚语此。苏子瞻出知湖州，亦来乞诗。苏书与之云：'舞腰窈窕，影摇千尺龙蛇动；歌喉宛转，声散半天风雨寒。'此石曼卿《古松》诗，遂为士大夫笑。"②而以相同的"舞腰窈窕，影摇千尺龙蛇动；歌喉宛转，声散半天风雨寒"的句子讥笑舞姬胖的故事，还有《诗话总龟后集》引《迩斋闲览》的记载，"东坡尝饮一豪士家，出侍姬十余人，皆有姿伎。其间有一善舞者名媚儿，容质颇丽而躯干甚伟，豪士特所宠爱。命乞诗于公，公戏为四句云：'舞袖蹁跹，影摇千尺龙蛇动；歌喉宛转，声撼半天风雨寒。'妓赧然不悦而去。"③虽然故事中的舞姬名字不同，但相同的诗句与相同的故事情境，使得调侃为乐的效果明显。

在东坡故事之中，对于戏姬之事，莫过于东坡戏九尾野狐与周生之事。"子瞻通判钱塘，尝权领州事，新太守将至，营妓陈状，以年老乞出籍从良，公即判曰：'五日京兆，判状不难，九尾野狐，从良任便。'有周生者，色艺为一州之最，闻之，亦陈状乞嫁。惜其去，判云：'慕周南之化，此意虽可嘉；空冀北之群，所请宜不允。'其敏捷善谑如此。"④明代，依然可见关于九尾野狐的东坡故事，文字稍异，"苏子瞻通判杭州，权领郡事，新太守将至矣，有营妓投牒乞从良，子瞻判曰：'五日京兆，判状不难；九尾野狐，从良任便。'又有周妓，色艺超绝，为一郡之魁，闻判，亦来投牒，欲援例脱籍。子瞻惜其去，不许，判云：'慕周南之化，此意诚可

---

① 阮阅：《诗话总龟后集》，人民文学出版社 1987 年版，第 298 页。
② 阮阅：《诗话总龟前集》，人民文学出版社 1987 年版，第 374 页。
③ 阮阅：《诗话总龟后集》，人民文学出版社 1987 年版，第 293 页。
④ (宋)王辟之撰，吕友仁点校：《渑水燕谈录》，中华书局 1981 年版，第 126 页。

嘉;空冀北之群,所请宜不允。'其敏捷善谑如此。"①《山中一夕话》②也记载了该故事,文字与《西湖游览志余》不异。清代,这则故事依旧流传,文字稍异,"东坡摄署钱塘,有妓号九尾狐者,一日下状解籍。坡遂判云:'五日京兆,判断自由。九尾野狐,从良任便。'又一名妓亦援例求落籍,坡判云:'敦召南之化,此意可嘉;空冀北之群,所请不允。'闻者大笑。"③九尾野狐的故事自宋至清,主要情节与诙谐之乐未有变化。

然而,在东坡故事中,即使在私人的娱乐的场合,东坡戏谑的诗依然有可能得罪于人,"朝士赵昶有两婢,善吹笛,知藤州日,以丹砂遗子瞻,子瞻以蕲笛报之,并有一曲,其词甚美。云:'木落淮南,雨晴云梦,日斜风袅。'又云:'自桓伊不见,中郎去后,孤负秋多少。'断章云:'为使君洗尽蛮风瘴雨,作清霜晓。'昶曰:'子瞻骂我矣。'昶,南雄州人,意谓子瞻以蛮风讥之。"④故事中的讽刺与笑谑往往很难区分,对戏谑的理解每个人亦不尽相同。

在东坡故事中,东坡的戏谑往往带着嘲讽的味道,既有自嘲,也有嘲讽他人,故而许多学者认为东坡的戏谑不够温厚稳重。东坡虽因为戏谑嘲讽而无意间得罪于人,却依然不变其耿直好谑的本性。"鲁直尝言东坡文字妙一世,其短处在好骂耳。予观山谷浑厚,坡似不及。坡盖多与物忤,其游戏翰墨,有不可处辄见之诗。然尝有句云:多生绮语摩不尽,尚有宛转诗人情。猿吟鹤唳本无意,不知下有行人行。盖其自序如此,又尝自言性不慎语言,与人无亲疏,辄输写肝胆,有所不尽,如茹物不下,必吐尽而已,而世或记疏以为怨咎,此语盖实录也。坡自晚年更涉世患,痛自摩治,尽黜圭角,方更纯熟,故其诗曰:我生本强鄙,少以气自挤。扁舟到江海,赤手揽象犀。年来辄自悟,留气下燠脐。观此诗,便可想其为人矣。大抵高人胜士类是不能徇俗俯仰,其嫚骂玩侮,亦其常事,但后生慎勿袭其轨,或当如鲁直所言尔。然予观坡题李白画像云:西望太白横峨岷,眼高四海空无人。平生不识高将军,手涴吾足乃敢嗔。又尝有诗曰:七尺顽躯走世尘,十围便腹贮天真,此中空阔浑无物,何止容君数百人。且自言我所谓君者,自王茂

---

① 田汝成:《西湖游览志余》,浙江人民出版社1980年版,第269页。
② 《山中一夕话》,明清善本小说丛刊初编第六辑谐游篇,天一出版社1985年版,卷之一。
③ (清)褚人获辑撰:李梦生校点:《坚瓠集》,上海古籍出版社2012年版,第183页。
④ (宋)孔仲平撰,王根林校点:《孔氏谈苑》,见《宋元笔记小说大观》,上海古籍出版社2001年版,第2250页。

洪之流耳,岂谓此等辈哉!乃知坡虽好骂,尚有事在。"①这则评论中,虽然批评东坡好漫骂,但是依然指出东坡之骂皆出于事理,并非无稽。

在宋人笔下,善于戏谑且乐于戏谑的东坡也会被他人所戏谑。如东坡的友人们常以戏谑东坡取乐,"东坡帅定武,诸馆职钱于惠济。坡举白浮欧阳叔弼、刘伯修二校理、常希古少尹曰:'三君但饮此酒,酒醨当言所罚。'三君饮竟。东坡曰:'三君为主司而失李方叔,兹可罚也。'三君者无以为言,惭谢而已。张文潜舍人在坐,辄举白浮东坡先生,曰:'先生亦当饮此。'东坡曰:'何也?'文潜曰:'先生昔知举而遗之,与三君之罚均也。'举坐大笑。"②

在东坡故事中,素不相识的人们,也因事而戏东坡,如戏谑东坡识人不明,"东坡号思聪诗为《水镜集》,又作序赠之云:'聪能为水镜,以一含万,则书与诗当益奇。吾将观焉,以为聪得道深之候。'及聪来京师,种种不进,有人戏之云:'水镜年来亦太昏。'"③或嘲笑东坡参禅不力,"蓬州道士贾善翔字鸿举,能剧谈,善琴嗜酒,士大夫喜与之游。东坡尝过之,献(戏)书问曰:'身如芭蕉,心如莲花,百节疏通,万窍玲珑,来时一,去时八万四千。'末云:'鸿举下语。'贾答曰:'老道士这里没许多般数。'张天觉跋其后云:'去时八万四千,不知落在那边。若不斩头觅活,谁知措大参禅。'"④或笑谑东坡以常人不到的高才,却贬去常人不到的海岛,"以道云:初见东坡词云'素面常嫌粉涴,洗妆不退唇红',便知此老须过海。余问:'何邪?'以道曰:'只为古今人不曾道到此,须罚教远去。'"⑤虽然用来嘲谑东坡的故事内容指向不同,但同样生动,使东坡故事风趣诙谐,意趣盎然。

总之,在宋代的东坡故事之中,审美化的日常生活与阔大、充满生命力的精神世界以及强烈的感官体验,共同造就了东坡鲜活雅致的日常生活。好戏谑的东坡,以其机警、幽默为自己及家人、友人创造了多样的机趣与欢愉,使日常生活充满了生机与意趣,无论仕途沉或浮,审美主体始终把握着精神的愉悦与生活的快乐。

---

① 陈善:《扪虱新话》,上海书店1990年版,卷六。
② (宋)李廌撰,孔凡礼点校:《师友谈记》,中华书局2002年版,第43页。
③ 阮阅:《诗话总龟前集》,人民文学出版社1987年版,第379页。
④ 阮阅:《诗话总龟后集》,人民文学出版社1987年版,第274页。
⑤ 阮阅:《诗话总龟前集》,人民文学出版社1987年版,第399页。

二、元代:感官享乐的高扬与虚无的自我生活放逐

有宋一代,可谓是"郁郁乎文哉",宋代的文人们虽然也有歌舞乐妓的感官享乐,也有放浪形骸的时刻,但往往在寻找自身精神归属认同的过程中,多以士大夫的强烈的责任感投入仕途之中。宋时文人的外在机遇与内在认同至元代逐渐消弥。元代文人缺乏进入仕途的制度化途径,也就缺失了对传统社会终极价值的深层认同。许多汉族文人进入了市井,以更加多元的视角重新审视、创作了他们心目中的东坡故事。

据宋代笔记《北窗炙輠录》记载,"东坡待过客,非其人则盛列妓女,奏丝竹之声,聒两耳,至有终晏不交一谈者,其人往返,更为待己之厚也。至有佳客至,则屏去妓乐,盃酒之间,惟终日笑谈耳。"①在这则故事中,东坡撤去女乐与歌舞,与知心的朋友谈天说地,却以女乐与歌舞招待并不投机的人。而在宋人笔记中,东坡每每与投机的朋友游赏风景,共话心声,兴之所极之时,亦常怀彼时之乐而怅然若失,"吴兴郡圃今有六客亭,即公择子瞻元素子野令举孝叔,时公择守吴兴也。东坡又(有)云:'余昔与张子野刘孝叔李公择陈令举杨元素会于吴兴,时子野作《六客词》,其卒章(云):尽道贤人聚吴分。试问。也应旁有老人星。凡十五年,再过吴兴,而五人者皆已亡矣。"此类东坡故事在元代较为少见了。

许多生活于市井的汉族文人在元代的戏剧舞台上的重构着东坡故事,并逐渐呈现出了"狂欢化"的倾向。所谓"狂欢化",是巴赫金在研究拉伯雷的小说时提出的。巴赫汀认为,"在社会危机和文化断裂的转型期,狂欢节作为一种文化现象,以欢乐和创造性的盛大节庆的形式,来实现不同话语在权威话语遁隐时刻的平等对话与交流。"②剧作家们将东坡被贬黄州从传统话语体系中解放出来,加以"戏仿"——使人们能够"嘲笑常规,逃脱意识形态的侵袭,从而使传统规范自相矛盾"③,并享受其带来的狂欢式的心理快感与自由的娱乐气氛。"狂欢节的特征是笑声,是过度(特别是身体与身体机能的过度),是低级趣味与冒犯,也

---

① 施德操:《北窗炙輠录》,见《文渊阁四库全书》第1039册,台湾商务印书馆1983年版,第384页。
② 刘康:《对话的喧声:巴赫金的文化转型理论》,北京大学出版社2011年版,第17页。
③ 约翰·费斯克:《理解大众文化》,中央编译出版社2001年版,第140页。

是堕落。"①《花间四友东坡梦》正是在民间视野的观照下,大量地应用了"稗史"、"野史"、"秘史"等作为戏剧主体,融入民间传说,加以重构,呈现出了俗化的狂欢及在市井的文化想象。

《东坡梦》是在当时流传的东坡与佛印的故事基础上创作完成的。由于东坡谏阻青苗法,作《满庭芳》词嘲戏王安石之妻,再加上曾与王安石争论菊花诗,忤怒王安石,被贬至黄州,"谁想天下菊花不谢,惟有黄州菊花独谢。一时失言,翻成大怨。"东坡的机敏自负,王安石的器量狭小成为东坡被贬的主要原因,终极价值批判意识的缺席,却营造出世俗人情的热闹。

首先,在《东坡梦》所造就的舞台世界中,彻底地抽离了文人阶层所以自我认同、自我标榜的儒家精神追求,而重构后的东坡形象充满了浓重的功利色彩。东坡虽然被贬,但追名逐利之心依然如故,不仅自己随时准备回朝,还苦劝让十五年未下禅床的佛印还俗为官。东坡不仅爱恋女乐声色,在梦中与花间四友——夭桃、嫩柳、翠竹、红梅幻化的美女诗酒歌舞,好不畅快,还设计让白牡丹引诱佛印破戒。

其次,在该剧中,各种能够产生喜剧效果的素材与情节加剧了戏剧冲突。远离尘俗的寺院,十年不下禅床的高僧,却有着好色的行者及其与牡丹的男女交合,既有超越世俗的清规戒律,却渲染了有东坡与柳、桃、竹、梅四仙的诗酒取乐,虽然以点化度脱剧的框架形式出现,但并不掩饰对人间感官世界美色醇酒的享受与欣赏,大量的乡间俗语以及行者作为丑角出现时调笑式的插科打诨,都在营造着一个喜剧"狂欢"式的颠覆。

再次,剧中的东坡在远离庙堂之后,完全融入了民间,彻底地解脱了社会意识形态的精神束缚,并在世俗感官享乐生活中欣欣然乐在其中。以乐于感官享乐的东坡居士形象表达了市井的趣味和理解方式,与"勾栏瓦肆"的观众们一起获得共同的身份认同与价值认同。

最后,剧中的东坡与白牡丹被点化的结局:"从今后识破了人相、我相、众生相,生况、死况、别离况,永谢繁华,甘守凄凉。唱道是即色即空,无遮无障。笑杀东坡也忏悔春心荡,枉自有盖世文章,还向我佛印禅师听一会讲。"②与其说是对

---

① 约翰·费斯克:《理解大众文化》,中央编译出版社2001年版,第99页。
② 吴昌龄:《花间四友东坡梦》,见《全元曲》,河北教育出版社1998年版,第1924—1925页。

现实世界的摒弃,不如说是对平凡的世俗人生眷恋的反证,以放浪形骸的沉醉世俗生活的意态执着于玩乐享受,"堪爱尊前四艳妆,清阴护月暗纱窗。桃也魂依玉洞花千片,竹也肠断湘江泪几行,梅也大庾岭头耽寂寞,柳也霸陵桥外弄轻狂。何缘此夕同欢会?小官捱得开怀醉一场……我吃!我吃!兀的不快活杀我也!"①

元代文人多离开庙堂,走向了市井,与传统的士大夫价值观念逐渐疏离乃至背弃。他们将市井化的理解方式与来自民间立场的价值原则纳入戏剧创作之中,将东坡贬黄州这一沉重的历史事件以游戏化的形式淡化了政治色彩,造就了戏剧舞台上庸俗化的东坡形象。

《苏子赋醉写赤壁赋》题目正名作:"王安石谗饥满庭词,苏子瞻醉写赤壁赋。"东坡被贬黄州的原因,被解读为酒后风流,以一首《满庭芳》调戏王安石的妻子,再加上平时就恃才傲物而被王安石记恨,故而被弹劾。不同于道德操守、家国使命、社会责任等宏大叙事下的话语,该剧将人物的仕途、命运都纳入个人性格、私生活的范围中,例如艳情诗本就是纯属私人场景中的个人龃龉,而仕途坎坷的原因完全归咎于个人恩怨。东坡的贬谪,被重构为文人的贪杯好色、酒后失德所惹来的祸端。受到惩罚之后,即刻恢复原位,贬谪不过是仕途中的一个小小插曲而已。轻松活泼,丝毫不显得沉重,从而使得民间话语中的高才文人的命运跌宕有如日常生活中的邻里纠葛。

剧中对文人读书入仕以求得生计、功名富贵的强烈意愿着墨颇多,将底层文人寒窗苦读的辛苦与清贫作为进入仕途后荣耀的代价,"十年礼仪勤习讲,半生盐菜贫修养,才落得金章紫绶高名望。五车黄卷隐胸中,才博的一轮皂盖飞头上。"剧中的东坡将读书只是作为谋生的手段,强调物质生活与功利目的。

剧中的东坡不仅时时将富贵放在心上,且怨天尤人,得则喜,失则怨,神情毕现。在去往黄州的路上,风雪大作,东坡抱怨王安石不念十载同窗之谊,为了妻子辜负了友情,变成了"靠妻假妇的禽兽",并十分担心自己的能否再得富贵。在黄州时,东坡穷困不已,恰逢黄鲁直与佛印到黄州,三人一起夜游赤壁、诗酒清赏——"携樽俎于沧波,吹洞箫于长夜"。东坡官复原职之后,大喜过望:"谁想有今日也呵!"随即承认错误,感激地承认这贬谪的公正:"瞬时间不记东西,惹

---

① 吴昌龄:《花间四友东坡梦》,见《全元曲》,河北教育出版社1998年版,第1914页。

起词中意。也是我酒后非,这的是负罪合宜。"

在元代的东坡剧中,没有隐居山林的封闭自守,也没有清教徒式的禁欲内修,或者参禅般的冥想、机锋,多的是《花间四友东坡梦》、《苏子瞻醉写赤壁赋》里与前代迥然不同的流连声色享乐、诗酒美人,游戏人间、势利小性的东坡形象。元代文人们面对命运不幸而无可奈何之时,所采取的一种张扬的、极端化的自我表现,即以一种不甘沦落、不愿同流合污的行为来标榜,正如关汉卿在《不伏老》中刻画出的文人形象,"攀出墙朵朵花,折临路枝枝柳。花攀红蕊嫩,柳折翠条柔。浪子风流,凭着我折柳攀花手,直熬得花残柳败休。半生来折柳攀花,一世里眠花卧柳。"①自称是"浪子"的文人"折柳攀花"、"眠花卧柳",显然是一种"自毁自辱式的自嘲,是面对社会的沉重压迫而不甘无声无息的消失的狂怪的呐喊,在那看起来蓬头垢面的疏狂与放浪中实蕴涵着无尽的痛苦与悲愤"。②

元代文人笔下描述日常生活兴味的东坡故事,不同于宋代审美化的雅致,多于歌台舞榭、美酒佳肴、放浪声色之间,表现出对世俗玩世享乐的执着。适意行、安心坐、闲快活,正是元代东坡故事中文人们普遍认可的生活观念,既是独特的抗争的方式,也是独有的排遣方式。从客观上来讲,这样的抗争方式使得元代的东坡故事中的感官享乐被张扬,并赋予了前所未有的意义,但是这种感官逸乐的高扬,既是元代文人的自我标榜,又是避世之所,还是生活中自我的放逐。

三、明代:歌舞戏谑的及时行乐与真情风雅的理想

明代,随着物质生活的丰裕与市井娱乐的发展,加之元代文人对感官享乐的高扬。东坡故事中文人们更多地认可并欣然忘归于歌舞宴游、游戏戏谑之乐,但已经不同于其中元代文人所蕴藉的自我放逐,因为单纯的感官享乐很容易使人餍足。明人正是在游戏戏谑的诗酒宴游中及时行乐,同时也期望从这样的生活中品味出真情与风雅。

宋代便有学者认为自古以来就"未见好德未如好色",白居易和苏东坡也都未能免俗,何况他人呢?"乐天九日思杭州云:'笙歌委曲声延耳,金翠动摇光照

---

① 赵义山:《元曲鉴赏辞典》,商务印书馆国际有限公司 2012 年版,第 117 页。
② 赵义山,田欣欣:《论元曲家笔下的苏轼形象》,《中国文学研究》2003 年第 2 期,第 52 页。

身.'子瞻有怀钱塘云:'剩看新番眉倒晕,未应泣别脸消红.'……然白又有'故妓数人凭问讯,新诗两首倩流传',坡又有'休惊岁岁年年貌,且对朝朝暮暮人'。大抵淫乐之语多于抚养之语耳。夫子称'未见好德如好色',而伤之曰'已矣乎',二公未能免俗,余人不必言。"①追求欲望的满足是人类无法抗拒、无法克服的天性,即使东坡亦无法免俗。

在明代东坡故事中,历数东坡曾三次于外任中守西湖,"苏子瞻守杭、守颍,皆有西湖,故颍川谢表云:'入参两禁,每玷北扉之荣;出典二州,辄作西湖之长。'秦少章诗云:'十里薰风菡萏初,我公所至有西湖。欲将公事湖中了,见说官闲事亦无。'后谪惠州,亦有西湖。杨万里诗云:'三处西湖一色秋,钱唐汝颍及罗浮,东坡元是西湖长,不到罗浮便得休。'"②明人对于东坡守西湖的兴趣不在西湖本身"皆为游赏之胜",而在于东坡故事中东坡赏西湖的风雅与游宴之乐,一方面,在明代东坡故事中,将东坡繁重的政务淡化,"相严院,晋天福二年,钱氏建。有十三间楼,楼上贮三才佛一尊。苏子瞻治郡时,常判事于此。"③又如东坡于游船上处理政务,"有颍人在坐云:'内翰只消游湖中,便可以了郡事。'盖言其讼简也。"④另一方面,明代东坡故事中着重于东坡畅游西湖的游赏之乐,"子瞻两任杭州,似有宿缘,而放浪湖山,耽眈声色,乐天之后,一人而已。"⑤将东坡作为为数不多的善于在西湖上游赏享乐的风雅文人之一。

明人或不惜笔墨去赞美他们看到的、发现的西湖的美景的,甚至将东坡赞美西湖的诗歌收集在一起,以佐证西湖之美,并将西湖之美与东坡诗文之美融合在一起,"其《与赵德麟饯饮湖上对月》诗:'老守惜春意,主人留客情,官余闲日月,湖上好清明。新火发茶乳,温风散粥饧,酒阑红杏暗,日落大堤平。清夜除灯坐,孤舟擘岸撑。逮君帻未坠,对此月犹横。'《同曹子方雪中游湖》诗:'词源滟滟波头展,清唱一声岩谷满。未容雪积句先高,岂独湖开心自远?云山已作歌眉浅,山下碧流清似眼。尊前侑酒只新诗,何异书鱼餐蠹简。'……《湖上三绝句》诗:'朝晞迎客艳重冈,晚雨留人入醉乡。此意尽佳人不识,一杯当属水仙王。''湖

---

① 阮阅:《诗话总龟后集》,人民文学出版社1987年版,第56页。
② 田汝成:《西湖游览志余》,浙江人民出版社1980年版,第148页。
③ 田汝成:《西湖游览志》,浙江人民出版社1980年版,第91页。
④ 阮阅:《诗话总龟前集》,人民文学出版社1987年版,第298页。
⑤ 田汝成:《西湖游览志余》,浙江人民出版社1980年版,第148页。

光潋滟晴偏好,山色空蒙雨亦奇,若把西湖比西子,淡妆浓抹总相宜。''毕竟西湖六月中,风光不与四时同,接天莲叶无穷碧,映日荷花别样红。'"①

在明人眼中,东坡久习西湖盛景,甚至连西湖的鲫鱼都非常熟悉。"欧阳公《黄牛庙》诗曰:'石马系祠门。'东坡《钱塘》诗曰:'我识南屏金鲫鱼。'二句皆似童稚语,然一时之事。欧阳尝梦至一神祠,祠有石马缺左耳。及谪夷陵,过黄牛庙,所见如梦。西湖南屏山兴教寺池有鲫十余尾,金色,道人斋余,争倚槛投饼饵为戏。东坡习西湖久,故寓于诗词耳。"②故事中,东坡将其熟悉的景致入诗,景与诗相映成趣,平添兴意。

在明人的笔下,屡次回忆东坡所游览的西湖盛景,"钱唐县尉司,相传为王子高故居,宋隆兴间建。时宇内承平,兹邑特繁丽,仁宗常览西湖图,叹曰:'真仙尉也。'遂建真仙亭。苏子瞻常率宾僚游焉,建英游阁。"③在明人眼中,东坡游西湖,既有华丽的盛景,又有宾客幕僚的随待左右,共游同赏,既于仕途中饱享闲适生活中的游赏玩景的乐趣,又能于游逸之乐中尽显豪气逸韵、文人风度,成为明代文人向往的理想生活状态。"东坡镇余杭,遇游西湖,多令旌旗导从出钱塘门,坡则自涌金门从一二老兵,泛舟绝湖而来。饭于普安院,徜徉灵隐、天竺间。以吏牍自随,至冷泉亭则据案剖决,落笔如风雨,分争辩讼,谈笑而办。已,乃与僚吏剧饮,薄晚则乘马以归。夹道灯火,纵观太守。……当是时,此老之豪气逸韵,可以想见也。"④此外,明人对于东坡所整理、评价的关于西湖的文字也分外关注,为一时所重,"宋仁宗朝,龙图直学士梅挚公仪出守杭州,上赐诗有曰:地有吴山美,东南第一州。梅既到建堂吴山上,名曰有美。欧阳修作记,士大夫留题甚多。东坡倅杭,因命吏尽录之,惟贾收耘老之诗为冠,……坡因此与耘老游从。"⑤在故事中,东坡尽录有美堂上所留之诗,且与诗人结交为友。

明代的宴游之风十分盛行,故而在明代的东坡故事之中,关于东坡与友聚会游宴的故事颇为常见。东坡不仅与同僚友人聚会于西湖之上,还兴之所至,手之舞之,足之蹈之,将逸乐之趣行于肢体,"苏子瞻与客游金山,适中秋,天宇四碧

---

① 田汝成:《西湖游览志余》,浙江人民出版社1980年版,第148—149页。
② 释惠洪:《冷斋夜话》,见《宋元笔记小说大观》,上海古籍出版社2001年版,第2175页。
③ 田汝成:《西湖游览志》,浙江人民出版社1980年版,第88页。
④ (宋)费衮撰,金圆校点:《梁溪漫志》,上海古籍出版社1985年版,第36页。
⑤ 单宇:《菊坡丛话》,见《四库全书存目丛书·集部》第416册,齐鲁书社1997年版,第360页。

无际,加江流倾涌,月色如昼,遂共登金山妙高台,命歌者袁绹歌其水调歌头曰:明月几时有,把酒问青天。歌罢,苏自起舞,一坐大笑。"①在东坡故事中,东坡与友人、同僚们戏谑玩笑,互嘲取乐,"有美堂,在凤山之顶,左江右湖,举陈目下。子瞻九日泛舟,而鲁少卿会客堂上,妓乐殷作,子瞻从湖中望之,戏以诗云:'指点云间数点红,笙歌正拥紫髯翁,谁知爱酒龙山客,却在渔舟一叶中。'又云:'西阁珠帘卷落晖,水沉烟断珮声微,遥知通德凄凉甚,拥髻无言怨未归。'通德乃赵飞燕女史,后为伶玄妾。鲁公使事已完,不回朝,家有美妾,故子瞻讥之。"②故事中,东坡亦与西湖附近的高僧交往,"李涉尝作《登山诗》云:终日昏昏醉梦间,忽闻春尽强登山。因过竹院逢僧话,又得浮生半日闲。谈薮云东坡一日访佛印于竹林寺,印款之,坡因诵此诗,印曰:学士闲得半日,老僧忙了半日。相与发一大笑。"③故事中的东坡与高僧们同游同乐,相处得其乐融融,机趣盎然。

程士廉在《泛西湖苏秦赏夏》中描写的即是东坡与秦少游夏夜游赏于西湖之上,泛舟纵酒,系重构点染了的文人故事。在笔记中,秦少游曾经有过夜航西湖的经历,"与东坡跋:'秦太虚夜航西湖,至普明院,舍舟从参寥,并湖而行,出雷峰,度南屏,濯足于惠因涧,入灵石坞,得支径,上凤篁岭,憩于龙井,始至寿星院谒辨才。'《泛西湖苏秦赏夏》中的人物设置是东坡与秦少游共游则是两人共游。

《泛西湖苏秦赏夏》中,东坡为杭州太守,秦少游是新科进士,二人于美景中"看尘世如泡幻影。乐事难逢,民瘼可隐。休偲,不如稳驾慈航,彼岸同超外境。……究竟这蜗角虚名何用? 行乐及时,漫劳悲愤,先醒。不如拂袖东山,跨鹤扬州天外境"。二人于不约而同地认同了"看尘世如泡幻影",自怜自叹"究竟这蜗角虚名何用",或者向佛教中寻求解脱:"稳驾慈航,自岸同超尘外境",向往那"拂袖东山,跨鹤扬州"的世外隐士生活,强调人要"行乐及时,漫劳悲愤"。正如明代沈升在《醉中泛赤壁漫兴》一诗中强调一切都是虚幻的,只有及时行乐最为紧要:"魏氏经营代炎祚,不值苏家一辞赋。……前人血战后人游。文章事业总成幻,天地万物皆蜉蝣。不如投却苏子笔,不如折却曹公矛。……但愿金樽常

---

① 《山中一夕话》,明清善本小说丛刊初编第六辑谐游篇,天一出版社1985年版,卷之一。
② 田汝成:《西湖游览志余》,浙江人民出版社1980年版,第149—150页。
③ 单宇:《菊坡丛话》,见《四库全书存目丛书·集部》第416册,齐鲁书社1997年版,第364页。

盈月常满,夜夜来为赤壁游。醉里藏真足为乐,何需更梦临皋鹤。"①

许潮的《赤壁游》,收入《盛明杂剧》,只有一折,虽然不是西湖而是赤壁,但东坡于乌台诗案之后的沉重同样被过滤了,闲适中的悠游之乐被张扬、填充入东坡贬黄州的生活之中。剧中简单地解释了东坡被贬的原因:"前居内翰,因诗遭谤,贬黄州团练副使。"着重彰显了东坡在黄州时与友人一起共游赤壁山水的经历。

剧中,东坡邀黄山谷、禅师佛印共同游赏,唐人张志和的后身化为渔翁着黄冠羽衣与三人同游,儒释道三教俱全,四人怀吊赤壁之战中的英雄,评点战争中的成败得失。趁江天清夜之景,把酒佐兴,兴尽归舟,自言此一游"堪入野史"。整部戏剧围绕赤壁夜游展开,以东坡为主导,由他发起(起因)、感叹缺少道士(引出渔父)、提议抓阄(进入主题)、首先做诗(高潮)、最后劝酒(结束)。作者以创造性的想象重构了东坡《赤壁赋》中的情境与人物,所描述的景色之美虽不见得像黄嘉惠所评"胜赤壁赋",却清雅幽静,所塑造的人物才华横溢,胸襟广阔,卓越不凡。不仅借四人之口凭吊了赤壁之战中的英雄,更借凭吊之事展现了东坡等四人的高逸襟怀。戏剧中的赤壁不仅因赤壁之战而供人游览,更因东坡的凭吊夜谈而意境深广,韵味悠长,呈现出江南水乡式的柔美安宁,闲逸自得,清雅悠然。这一点还可以从明代赤壁画中体现出来,尽显文人闲逸之情,寄情山水,追求心灵的安适享受。这就使得剧作中东坡贬黄州的故事彻底涤荡了东坡原有的思考与超越,一步步走向了追求狂欢化的快感与娱乐效果,也成为明代对东坡贬黄州这一典型事件的独特诠释。

《小雅四纪》与《盛明杂剧》中对于文人风雅逸乐生活的描述与关注与《赤壁游》类同。

《小雅四纪》中的"四纪",即以四季为时序的四个短杂剧,即《帝王春游》(春)、《秦苏赏夏》(夏)、《韩陶月宴》(秋)、《戴王雪访》(冬)。《小雅四纪》继承了汪道昆杂剧注重历史上文人风流轶事、暗寓批点的传统。作者程士廉更以表现其胸中的文士雅趣为务,追求的是一种淡化矛盾、消遣人生的境界。

许潮的《赤壁记》被收入《盛明杂剧》之中,《盛明杂剧》是目前所知较早且较为齐备的明人杂剧选集,所收作品数量有限,其遴选标准却是以雅为高,但去

---

① 谢功肃辑:《东坡赤壁艺文志》,武昌正信务馆排印1922年版,第20页。

取却自有严格标准:"非快事韵事,奇绝趣绝者不载。出风入雅,戛玉锵金,何多让焉。"其意取材必须别具一格,引人入胜。语言需纯正高雅,文采斐然,反映了明代曲坛趋雅的审美思想。编者还有意在收编诸剧的同时将时人以及自己的评价一并作为眉批编入,如时人黄嘉惠称许潮的《太和记》"写景色似胜赤壁赋"。

明代戏谑类东坡故事中,常以东坡事为调笑取乐的对象,借以娱乐。"陆宅之善谐谑,每语人曰:'吾甚爱东坡。'时有问者,曰:'东坡有文、有赋、有诗、有字、有东坡巾。君所爱何居?'陆曰:'吾甚爱一味东坡肉!'闻者大笑"①东坡善谑,亦曾鼓励人们对其"姑妄言之","子瞻在黄州及岭表,每旦起,不招客相与语,则必出访客,所与游者亦不尽择,各随其人高下,谈谐放荡,不复为畛畦。有不能谈者,则强之使说鬼,或辞无有,则曰姑妄言之。于是闻者无不绝倒,皆尽欢而后去。"②明代关于东坡"姑妄言之"的故事继续流传③,愈加荒诞。

在明代东坡故事中,以对对子、猜谜、行酒令等常见、简单的文人娱乐形式调谑于东坡与家人、朋友之间,营造出强烈的娱乐效果。例如,被创作出来并越来越受欢迎的苏小妹形象,多有与东坡对对子、猜迹、行酒令的故事,"东坡之妹,少游之妻也。一日妹归集宴,因食焙栗,妹谓坡曰:栗破凤凰见,坡思天下未尝无对,数日竟未能。佛印来访,问坡有何著述,坡曰:欲作一对未能也。因举前事,佛印应声曰:何不言藕断鹭鸶飞。佛印复曰:正如无山得似巫山耸,此亦同音两意。坡即对曰:何叶能如荷叶圆,子由曰:不若云何水能如河水清,以水对山最为的对。"④又如东坡与弟弟子由之间的对对子故事,"东坡与子由夜雨对床,子由曰:(尝见)鬻术者云,课卖六爻,内卦三爻,外卦三爻,思之亦未易对。一日同出,坡见戏场有以棒呈戏者,云:棒长八尺,随身四尺,离身四尺。坡曰:此语正可还前日枕上之对。子由曰:触机而发,诚佳对也。"⑤对对子的故事也被应用于明代小说的创作之中,成为了小说的关键情节,"荆公写出一对道:一岁二春双八月,人间两度春秋。东坡虽是妙才,这对出得蹊跷,一时寻对不出,羞颜可掬,面皮通红了。荆公问道:'子瞻从湖州至黄州,可从苏州、润州经过么?'东坡道:

---

① 冯梦龙:《古今谭概》,天津古籍出版社 1995 年版,第 691 页。
② 叶梦得:《避暑录话》,中华书局 1985 年版,第 3 页。
③ 《山中一夕话》,明清善本小说丛刊初编第六辑谐游篇,天一出版社 1985 年版,卷之一。
④ 《山中一夕话》,明清善本小说丛刊初编第六辑谐游篇,天一出版社 1985 年版,卷之一。
⑤ 《山中一夕话》,明清善本小说丛刊初编第六辑谐游篇,天一出版社 1985 年版,卷之一。

第二章 士文化中的东坡故事

'此是便道'。荆公道:'苏州金阊门外,至于虎丘,这一带路叫做山塘,约有七里之遥,其半路名为半塘。润州古名铁瓮城,临于大江,有金山、银山、玉山,这叫做三山,俱有佛殿僧房,想子瞻都曾游览。'东坡答应道是。荆公道:'老夫再将苏润二州,各出一对,求子瞻对之。'苏州对云:七里山塘,行到半塘三里半。润州对云:钱瓮城西,金玉银山三宝地。东坡思想多时,不能成对,只得谢罪而出。"①而东坡与佛印之间的对对子故事则常常流于鄙陋粗俗,如"东坡与佛印同饮,佛印曰:'敢出一令,望纳之,令曰:不悭不富,不富不悭,转悭转富,转富转悭,悭则富,富则悭。'东坡见有讥讽即答曰:'不毒不秃,不秃不毒,转毒转秃,转秃转毒,毒则秃,秃则毒。'"②其中尽是嘲弄与尖酸的挖苦。又如"东坡一日携宅眷游西湖,因往灵隐,适见佛印临涧掬水,怡然忘机。坡诘之,答曰:闻此中有花纹小蚌可爱,欲得数枚,置之盆池间以供清玩,犹恨未获。坡戏之曰:佛印水边寻蚌吃,佛印应声答云:子瞻船上带家来。坡颇恨之,各分散而去"③。故事中的东坡猥亵不经,佛印言辞尖刻,与历史的苏轼相去甚远。

在明代的东坡故事中,东坡与熟识的朋友之间的聚会被描绘得更加具有喜剧色彩,语言日常化,内容生活化,以日常经验为玩笑,呈现出简单化与娱乐化的倾向,"东坡一日与秦少游夜宴,忽得身上虱,为少游曰:'此垢腻生成。'少游曰:'不是,棉絮毛污成矣。'相辩久而不决。东坡曰:'明日同问佛印,若输,作一宴席。'酒散,少游私去佛印处谓佛印曰:'适与东坡辨虱来历,坡说垢腻,我说棉絮毛污生成,他来问,只说我的真,当作馎饦会为席。'少游密嘱去。旋坡至为佛印曰:'前与少游辨虱来历,我说垢腻生,他说棉絮生,等他来只说我是,当作冷淘会为席。'言讫,两下到诘辨。印曰:'易晓耳,是垢腻成身,棉絮为脚,先吃冷淘,后吃馎饦。'众大笑。"④此类东坡故事中不仅有聚会的嘲谑戏闹,更有美酒佳肴、文字游戏的愉悦、香车美人的快活,"东坡谪官黄州,一日佛印来访,居佛印于雪堂而寝食焉。官妓月素者,坡尝喜其吟诗,凡会席必命至焉。坡方宴佛印,月素适从外来,坡问:'汝来何为?'对曰:'适过门闻宴客,敢来求一盆酒。'坡曰:'汝来掇坐,我作一令,汝能还之,令汝与坐。要一物不唤自来,下用两句诗。'坡出

---

① 冯梦龙:《警世恒言·王安石三难苏学士》,上海古籍出版社1992年版,第38—39页。
② 《山中一夕话》,明清善本小说丛刊初编第六辑谐游篇,天一出版社1985年版,卷之一。
③ 《山中一夕话》,明清善本小说丛刊初编第六辑谐游篇,天一出版社1985年版,卷之一。
④ 《山中一夕话》,明清善本小说丛刊初编第六辑谐游篇,天一出版社1985年版,卷之一。

令曰:酒既清,殽又馨,不唤自来是青蝇。诗云:不识人嫌生处恶,撞来筵上敢营营。佛印即还令曰:夜向晚,睡思浓,不唤自来是蚊虫。诗云:吃人嘴脸生来惯,枵腹贪图一饮充。月素曰:只将自身还令得否?坡曰:人亦天地间一物尔,何害。乃还令曰:绮筵张,日将暮,不唤自来是月素。诗云:红裙一醉又何妨?未饮便论文与字。东坡大喜其以己自喻,因命入坐同饮焉。"①

此外,宋代即出现东坡戏老翁娶小妾的故事,依然被津津乐道。有的明代东坡故事沿用了宋代的故事情节。以张子野为主人公,"苏子瞻倅杭时,子野年八十五矣,尚闻买妾,子瞻赠之诗云:'锦里先生自笑狂,莫欺九尺鬓眉苍。诗人老去莺莺在,公子归来燕燕忙。柱下相君犹有齿,江南刺史已无肠。平生谬作安昌客,略遣彭宣到后堂。'"②此类东坡故事同样具有调侃的意味。

虽然明代东坡故事呈现出强烈的狂欢化与娱乐化的倾向,但仍有许多关于东坡雅致生活的故事,不难发现其中对日常生活审美化的赞叹与对不虚伪不矫饰的真情的认同。

在明代东坡故事中,东坡故地往往因东坡之情真而为人们所熟知,亦引起后人的认同与敬仰。以六一泉为例,是东坡纪念欧阳修之处,"六一泉,在孤山之南,苏子瞻铭叙略云:欧阳文忠公将老,自谓六一居士。予通守杭州,别公而南,公曰:西湖僧惠勤甚文,长于诗,吾昔为山中乐三章以赠之。……逾年,六一公薨,予哭于勤舍。又十八年,予守杭州,则勤亦逝矣。其弟子二仲画六一公像与勤像而祀之,有泉出讲堂下,予遂本勤意,而名之曰六一泉。泉屋自南宋久废,至国朝洪武初而复兴。教授徐一夔为作疏云:六一泉者,东坡先生会勤上人哭欧阳公处也。泉在孤山之趾,勤上人之居在焉。先生为著泉铭,其徒既作石屋覆泉,且刻泉铭泉上。宋南渡后,废勤舍为延祥观。元初,又废观为帝师祠,泉没于二氏之居几三百年。元季兵燹,泉始呈露,但石屋已摧,而泉铭亦为他僧舍舁去。有僧曰行升者,锄荒涤垢,图复旧观,仍树石屋,且求泉铭,还于旧处。欲建祠堂一区,如当时祠公与上人故事,而力有未逮,将持短疏,求之好施之家,与凡传宗之美、释门之老,助财成之,庶几欧、苏二公与上人之流风雅韵,同不泯云。"③明人重新修建了这个已经败坏的地方,用来纪念苏、欧之流风雅韵。

---

① 《山中一夕话》,明清善本小说丛刊初编第六辑谐游篇,天一出版社1985年版,卷之一。
② 田汝成:《西湖游览志余》,浙江人民出版社1980年版,第163页。
③ 田汝成:《西湖游览志》,浙江人民出版社1980年版,第13页。

第二章 士文化中的东坡故事

在《西湖游览志余》中,详细记载了许多东坡曾经吟咏之物,以及物与东坡的渊源,"杭州茶,宝云山产者名宝云茶,下天竺香林洞者名香林茶,上天竺白云峰者名白云茶。苏东坡诗云:'白云山下两旗新。'又宝严院垂云亭亦产茶,东坡有《僧怡然以垂云新茶见饷,报以大龙团,戏作一律》云:'妙供来香积,珍烹具大官,拣牙分雀舌,赐茗出龙团。晓日云庵暖,春风浴殿寒,聊将试道眼,莫作两般看。'"①故事中,这些物品不仅被认为是东坡曾经使用、品尝过的,更重要的是物之中凝聚了关于东坡的幽默与善谑。

许多日常生活中的普通物品都进入了明代的东坡故事之中。在关于棕笋的东坡故事中,东坡曾以之赠仲殊,"棕榈树,以丝自裹,剥之可为雨衣及捆束之用,有子生肤毳中,盖花之方孕者,名为棕笋,蜜煮醋浸,可致千里,蜀人以此馔佛。苏子瞻《以棕笋馈仲殊》诗云:'赠君木鱼三百尾,中有鹅黄子鱼子,夜叉割瘿欲分甘,篛龙藏头敢言美。愿随蔬果得自用,勿使山林空老死,问君何事食木鱼,烹不能鸣固其理。'"②在关于枇杷的故事中,东坡曾与刘景文共赏于院内,"枇杷,白者为上,黄者次之,无核者名椒子。苏子瞻《同刘景文真觉院赏枇杷诗》云:'绿暗初迎夏,红残不及春,魏花非老伴,卢桔是乡人。'其叙云:'院有洛花,花时不暇往,故有魏花非伴之句。'"③在关于杨梅的故事中,东坡曾作诗赞美过梵天寺的杨梅,"杨梅,诸山多有之,而烟霞坞、东墓岭、十八涧、皋亭山者,肉松核小,味尤甜美。宋时,梵天寺有月廊数百间,庭前多杨梅、卢桔。苏子瞻诗云:'梦绕吴山却月廊,杨梅卢桔觉犹香。'"④在关于菌类的东坡故事中,东坡曾与参寥在智果寺中采得,"菌者,郁蒸之气所发,多生山谷竹树幽润之所。白者名玉蕈,最贵;黑者名茅蕈;赤者名竹菰,皆下品也。苏子瞻《与参寥行智果园得黄耳蕈》诗云:'老楮忽生黄耳蕈,故人兼致白芽姜。'"⑤故事中这些不起眼的小物品,却都有着与东坡的联系,从而显得弥足珍贵,也足以见得东坡于一枝一叶间的日常生活审美化的影响与接受。

在东坡故事之中,多有因东坡而得名的食物,本为朴素的乡间日常饮食却因

---

① 田汝成:《西湖游览志余》,浙江人民出版社 1980 年版,第 385—386 页。
② 田汝成:《西湖游览志余》,浙江人民出版社 1980 年版,第 387 页。
③ 田汝成:《西湖游览志余》,浙江人民出版社 1980 年版,第 385 页。
④ 田汝成:《西湖游览志余》,浙江人民出版社 1980 年版,第 385 页。
⑤ 田汝成:《西湖游览志余》,浙江人民出版社 1980 年版,第 386 页。

东坡的称赞而备受关注,"为甚酥,错着水"正是如此。它们是东坡黄州故事中提及的美食,"东坡在黄州时,尝赴何秀才会,食油果甚酥,因向主人:此名为何?主人对以无名。东坡又问:为甚酥?坐客皆曰:是可以为名矣!又潘长官以东坡不能饮,每为设醴。坡笑曰:此必错着水也。他日忽思油果,作小诗求之,云:野饮花前百事无,腰间唯系一葫芦。已倾潘子错着水,更觅君家为甚酥。"①《菊坡丛话》也记载了这个故事,文字稍异,"东坡在黄州,何秀才请食油果甚酥,因问主人此名为何,主人曰:无名。东坡又问:为甚酥?坐客皆曰:是可以为名矣。又潘长官以坡不能饮,每为设醴,坡笑曰:此必错着水也。坡他日忽思油果,戏作小诗与刘监仓求之,云:野饮花前百物无,杖头惟挂一葫芦。已倾潘子错着水,更觅君家为甚酥。李端叔尝与余言东坡云街谈市语皆可入诗,但要人镕化耳,此诗虽戏亦可见焉。"②

这些蕴藉着东坡故事的景、物被珍视,正是因为东坡故事为客观的物品赋予了幽默通达的文化内涵。故事中的东坡为物品所赋的诗句之美,诗意之妙,故事中的东坡与友人们之间深挚的友谊、雅致的行为、艺术化的生活态度都呈现了其精神之阔大,交往之风雅,情感之真挚。

明代关于日常生活兴味的东坡故事渐呈现出两个发展方向,一是继元代故事趣味市井化之后,更加娱乐化,往往以日常生活中的玩笑、笑话供人取乐。一是与宋代的东坡故事类似,强调于普通的日常生活中,以审美的眼光发现艺术之美,追求个体精神的自由与自适。

四、清代:雅正之作与娱乐游戏之乐

清代的东坡故事中出现了中规中矩地呈现史传中苏轼人生的剧作,并在笔记中多次对历代东坡故事中的日常生活细节进行考证。东坡故事中悠然于清风明月的恬静依然在清代故事中再现,而纯粹的娱乐、游戏化的东坡故事,甚至无稽之谈,也在清代进一步重构、传播。

在清代的东坡故事中,出现了较为忠实的将东坡一生的经历搬上舞台的剧

---

① 冯梦龙:《古今谭概》,天津古籍出版社1995年版,第848页。
② 单宇:《菊坡丛话》,见《四库全书存目丛书·集部》第416册,齐鲁书社1997年版,第500页。

作——姜鸿儒的《赤壁记》。该剧按照史传的记载重构了乌台诗案的发生,李定、舒亶状告东坡以诗谤主,经过太后、苏辙等人力辩,皇帝将他贬往黄州等情节。剧中并未过多地渲染乌台诗案的凶险,反而着重于展现众人对东坡的救助。以赤壁之游的设置为例,剧中《前游》、《后游》两出集中呈现了东坡两次赤壁之游,按照东坡前、后《赤壁赋》的内容铺展开来。在《前游》中,吊古伤今,触景生悲,感叹硝烟弥漫的战场如今月白风清,物是人非,与其在胜负、得失中计较、争夺,不如"把江波点,欢歌醉眠",与其忧虑"没有盖世佳篇,又没有奇功久传",不如"达生之情,识命之理",在天地本身就有的大自在中解放被尘世束缚、迷惑的自我,获得自在的欣悦与满足。《后游》中,东坡与客于初冬时节再游赤壁,目之所及皆萧瑟凄凉。东坡看到一只鹤掠舟向西飞去,又梦到道士变作了鹤。虽然《前游》、《后游》都程度不同地化用了前、后《赤壁赋》的情节,但是表达的意境、情致不尽相同。吴士玉在序言中道:"借苏公之遭际,表边腹之琳琅。眉山父子,须臾环绕毫端;赤壁烟云,无不盘旋笔底。"①《赤壁记》中,东坡经过生死飘摇的乌台诗案后谪居黄州的岁月,既没有屈辱、愤懑,也没有沉重、悲凉,只有简单、恬静的乡间生活:"待罪京邑,谪宦黄州,放浪山水,寓居临皋亭,就东坡筑雪堂一间,因绘雪于四壁,又自书东坡雪堂四大字,颜其额焉。堂前有细柳,有浚井,西有微泉。堂之下有桃花,有丛菊,有秔稌,有枣栗,有松……作陂塘,植黄桑,皆足以供岁月。"②剧中所呈现的贬谪生活,也充满了闲适的田园气息。

清代学者在朴学的影响下,更加注重对东坡故事的考证与辨析,这就使得清代的东坡故事往往褪去夸张的想象与炫目的色彩,而颇具学者的雅正气息。

宋代的东坡故事之中,东坡赠诗于乐妓,留下"恰似西川杜工部,海棠虽好不留诗"的故事流传甚广。"先生在黄日,每有燕集,醉墨淋漓,不惜与人。至于营妓供侍,扇书带画,亦时有之。有李琪者,小慧而颇知书札,坡亦每顾之喜,终未尝获公之赐。至公移汝郡,将祖行,酒酣奉觞再拜,取领巾乞书。公顾视久之,令琪磨砚,墨浓取笔大书云:'东坡七岁黄州住,何事无言及李琪。'即掷笔袖手,与客笑谈,坐客相谓:'语似凡易,又不终篇,何也?'至将撤具,琪复拜请。坡大笑曰:'几忘出场。'继书云:'恰似西川杜工部,海棠虽好不留诗。'一座击节,尽

---

① 姜鸿儒:《赤壁记》,古本戏曲丛刊五集第八函,上海古籍出版社1986年版,序第1页。
② 姜鸿儒:《赤壁记》,古本戏曲丛刊五集第八函,上海古籍出版社1986年版,下卷第1页。

醉而散。"①《清波杂志》中同样记载了这个故事，主人公为李琦。"其人自此声价增重，殆类子美诗中黄四娘。"②不管是"李琪"，还是"李琦"，不管是在故事中赞东坡诗才，还是羡慕这位乐妓以此留名千古，关注的焦点都在东坡而不在杜甫何以不留海棠诗。明代，这个故事继续流传，《山中一夕话》中的文字与《春渚纪闻》不异③，而《菊坡丛话》中简短地记载了这个故事，"东坡谪居齐安时，以文章游戏三昧。齐安乐籍中李宜者，色艺不下他妓，然他妓因燕席中多得诗，宜以语讷不能有所请，人皆咍之，坡将移临安，于饮饯处，宜哀求于坡，坡半酣笑谓之曰：东坡居士文名久，何事无言及李宜，恰似西川杜工部，海棠虽好不吟诗。"④至清代，学者将关注点聚焦于考证杜工部之所不写海棠诗的原因，并指出宋代文人不考之失。"《天中记》：少陵居蜀数年，吟咏殆遍，海棠奇艳而诗章独不一及。……苏东坡赠妓李琪诗：'恰是西川杜工部，海棠虽好不留题。'亦点此意。……盖子美父名闲，母名海棠，故其吟咏无闲字而不赋海棠，固深有意，宋人未之考耳。"⑤至此，这个关于"恰似西川杜工部，海棠虽好不留诗"的东坡故事成为了考证的对象。

在清代东坡故事中，东坡诗中所提及的各种物品，清代学者多进行考证，东坡曾于诗中提及"牢丸"这一事物，"《丹铅录》引束晳《饼赋》有牢丸之目，盖食具名也。东坡以牢九具对真一酒，偶语虽工，然不知牢九具为何物。后见《酉阳杂俎》引《伊尹书》有笼上牢九，汤中牢九，注云：'牢九，今汤饼也。'并无牢九具，贪奇趁韵，虽东坡亦不免。"⑥

甚至许多小说中的情节也被学者们考证，"世传王介甫咏菊有'黄昏风雨过园林，残菊飘零满地金'之句。苏子瞻续之云：'秋花不比春花落，凭仗诗人仔细吟。'因得罪介甫，谪子瞻黄州。菊惟黄州落瓣，子瞻见之，始愧服。后二句诸书又作欧阳公事，介甫闻之，曰：'欧九不学之过也。不见《楚辞》云：夕餐秋菊之落英乎？或云《诗》之'访落'以落训始，落英盖谓花始开也。则介甫之引证，殆亦

---

① 何薳：《春渚纪闻》，中华书局1983年版，第90页。
② （宋）周煇撰，刘永辉校注：《清波杂志校注》，中华书局1994年版，第197页。
③ 《山中一夕话》，明清善本小说丛刊初编第六辑谐游篇，天一出版社1985年版，卷之一。
④ 单宇：《菊坡丛话》，四库全书存目丛书集部第416册，齐鲁书社1997年版，第393页。
⑤ （清）褚人获辑撰，李梦生校点：《坚瓠集》，上海古籍出版社2012年版，第292页。
⑥ （清）褚人获辑撰，李梦生校点：《坚瓠集》，上海古籍出版社2012年版，第857页。

未之思欤?"①东坡因自满自大而擅补王安石之诗,得罪了王安石,被陷害贬至黄州,亲眼看到菊花落地的情景,方才叹服。这个情节大多出现于元、明戏剧之中,将之作为东坡与王安石矛盾冲突之一。清代学者就这个情节中的诗句进行考辨,以一种新的方式去理解这个戏剧的常用情节了。

清代学者对于东坡审美化的日常生活有着独特的体认,虽感叹其生活兴味,却更加客观的角度去尽力挖掘事情的真相,而不是透过东坡自身的文字表述从诗句中去看待诗人与诗中物。

在东坡故事中,曾经有过"胜固欣然,败亦可喜"的东坡论棋故事。在对于东坡弈棋的评论之中,或者宋人赞赏东坡对于得失是非之豁达。"古今人赋棋诗多矣。……东坡白鹤观四言诗云:'小儿近道,剥啄信指。胜固欣然,败亦可喜。'夫恣贪欲于指顾,争胜负于毫厘,业棋者之常情,而坡乃置之膜外,亦可见其胸中翛然者矣"。② 评论中,将东坡对于成败的放旷理解一种心境的安静与坦然,既无争胜炫技,也无左右摇摆的困惑与畏首畏尾的患得患失。东坡之论至明代或被评论为不懂棋理了,"至东坡则云:胜固欣然,败亦可喜,优哉,优哉,聊复尔耳。盖东坡素不解棋,不究此味也。"③至清代,学者们继承了这个观点,认为是东坡没有领悟下棋的高妙,故而发此论调。"虽一艺之微,皆有妙存其间,穷其趣者,终日不能完一二局。所谓'虎穴得子人皆惊,静算江山千里近'之妙。他如东坡、荆公性非不敏,亦不能造其极。东坡有'胜固欣然,败亦可喜'之语。"④类似的还有,"方万里云:山谷前诗云:'坐隐不知岩月乐,手谈胜与俗人言。'亦佳句。碧落枯枝,尽弈者用心忘身之态,至东坡则云:'胜固欣然,败亦可喜,优哉游哉,聊复尔耳。'盖东坡素不解棋,不究此味也。"⑤

于酒而言,有学者认为人们对酒的口味的喜好各有不同,不可一味排斥甜酒。"《齐民要术》云:'勿使米过,过则酒甜。'白乐天诗:'户大嫌甜酒。'苏东坡诗:'酸酒如齑汤,甜酒如蜜汁。'《北山酒经》云:'北人不善投甜,所以饮多令人

---

① (清)褚人获辑撰,李梦生校点:《坚瓠集》,上海古籍出版社2012年版,第1064页。
② 葛立方:《韵语阳秋》,见《历代诗话》,中华书局1981年版,第623页。
③ 单宇:《菊坡丛话》,见《四库全书存目丛书·集部》第416册,齐鲁书社1997年版,第416页。
④ (清)褚人获辑撰,李梦生校点:《坚瓠集》,上海古籍出版社2012年版,第301页。
⑤ (清)褚人获辑撰,李梦生校点:《坚瓠集》,上海古籍出版社2012年版,第455页。

膈上懊恢。'是酒味忌甜也。"①却也赞赏东坡尽享酒之兴乐,"黄贞父《醉翁图赞》曰:'酒,好友,闭而眼,扪而口。潦倒衣冠,模糊好丑。多不辞一石,少不辞五斗。提携域外乾坤,断送人间卯酉。破除万事总皆非,沉冥一念夫何有。盖东坡为无漏之仙,而吾呼之为独醒之友。'"②

在清代文人的笔下,东坡的胸襟、审美与闲逸之乐亦被称赏。在东坡故事中,通过东坡与禅师对于天竺寺松被风吹折的不同看法,可见东坡开阔的不以功利为目的的心态,"苏子瞻登天竺寺,佛印言窗前两松昨为大风吹折其一,老僧怅恨,成两句云:'龙枝已逐风来变,减却虚窗半夜凉。'子瞻续云:'天爱禅心圆似镜,故添明月伴清光。'"③而对于文人风度,笔记中更加认可东坡随缘任适的观点,"宋王赟运使过吴江,有诗云:'吴江秋水灌平湖,水阔烟深恨有余,因想季鹰当日事,归来未必为莼鲈。'谓翰度时不可为,飘然远去,非为鲈也。至东坡《三贤赞》则曰:'浮世功名食与眠,季鹰真得水中仙。不须更说知几早,只为莼鲈也自贤。'其说又高一着矣。"④肯定了故事中东坡开阔无碍的圆融境界。

人只有从世俗欲望中解脱出来,闲逸方知清风明月之佳处。在对于东坡诗文的评论中,东坡《赤壁赋》中对清风明月的清赏得到认同与共鸣。"《经锄杂志》:李太白诗'清风明月不用一钱买',东坡《赤壁赋》云'惟江上之清风,与山间之明月,耳得之而成声,目遇之而成色,取之无禁,用之不竭,是造物者之无尽藏也。'东坡之意盖自太白诗句中来。夫风月不用钱买而取之无禁,太白、东坡之言信矣。然而能知清风明月之可乐者,世无几人。清风明月一岁之间亦无几日,即使人知此乐,或为俗务牵夺,或为病苦妨碍,虽欲赏之,有不能者。然则闲居无事,遇此清风明月,既不用钱买,又取之无禁,而不知以为乐,是自生障碍也。"⑤评论中,以赞赏的态度评价东坡对于清风明月的审美发现,但清代文人强调的情境是"闲居无事",生活的悠闲与安宁。

此外,在清代,东坡于西湖中处理政务的故事流传了下来,"苏东坡连守颍、杭二州,皆有西湖。其初得颍也,有颍人在坐云:'内翰只消游湖中,便可了郡

---

① (清)褚人获辑撰,李梦生校点:《坚瓠集》,上海古籍出版社2012年版,第1061页。
② (清)褚人获辑撰,李梦生校点:《坚瓠集》,上海古籍出版社2012年版,第508页。
③ (清)褚人获辑撰,李梦生校点:《坚瓠集》,上海古籍出版社2012年版,第433页。
④ (清)褚人获辑撰,李梦生校点:《坚瓠集》,上海古籍出版社2012年版,第451页。
⑤ (清)褚人获辑撰,李梦生校点:《坚瓠集》,上海古籍出版社2012年版,第430页。

事.'及守杭,秦观有诗云:'十里薰风菡萏初,我公所至有西湖。却将公事湖中了,见说官闲事也无。'后谪惠州,亦有西湖。"①而东坡故事中所体现的逸乐游赏也流传了下来,"《宋稗类钞》:姚舜明知杭州,有老姥自言故娼也,逮事东坡先生。言东坡春时每遇休暇,必约客湖上早食,于山水佳处饭毕,每客一舟,令队长一人,各领数妓,任其所适,晡后鸣锣以集之,复会望湖楼,或竹阁之间,极欢而罢。至一二鼓,夜市犹未散,列烛以归,城中士女云集,夹道以观千骑之还。实一时之胜事也。"②

清代东坡故事中,仍然可见机趣幽默的诙谐故事。在清代文人笔下,东坡的文章自有着他的滑稽趣味。东坡在面对抗击虫灾的关键时刻,依然能够幽默自如地描述事实,戏谑自身,"毛君玉为于潜令,有德政。苏子瞻捕蝗至其邑,作诗戏之曰:'诗翁憔悴老一官,厌见苜蓿堆青盘。'又曰:'宦游逢此岁年恶,飞蝗来时蔽天黑。羡君对境稻如云,蝗自识人人不识。'"③当清代文人们遇到口吃之人,或联想起东坡戏作的吃语诗,"《文海披沙》:东坡有吃语诗云:'故居剑阁隔锦官,柑果姜桂交荆菅。奇孤甘挂汲古绠,侥觊敢揭钩金竿。已归耕稼供藁秸,公贵干蛊高巾冠。更改句格各謇吃,姑固狡狯加间关。'又《戏武昌王居士》诗云:'江干高居坚关扃,犍耕躬稼用挂经。嵩竿系舸菰茭隔,笳鼓过军鸡狗惊。解襟顾景各箕踞,击剑赓歌几举觥。荆笋供脍愧搅聒,干锅更戛甘瓜羹。'一友举孝廉,口吃,唯流音念不正。一日雨中与徐兴公各赋绝句,为吃人念不得诗以遗之。"④

佛印烧猪待子瞻、东坡煮肉是宋代便流传开来的故事,至清代,依然有记载,但赞叹的是东坡文章即使滑稽,却也依事典而做。"东坡喜食烧猪肉,佛印住金山时,每烧猪以待。一日为人窃食,坡至无矣。戏作诗曰:'远公沽酒饮陶潜,佛印烧猪待子瞻。采得百花成蜜后,不知辛苦为谁甜。'又在黄冈时戏作食肉诗云:'净洗铛,少着水,柴头罨烟焰不起。待他自熟莫催他,火候足时他自美。黄州好猪肉,价贱如泥土。贵者不肯吃,贫者不解煮。早晨起来打两碗,饱得自家君莫管。'此东坡以文滑稽。而《云仙散录》载黄升日食鹿肉二斤,自晨煮至午,

---

① (清)褚人获辑撰,李梦生校点:《坚瓠集》,上海古籍出版社2012年版,第677页。
② (清)褚人获辑撰,李梦生校点:《坚瓠集》,上海古籍出版社2012年版,第900页。
③ (清)褚人获辑撰,李梦生校点:《坚瓠集》,上海古籍出版社2012年版,第499页。
④ (清)褚人获辑撰,李梦生校点:《坚瓠集》,上海古籍出版社2012年版,第252页。

则曰火候足矣,乃知坡老虽食肉亦用故事。"①以考据式的思路解读东坡与佛印的戏谑故事。

刘苏互谑的故事在清代也继续流传着,"《语林》:苏东坡尝与刘贡父言:'某与舍弟习制科时,日享三白,食之甚美,不复信人间有八珍也。'贡父问三白之说,坡言是一碟盐、一碟生萝卜、一碗饭。贡父大笑。久之。以简招坡吃皛饭,坡不复省忆,比至赴食,见案上所设惟萝卜、盐、饭而已,始悟贡父以三白为皛,援箸食之几尽而去。后数日,东坡亦召贡父食毳饭,贡父虽知其戏,但不知所设何物。及往,谈论过午,并不设食。贡父饥甚,索饭,坡云:'少待。'如此再三,坡答如故。贡父曰:'饥不可忍矣。'坡徐曰:'盐也毛,萝卜也毛,饭也毛。非毳而何?'贡父捧腹曰:'固知君报东门之役,然虑不及此。'坡始命设馔,抵暮乃去。"②与前代刘苏故事类似,以二人斗谑为主要内容,极具娱乐性。

在清代的东坡故事之中,也有关于东坡与友人们相聚时的绝倒之乐的故事,其中的人物已经渐渐固定,多是东坡、佛印、鲁直等人共聚,谈笑风生,令人绝倒。"佛印建方丈成,乞东坡颜额。东坡未暇,佛印自题曰:'参禅谒'。东坡一日见之,戏续云'硬如铁',佛印接云'谁得知',东坡笑云'徒弟说'。鲁直在坐,绝倒。"③此类聚会谈笑故事之中,或引入较为低俗的笑料。

在清代文人的笔下,常借东坡之诗名,重构带有很强戏剧性的小故事,故事中的东坡或被套入了某种固定范式的故事类型之中,充当一个固定的文人角色。"正德中,有无赖子好作十七字诗,触目成咏。时天旱,太守祈雨未应,作诗嘲之,曰:'太守出祷雨,万民皆喜悦。昨夜推窗看,见月。'守知,令人捕至,曰:'汝善作十七字诗耶?试再吟之,佳则释尔。'即以别号西坡命题。其人应声曰:'古人号东坡,今人号西坡,若将两人较,差多。'太守大怒,责之十八。其人又吟曰:'作诗十七字,被责一十八。若上万言书,打杀。'太守坐以诽谤律,发配郧阳。其母舅送之,相持而泣。泣止,曰:'吾又有诗矣。发配在郧阳,见舅如见娘。两人齐下泪,三行。'盖舅乃眇一目者也。"④

清代,许多东坡故事成为完全娱乐化的无稽之谈,圆融豁达的东坡被重构为

---

① (清)褚人获辑撰,李梦生校点:《坚瓠集》,上海古籍出版社2012年版,第416页。
② (清)褚人获辑撰,李梦生校点:《坚瓠集》,上海古籍出版社2012年版,第257页。
③ (清)褚人获辑撰,李梦生校点:《坚瓠集》,上海古籍出版社2012年版,第224页。
④ (清)褚人获辑撰,李梦生校点:《坚瓠集》,上海古籍出版社2012年版,第57页。

耽溺淫乐的酒色之徒。美色、美景、美酒对东坡产生了强烈的吸引力,并沉醉其间乐不思蜀。"徐都尉于西山辟一花园,广植奇花异果,名曰藏春坞。时值芳春,名花竞秀,苏东坡同佛印访之。值都尉他出,洞门锁钥,无得启扃,遥见楼头有一女子,美貌,凭阑凝望。东坡遂索笔题诗于门曰:'我来亭馆寂寥寥,镇锁朱扉不敢敲。一点好春藏不得,楼头半露杏花梢。'佛印亦和云:'门掩青春春自饶,未容取次老僧敲。输他蜂蝶无情物,相逐偷香过柳梢。'题毕而去。都尉回见诗,明日乃约二人宴会,久而不至,用前韵自题云:'藏春日日春如许,门掩应防俗客敲。准拟款为花下饮,莫教明月上花梢。'又以事他出。俄而佛印、东坡至,出家姬侍宴,遍赏红紫。酒半酣,坡咏《殢人娇》词赠姬云:'满院桃花,尽是刘郎未见。于中更、一枝纤软。仙家日月,笑人间春晚。浓醉起、惊落乱红千片。密意难窥,羞容易见。平白地、为伊肠断。问君终日,怎安排心眼。须信道、司空自来见惯。'都尉归见词,即和云:'小苑藏春,信道游人未见。花脸嫩、柳腰娇软。停觞缓引,正夕阳将晚。莺误入、蹴损海棠花片。只怅春心,当时露见。小楼外、曾劳目断。灯前料想,也饥心饱眼。从此去、萦心有人可惯。'命姬歌词以劝,坡大醉而别。"①故事中的东坡沉醉于美人、美酒,写下香艳之词。

更加无稽的是,故事中法术高强、饱读诗书的淫猴,也被塑造为东坡的朋友,"嘉靖中,江南一民家女为猴祟所凭,诸业符咒皆莫能禁。吴地称宋相公者,先世有符法,救人最广,而传家得道者犹阴王之故法大行。因邀宋至,宋视之曰:'此猴精,已五百年,通灵跋扈,幸早发,不然遁逸至滇南界,莫得矣。'遂作符,尽敕海内诸城隍神合捕。而诸神实惮之,莫能获。幸宋家有神为某郡城隍,奉法惟谨,始获之,械至。宋坐坛上,与客痛饮,责之曰:'汝生世久,可入仙,何不自爱而犯淫戒,为厉人间,罪何能逭?'猴惟涕泣而已。客问所从来,宋曰:'此猴饱经籍,与苏子瞻交好,黄鲁直诸公皆其友也。'客狎之,犹裂客衣,命即坛上捶杀之。"②故事中,不唯猴精与东坡交好,东坡亦常言异人、异事。"《安老书》:苏东坡云:扬州有武官侍真者,官于二广十余年,终不染瘴,面色红腻,腰足轻快。初不服药,惟每日五更起坐,两足相向,热摩涌泉穴无数。欧公平生不信仙佛,笑人行气,晚年患足疮一点,痛不可忍。有人传一法,用之三日,不觉失去。其法垂足

---

① (清)褚人获辑撰,李梦生校点:《坚瓠集》,上海古籍出版社2012年版,第602页。
② (清)褚人获辑撰,李梦生校点:《坚瓠集》,上海古籍出版社2012年版,第1163页。

坐,闭目握固,缩谷道,摇颭为之,两足如气球状,气极即休,气平复为之。日七八,得暇即为。乃搬运捷法也"。① 在故事中,东坡与异人、异事多有关联,颇有传奇色彩。

娱乐性的东坡故事至清代继续发展,东坡与小妹、山谷、秦观、佛印等人对对子的故事数量有所增加。

在对对子类的故事中,但凡是张显才情志趣的,多是以小妹为主角,才华横溢的东坡只是为了衬托小妹,"东坡与小妹、黄山谷论诗,妹云:'轻风细柳,淡月梅花。中要加一字作腰,成五言联句。'坡云:'轻风摇细柳,淡月映梅花。'妹云:'佳矣,未也。'黄云:'轻风舞细柳,淡月隐梅花。'妹云:'佳矣,犹未也。'坡云:'然则妹将何说?'云:'轻风扶细柳,淡月失梅花。'二人抚掌称善。"②故事中,一门三学士的诗书之家常有文字游戏,一家人联句对诗,其乐融融。"苏老泉一日家集,举香、冷二字一联为令,倡云:'水向石边流出冷,风从花里过来香。'东坡云:'拂石坐来衣带冷,踏花归去马蹄香。'颖滨云:'□□□□冷,梅花弹遍指头香。'小妹云:'叫月杜鹃喉舌冷,宿花蝴蝶梦魂香。'"③而苏小妹则是故事里对对子游戏之中最为聪慧、最能调动气氛的,成为了东坡故事中引人注目的角色。

清代东坡故事中体现出来的东坡日常生活,或以较为严谨的态度考证东坡故事的真伪,对东坡故事进行质疑和辨析,或以荒诞、虚构的想像重构了东坡形象,而苏小妹故事中的东坡已经与历史中的东坡呈现明显的差异化特征。

第三节 东坡故事的意义——东坡故事之于历代士人

苏东坡无疑是卓尔不群的文人,为历代文士们提供了丰富的文化资源。在东坡故事中,东坡是文人们所理想的人格典型,能够于平淡的日常生活中用审美的眼光发现一枝一叶的艺术之美与天然之乐。在与东坡密切相关的山水胜迹,文人们甚至以朝圣般的游览重温东坡故事,慰藉自身、寻找精神支持,而东坡故

---

① (清)褚人获辑撰,李梦生校点:《坚瓠集》,上海古籍出版社2012年版,第1180页。
② (清)褚人获辑撰,李梦生校点:《坚瓠集》,上海古籍出版社2012年版,第396页。
③ (清)褚人获辑撰,李梦生校点:《坚瓠集》,上海古籍出版社2012年版,第530页。

事中的东坡之死,则提供给士人们除了出、处之外,关于生、死的另一种思考。

一、理想人格

对于后世中国的文人而言,苏东坡是独特的。苏东坡之足以动人心魄且无可取代,在于他在作品中展现出的可供人感知、思索的活生生的真实人生,表达出了深幽精微的人生体验和思考。苏东坡通过文字所传达出来的人生意境与个人体悟,更为丰富、深刻和全面,更具有典型性和吸引力。

在东坡故事之中,这位我国文化史上罕见的全才,在经历过荣辱得失、大起大落的生活波折之后,以个人特有的敏锐直觉打开了新的生命体验,其对人生的思考获得新的视角和高度,成为后世中国文人竞相仿效的对象,影响了一代又一代中国人的人生模式的选择和文化性格的自我设计。

首先,在东坡故事之中,东坡对于人生的态度是非常笃实的,未曾一日放弃自身的修养,也未曾放弃过自己的操守与抱负。东坡始终直言忠谏,没有"明哲保身"的退缩与趋炎附势的献媚,正如品评东坡文字的评论所言,英气多和气少,"韩退之之文,自经中来;柳子厚之文,自史中来;欧阳公之文,和气多,英气少;苏公之文,英气多,和气少。"①又如评论所言东坡书法能直出于胸次,绝无媚态,"东坡与子由论书云:'吾虽不善书,晓书莫如我。苟能通其意,常谓不学可。'故其子叔党跋公书云:'吾先君子岂以书自名哉?特以其至大至刚之气,发于胸中而应之以手,故不见其有刻画妩媚之态,而端乎章甫,若有不可犯之色。少年喜二王书,晚乃喜颜平原,故时有二家风气。俗手不知,妄谓学徐浩,陋矣。'"②在东坡故事之中,东坡于贬谪之中,依然坚持自己的政见。

在对东坡的品评之中,有评论者认为东坡非常清醒:其对古人成败得失的评判,未尝因为其功业权势而有所趋附,例如东坡对曹操的批评,与他人的评语相比之下,更可见对于世事的通透见识,"铜雀伎,古人赋咏多矣。……魏武阴贼险狠,盗有神器,实窃英雄之名,而临死之日,乃遗令诸子,不忘于葬骨之地。又使伎人著铜雀台上以歌舞其魂,亦可谓愚矣。东坡云:'操以病亡,子孙满前,而

---

① (宋)邵博撰,刘德权、李剑雄点校:《邵氏闻见后录》,中华书局1983年版,第111—112页。
② 葛立方:《韵语阳秋》,见《历代诗话》,中华书局1981年版,第528页。

咿嘤涕泣,留连妾妇,分香卖履,区处衣物,平生奸伪,死见真性。'真名言哉。"①

在关于东坡人生态度的故事之中,东坡始终未曾放纵自身,无论是顺境,还是逆境,东坡并不虚度一日光阴,并对于人性的惰性、弱点有着清醒的警戒,"东坡尝言静似懒,达似放,予以为拙亦似懒,俗亦似放。"在故事中,东坡的高才虽然与其天资有关,但更倚赖于不懈努力,"东坡《谢滕达道书》云:'前日得观所藏诸书,使后学稍窥家传之祕,幸甚!恕先所训,尤为近古。某方治此书,得之颇有开益,拜赐之重,若获珠贝,老朽不揆,辄立训传,尚未毕功,异日当为公出之。古学崩坏,言之伤心也。'李方叔云:'东坡每出,必取声韵音训文字复置行篋中。'予谓学者不可不知也。"②而在载有东坡论文的评论中,东坡对于如何做文,亦主张勤奋多为,方可写出好文章,"东坡云:'顷岁,孙莘老识文忠公,乘间以文字问之,云:无他术,唯勤读书而多为之自工。世人患作文字少,又懒读书,每一篇出,即求过人,如此少有至者。疵病不必待人指摘,多作自能见之。'"③在宋人笔下,东坡勤学不辍,学富五车,虽然乌台诗案之后,东坡被迫噤声,但诗文依然烂熟于胸中,用之辄发。"秦少章言:公尝言观书之乐,夜常以三鼓为率,虽大醉归亦必披展至倦而寝。然自出诏狱之后,不复观一字矣。某于钱塘从公学二年,未尝见公特观一书也。然每有赋咏及著譔所用故实,虽目前烂熟事,必令秦与叔党诸人检视而后出。"④

在东坡故事之中,东坡对于文字的执著与认真,绝非酒足饭饱之后的游戏,而是身体力行,未尝一日不学的坚持。所谓"知之者不如好之者,好之者不如乐之者,"在宋人笔下,东坡是"知之者",其读书认真细致,"唐子西云:'先生赴定武时,过京师馆于城外一园子中。余时年十八,谒之。问近观甚书,予对以方读《晋书》。猝问其中有甚亭子名,予茫然失对。始悟前辈观书,用意如此。'"⑤又是好之者:"苏公少时,手抄经史,皆一通。每一书成,辄变一体,卒之学成而已。"⑥更是乐之者,"曹孟德尝言:'老而能学,惟吾与袁伯业。'东坡云:'此事不

---

① 葛立方:《韵语阳秋》,见《历代诗话》,中华书局1981年版,第644页。
② (宋)邵博撰,刘德权、李剑雄点校:《邵氏闻见后录》,中华书局1983年版,第212—213页。
③ (宋)何汶撰,常振国、绛云点校:《竹庄诗话》,中华书局1984年版,第5页。
④ 何薳:《春渚纪闻》,中华书局1983年版,第88页。
⑤ 何薳:《春渚纪闻》,中华书局1983年版,第94页。
⑥ 何薳:《春渚纪闻》,中华书局1983年版,第94页。

独今人不能,古人亦自少也。'东坡以《论语解》寄文潞公书云:'就使无取,亦足见其穷不忘道,老而能学也。'……人于少年读书,与中年、晚年所见各不同。其作文亦然。故老而能学,盖自有以乐之也。"①故而在东坡故事中,东坡在知之、好之、乐之的递进循环之中,以认真执著的态度成就其文字。

其次,在东坡故事之中,东坡坦荡于心、有容于外的胸襟,成为后代文人们欣赏、向往的人格魅力之一。王安石与东坡对李白的评价不同,其差异或正折射了二人不同的价值观念与取舍。"士之所尚,忠义气节,不以摘词摘句为胜。唐室宦官用事,呼吸之间,杀生随之。李太白以天挺之才,自结明主,意有所疾,杀身不顾。王舒公言:'太白人品污下,诗中十句,九句说妇人与酒。'至先生作太白赞则云:'开元有道为可留,縻之不可刬肯求。'又云:'平生不识高将军,手污吾足乃敢嗔。'二公立论,正似见二公胸次也。"②东坡耿直不阿、不为权势利禄折腰的胸怀,在王安石的对比下鲜明地呈现出来。

在东坡故事之中,对于不利于自己升迁的言论,东坡不会因个人的得失有所怨怼,而是实事求是地体会其中的用心,"东坡云:顷试制举,中程后,英宗皇帝即欲便授知制诰。相国韩公曰:'苏轼之才,远大之器也。他日自当为天下用,要在朝廷培养之,使天下之士,莫不畏慕降伏,皆欲朝廷进用之,然后取而用之,则人人无复异词矣。今骤用之,则天下之士,未必以为然,适足以累之也。'英宗曰:'知制诰既未可,且与修起居注,可乎?'魏公曰:'记注与制诰为邻,未可遽授,不若且于馆阁中择近上贴职与之,他日擢用,亦未为晚。'乃授直史馆。欧阳文忠时为参政,虑执政官中有不意魏公者喋于东坡,坡曰:'公所以于某之意,乃古之所谓君子爱人以德者欤!'"③同样,在宋人笔下,对于高士的拒绝,东坡不仅尊重且予以称道。"庐山王元甫有诗名,隐居山中,不与士大夫相接。东坡自岭南归,过九江,因道士胡洞微欲求见之。元甫辞曰:'吾不见士大夫五十年矣,不用复从宾赞,幸为我谢之。'东坡叹赏而退。"④又如《西湖游览志余》所载:"云阇黎者,居宝山。苏子佐郡,游宝山,偶入方丈,小院阒然,有僧隐几低头读书,与之语,漠然不对。问其邻僧,曰:'此云阇黎也,不出十五年矣。'不数月,卒。苏子

---

① (宋)费衮撰,金圆校点:《梁溪漫志》,上海古籍出版社1985年版,第51页。
② 何薳:《春渚纪闻》,中华书局1983年版,第90页。
③ (宋)李廌撰,孔凡礼点校:《师友谈记》,中华书局2002年版,第23页。
④ (宋)曾敏行著,朱杰人标校:《独醒杂志》,上海古籍出版社1986年版,第78页。

再往访之,吊以诗云:'云师来宝山,一住十五秋。读书常闭户,客至不举头。去年造其室,清坐忘百忧。我初无言说,师亦无对酬。今来复扣户,空房但飕飕。云已灭无余,薪尽火不留。却疑此室中,常有斯人不?所遇孰非梦?事过吾何求。'"①在此类东坡故事中,东坡并未因为隐士的拒绝或者高僧的漠视而有所不快,反而,更加尊重、赞叹有德行修养之人,呈现出不以一己为挂碍的宽阔、坦荡的胸怀。

再次,在东坡故事之中,东坡能够做到真正的与人为善,真挚地与人交往,从而在与朋友的交往中获得了人情的深味。"后汉胡广卒,故吏自公卿、大夫、博士、议郎,衣缞绖者数百人。……此礼久废。近时张乐全薨,东坡用唐人服座主丧,缌麻三月。东坡薨,张文潜坐举哀行服得罪。"②故事中,东坡为前辈友人服丧,而后辈友人亦为东坡服丧,东坡与友人情感之深挚,如同至亲。

在东坡故事中,东坡多有真正的互相理解的肝胆相照的友人,"辩才、参寥,皆苏子瞻友也。其赞辩才云:'即之浮云无穷,去之明月皆同,欲知明月所在,在汝吐雾之中。'其赞参寥云:'身寒而道富,辩于文而讷于口,外尪柔而中健武,与人无竞,而好刺讥朋友之过,枯形灰心,而喜为感时玩物,不能忘情之语。此予所谓参寥子不可晓者五也。'观此,则二僧之优劣可见矣。子瞻谪齐安,参寥不远二千里相从期年。子瞻谪南海,参寥欲泛海访之,子瞻以书戒止,会当路亦摘其诗有讥刺语,遂返初服。建中靖国初,曾肇言其非辜,复祝发。观其友义如此,亦几于近道者。"③

在对于东坡的评论中,赞赏东坡在友人困厄之时,即使并不富足,亦慷慨以助。"东坡归阳羡时,流离颠踬之余,绝禄已数年,受梁吉老十绢百丝之赆,可见非有余者。李宪仲之子鹰,以四丧未举,而公见则尽以赠之。且赠以诗云:'推衣助孝子,一溉滋汤旱。谁能脱左骖,大事不可缓。'章季默三丧未葬,亦求于公,公亦有以助之,有'不辞毛粟施,行自丘山积'之句,其高谊盖出于天资矣。"④而在宋人笔下,当友人离世之时,东坡或悲不能遏,泣不能止。"李儆季常,苏子容丞相外孙,为予言:东坡归自儋耳,舟次京口,子容初薨,东坡已病,遣

---

① 田汝成:《西湖游览志余》,浙江人民出版社1980年版,第242页。
② (宋)邵博撰,刘德权、李剑雄点校:《邵氏闻见后录》,中华书局1983年版,第57页。
③ 田汝成:《西湖游览志余》,浙江人民出版社1980年版,第240页。
④ 葛立方:《韵语阳秋》,见《历代诗话》,中华书局1981年版,第652页。

叔党来吊,自作《饭僧文》。所谓在熙宁初,陪公文德殿下,已为三舍人之冠。及元祐际,缀公迩英阁前,又为五学士之首,虽凌厉高躅,不敢言同,而出处大概,无甚相愧者。明日,季常与子容诸孙往谢之,东坡侧卧泣下不能起。"①

再次,在东坡故事之中,东坡曾受前人奖掖,又于后辈学子不遗余力地给予力所能及的帮助。东坡在未得功名之时,多得前辈文人们的赏识与提携,例如故事中作为文坛盟主的欧阳修,以宽广的心胸接纳并帮助了东坡的故事。"王介甫、苏子瞻皆为欧阳文忠公所收,公一见二人,便知其他日不在人下。……子瞻登乙科,以书谢欧公,欧公语梅圣俞曰:'老夫当避此人放出一头地。'"②

在对东坡品评的评论之中,多见东坡称赏其所发现的文字之美,并不遗余力地称赞其人,使其闻名于世。例如评论中所记,东坡曾评论陈师道的诗,"凡诗,须做到众人不爱可恶处,方为工;今君诗不惟可恶却可慕,不惟可慕却可妒。"③又如宋人笔下,东坡曾高度赞扬谢民师之文才,"谢民师名举廉,新淦人。博学工词章,远近从之者尝数百人。民师于其家置讲席,每日登座讲书,一通既毕,诸生各以所疑来问,民师随问应答,未尝少倦。日办时果两盘,讲罢,诸生啜茶食果而退。东坡自岭南归,民师袖书及旧作遮谒,东坡览之,大见称赏,谓民师曰:'子之文,正如上等紫磨黄金,须还子十七贯五百。'遂留语终日。"④谢民师,正是当时"临江四谢"之一,"临江谢氏,世以儒鸣。元丰八年,有名懋者,及其弟岐,其子举廉、世充,同登进士第,连标之盛,侈于一时,时人谓之临江四谢。举廉字民师,东坡尝以书与之论文,今载集中。"⑤也正是因为东坡善于称赏他人的优点,故而隐匿才华没有被东坡发现的故事,令人惊奇。"济州晁端友,文元公之孙也,沈静清介,君子人也。工文辞,尤长于诗,常自晦匿,不求人知,而人亦无知者。以进士从仕二十余年,为著作佐郎以卒。其子补之录诗三百六十篇,求子瞻序之。方子瞻通守杭也,端友为新城令,与游三年,知其君子,而不知其能为诗。夫以端友之文,子瞻之明且好贤,而又相从久,犹有所不知,则士之蕴文行,不自求闻达,卒不为世知者,可胜数耶!"⑥

---

① (宋)邵博撰,刘德权、李剑雄点校:《邵氏闻见后录》,中华书局1983年版,第116页。
② 葛立方:《韵语阳秋》,见《历代诗话》,中华书局1981年版,第629页。
③ 叶梦得撰,宇文绍奕考异,侯忠义点校:《石林燕语》,中华书局1984年版,第117页。
④ (宋)曾敏行著,朱杰人标校:《独醒杂志》,上海古籍出版社1986年版,第7页。
⑤ (宋)岳珂撰,吴企明点校:《桯史》,中华书局1981年版,第132页。
⑥ (宋)王辟之撰,吕友仁点校:《渑水燕谈录》,中华书局1981年版,第72页。

东坡故事中,东坡或因一言、一诗之善,便给予他人较高评价。"东坡喜奖与后进,有一言之善,则极口褒赏,使其有闻于世而后已。故受其奖者,亦踊跃自勉,乐于修进,而终为令器。若东坡者,其有功于斯文哉,其有功于斯人哉!"①如东坡赞苏养直,并以其与李白无异。"苏养直《清江曲》见赏于东坡,以为与李太白无异。所谓'属玉双飞水满塘,菰蒲深处浴鸳鸯'是也。既为前辈所赏,名已不没。而又作《后清江曲》一篇,岂养直尚恶其少作耶?所谓'呼儿极浦下笭箵,社瓮欲熟浮蛆香。''轻蓑淅沥鸣秋雨,日暮乘流自相语。'如此等句,《前清曲》似未到也。"②《诗话总龟》亦载此事,可见东坡对后辈的称赞与鼓励,无不尽心竭力。

在东坡故事之中,东坡品评后辈文人的时候独具慧眼,内不避亲,外不避嫌,客观公平,终能赢得公论。"东坡知贡举时,得章贡孙勰之文于黜籍中,见而异之,擢置第五。榜帖既传,非议藉藉,以勰尝游公之门也。会廷试,勰复中第五,舆论始服文章之定价。勰即坡公所赠《刚说》孙介夫之子也"。③ 有的东坡故事中,东坡甚至能于幼时看出人的优异之处,并为其品题,"蜀人任孜字遵圣,以学问气节雄乡里,兄弟皆从老苏游,东坡所谓'大任刚烈世无有,疾恶如风朱伯厚'者。其后在京师,有哭遵圣诗云:'老任况豪俊,先子推辈行。'又云:'平生惟一子,抱负珠在掌。见之龆龀中,已有食牛量。'其子后立朝,果著大节,即德翁也。东坡眼目高,观人于龆龀间已能如此,妙矣夫!"④

在宋人笔下,东坡常常询问后辈文人对于自己文章的意见,不以对方的年纪、身份、辈分而区别对待,"东坡归自海南,遇其甥柳展如,出文一卷示之,曰:此吾在岭南所作也,甥试次第之。展如曰:《天庆观乳泉赋》词意高妙,当在第一;《钟子翼哀词》别出新格,次之;他文称是。舅老笔,甥敢优劣邪?坡叹息以为知言。展如后举似洪庆善。庆善跋东坡帖,具载其语。"⑤故事中的东坡是一个亲切、待人平等的长者形象。

在关于东坡发现后辈的故事之中,东坡于后生小辈,可识其他人未识之才,

---

① 葛立方:《韵语阳秋》,见《历代诗话》,中华书局1981年版,第489页。
② 葛立方:《韵语阳秋》,见《历代诗话》,中华书局1981年版,第503页。
③ (宋)曾敏行著,朱杰人标校:《独醒杂志》,上海古籍出版社1986年版,第35页。
④ (宋)费衮撰,金圆校点:《梁溪漫志》,上海古籍出版社1985年版,第35页。
⑤ (宋)费衮撰,金圆校点:《梁溪漫志》,上海古籍出版社1985年版,第45页。

赏其他人未觉之优。"东坡帅定武,有武臣状极朴陋,以启事来献,坡读之甚喜曰:奇文也。客退,以示幕客李端叔,问何者最为佳句,端叔曰:'独开一府,收徐、庾于幕中;并用五材,走孙、吴于堂下,此佳句也。'坡曰:'非君,谁识之者!'端叔笑谓坡曰:'视此郎眉宇间,决无是语,得无假诸人乎?'坡曰:'使其果然,固亦具眼矣。'即为具召之,与语甚欢,一府皆惊。"①在东坡故事之中,东坡也不会因为后辈文人的骄傲自满的态度而有所厌嫌,"刘伟明弇少以才学自负,擢高第,中词科,意气自得,下视同辈。绍圣初,因游一禅刹,时东坡谪岭南,道庐陵,亦来游。因相遇,互问爵里姓氏,伟明遽对曰:'庐陵刘弇。'盖伟明初不知其为东坡,自谓名不下人,欲以折服之也。乃复问东坡所从来,公徐应曰:'罪人苏轼。'伟明始大惊,逡巡,致敬曰:'不意乃见所畏!'东坡亦嘉其才气,相与剧谈而去。"②在宋人眼中,东坡并未因为后辈们冒犯自己的名号而追究惩罚,在了解了具体的原因之后,东坡依然会以欣赏的眼光赏其"一言之善","先生元祐间,出帅钱塘。视事之初,都商税务,押到匿税人南剑州乡贡进士吴味道,以二巨捲作公名衔,封至京师苏侍郎宅。显见伪妄。公即呼味道前,讯问其捲中果何物也。味道恐蹙而前曰:'味道今秋忝冒乡荐,乡人集钱,为赴都之赆。以百千就置建阳小纱,得二百端。因计道路所经,场务尽行抽税,则至都下不存其半。心窃计之,当今负天下重名而爱奖士类,唯内翰与侍郎耳。纵有败露,必能情贷。味道遂伪假先生台衔,缄封而来。不探知先生已临镇此邦,罪实难逃,幸先生恕之。'公熟视,笑呼掌笺奏书史,令去旧封,换题细衔,附至东京竹竿巷苏侍郎宅。并手书子由书一纸,付示谓味道曰:'先辈这回将上天去也,无妨来年高选,当却惠顾也。'味道悚谢再三。次年果登高第,还其笺启谢殷勤,其语亦多警策,公甚喜,为延款数日而去。"③故事中的东坡不仅没有因为冒用自己的名号而惩罚后辈,亦殷切地鼓励他们上进。

在东坡故事之中,"放出一头地"的欧阳修被塑造为成就东坡的重要人物,而东坡也被塑造为成就秦少游、黄鲁直的师者,将提携后辈的雅士高风传递了下去。"东坡尝言:文章之任,亦在名世之士,相与主盟,则其道不坠。方今太平之盛,文士辈出,要使一时之文有所宗主。昔欧阳文忠常以是任付与某,故不敢不

---

① (宋)费衮撰,金圆校点:《梁溪漫志》,上海古籍出版社1985年版,第41页。
② (宋)曾敏行著,朱杰人标校:《独醒杂志》,上海古籍出版社1986年版,第3页。
③ 何薳:《春渚纪闻》,中华书局1983年版,第98页。

勉。异时文章盟主,责在诸君,亦如文忠之付授也。"①虽然杰出的文人在没有前辈提携的情况下,也可能脱颖而出,但在关于提携的评论之中,前辈们的发现与帮助能够帮助真正有才华的文人们不被埋没,"欧阳公不得不收东坡,所谓老夫当避路,放他出一头地者。其实掩抑渠不得也。东坡亦不得不收秦少游、黄鲁直辈,少游歌词当在坡上,少游不遇东坡,当能自立,必不在人下也,然提奖大成就坡力为多。"②在故事里,欧阳修提携东坡、东坡提携秦少游都是对于后辈的奖掖。

在东坡故事之中,东坡一生提携与帮助的后辈文人为数不少,如"晁说之以道,其姓名蚤列东坡先生荐贤中"③。或因才华被东坡赏识,"文叔出东坡之门,其文亦可观"④,或得于患难之中给予了关键性的援助之手,"元祐中,东坡帅杭,予自江西来应举。引试有日矣,忽同保进士讼予户贯不明,赖公照怜,得就试,因预荐送,遂获游公门"⑤。

在关于东坡帮助后辈的故事之中,东坡不遗余力地推荐、举荐后辈文人,为他们创造机遇,"东坡自黄岗移汝坟,舟过金陵,见王荆公于钟山,留连燕语,荆公曰:'子瞻当重作三国书。'东坡辞曰:'某老矣,愿举刘道原自代云。'"⑥在东坡举荐后辈文人的过程中,并不以自己的个人利益为转移,正因为如此,东坡和他所推荐的文人们在东坡故事之中被称为贤士。"秦太虚举进士不得,东坡诗曰:'底事秋来不得解,定中试与问诸天。'深为称屈也。李方叔省试不得第,而东坡领贡举,尝有诗赠之云:'平生漫说古战场,过眼终迷日五色。我惭不出君大笑,行止皆天子何责。'山谷和云:'今年持橐佐春官,遂失此人难塞责。'座主归过于己,门生归命于天,俱一世之贤也。"⑦

在提拔后辈的东坡故事之中,东坡除了给予鼓励性的品评、力所能及的亲自举荐,还常常循循善诱,教人读书、做文,自觉地传承文化、推广教化。

东坡高才一世,在东坡故事中,常有人向他请教文章之事,东坡从不吝己见,

---

① (宋)李廌撰,孔凡礼点校:《师友谈记》,中华书局2002年版,第44页。
② 陈善:《扪虱新话》,上海书店1990年版,卷十三。
③ (宋)邵博撰,刘德权、李剑雄点校:《邵氏闻见后录》,中华书局1983年版,第189页。
④ (宋)邵博撰,刘德权、李剑雄点校:《邵氏闻见后录》,中华书局1983年版,第191页。
⑤ (宋)方勺撰,许沛藻、杨立扬点校:《泊宅编》,中华书局1983年版,第3页。
⑥ (宋)邵博撰,刘德权、李剑雄点校:《邵氏闻见后录》,中华书局1983年版,第167页。
⑦ 葛立方:《韵语阳秋》,见《历代诗话》,中华书局1981年版,第634页。

直言不讳,循循善诱,娓娓道来,令学习者能够自己感悟到进步的路径与方法,"季父仲山在扬州时事东坡先生,闻其教人作诗曰:'熟读《毛诗·国风》与《离骚》,曲折尽在是矣。'仆尝以谓此语太高,后年齿益长,乃知东坡之善诱人也。"①故事中东坡教人读《檀弓》,其原因在于《檀弓》语言简洁,记事清楚,脉络明晰,适合作为范文来学习。"东坡教人读《檀弓》,山谷谨守其言,传之后学。《檀弓》,诚文章之模范。凡为文记事,常患意晦而辞不达,语虽蔓衍而终不能发明。惟《檀弓》或数句书一事,或三句书一事,至有两句而书一事者,语极简而味长,事不相涉而意脉贯穿,经纬错综,成自然之文,此所以为可法也。"②在东坡对于文章的品评之中,文人们亦能体会文章的优劣得失,从而进一步改进自己的文章。"鲁直以晁载之《闵吾庐赋》问东坡何如?东坡报云:'晁君骚辞,细看甚奇丽,信其家多异材邪!然有少意,欲鲁直以渐箴之。凡人为文,宜务使平和;至足之余,溢为奇怪,盖出于不得已耳。晁君喜奇似太早。然不可直云尔,非为之讳也,恐伤其迈往之气,当为朋友讲磨之语可耳。'予谓此文章妙诀,学者不可不知,故表出之。"③故事中的东坡从来不吝于将自己写诗作文的心得与人分享,并循循善诱,劝人读书。

在东坡晚年被贬于海岛的故事之中,不时有年轻学子慕名而求学于东坡,东坡与这些年轻学子相处甚欢,并以形象易懂的比喻来教导他们写文作诗的途径。其中,葛延之与姜唐佐是较为出名的两位。

葛延之在海岛求学于东坡,东坡以最为形象的方式指出"意"是做文章时最为核心的部分,只要有了清楚明白的立意,就可以在材料中游刃有余,取舍自如,还指导他如何写大字、写小字,强调只有心中有,笔下才能有。"葛延之在儋耳,从东坡游,甚熟,坡尝教之做文字,云:'譬如市上店肆,诸物无种不有,却有一物可以摄得,曰钱而已。莫易得者是物,莫难得者是钱。今文章,词藻、事实,乃市肆诸物也;意者,钱也。为文若能立意,则古今所有翕然并起,皆赴吾用。汝若晓得此,便会做文字也。'又尝教之学书云:'世人写字,能大不能小,能小不能大。我则不然,胸中有个天来大字,世间纵有极大字,焉能过此?从吾胸中天大字流出,则或大或小,唯吾所用。若能了此,便会作字也。'尝为作《龟冠》诗送其行,

---

① (宋)何汶撰,常振国、绛云点校:《竹庄诗话》,中华书局1984年版,第7页。
② (宋)费衮撰,金圆校点:《梁溪漫志》,上海古籍出版社1985年版,第35页。
③ (宋)邵博撰,刘德权、李剑雄点校:《邵氏闻见后录》,中华书局1983年版,第110页。

葛以语胡苍梧,苍梧为记之。此大匠诲人之妙法,学者不可不知也。"①《竹庄诗话》中也记载了该事中关于立意的部分文字。② 若晓得此,便会做文字也。'"《韵语阳秋》关于此事的记载,更加详细,"东坡在儋耳时,余三从兄讳延之,自江阴担簦万里,绝海往见,留一月。坡尝诲以作文之法曰:'儋州虽数百家之聚,州人之所须,取之市而足。然不可徒得也,必有一物以摄之,然后为己用。所谓一物者,钱是也。作文亦然,天下之事,散在经子史中,不可徒使,必得一物以摄之,然后为己用,所谓一物者,意是也。不得钱不可以取物,不得意不可以明事,此作文之要也。'吾兄拜其言而书诸绅。尝以亲制龟冠为献,坡受之,而赠以诗云:'南海神龟三千岁,兆叶朋从生爱喜。智能周物不周身,未免人钻七十二。谁能用尔作小冠,岣嵝耳孙翃其制。今君此去宁复来,欲慰相思时整视'。今集中无此诗,余尝见其亲笔。"③

姜唐佐在东坡的指导、鼓励下成为海岛历史上的第一位进士。东坡非常欣赏他的才华,并寄予厚望,相约待其考取进士时为其成诗。但当姜唐佐登第,东坡已经去世了。"琼州进士姜唐佐,东坡极爱之,赠之诗曰:'沧海何曾断地脉,白袍端合破天荒。'且告之曰:'子异日登科,当为子成此篇。'及唐佐预广州计偕,过汝阳,见子由,时东坡已下世矣。子由因为足成其篇云:'生长茅间有异方,风流稷下古诸姜。适从琼筦鱼龙窟,秀出羊城翰墨场。沧海何曾断地脉,白袍端合破天荒。锦衣他日千人看,始信东坡眼力长。'"④《邵氏闻见后录》也因"破天荒"之诗句而记载了此事,"唐荆州每解送举人,多不成名,号曰天荒。至刘蜕舍人,以荆州解及第,号'破天荒'。东坡尝以诗二句,遗琼州进士姜唐佐。'沧海何曾断地脉,白袍端合破天荒',用此事也。题其后云:'持子及第,当续后句。'后唐佐自广州随计过许昌,见颍滨时,东坡已下世,相持出涕,颍滨为足成其诗云:'生长茅间有异方,风流稷下古诸姜。适从琼管鱼龙窟,秀出羊城翰墨场。沧海何曾断地脉,白袍端合破天荒。锦衣他日千人看,始信东坡眼目长。'"⑤《萍州可谈》从海岛历来没有进士的角度出发,记载了东坡与姜唐佐的

---

① (宋)费衮撰,金圆校点:《梁溪漫志》,上海古籍出版社1985年版,第37页。
② (宋)何汶撰,常振国、绛云点校:《竹庄诗话》,中华书局1984年版,第8页。
③ 葛立方:《韵语阳秋》,见《历代诗话》,中华书局1981年版,第509页。
④ 葛立方:《韵语阳秋》,见《历代诗话》,中华书局1981年版,第634页。
⑤ (宋)邵博撰,刘德权、李剑雄点校:《邵氏闻见后录》,中华书局1983年版,第133—134页。

第二章　士文化中的东坡故事

交往。"琼管四郡在海岛上,士人未尝有登第者。东坡责儋耳,与琼人姜唐佐游,喜其好学,与一联诗云:'沧海何尝断地脉,白袍端合破天荒。'东坡语姜云:'俟他日有验,当续成篇。'崇宁兴学,丕冒海隅,四郡士人亦向进,虽垦辟已久,恐卤瘠终无嘉谷尔。"①

在对于东坡的品评之中,东坡或对于后辈学者直言规谏,提醒他们自身的缺点,往往使后辈们受益匪浅。"廌少时有好名急进之弊,献书公车者三,多触闻罢,然其志不已,复多游巨公之门。自丙寅年,东坡尝诲之,曰:'如子之才,自当不没,要当循分,不可躁求,王公之门何必时曳裾也。'尔后常以为戒。自昔二三名卿已相知外,八年中未尝一谒贵人。中间有贵人使人谕殷勤,欲相见,又其人之贤可亲,然廌所守匹夫之志,亦未敢自变也。"②在评论中,东坡亦就某些诗文的弊端,直言加以批评,"东坡跋李端叔诗卷云:暂借好诗消永夜,每逢佳处辄参禅。盖端叔作诗,用意太过,参禅之语,所以警之云。"③

在东坡的一生中,老年贬于海岛的人生经历是其最后的人生答卷。在关于东坡贬居海岛的故事之中所体现出来的人格精神,是其最为成熟、"渐老渐熟,乃造平澹"境界的体现。对东坡老年九死一生的海岛故事做详尽的分析,更能揭示东坡所树立的理想人格的魅力所在。

在东坡故事之中,老年东坡之于少年、中年,在人生阅历与对世事的参省中都显示出了不同之处。既有对于世事的认识,"余观东坡《秦穆公墓》诗,全与《和三良》诗意相反,盖是少年时议论如此,至其晚年,所见益高,超人意表。扬雄所以悔少作也。"④也正如刘器之所描述的,晚年东坡尽洗铅华,平淡至真。"刘器之与东坡元祐初同朝,东坡勇于为义,或失之过,则器之必约以典故。东坡至发怒曰:'何处把上曳得一刘正言来,知得许多典故。'或以告器之,则曰:'子瞻固所畏也,若恃其才,欲变乱典常,则不可。'又朝中有语云:'闽蜀同风,腹中有虫。'以二字各从虫也。东坡在广坐作色曰:'书称立贤无方。何得乃尔!'器之曰:某初不闻其语,然立贤无方,须是贤者乃可,若中人以下,多系土地风俗,安得不为土习风移?'东坡默然。至元符末,东坡、器之各归自岭海,相遇于道,

---

① (宋)朱彧撰,李伟国点校,《萍州可谈》,中华书局2007年版,第162页。
② (宋)李廌撰,孔凡礼点校:《师友谈记》,中华书局2002年版,第14页。
③ 葛立方:《韵语阳秋》,见《历代诗话》,中华书局1981年版,第483页。
④ (宋)何汶撰,常振国、绛云点校:《竹庄诗话》,中华书局1984年版,第190—191页。

始交驩。器之语人云:'浮华豪习尽去,非昔日子瞻也。'东坡则云:'器之铁石人也。'"①评论认为,正可以用东坡论诗之语来形容其这一时期的人格性情。"作诗到平淡处,要似非力所能。东坡尝有书与姪云:'大凡为文,当使气象峥嵘,五色绚烂,渐老渐熟,乃造平澹。'余以谓不但为文,作诗者尤当取法于此。"②

在宋人笔下,老年东坡被称为"翰苑神仙锦绣肠","后坡归宜兴,道由无锡洛社,尝至孙仲益家。仲益年在龆龀,坡曰:'孺子习何艺?'孙曰:'学对属'。坡曰:'试对看'。徐曰:'衡门稚子璠玙器。'孙应声曰'翰苑神仙锦绣肠。'坡抚其背曰:'真璠玙器也!异日不凡。'"③所谓"翰苑神仙"或指东坡海岛故事中所呈现出来的贬谪生涯中的天真机趣,适意快活,"东坡在儋耳,……曰'无事此静坐,一日是两日。若活七十年,便是百四十。黄金不可成,白发日夜出。开眼三十秋,速于驹过隙。是故东坡老,贵汝一念息。时来登此轩,望见过海席。家山归未得,题诗寄屋壁。'又尝醉插茉莉,嚼槟榔,戏书姜秀郎几间曰:'暗麝著人簪茉莉,红潮登颊醉槟榔。'其放如此。"④所谓"锦绣肠",是指东坡海岛故事之中所呈现的文章之高妙,文笔之精熟,文风之浑然,"吕丞相《跋杜子美年谱》云:'考其辞力,少而锐,壮而肆,老而严,非妙于文章,不足以至此。'余观东坡自南迁以后诗,全类子美夔州以后诗,至所谓老而严者也。子由云:'东坡谪居儋耳,独喜为诗,精神华妙,不见老人衰惫之气。'鲁直亦云:'东坡岭外文字,读之使人耳目聪明,如清风自外来也。'"⑤

东坡于绍圣四年(公元1097)被贬至海南岛,这段垂老投荒的贬谪历程中充满着深重的忧患。其一,是个人的性命之忧。老年东坡面临着最切肤的死亡威胁,外界也因此盛传东坡的死讯:"今谪海南,又有传吾得道,乘小舟入海不复返者,……谤我者,或云死,或云仙。"⑥

海南岛的自然环境对年迈的东坡而言是恶劣的,一贫如洗的清苦生活更是

---

① (宋)邵博撰,刘德权、李剑雄点校:《邵氏闻见后录》,中华书局1983年版,第159页。
② (宋)何汶撰,常振国、绛云点校:《竹庄诗话》,中华书局1984年版,第9—10页。
③ 葛立方:《韵语阳秋》,见《历代诗话》,中华书局1981年版,第510页。
④ 释惠洪《冷斋夜话》,见《宋元笔记小说大观》,上海古籍出版社2001年版,第2171页。
⑤ (宋)何汶撰,常振国、绛云点校:《竹庄诗话》,中华书局1984年版,第176页。
⑥ 华东师范大学古籍研究所点校注释:《东坡志林》,华东师范大学出版社1983年版,第77页。

雪上加霜,尽管"尽卖酒器,以供衣食"①,但依然过着时常面临绝粮境地的生活。这就使得年老的东坡极易生病,"近来多病瘦瘁,不复如往日。……海南连岁不熟,饮食百物艰难,及泉、广海舶绝不至,药物鲊酱等皆无,厄穷至此,委命而已。老人与过子相对,如两苦行僧耳。"②生活中的物质条件非常有限。

在宋人笔下,东坡于贬谪之中,残酷的政治迫害依然如影随形,每每几至于死,"子瞻谪海南,时宰欲杀之。"③虽然在政治风暴中保全了生命,但在东坡故事之中,东坡依然面临着重重困难:被赶出了住宅,不得不自己建屋。"潭州彭子民,随董必察访广西,时苏子瞻在儋州,董至雷。议遣人过儋,彭顾董泣涕下曰:'人人家各有子孙',董遂感悟,止遣一小使臣过儋,但有逐出官舍之事。"④在政敌倾轧之下,帮助过东坡的官员也受到牵连。

在东坡故事之中,即使东坡陷入了生存的困境与政治的阴影之中,依然力所能及地关怀民瘼。虽然一己温饱未足,但仍然一如既往地忧虑当地的民生。当东坡看到当地人们不得温饱,却有很多荒地,便作诗鼓励人们重视农业;看到海南人信巫,杀牛作药,便做文告喻乡人重惜耕牛;当地的风俗是让女人出门劳作,甚至很多家庭将女儿留在家里做工不让她出嫁,东坡写文章批评这"坐男使女"的风俗,希望能够改变;看到儋州城东的学舍里寂寥无声,先生忍饥独坐之时,痛惜文化之不传。故事中,作为"罪人"的东坡不能借助行政权力,只能用自己的身体力行的影响力,期望改变当地的民生与陋习,积极地劝学、劝农、种药、移风易俗。

海岛艰苦的生存状态,却反衬出了东坡故事中饱满的生命亮色与活力,更留下了老年东坡生动愉快的生命痕迹,例如戴藤帽、着花缦、赤着双脚渡水,交友、游赏、劝学、做墨、观棋等故事。在日常生活故事中,东坡以自然风物和诗酒自娱,读陶诗、和陶诗,甚至将极琐屑的生活细节写进诗中。在东坡故事中,其读柳宗原贬谪之后的诗歌,"东坡尝题此诗后云:'子厚南迁后诗,清劲纡徐,大率类此。'又云:'《南涧》诗忧中有乐,乐中有忧,盖绝妙古今。'"⑤还常从海岛的每一

---

① 苏轼:《苏轼诗集》,中华书局1982年版,第2252页。
② 苏轼:《苏轼文集》,中华书局1986年版,第1841页。
③ (宋)彭乘辑撰,孔凡礼点校:《墨客挥犀》,中华书局2002年版,第365页。
④ 王巩:《甲申杂记》,载笔记小说大观第二册,江苏广陵古籍刻印社1983年版,第89页。
⑤ (宋)何汶撰,常振国、绛云点校:《竹庄诗话》,中华书局1984年版,第160页。

处细微的自然风景、人文趣事中进行审美发现,并将其诗意化:"东坡谪儋耳,见黎女竞簪茉莉,含槟榔,戏书几间曰:暗麝著人簪茉莉,红潮登颊醉槟榔。"①故事中的东坡以一颗平常、发现的心灵找到了海岛生活的精神乐趣,深刻地融入了晚年生活之中。

流传甚广的东坡戴笠故事,充满着幽逸的乡野生活中不时地闪现的天真机趣。《梁溪漫志》、《老学庵笔记》、《贵耳集》、《菊坡丛话》、《坚瓠集》、《正德琼台志》都有记载。

"东坡在儋耳,一日过黎子云,遇雨,乃从农家借箬笠戴之,著屐而归,妇人小儿相随争笑,邑犬群吠。竹坡周少隐有诗云:'持节休夸海上苏,前身便是牧羊奴。应嫌朱绂当年梦,故作黄冠一笑娱。遗迹与公归物外,清风为我袭庭隅。凭谁唤起王摩诘,画作东坡戴笠图。'今时亦有画此者,然多俗笔也。"②

流传至清,故事没有太大变化:

"苏子瞻在儋耳,闻黎子云城南载酒堂颇佳。一日访之,午后回,遇雨,从农家借笠着屐,路旁小儿相随争笑,邑犬群吠,以为异人。竹坡周少隐诗云:'持节休夸海上苏,前身应是牧羊奴。为嫌朱绂当年梦,故作黄冠一笑娱。遗迹与公归物外,清风为我袭衣襦。凭谁唤起王摩诘,画作东坡带笠图。'"③

故事中东坡戴笠着屐的形象在绘画作品中深受青睐。"早在南宋,画家即经常以此为题材,可惜缺少名笔,以至于费衮叹息说:'今时亦有画此者,然多俗笔也。'元人所画的'笠屐图'虽不可见,但从虞集、张雨等人题咏《东坡笠屐图》的诗中尚可想见其大概。明人仇英、唐寅都画过'东坡笠屐图',据说现在儋州

---

① 彭大翼:《山堂肆考》,见《文渊阁四库全书》第978册,台湾商务印书馆1983年版,第113页。
② (宋)费衮撰,金圆校点:《梁溪漫志》,上海古籍出版社1985年版,第42页。
③ (清)褚人获辑撰,李梦生校点:《坚瓠集》,上海古籍出版社2012年版,第410页。

东坡书院里的石刻'笠屐图'就是根据唐寅的原画刻成的,书院里的那座东坡铜像也取材于此图。仇英的'笠屐图'曾被刻石于杭州望湖亭旁的'鸿雪轩'里,真本据传收藏在眉山的三苏祠内。清代的沈焯、任熊、任重,近代的沙馥、张大千等画家也都画过"笠屐图"。①数量如此众多的笠屐图各有特色。明代画家孙克弘的《东坡笠屐图》②与清代女画家吴筠的苏东坡造像③都只绘了东坡一人,前者戴笠着屐,一手持杖,一手拎起衣服的下摆,面似带笑,神态适然。后者则长髯便袍、戴笠持杖,风尘仆仆,神态安详适然。明代张弘的东坡图④中,苍老的东坡戴笠着屐,双手提着衣裙,似摇摆站不稳状,面容却很慈祥。一位老妇、一位年轻妇女在旁边忍俊不禁,两个儿童拍着手掌大笑,再现了故事中的情境。清代马咸绘有《笠屐图》⑤中意象颇为生动,东坡先生右手执杖,左手提着衣裙,回头看着一位拍手的赤脚青年,还有他身边的一只吠向东坡的狗,稍远处是一位戴笠拿斧的农人和两位妇女微笑地看着东坡,一个小孩子扯着妇女的衣裙指向东坡,另一个孩子从妇女的怀中探出脑袋,好奇地望着东坡。各地为纪念东坡而制作的雕像中,也不乏东坡笠屐的形象。例如"在广西钦州有一座天涯亭,相传东坡曾路经此地,清人乃筑亭纪念之。亭内悬挂着一幅'东坡笠屐图',清同治年间的知州陈起倬撰联说:'蜀山公占峨眉秀,岭海人争笠屐香。'"⑥

马咸所绘的图画上在这样的题词:"东坡先生在儋也,尝仿黎氏伯仲,途遇暴雨大作,即霁,假野老笠屐戴负而归。乡人咸相争睹,先生优哉自得,其天真之乐如此。"东坡笠屐的故事与笠屐图都生动地展现了东坡在海南生活的场景,清新自然。如果说"归去,也无风雨也无晴"东坡是一个人在雨中恬然自适之境,那么穷居海岛的东坡早已忘却晴雨,欣欣然地陶醉于身边孩子们的笑闹声中,乐而忘忧。明人陆树声在《题东坡笠屐》中也写道:"当其冠冕在朝,则众怒群咻,不可于时。及山容野服,则争先快睹。"着紫戴金的东坡难免陷于政治斗争之中,深重的忧患与责任使其难以彻底地释然。而戴笠着屐的东坡则去尽了外

---

① 莫砺锋:《漫话东坡》,凤凰出版社2008年版,第307页。
② 中国古代书画鉴定组:《中国古代书画图目》,文物出版社1988年版,第九册,第117页。
③ 海外藏历代中国名画编辑委员会:《海外藏历代中国名画》,湖南美术出版社1998年版,第八册,第230页。
④ 中国古代书画鉴定组:《中国古代书画图目》,文物出版社1992年版,第九册,第162页。
⑤ 中国古代书画鉴定组:《中国古代书画图目》,文物出版社1993年版,第十册,第262页。
⑥ 莫砺锋:《漫话东坡》,凤凰出版社2008年版,第307页。

物的束缚、包裹,呈现了一个士大夫赤子般的在自然中的愉悦与通脱。戴笠着屐的东坡才是最真切的东坡,这个朴素亲切的形象被后人定格、铭记。不仅如此,这样的乐观旷达"其实是以刚毅坚韧为内核的,他在逆境中发出的爽朗笑声其实是对政治迫害的严正抗争。这种傲视苦难的笑声中当然包含着幽默感,但其精神内蕴却是对黑暗势力的不屈和抗争,所以幽默中蕴含着严肃的态度,潇洒中蕴含着坚毅的追求。"①故而笠屐的东坡不仅是真实的,更是坦荡的,不仅是可爱的,更是可敬的。

类似笠屐故事的情境还有很多,例如:"总角黎家三四童,口吹葱叶送迎翁。莫作天涯万里意,溪边自有舞雩风。"黎族的小孩子们三四成群,在路旁吹着葱叶欢迎东坡。又如"半醒半醉问诸黎,竹刺藤梢步步迷。但寻牛矢觅归路,家在牛栏西复西。"②喝得半醉的东坡迷了路,只好一路寻觅牛屎,因为他的家就在牛圈的附近。

东坡在海岛虽有忧虑,但并不至于绝望;虽然怡然自适,但并不是日日诗意仙居。得失宠辱都是"如寄"的生命旅程中的组成部分,随缘自适而已。艰苦环境中的忧患,处处可见的田野之乐、天真之趣,既有修齐治平的踏实诚恳,又有齐一、养生的超越静谧,同时还体现出了隐士们的幽野逸气。"心似已灰之木,身如不系之舟。问汝平生功业,黄州、惠州、儋州。"③这正是东坡自被贬黄州始形成的文化人格日臻完善、至海南时已经完全圆熟的过程,也是东坡的文化人格富有魅力的原因。东坡在自己在人生实践、体悟中将儒、道、释各家的思想融合、重铸,创造性地打开了新的心灵空间与意义世界。贬居儋州的东坡之所忧、所乐都是其精神世界所展现出来的心灵图景,或从本质上超越了传统的立身处世方式。之所以说黄州是起点,是因为在经历了乌台诗案的生死飘零之后,对现实深刻的思索与重新省察成就了东坡自身人格精神的真正独立;而荒远的儋州即是终点:随着一贬再贬、荣枯炎凉的历练,其人格精神已然圆熟,寓忧乐于世,却不胶着于世,随世沉浮却保持着内心的平静与空漠。

"千百年来,他的性格魅力倾倒过无数的中国文人,人们不仅歆羡他在事业世界中的刚直不屈的风节、民胞物与的灼热同情心,也景仰其心灵世界中洒脱飘

---

① 莫砺锋:《漫话东坡》,凤凰出版社 2008 年版,第 167 页。
② 苏轼:《苏轼诗集》,中华书局 1982 年版,第 2322—2323 页。
③ 苏轼:《苏轼诗集》,中华书局 1982 年版,第 2641 页。

逸的气度,睿智的理性风范,笑对人间厄运的超旷。"①正是在这个意义上,东坡在唐宋之际文化"向内转"的历史契机中,在历尽了个人的成败荣枯的体悟中,敏锐地将外在的玄思与内在的精神世界重铸为一,以艺术的关照开拓了宽阔、明朗的心灵空间:既能安顿心灵、求得放心,又能经历宦途、随缘放旷。

元符三年(1100)六月二十日,东坡从琼州渡海北归。是夜,久雨初晴,云散月出,东坡站在船头长吟:

> 参横斗转欲三更,苦雨终风也解晴。云散月明谁点缀,天容海色本澄清。空余鲁叟乘桴意,粗识轩辕奏乐声。九死南荒吾不恨,兹游奇绝冠平生。

"这既是脱离苦难后的自我庆贺,也是战胜黑暗势力后的胜利宣言:用心险恶的章惇之流遭受了可耻的失败,九死一生的东坡终于活着北归了。"②但艰苦的生活使东坡的健康受到了严重的损害,不久便去世了。儋州的经历成为东坡用生命所做的最后诠释,其中所体现出的圆融亦是他独特而丰富的人格精神的表征,深刻地影响着后代文人的心灵空间与人格精神。

东坡所树立的理想人格,常常被后人与白居易进行比较,事实上,东坡本人欣赏、崇敬白居易。有的学者就认为东坡之所以自号东坡,就是因白居易的诗句而起。"白乐天为忠州刺史,有《东坡种花》二诗。又有《步东坡》诗云:'朝上东坡步,夕上东坡步。东坡何所爱,爱此新成树。'本朝苏文忠公不轻许可,独敬爱乐天,屡形诗篇。盖其文章皆主辞达,而忠厚好施,刚直尽言,与人有情,于物无著,大略相似。谪居黄州,始号东坡,其原必起于乐天忠州之作也。"③但也有学者认为东坡只是就东坡之地名而已,"苏子瞻谪黄州,号东坡居士,东坡其所居之地也。晚又号老泉山人,以眉山先茔有老翁泉,故云。"④清代学者亦对此有所考证,"洪容斋《随笔》:东坡慕乐天,因以为号。按《南宾志》,东坡、西坡皆白文公故迹。樊汉柄诗曰:'忠黄江上两东坡,二老遗风凛不磨。人得矜夸知地胜,

---

① 王水照、朱刚:《苏轼评传》,南京大学出版社2004年版,第575页。
② 莫砺锋:《漫话东坡》,凤凰出版社2008年版,第183页。
③ 周必大:《二老堂诗话》,见《历代诗话》,中华书局1981年版,第656页。
④ 叶梦得撰,宇文绍奕考异,侯忠义点校:《石林燕语》,中华书局1984年版,第152页。

天教流落为才多。'可证。"①

对东坡与白居易的比较,不限于诗句,亦有二人对仕途穷达的态度。东坡的人生态度更为洒脱,为文人所欣赏倾慕。"白乐天号为知理者,而于仕宦升沈之际,悲喜辄系之。自中书舍人出知杭州,未甚左也,而其诗曰:'朝从紫禁归,暮出青门去。'又曰:'委顺随行止。'又曰:'退身江海应无用,忧国朝廷自有贤。'自江州司马为忠州刺史,未为超也,而其诗曰:'正听山鸟向阳眠,黄纸除书落枕前。'又云:'五十专城未是迟',又云:'三车犹夕会,五马已晨装。'及被召中书,则曰:'紫微今日烟霄地,赤岭前年泥土身。得水鱼还动鳞鬣,乘轩鹤亦长精神。'观此数诗,是未能忘情于仕宦者。东坡谪琼州有诗云:'平生学道真实意,岂与穷达俱存亡。'要当如是尔。"②评论中,赞赏东坡对于穷达的看法,而白居易为"未能忘情者"。

此外,在东坡故事中,白居易与东坡都不是离尘绝世、自命清高的文人士大夫,他们对于人间俗世有着浓厚的兴趣,却不沉溺其中,不离世物却不执著于世物,不绝于人欲却也不黏滞于人欲,正如两个人都熟悉佛教典籍,也常与僧人来往,却不是戒律森严的教徒,"韦应物《奉谢处士叔诗》云:'高斋乐宴罢,清夜道相存'。东坡《次王巩韵》云:'那能废诗酒,亦未妨禅寂。'子由《春尽诗》云:'楞严十卷几回读,法酒三升是客同。'道贵冲寂,宴主懽畅,二者恐不能相兼也。白乐天延乐命醮之时,不忘于佛事,达者至今讥之。"③

在东坡故事之中,白居易与东坡都对日常生活进行了审美化的审视,以欣赏美的眼光重新洞察平凡甚至窘迫的日常生活,于俗中见雅。"乐天云:'身闲当得真天爵,官散无忧即地仙。'盖用颜蠋'晚食当肉,早眠当富,无事当贵'也。"④在宋人眼中,东坡极喜此论,尝用此为药方赠人,"张君持此纸求仆书,且欲发药,君当以何品?吾闻《战国》中有一方,吾服之有效,故以奉传。其药四味而已:一曰无事以当贵,二曰早寝以当富,三曰安步以当车,四曰晚食以当肉。……若此可谓善处穷者矣,然而于道则未也。安步自佚,晚食为美,安以当车与肉为哉?车与肉犹存于胸中,是以有此言也。"⑤至明代,白居易与东坡的差别被进一

---

① (清)褚人获辑撰,李梦生校点:《坚瓠集》,上海古籍出版社2012年版,第91页。
② 葛立方:《韵语阳秋》,见《历代诗话》,中华书局1981年版,第566页。
③ 葛立方:《韵语阳秋》,见《历代诗话》,中华书局1981年版,第518页。
④ 阮阅:《诗话总龟后集》,人民文学出版社1987版,第158页。
⑤ 华东师范大学古籍研究所点校注释:《东坡志林》,华东师范大学出版社1983年版,第23—24页。

步模糊化了,于美景的欣赏与赞美之中被同一化,"杭州巨美,得白、苏而益章,考其治绩怡情,往往酷似。"①在关于东坡与白居易比较的评论及故事之中,大多赞赏他们在日常生活中品味艺术之美,将庸常的生活审美化。

在东坡故事之中,也曾分析东坡所欣赏的古代文人。不仅是白居易,还包括了陶渊明、柳宗元等人,其诗文、人格也都为东坡所称赏,"东坡于古人,但写陶渊明、杜子美、李太白、韩退之、柳子厚之诗。为南华写柳子厚《六祖大鉴禅师碑》,南华又欲写刘梦得碑,则辞之。吕微仲丞相作《法云秀和尚碑》,丞相意欲得东坡书石,不敢自言,委甥王谠言之。东坡先索其藁谛观之,则曰:'轼当书。'盖微仲之文自佳也。"②

东坡在宋代文化渐趋成熟之时,以其诚恳的态度、耿直的气节、阔大的胸襟、洒脱却充满人情的士人人格名世。而在东坡故事之中,更加强化了他各个方面的特点,使其作为中国文人士大夫的理想人格而更具有典范意义。

二、大美人生

在东坡故事中,东坡善于以发现的眼光,敏锐地发现周遭一切的美。虽然故事中的东坡透彻地洞明了人生的短暂、仕途的升沉、世事的空漠,但对于如寄的生命、平凡的生活却始终饱有热情,发现了属于巨匠的文字之妙、属于诗人的诗性之美、属于文人的风雅之悦、属于人间的亲情友情之醇,属于生活的笑谑之乐。在东坡故事中所成就的大美人生,更为文人们提供了新的发现美、享受美、创造美的方式,故而被代代记取,一再地重复、重构。

故事中东坡的人生无疑是具有艺术之美与生活之美的。一方面在于东坡的高才所显示的文艺之美,一方面在于东坡故事中所展现的思想与人生体悟。东坡思想中的各个部分是互相撞击、制约的,却又是互补互融的。其经世济时的淑世精神和贯穿一生的恋乡之情,对刚直坚毅的人格力量的追求和自由不羁的个人主体价值的珍视,都冲突却完整地统一在东坡身上,挫折和困境固然让他深切地认识到人世的残酷,体会到生存的威胁与生活的可鄙,加深了对人生苦难和虚

---

① 田汝成:《西湖游览志余》,浙江人民出版社1980年版,第151页。
② (宋)邵博撰,刘德权、李剑雄点校:《邵氏闻见后录》,中华书局1983年版,第116页。

幻的感受,但是,东坡所浸入的淑世精神又使他不会陷入彻底的享乐主义和混世、厌世主义,仍然在心中坚持对美好生活的追求和信念,而且以善于发现美的眼睛,在生活之中欣欣然于每一处乐趣与生机。故而,东坡是俗世的欣赏者,却不是沉溺其中不可自拔的俗人,正如他是酒中饮者,稍饮就醉,但不是酒鬼。晚年,东坡北归过赣州,反驳"太刚则折"的说法,认为此乃"鄙夫患失者也"①的论调,重现了风骨凛然的耿直谏臣形象;但同时又说:"人世一大梦,俯仰百变,无足怪者",表达出历经沧桑的老者的了悟。东坡多元的人生思考,最终落实到对个体生命、独立人格价值的脚踏实地的不倦追求,并在这个过程中享受生活之美与艺术之美。

在东坡故事中,对于世事人生,东坡有着透彻洞明的认识,"东坡《送山本禅师赴法云》云:'是身如浮云,安得限南北。'此二句乃老杜《别赞上人》诗中全语,岂偶然用之耶?《题碧落洞》诗云:'小语辄响答,空山白云惊。'此语全类李太白。今印本误作'自雷惊',不惟无意味,兼与上句重叠也。后自岭外归,《次韵江晦叔》诗云:'浮云时事改,孤月此心明。'语意高妙,如参禅悟道之人,吐露胸襟,无一毫窒碍也。"②那么,故事中这样"无一毫窒碍"的心灵将造就怎样的人生呢?东坡故事中成就、展现了一个大美的人生。

首先,文艺之美。在东坡故事之中,东坡笔下的文字具有卓越的艺术之美,既是倾照心灵之镜,又是表达思想抒发情感的坦途。在东坡故事所讲述的夫子自道中,东坡直言对文字的热爱,"先生尝谓刘景文与先子曰:'某平生无快意事,惟作文章,意之所到,则笔力曲折,无不尽意。自谓世间乐事无踰此者。'"③同时,在诗话所记载的诗句中,东坡一生好读书、勤写作,笔耕不息,"沈攸之晚好读书,手不释卷,尝叹曰:'早知穷达有命,恨不十年读书。'东坡再和刘景文介亭长篇云:'早知事大谬,恨不十年读。'"④即使身陷困苦的环境之中,故事中的东坡也不忘著述,"自古文人,虽在艰危困踬之中,亦不忘于制述。盖性之所嗜,虽鼎镬在前不恤也,况下于此者乎?……东坡在狱中作诗《赠子由》云:'是处青

---

① 苏轼:《苏轼文集》,中华书局1986年版,第339页。
② 阮阅:《诗话总龟后集》,人民文学出版社1987年版,第36页。
③ 何薳:《春渚纪闻》,中华书局1983年版,第84页。
④ 阮阅:《诗话总龟后集》,人民文学出版社1987年版,第157页。

山可埋骨,他年夜雨独伤神。'犹有所托而作。"①文字已成为故事中的东坡生存之必需,与东坡的人生熔铸为一,故而不管穷达荣辱,东坡都未曾停止写诗做文。

第一,在对于东坡诗的品评之中,多有论其诗风多样的。或称赞东坡诗直抒胸臆、壮志豪情,"苏东坡气岸才高诗放豪,"②或论东坡之恣意豪纵却不悖于理,"'吟诗喜作豪句,须不畔于理方善。如东坡观崔白《骤雨图》云:扶桑大茧如瓮盎,天女织绡云汉上。往来不遣风衔梭,谁能鼓臂投三丈?'此语豪而甚工。"③论其诗将日常琐事、拈花摘叶也尽融入诗情之中,"子瞻归自道场何山,遇大风雨,因憩耘老溪亭,命官奴秉烛捧砚,写风雨竹一枝,题诗云:'更将掀舞势,把烛书风筱。美人为破醒,恰似腰肢袅。'"④正如评论所言,东坡将所遇景物皆写入诗中,看似随意,却妙趣横生。

然而,在文人的评论之中,看似随意天成的东坡诗,却是最为工整讲究的。小至句中的词语,"韩存中云:东坡作'渔蓑句好真堪画,柳絮才高不道盐',只'不道盐'与'真堪画',自合是一对。"⑤大至整首诗的句句相扣、围绕主题,都是非常考究的。"苏文忠公诗,初若豪迈天成,其实关键甚密。再来杭州寿星院寒碧轩诗,句句切题,而未尝拘。其云:'清风肃肃摇窗扉,窗前修竹一尺围。纷纷苍雪落夏簟,冉冉绿雾沾人衣。'寒碧各在其中。第五句'日高山蝉抱叶响',颇似无意,而杜诗云:'抱叶寒蝉静。'并叶言之,寒亦在中矣。'人静翠羽穿林飞',固不待言。末句却说破:'道人绝粒对寒碧,为问鹤骨何缘肥。'其妙如此。"⑥文人们在品评诗歌时,也常以东坡诗对为工整的典范之作。"韩子苍曰:'丁晋公《海外》诗云云,世以为工,及读东坡诗云云,便觉才力相去远矣。'"⑦《冷斋夜话》也记载了此事,文字稍异,"韩子苍曰:丁晋公海外诗曰:'草解忘忧忧底事,花能含笑笑何人。'世以为工。读东坡诗曰:'花非识面尝含笑,鸟不知名时自

---

① 葛立方:《韵语阳秋》,见《历代诗话》,中华书局1981年版,第504页。
② 单宇:《菊坡丛话》,见《四库全书存目丛书·集部》第416册,齐鲁书社1997年版,第349页。
③ 阮阅:《诗话总龟后集》,人民文学出版社1987年版,第50页。
④ 阮阅:《诗话总龟前集》,人民文学出版社1987年版,第225页。
⑤ 阮阅:《诗话总龟前集》,人民文学出版社1987年版,第100页。
⑥ 周必大:《二老堂诗话》,见《历代诗话》,中华书局1981版,第669页。
⑦ (宋)何汶撰,常振国、绛云点校:《竹庄诗话》,中华书局1984年版,第448页。

呼。'便觉才力相去如天渊。'"①

在对于东坡诗的评价中,或赞赏东坡于诗中叙事,言简意赅。"东坡作《病鹤诗》有'三尺长胫阁瘦躯'之句,尝写三尺长胫瘦躯阙其一字,使任德翁辈下之凡数字,东坡徐出其稿,盖阁字也,此字既出,俨然如见病鹤矣。东坡诗叙事,言简而意尽。惠州有潭,潭有潜蛟,人未之信也。虎饮水其上,蛟尾而食之,俄而浮骨水上。人方知之。东坡以十字道尽云:潜鳞有饥蛟,掉尾取渴虎。"②但评论中所说的言简不代表内容贫乏,东坡滞于有限文字之中寓以丰富的内涵。"语贵含蓄。东坡云:'言有尽而意无穷者,天下之至言也。'……后之学诗者,可不务乎?若句中无余字,篇中无长语,非善之善者也;句中有余味,篇中有余意,善之善者也。"③

在东坡故事中,或赞赏东坡独具匠心的遣词造句若浑然天成、无斧匠之气。"造语之工,至于荆公、东坡、山谷,尽古今之变。……东坡《海棠诗》曰:'只恐夜深花睡去,高烧银烛照红妆。'又曰:'我携此石归,袖中有东海。'山谷曰:'此皆谓之句中眼,学者不知此妙语,韵终不胜。'"④有学者考其诗中字句,是在前人诗句之上翻新出奇,却不留痕迹,于是称之为夺胎换骨法,"山谷云:'诗意无穷,人之才有限。以有限之才,追无穷之意,虽少陵渊明,不得工也。然不易其意而造其语,谓之换骨法;规模其意而形容之,谓之夺胎法。'……坡则曰:'万事到头都是梦,休休。明日黄花蝶也愁。'……凡此之类,皆换骨法也。东坡南中诗曰:'儿童误喜朱颜在,一笑那知是酒红。'凡此皆夺胎法。"⑤无论是浑然天成,还是夺胎换骨,故事中的东坡总能以高才使文人们赞叹不已。

东坡故事中,东坡诗不仅工整,最为可贵的是能够于诗歌的创作之中出新出奇。赋予熟悉的文字以独特的韵味。"苏东坡为俞康直郎中作所居四咏,中有《退圃》诗一首云:'百丈休牵上濑船,一钩归钓缩头鳊。园中草木知无数,独有黄杨厄闰年。'其于退字略不发明,而休牵上濑、归钓缩头、黄杨厄闰,则曲尽退

---

① 释惠洪:《冷斋夜话》,见《宋元笔记小说大观》,上海古籍出版社2001年版,第2196页。
② 单宇:《菊坡丛话》,见《四库存目丛书·集部》第416册,齐鲁书社1997年版,第403页。
③ 周必大:《二老堂诗话》,见《历代诗话》,中华书局1981年版,第681页。
④ 释惠洪:《冷斋夜话》,见《宋元笔记小说大观》,上海古籍出版社2001年版,第2194页。
⑤ 阮阅:《诗话总龟前集》,人民文学出版社1987年版,第106页。

第二章 士文化中的东坡故事

字之妙,此咏题之三昧也。"①故事中不仅用字如此,句法、诗意亦如此,"对句法,诗人穷尽其变,不过以事、以意、以出处具备谓之妙,如荆公曰:'平昔离愁宽带眼,迄今归思满琴心。'又曰:'欲寄岁寒无善画,赖传悲壮有能琴。'乃不若东坡征意特奇,如曰:'见说骑鲸游汗漫,亦曾扪虱话辛酸。'又曰:'蚕市风光思故国,马行灯火记当年。'又曰:'龙骧万斛不敢过,渔舟一叶纵掀舞。'以'鲸'为'虱'对,以'龙骧'为'渔舟'对,小大气焰之不等,其意若玩世。谓之秀杰之气终不可没者,此类是也。"②文人们对于从东坡诗中体味出的"秀杰之气",吟咏再三,"《容斋随笔》云:'张文潜好诵东坡《梨花》绝句,云云,每吟一过,必击节叹赏不能已。文潜盖有省于此云。'"③东坡故事中,面对世人熟悉的美景,东坡能于其中融入自己的胸襟气魄,使景物更具有生命力,"又苏子瞻《望湖亭》诗云:'黑云堆墨未遮山,白雨跳珠乱入船。蓦地风来忽吹散,望湖亭下水连天。'阴阳变化,开阖于俄顷之间,其气雄语壮,所谓吞云梦者,后人所作皆不能及。"④在东坡故事中,东坡的诗歌既合于绳墨,又出人意表,令人叹为观止,且意兴益然。

第二,东坡词内容丰富、情感恣意细腻,具有感染力与情境感,获到众多文人的青睐。"'退之以文为诗,子瞻以诗为词,如教坊雷大使之舞,虽极天下之工,要非本色。'余谓后山之言过矣。子瞻佳词最多,其间杰出者,如'大江东去,浪淘尽千古风流人物',赤壁词;'明月几时有,把酒问青天',中秋词;'落日绣帘卷,庭下水澄空',快哉亭词;'乳燕飞华屋,悄无人,桐阴转午',初夏词;'明月如霜,好风如水,清景无限',夜登燕子楼词;'楚山修竹如云,异材秀出千林表',咏笛词;'玉骨那愁瘴雾,冰肌自有仙风',咏梅词;'东武南城,新堤固,涟漪初溢',宴流杯亭词;'冰肌玉骨,自清凉无汗',夏夜词;'有情风万里卷潮来,无情送潮归',别参寥词;'缺月挂疏桐,漏断人初静',秋夜词;'霜降水痕收,浅碧鳞鳞露远洲',九日词。凡此十余词,皆绝去笔墨畦径间,直造古人不到处,真可使人一唱而三叹。"⑤在评论中,东坡词或壮且奇,或淡且雅,或抒谊情,或曲尽柔肠,既有开拓之功,又风格多样,"而东坡长句波澜浩大,变化不测。如作杂剧,打猛诨

---

① (清)褚人获辑撰,李梦生校点:《坚瓠集》,上海古籍出版社2012年版,第311页。
② 释惠洪:《冷斋夜话》,见《宋元笔记小说大观》,上海古籍出版社2001年版,第2188页。
③ (宋)何汶撰,常振国、绛云点校:《竹庄诗话》,中华书局1984年版,第193页。
④ (清)褚人获辑撰,李梦生校点:《坚瓠集》,上海古籍出版社2012年版,第424页。
⑤ 阮阅:《诗话总龟后集》,人民文学出版社1987年版,第199页。

入却打猛诨出也"①。东坡词中典故之妙用,使词意丰富又相融无碍。"东坡词源如长江大河,汹涌奔放,瞬息千里,可骇可愕,而于用事对偶,精妙切当,人不可及。如《张子野买妾》诗,全用张氏事;《祭徐君猷文》,全用徐氏事;《送李方叔下第》诗,用'古战场'、'日五色',皆当家事,殆如天成。"②于东坡词中注入文人们的不同感想与主张,无疑是东坡故事中对于更细腻、深沉的情感世界的打开与拓展,也使得东坡故事更为丰富多彩。

第三,东坡故事中,东坡文字游刃于各种文体之间,尽显才情。"东坡之文,浩如河汉,涛澜奔放,岂区区束缚于隄防者? 而作《徐君猷祭文》及《徐州鹿鸣燕诗序》,全用四六,效唐人体而益工,盖以文为戏邪。"③在文人们的评论中,或赞其文浩荡恣肆,自然天成,于庄子散文处继承而来,"东坡早得文章之法于庄子,故于诗文多用其语"④。其句式变化出神入化,亦于庄子处来,"庄子文多奇变,技经肯綮之未尝,乃未尝技经肯綮也。诗句时有此法,……东坡云'迨兹霜雪未','兹谋待君必','聊亦记吾曾',余人罕敢用。"⑤东坡高才,其文字之高妙,不着于物,不滞于意,故黄门论曰:'公之于文,得之于天也。'"⑥得之于天,似非人力的东坡文字造就了异于寻常的文艺之美。

在东坡故事中,东坡的应试文章亦非常出色。当东坡参加科举考试的时候,许多文人学子放弃了考试资格,不与东坡同试。"东坡云:顷同黄门公初赴制举之召,到都下,是时同召试者甚多。一日,相国韩公与客言曰:'二苏在此,而诸人亦敢与之较试,何也?'此语既传,于是不试而去者,十盖八九矣。"⑦东坡的科举之路是较为顺畅的,一举成为宋代科举史上的佼佼者。"故事,制科分五等,上二等皆虚,惟以下三等取人。然中选者亦皆第四等,独吴正肃公尝入第三等,后未有继者。至嘉祐中,苏子瞻、子由乃始皆入第三等。……设科以来,止吴正肃与子瞻入第三等而已。故子瞻谢启云:'误占久虚之等。'"⑧东坡的才华于后

---

① 阮阅:《诗话总龟后集》,人民文学出版社1987年版,第194页。
② (宋)费衮撰,金圆校点:《梁溪漫志》,上海古籍出版社1985年版,第43页。
③ (宋)费衮撰,金圆校点:《梁溪漫志》,上海古籍出版社1985年版,第44页。
④ (宋)邵博撰,刘德权、李剑雄点校:《邵氏闻见后录》,中华书局1983年版,第110页。
⑤ 阮阅:《诗话总龟后集》,人民文学出版社1987年版,第125页。
⑥ (宋)邵博撰,刘德权、李剑雄点校:《邵氏闻见后录》,中华书局1983年版,第108页。
⑦ (宋)李廌撰,孔凡礼点校:《师友谈记》,中华书局2002年版,第22页。
⑧ 叶梦得撰,宇文绍奕考异,侯忠义点校:《石林燕语》,中华书局1984年版,第26页。

第二章 士文化中的东坡故事

人论说中淋漓尽致地表现出来,并被不断强化。

在文人们的评论之中,东坡能于文字中以游戏之乐表达某种人生智慧,看似随意,却笔力千斤,"晁以道言,近见东坡说凡人作文字,须是笔头上挽得数万斤起,可以言文字已。余谓,欧公岂不云'兴来笔力千钧重。'"①黄鲁直赞东坡"笔端有舌",能以文传达出微妙的难以言说的感悟。"'横看成岭侧成峰,远近看山了不同。不识庐山真面目,只缘身在此山中。'鲁直曰:'此老人于般若横说竖说,了无剩语,非其笔端有舌,安能吐此不传之妙哉!'"②《竹庄诗话》、《诗话总龟》亦载其论,文字稍异,异处在于以鲁直为山谷。

第四,在东坡故事中,东坡对于绘画、音乐等艺术之美有着极其丰富敏锐的鉴赏力,将人之不能言传的美感用文字清晰地表达出来。例如东坡评论王维画的评语,"东坡尝与人书,言:'味王摩诘之诗,诗中有画,观摩诘之画,画中有诗。'"③在东坡故事中,东坡对于画作有其独到的见解,不过分追求画作的逼真效果,而追求画之韵味。"欧阳文忠公诗云:'古画画意不画形,梅诗写物无隐情。忘形得意知者寡,不若见诗如见画。'东坡诗云:'论画以形似,见与儿童邻。赋诗必此诗,定知非诗人。'或谓:'二公所论,不以形似,当画何物?'曰:'非谓画牛作马也,但以气韵为主尔。'"④在宋人看来,对于画家与画匠,东坡有着明确的区分,"画花,赵昌意在似,徐熙意不在似,非高于画者,不能以似不似,第其远近。盖意不在似者,太史公之于文,杜少陵之于诗也。独长安中隐王正叔以予为知者,蜀人重孙知微画笔,东坡独曰:'工匠手耳。'其识高矣。"⑤文人们观东坡所画之作品,虽数量不多,但意韵丰富,充满个性色彩。"先生戏笔所作枯株竹石,虽出一时取适,而绝去古今画格,自我作古。蓬家所藏枯木并拳石丛条二纸,连手帖一幅,乃是在黄州与章质夫庄敏公者。帖云:'某近者百事废懒,唯作墨木颇精,奉寄一纸,思我当一展观也。'后又书云:'本只作墨木,余与未已,更作竹石一纸同往。'前者未有此体也,是公亦欲使后人知之耳。"⑥而东坡故事也形象地讲述了东坡以作画心得,教诲后来的学画者,"东坡作《文与可画篔簹谷偃

---

① 阮阅:《诗话总龟前集》,人民文学出版社1987年版,第99页。
② 释惠洪:《冷斋夜话》,见《宋元笔记小说大观》,上海古籍出版社2001年版,第2202页。
③ 阮阅:《诗话总龟前集》,人民文学出版社1987年版,第94页。
④ 葛立方:《韵语阳秋》,见《历代诗话》,中华书局1981年版,第597页。
⑤ (宋)邵博撰,刘德权、李剑雄点校:《邵氏闻见后录》,中华书局1983年版,第214页。
⑥ 何薳:《春渚纪闻》,中华书局1983年版,第87页。

竹记》云:'画竹必先得成竹于胸中,执笔熟视,乃见其所欲画者,急起从之,振笔直遂,以追其所见,如兔起鹘落,少纵则逝矣。与可之教予如此。'此固作画之法,然不惟竹也,画水亦然。坡尝记:'蜀人孙知微欲于大慈寺寿宁院壁,作湖滩水石四堵,营度经岁,终不肯下笔。一日,仓皇入寺,索笔墨甚急,奋袂如风,须臾而成,作输泻跳蹙之势,汹汹欲崩屋也。'以此言之,则心手相应之际,间不容发,非若楼台人物可以款曲运笔,经日而成也。"①故事中东坡作画"胸有成竹、心手相应"之法于后人颇多思考启发、揣摩体会。

在笔记中,东坡亦通音律,聆听乐音而为佳词,传为美谈,"庆历中,欧阳文忠公谪守滁州,有琅琊幽谷,山川奇丽,鸣泉飞瀑,声若环佩,公临听忘归。僧智仙作亭其上,公刻石为记,以遗州人。既去十年,太常博士沈遵,好奇之士,闻而往游,爱其山水秀绝,以琴写其声,为醉翁吟,盖宫声三叠。后会公河朔,遵援琴作之,公歌以遗遵,并为醉翁引以叙其事。然词不主声,为知琴者所惜。后三十余年,公薨,遵亦殁。其后,庐山道人崔闲,遵客也,妙于琴理,常恨此曲无词,乃谱其声,请于东坡居士子瞻,以补其阙。然后声词皆备,遂为琴中绝妙,好事者争传。其词曰:'琅然清圆谁弹?响空山,无言,惟有醉翁知其天。月明风露娟娟,人未眠,荷蒉过山前,曰有心也哉,此弦!醉翁啸咏,声和流泉;醉翁去后,空有朝吟夜怨。山有时而童巅,水有时而回渊,思翁无岁年,翁今为飞仙,此意在人间,试听徽外两三弦。'方其补词,闲为弦其声,居士倚为词,顷刻而就,无所点窜。"②此外,在东坡论书法的故事中,东坡于闲谈之中亦中其要害。"客有谓东坡曰:'章子厚日临《兰亭》一本。'坡笑云:'工摹临者,非自得,章七终不高尔。'予尝见子厚在三司北轩所写兰亭两本,诚如坡公之言。"③

在东坡故事中,东坡的高才也得到了文人们由衷的喜爱,《甲申杂记》记载了乌台诗案中弹劾东坡的李定赞扬东坡才华的故事,"天下之公论,虽仇怨不能夺也。李承之奉世知南京,尝谓余曰,昨在侍从班,时李定资深鞫苏子瞻狱,虽同列不敢辄启问。一日,资深于崇政殿门,忽谓诸人曰:'苏轼诚奇才也。'众莫敢对。已而曰:'虽二三十年所做文字、诗句,引证经传,随问即答,无一字差舛,诚

---

① (宋)费衮撰,金圆校点:《梁溪漫志》,上海古籍出版社1985年版,第85页。
② (宋)王辟之撰,吕友仁点校:《渑水燕谈录》,中华书局1981年版,第85页。
③ (宋)曾敏行著,朱杰人标校:《独醒杂志》,上海古籍出版社1986年版,第40页。

天下之奇才也。'叹息不已。"①《邵氏闻见后录》也记载了这个故事,文字不同,"李定自鞫东坡狱,势不可向。一日,于崇政殿门外语同列曰:'苏轼奇才也。'俱不敢对。又曰:'轼前二三十年所作诗文,引援经史,随问即答,无一字之差,真天下奇才也。'叹息久之。盖世之公论,至雠怨不可夺也。"②

然而,有学者指出,这个故事的真实性值得怀疑,之所以有这样的故事产生,是因为文人们对于东坡才华的赞许与喜爱。"王定国《甲申杂记》云:'天下之公论,虽仇怨不能夺。李定鞫治东坡狱正急,一日将朝,忽于殿门谓同列曰:苏轼诚奇才也!众莫敢对,定曰:虽二三十年前所作文字、诗句,引证经传,随问即答,无一字差舛,诚天下之奇才也!'此恐未必然。按东坡自熙宁初荆公行新法,自是诗语多及新法之不便;元丰二年,言者论其作诗讥讽,遂得罪,相距止十年耳,不至二三十年也。藉使能记二三十年作诗文之因,人皆可能,似不足为东坡道也。定国记此,特爱东坡之过云尔。"③从此则东坡故事的出现与广泛流传,可见东坡及其文字的广泛接受及由衷赞叹。

其次,游戏般的悠游自在之美。在东坡故事之中,东坡对于社会中的种种规则有着清醒的认识,虽屡屡碰壁、遭遇人生坎坷与挫折,却能泰然处之,为自己保有一定的精神自由空间。

东坡用事严谨,但在科举考试中使用了一个"想当然"的典故。此则"想当然"的东坡故事,有的学者认为东坡犯这样的错误,是知识上的不确定,"东坡《省试论刑赏》,梅圣俞一见,以为其文似孟子,置在高等。坡后往谢梅,梅问论中用尧皋陶事出何书,坡徐应曰:想当然耳。至今传以为戏。予读坡应制科试形势不如德论,坡时亦似不晓出处。"④但更多的文人在此则故事中,于科举文章的规矩之间,窥见了东坡自由的游戏之乐。"东坡先生《省试刑赏忠厚之至论》有云:'皋陶为士,将杀人,皋陶曰杀之三,尧曰宥之三。'梅圣俞为小试官,得之以示欧阳公。公曰:'此出何书?'圣俞曰:'何须出处!'公以为皆偶忘之,然亦大称叹。初欲以为魁,终以此不果。及揭榜,见东坡姓名,姓谓圣俞曰:'此郎必有所据,更恨吾辈不能记耳。'及谒谢,首问之,东坡亦对曰:'何须出处。'乃与圣俞语

---

① 王巩:《甲申杂记》,载笔记小说大观第二册,江苏广陵古籍刻印社1983年版,第90页。
② (宋)邵博撰,刘德权、李剑雄点校:《邵氏闻见后录》,中华书局1983年版,第162页。
③ (宋)费衮撰,金圆校点:《梁溪漫志》,上海古籍出版社1985年版,第33—34页。
④ 陈善:《扪虱新话》,上海书店1990年版,卷五。

合。公赏其豪迈,太息不已。"①《石林燕语》亦载其事,但文字不同,"苏子瞻自在场屋,笔力豪骋,不能屈折于作赋。省试时,欧阳文忠公锐意欲革文弊,初未之识。梅圣俞作考官,得其《刑赏忠厚之至论》,以为似孟子。然中引皋陶曰:'杀之三',尧曰:'宥之三'。事不见所据,亟以示文忠,大喜。往取其赋,则已为他考官所落矣,即擢第二。及发榜,圣俞终以前所引为疑,遂以问之,子瞻徐曰:'想当然耳,何必须要有出处?'圣俞大骇,然人已无不服其雄俊。"②不管是"豪迈"还是"雄俊",对于"想当然"的东坡故事,文人们多津津乐道。

与此相似,在东坡故事中,友人曾以东坡诗句中的风物诘问之,"东坡诗曰:'客来茶罢空无有,卢橘微黄尚带酸。'张嘉甫曰:'卢橘何种果类?'答曰:'枇杷是矣。'又问:'何以验之?'答曰:'事见相如赋。'嘉甫曰:'卢橘夏熟,黄甘橙榛,枇杷橪柿,亭奈厚朴,卢橘果枇杷,则赋不应四句重用。应劭注曰:《伊尹书》曰:箕山之东,青鸟之所,有卢橘,常夏熟。不据依之,何也?'东坡笑曰:'意不欲耳。'"③《诗话总龟》亦载此事,文字稍异。故事中"意不欲耳"彰显了文人"君子不器"的主体自由与意趣。

在东坡故事中,东坡常以诗记载各种趣事,即使是小小乐事都蕴含着生动的机趣,"送刘贡父守维扬,作长短句云:'平山栏槛倚晴空。山色有无中。'平山堂望江右诸山甚近,或以谓永叔短视,故云'山色有无中'。东坡笑之,因赋快哉亭道其事云:'长记平山堂上,欹枕江南烟雨,杳杳没孤鸿。认取醉翁语,山色有无中。'盖'山色有无中',非烟雨不能然也。"④故事中,东坡也不吝以俗语戏嘲某些社会现象,语词虽俗,但呈现出东坡耿直的个性及以游戏的方式达到的讽刺效果。"熙宁初,有人自常调上书迎合宰相意,遂擢御史。苏长公戏之曰:有甚意头,求富贵没些巴鼻便奸邪。有甚意头,没些巴鼻,皆俗语也。"⑤正如故事中所讲述的,东坡常戏书俚俗之语,若有善者,都可以入笔,"又俚俗语,有可取者。处贫贱易,耐富贵难;安劳苦易,安闲散难;忍痛易,忍痒难。人能安闲散,耐富贵,忍痒,真有道之士也。二段所书,皆东坡醉墨。蓮家宝之甚久,后入御府,世

---

① (宋)陆游撰,李剑雄、刘德权点校:《老学庵笔记》,中华书局1979年版,第102页。
② 叶梦得撰,宇文绍奕考异,侯忠义点校:《石林燕语》,中华书局1984年版,第115页。
③ 释惠洪:《冷斋夜话》,见《宋元笔记小说大观》,上海古籍出版社2001年版,第2170页。
④ 阮阅:《诗话总龟后集》,人民文学出版社1987年版,第199页。
⑤ 《山中一夕话》,明清善本小说丛刊初编第六辑谐游篇,天一出版社1985年版,卷之一。

无传此语者,故录于此。"①可见,在故事中呈现的东坡文字并没有鲜明的题材、语言界限,在阔大的生活范围中,但凡有诗趣的,都能进入故事中东坡的笔下,点石成金。

正因为如此,在对于东坡诗的评论中,也有批评东坡自相矛盾之处。"子瞻赋浊醪有妙理,首句云:'酒勿嫌浊,人当取醇。'其末乃曰:'浊者以饮吾仆,清者以酌吾友。'复立分别,则是浊醪无妙理矣。岂非万斛汹涌不暇点校故欤!"②也因为东坡在法度、规则之内,却言前人所未言、标新立异而受到批评,"东坡诗有汗漫处,鲁直诗有太新奇太巧处,皆不可不知。东坡诗如'成都画手开十眉','楚山固多猿,青者黠而寿',皆穷极思致,出新意于法度之表,前贤所未到。然学者专力于此,则亦失古人作诗之意。"③

再次,风雅之美。在东坡故事之中,东坡对于日常生活,甚至于一枝一叶中寄予文人情致,以审美化的眼光去发现、享受日常生活的文人雅致兴味。

第一,在东坡故事中,东坡对于各种胜景、盛会充满兴致。"元丰五年十二月十九日东坡生日,置酒赤壁矶下,踞高峰,俯鹊巢,酒酣,笛声起于江上。客有郭尤二生,颇知音,谓坡曰:'笛声有新意,非俗工也。'使人问之,则进士李委闻坡生日,作南曲《鹤南飞》以献,呼之使前,则青巾紫裘腰笛而已。既奏新曲,又快作数弄,嘹然有穿云裂石之声,坐客皆引满醉倒。委袖出嘉纸一幅曰:'吾无求于公,得一绝句足矣。'坡笑而从之,诗云:'山头孤鹤向南飞,载我南游到九嶷。下界何人也吹笛,可怜时复犯龟兹。'"④在宋人眼中,每逢芍药盛会,东坡便遍赏芍药,兴致盎然。"东坡在东武,四月,大会于南禅资福两寺,剪芍药置瓶盎中,供佛外以供赏玩,不下七千余朵。有白花独出于众花之上,圆如覆盂,因有'两寺装成宝璎珞,一枝争看玉盘盂'之咏,惜乎欧公未知出此。"⑤

东坡一生遍迹海内,在东坡故事中,东坡每到一处,常常会去拜访当地的雅人高士,共赏清景,共话诗乐。"岭南太守闾丘公显居姑苏,东坡每过必留连。尝言过姑苏不游虎丘,不谒闾丘,乃二欠事。一日出后房佐酒,有懿卿者善吹笛,

---

① 何薳:《春渚纪闻》,中华书局1983年版,第89页。
② 阮阅:《诗话总龟后集》,人民文学出版社1987年版,第56页。
③ 阮阅:《诗话总龟后集》,人民文学出版社1987年版,第197页。
④ 阮阅:《诗话总龟前集》,人民文学出版社1987年版,第211页。
⑤ 葛立方:《韵语阳秋》,见《历代诗话》,中华书局1981年版,第615页。

坡作《水龙吟》赠云……。"①在故事中，其交往多没有繁文缛节，而颇有相互欣赏信任的心有灵犀。"阳孝本字行先，居虔州城西，学博行高。东坡谪惠州，过而爱之，号曰玉岩居士，仍为作真赞。居士不娶，坡每来，直造其室，尝戏以元德秀呼之，居士曰：'某乃阳城之裔。'故坡诗曰：'众谓元德秀，自称阳道州。'皆谓无妻也。"②而故事中所涉及的雅人高士，多有过人之处或动人之处，例如楚州的徐积，"楚州徐积有孝行，东坡诸公特敬礼之。初，积学于胡瑗。瑗门人甚众，一日独召积，食于中堂，二女子侍立。积问瑗：'门人或问见侍女否，将何以对？'瑗曰：'莫安排'。积闻此一语，忽大省悟，其学顿进云。"③这位故事中东坡甚为礼敬的徐积，颇有孝行，机敏好学，深得东坡敬爱。

第二，在东坡故事中，常有文人雅聚。故事中东坡与文人们相聚时，多风雅之言行，得雅聚之乐。如司马光之独乐园，是文人们常常聚首的地方，"司马温公有园名独乐。尝为记云：'叟之所乐者，寂寞固陋，皆众所鄙笑，虽推以予人，人且不取，安得强之乎！必也有人肯同此乐，则再拜而献之，岂能专哉。'故东坡为赋诗云：'虽云与众乐，中有独乐者。才全德不形，所贵知我寡。'惟温公独有之道，蕴于胸中，故东坡独乐之章形于笔下，与次山所见，殆霄壤矣。"④《诗话总龟》亦载此事，文字稍异："温公治第洛中，辟园曰独乐。其心忧乐，未始不在天下也。其自作记有云：'世有人肯同此乐，必再拜以献(之)矣。'东坡赋诗云：'儿童诵君实，走卒知司马。'盖名(言)其得人心也。又云：'抚掌笑先生，年来学(效)喑哑。'疑未尽命名之意。"⑤文人们在评论东坡描述独乐园之诗时，不得不赞叹东坡的寥寥数笔文字却足以构成栩栩如生的画卷，"东坡为温公作《独乐园》诗，只从头四句便已都说尽，云：'青山在屋上，流水在屋下。中有五亩园，花竹秀而野。'此便可以图画。"⑥看似普通的景致在东坡笔下轻灵澄澈，论者以为其中必然包含着东坡对于司马光的认可、尊重与欣赏，"司马文正公以高才全德，大得中外之望，士大夫识与不识，称之曰君实，下至闾阎匹夫匹妇，莫不能道

---

① （清）褚人获辑撰，李梦生校点：《坚瓠集》，上海古籍出版社2012年版，第539页。
② （宋）方勺撰，许沛藻、杨立扬点校：《泊宅编》，中华书局1983年版，第1页。
③ （宋）邵博撰，刘德权、李剑雄点校：《邵氏闻见后录》，中华书局1983年版，第34页。
④ 葛立方：《韵语阳秋》，见《历代诗话》，中华书局1981年版，第591页。
⑤ 阮阅：《诗话总龟后集》，人民文学出版社1987年版，第128页。
⑥ 阮阅：《诗话总龟前集》，人民文学出版社1987年版，第98页。

司马。故公之退十有余年,而天下之人日冀其复用于朝。熙宁末,余夜宿青州北淄河马铺,晨起行,见村民百余人,欢呼踊跃,自北而南。余惊问之,皆曰:'传司马为宰相矣。'余以为虽出于野人妄传,亦其情之所素欲也。故子瞻为公《独乐园诗》曰:'先生独何事,四海望陶冶。儿童诵君实,走卒知司马。'盖纪实也。"①在东坡故事中,有了相契相投的欣赏作为基础,文人雅聚之所就格外出尘清新,与独乐园相似的是欧阳修所建的平山堂。

在东坡故事中,东坡既是在吟咏平山堂,也是在赞叹欧阳修其人,"欧阳永叔守维扬日,于城西北大明寺侧建平山堂,颇得游观之胜。……后东坡亦守是邦,登平山堂有感,而赋《西江月》词云:'三过平山堂下,半生弹指声中。十年不见老仙翁,壁上龙蛇飞动。欲吊文章太守,仍歌杨柳春风。休言万事转头空,未转头时皆梦。'"②故事中,东坡乐于与他所欣赏之人相聚,即使是偶尔错过的文人才子,东坡也会将之追回,与之共谈雅聚,"苏子瞻守杭时,毛泽民者,为法曹,公以众人遇之。而泽民与妓琼芳者善,及秩满辞去,作'惜分飞'词以赠妓云:'泪湿阑干花着露,愁到眉峰碧聚,此恨平分取。更无言语空相觑。细雨残云无意绪,寂寞朝朝暮暮。今夜山深处,断魂分付潮回去。'子瞻一日宴客,闻妓歌此词,问谁所作。妓以泽民对,子瞻叹曰:'郡僚有词人而不及知,某之罪也。'翼日,折简追回,款洽数月。"③

再次,东坡以平等之心待人交友,得到了不同层次、不同职业民众的信任与喜爱。在东坡故事中,则多有富于情节、情感的友人交往,且东坡形象平易亲切,备受爱戴。

第一,在东坡故事中,东坡得到了众多最为普通的民众真诚的爱戴与认同,他们为东坡的命运而叹息,为东坡的生还而欣喜。"东坡还至庾岭上,少憩村店,有一老翁出,问从者曰:'官为谁?'曰:'苏尚书。'翁曰:'是苏子瞻欤?'曰:'是也。'乃前揖坡曰:'我闻人害公者百端,今日北归,是天佑善人也。'东坡笑而谢之,因题一诗于壁间云:'鹤骨霜髯心已灰,青松夹道手亲栽。问翁大庾岭头住,曾见南迁几个回?'"④故事中的老翁以最质朴的是非观念与语言表达为素为

---

① (宋)王辟之撰,吕友仁点校:《渑水燕谈录》,中华书局1981年版,第17页。
② (清)褚人获辑撰,李梦生校点:《坚瓠集》,上海古籍出版社2012年版,第628页。
③ 田汝成:《西湖游览志余》,浙江人民出版社1980年版,第269页。
④ (宋)曾敏行著,朱杰人标校:《独醒杂志》,上海古籍出版社1986年版,第16—17页。

谋面的东坡能够北归生还而感到由衷的喜悦,不包含任何利益的取舍与得失。

在东坡故事中,普通的百姓们为了留下东坡的墨宝,久立于东坡舟前,"东坡谪岭南,元符末始北还。舟次新淦时,人方砧石为桥,闻东坡之至,父老儿童二三千人聚立舟侧,请名其桥。东坡将登舟谒县宰,众人填拥不容出,遂就舟中书'惠政桥'字与之,邑人始退。然字画差褊小,不似晚年所书,盖当时仓促迫促而然尔。"①而在东坡故事中,东坡也每每乐意为这些最为普通的人们留下自己的墨迹,使人人得乐而返。"先生自海外还至赣上,寓居水南日,过郡城携一药囊,遇有疾者,必为发药,并疏方示之。每至寺观,好事者及僧道之流,有欲得公墨妙者,必预探公行游之所,多设佳纸,于纸尾书记名氏,堆积案间,拱立以俟。公见即笑视,略无所问,纵笔挥染,随纸付人。至日暮笔倦或案纸尚多,即笑,语之曰:'日暮矣,恐小书不能竟纸,或欲斋名及佛偈者幸见语也。'及归,人人厌满,忻跃而散。"②

东坡死后,其文字曾经被禁止流传。在东坡故事中,以更生动形象的情节、细节描述了这次禁毁。"先生翰墨之妙,既经崇宁大观焚毁之余,人间所藏,盖一二数也。至宣和间,内府复加搜访,一纸定直万钱,而梁师成以三百千取吾族人《英州石桥铭》。"③在故事中,东坡所留墨迹即使刻于石上也被磨平,遭到了严重的损毁。而东坡文字在禁毁期间仍然被人们所珍视,蕴含了民众对东坡的肯定与喜爱。"宣和间,申禁东坡文字甚严,有士人窃携《坡集》出城,为阍者所获,执送有司,见集后有一诗云:'文星落处天地泣,此老已亡吾道穷。才力谩超生仲达,功名犹忌死姚崇。人间便觉无清气,海内何曾识古风?平日万篇谁爱惜,六丁收拾上瑶宫。'京尹义其人,且畏累己,因阴纵之。"④清代笔记《坚瓠集》也记载了此事,文字稍异,更强调东坡的天地正气。此后,在东坡故事中,东坡的传世文字尤为珍贵,文人们花重价仍然难以购得真迹,"韩德温先生讳汝玉,予幼年受业师也。工书,尤善临摹。曾见贾人某求书曹操及苏子瞻古人诸名迹,装潢成卷,为泰兴巨公重价购去。"⑤甚至于当文人们不期而遇地看到石刻中东坡

---

① (宋)曾敏行著,朱杰人标校:《独醒杂志》,上海古籍出版社1986年版,第50页。
② 何薳:《春渚纪闻》,中华书局1983年版,第92页。
③ 何薳:《春渚纪闻》,中华书局1983年版,第96页。
④ (宋)费衮撰,金圆校点:《梁溪漫志》,上海古籍出版社1985年版,第82页。
⑤ (清)褚人获辑撰,李梦生校点:《坚瓠集》,上海古籍出版社2012年版,第372页。

留下的文字,都是一件值得记载的事情:"绍兴辛酉,煇随侍之鄱阳。至南康扬澜、左蠡,失舟,老幼仅以身免。小泊沙际,俟易舟。信步至山椒一寺,轩名重湖。梁间一木牌,老僧指似:'是乃苏内翰留题。'登榻观之,即'八月渡重湖,萧条万象疎。秋风片帆急,暮霭一山孤。许国心犹在,康时术已虚。岷峨千万里,投老得归无'诗也。欲漫,尚可读。僧云以所处深险,人迹不到,故留至今。"①在这几则故事中,即使是东坡文字被官方禁毁的时期,人们对于东坡墨迹、文字的热爱并未减损。

第二,在东坡故事中,东坡是被文人士大夫由衷爱戴的。一方面是因为在东坡故事的诠释之下,丰富的经历与敏锐的感受力使东坡的文字所传达的人生体悟,与文人们产生了共鸣:"东坡作彭门守时,过齐州李公择,中秋席上作一绝云:'暮云收尽溢清寒,银汉无声转玉盘。此生此夜不长好,明月明年何处看?'其后,山谷在黔南,令以小秦王歌之。"②在东坡故事中,和东坡诗者甚众,许多不知名的文人们也会在桥头亭台中留下自己的和作。"东坡'大江东去'赤壁词,语意高妙,真古今绝唱。近时有人和此词,题于邮亭壁间,不著其名。语虽粗豪,亦气概可取,今谩笔之。"③还有人同样和赤壁词,"有称中兴野人和东坡《念奴娇》词,题吴江桥上。车驾巡师江表,过而睹之,诏物色其人,不复见矣。'炎精中否,叹人才委靡,都无英物。胡虏长驱三犯阙,谁作长城坚壁?万国奔腾,两宫幽陷,此恨何时雪。草庐三顾,岂无高卧贤杰?天意眷我中兴,吾皇神武,踵曾孙周发。河海封疆俱効顺,狂虏何劳灰灭!翠羽南巡,扣阍无路,徒有冲冠发。孤忠耿耿,剑铓冷浸秋月。'"④清代的笔记小说中依然记载了这件事,"高宗南渡,有称中兴野人和东坡《念奴娇》词题吴江桥上。车驾巡师江表,过而睹之,诏物色其人,不复见矣。"⑤在东坡故事中,这些不同时期唱和东坡词的无名文人们正是以一种不自觉的方式体现了东坡的文字、人格如何深刻地铭记于文人的集体记忆之中。

另一方面,在东坡故事的诠释之中,因为东坡善于鼓励、帮助其他有才华的

---

① (宋)周煇撰,刘永翔校注:《清波杂志校注》,中华书局1994年版,第60页。
② 阮阅:《诗话总龟前集》,人民文学出版社1987年版,第125页。
③ 阮阅:《诗话总龟后集》,人民文学出版社1987年版,第204页。
④ (宋)方勺撰,许沛藻、杨立扬点校:《泊宅编》,中华书局1983年版,第49页。
⑤ (清)褚人获辑撰,李梦生校点:《坚瓠集》,上海古籍出版社2012年版,第537页。

文人们,"子瞻虽才行高世而遇人温厚,有片善可取者,辄与之倾尽城府,论辨唱酬,间以谈谑,以是尤为士大夫所爱。"①所以文人们愿意亲近东坡,与他谈论,请他给予请点,"元丰间,都人李婴调蕲水县令,作《满江红》一曲往黄州上东坡,东坡甚喜之。"②而故事中的东坡欣然乐享于与文人们的交往,并且不吝赞美的语句,甚至有夸张的赞许之词,"彦升《燕子楼》诗辞致清绝。东坡守徐,移书彦升曰:'《彭城八咏》如《燕子楼》篇,直使鲍、谢敛手,温、李变色也。'"③

在东坡故事中,东坡会主动帮助其情哀痛之士人,"元祐三年,高密郡王宗晟起复,判大宗正事,连章力辞,其言亦曰:'念臣执丧报亲之日短,致命徇国之日长。'东坡时直禁林,当草答诏,见其疏而哀之,因入劄子乞听所守。诏从之。"④在东坡故事中,东坡去世时,黄山谷于家里设东坡像,时时祭奠,"赵肯堂亲见鲁直晚年悬东坡像于室中,每蚤作,衣冠荐香,肃揖甚敬。或以同时声实相上下为问,则离席惊避曰:'庭坚望东坡,门弟子耳,安敢失其序哉?'今江西君子曰'苏黄'者,非鲁直本意。"⑤至南宋文人们的笔下,则以东坡为宗主,"先君言:'何文缜、苏在庭,皆以宗东坡为中丞击罢,谓之曲学。文缜谢表云:师友渊源,妄追参于千载;文章户牖,期自立于一家。尝简圣知,何名曲学。'是时党禁方厉,士气颓弱,文缜犹不屈于言官如此,亦可喜也。"⑥赞叹其二人人格风范,不屈于当世而尊东坡为宗。

文人士大夫们为了祭奠东坡,将东坡曾经的印迹一直保留下去,便自发地为东坡设立祠堂、塑东坡像、为东坡立碑撰文,以此铭记东坡的高风亮节,并希望以祠堂之立而将东坡的风节传至后世。"东坡自黄移汝,上书乞居常,……晚自儋耳北还,崎岖万里,径归南兰陵以殁。盖出处穷达三十年间,未尝一日忘吾州者;而郡无祠宇奠谒之所,邦人以为阙文。乾道壬辰,太守晁强伯来,始筑祠于郡学之西,塑东坡像其中。又于士夫家广摹画像,或朝服,或野服,列于壁间,而晁侍郎公武为之记,其略曰:'公武闻诸世父景迂生,崇宁间贼臣擅国,颠倒天下之是非,人皆畏祸,莫敢庄语。公之葬也,少公黄门铭其圹,亦非实录,其甚者,以赏罚

---

① (宋)王辟之撰,吕友仁点校:《渑水燕谈录》,中华书局1981年版,第42页。
② 阮阅:《诗话总龟后集》,人民文学出版社1987年版,第207页。
③ (宋)何汶撰,常振国、绛云点校:《竹庄诗话》,中华书局1984年版,第317页。
④ (宋)费衮撰,金圆校点:《梁溪漫志》,上海古籍出版社1985年版,第30页。
⑤ (宋)邵博撰,刘德权、李剑雄点校:《邵氏闻见后录》,中华书局1983年版,第162页。
⑥ (宋)陆游撰,孔凡礼点校:《家世旧闻》,中华书局1993年版,第212页。

不明罪元祐,以改法免役坏元丰;指温公才智不足,而谓公之斥逐出其遗意;称蔡确谤讟可赦,而谓公之进用自其迁擢;章子厚之贼害忠良,而谓公与之友善;林希之诋诬善类,而云公尝汲引之。呜呼!若然,则公之《上清储祥》《忠清粹德》二碑,及诸奏议、著述,皆诞谩欤?公武因子健之请,伏自思念,岁月滋久,耆旧日益沦丧,存者皆邈然,后进则绪言将零落不传,于是不敢以不能为解,而辄载其事。惟公当元祐时,起于谪籍,登金门玉堂,极礼乐文章之选。及章、蔡窜朋党于岭表,而公独先;朝廷追复党人官爵,而公独后。立朝本末,彰明较著如此,岂有他哉!昔陈仲弓送中常侍父之葬,非以为贤;从者詈楚公子曰隶也不力,非以为不肖,皆有为而发。岂少公之意,或出于此非耶?后世不知其然,惟斯言是信,则为盛德之累大矣!因述景迁生之语,俾刻之乐石,庶异日网罗旧闻者有考。'记成,强伯刻石为二碑,一置之郡斋,一置之阳羡洞灵观,用杜元凯之法,盖欲俱传不朽,其措意甚美;然东坡公之名节,固自万世不磨矣。"①但是,这块石碑后来遭到了损毁,并未如人所愿,一直保存下去,"祠宇成,中寘坡塑像,又徧求从壮至老,及自海外归仪刑,绘于两庑。晁文元后,子健为景迁生以道之嫡孙。祠堂碑后为人磨去。"②作为物的石碑可以被毁坏,但凝于石碑文字中对东坡的热爱与敬仰没有随着时间流逝、世事变迁而改变,碑记赞扬肯定了东坡耿直不屈的"名节",并以此自励励人。

再次,东坡对于人生有着丰富敏锐的感知与体悟,对于人间各种情感的体验也更加细腻深入。与此相应,体现在东坡故事中的情感也就更加深沉、感人。

第一,东坡故事中真挚深厚的手足之情。东坡与弟弟子由相伴成长,相伴读书。在东坡故事中,两人既是兄弟,又是知己。"子由云:'子瞻读书,有与人言者,有不与人言者,不与人言者,与辙言之,而谓辙知之。'"③而兄弟二人的友爱与默契则成为文人们所认可的共识,"刘震孙长卿号朔斋。知宛陵日,吴毅夫潜丞相方闲居,刘日陪午桥之游,奉之亦甚至。尝携具开宴,自撰乐语一联云:'入则孔明,出则元亮,副平生自许之心;兄为东坡,弟为栾城,无晚岁相违之恨。'毅夫大为击节。"④赞叹东坡与子由自幼相伴为幸事。

---

① (宋)费衮撰,金圆校点:《梁溪漫志》,上海古籍出版社1985年版,第40—41页。
② (宋)周煇撰,刘永辉校注:《清波杂志校注》,中华书局1994年版,第121页。
③ (宋)邵博撰,刘德权、李剑雄点校:《邵氏闻见后录》,中华书局1983年版,第107页。
④ (宋)周密撰,张茂鹏点校:《齐东野语》,中华书局1983年版,第369页。

在东坡故事中,东坡与子由出蜀之前,曾相约早日退出仕途,再次夜雨对床、吟诗谈天,"东坡友爱子由,而性嗜清境,每诵'何时风雨夜,复此对床眠。'"①虽然东坡故事中的这个约定最终并没有实现,但在后人眼中,终东坡一生,都未曾忘却这个约定。"东坡爱韦苏州诗云:'谁知风雨夜,复此对床眠。'向在郑西《别子由》云:'寒灯相对记畴昔,夜雨何时听萧瑟。'又有《初秋寄子由》云:'买田秋已议,筑室春当成。雪堂风雨夜,已作对床声。'又子由与坡相从彭城赋诗云:'逍遥堂后千寻木,长送中宵风雨声。误喜对床寻旧约,不知飘泊在彭城。'子由使房,在神水馆赋诗云:'夜雨从来相对眠,兹行万里隔胡天。'此其兄弟所赋。坡在御史狱有云:'他年夜雨独伤神。'在东府有云:'对床定悠悠,夜雨今萧瑟。'其同转对有云:'对床贪听连宵雨。'又云:'对床欲作连夜雨。'又云:'对床老兄弟,夜雨鸣竹屋。'可谓无日忘之。"②文人们在解读东坡诗时,多以兄弟之情来体味诗意。"《容斋随笔》云:'嬉笑之怒,甚于裂眦;长歌之哀,过于恸哭。'此语诚然。……东坡守彭城,子由来访之,留百余日而去,作二小诗云云。东坡云:'以为读之殆不可为怀,乃和其诗以自解。'至今读之,尚能使人悽然也。"③在这样的解读中,当兄弟二人手足分离之时,和诗以寄托思念之情,读之甚悲,亦能表现手足之情深。

第二,东坡故事中的亲情之醇美。在东坡故事中,东坡于祖父的忌日回忆祖父的人格风范,"东坡新迁东阙之第,鼂同李端叔、秦少游往见之。东坡曰:'今日乃先祖太傅之忌。(五月十一日。)祖父名序,甚英伟,才气过人,虽不读书而气量甚伟。顷年在乡里郊居,陆田不多,惟种粟。及以稻易粟,大仓储之,人莫晓其故。储之累年,凡至三四千石。会眉州大饥,太傅公即出所储,自族人,次外姻,次佃户、乡曲之贫者,次第与之,皆无凶岁之患。或曰:公何必粟也?惟粟性坚,能久,故可广储以待匮尔。又绕宅皆种芋魁,所收极多,即及时多盖薪蒭,野民乏食时,即用大甑蒸之,罗置门外,恣人取食之,赖以无饥焉。'又曰:'祖父嗜酒,甘与村父箕踞高歌大饮。忽伯父封告至。伯父登朝,而外氏程舅亦登朝。外祖甚富,二家联姻,皆以子贵封官。程氏预为之,谓祖父曰:公何不亦预为之?太傅曰:儿子书云,作官器用亦寄来。一日,方大醉中,封官至,并外缨、公服、笏、交

---

① 释惠洪:《冷斋夜话》,见《宋元笔记小说大观》,上海古籍出版社2001年版,第2174页。
② 阮阅:《诗话总龟前集》,人民文学出版社1987年版,第97页。
③ (宋)何汶撰,常振国、绛云点校:《竹庄诗话》,中华书局1984年版,第369页。

椅、水罐子、衣版等物。太傅时露顶,戴一小冠子,如指许大。醉中取告,箕踞读之毕,并诸物置一布囊中。取告时,有余牛肉,多亦置一布囊中,令村童荷而归。跨驴入城,城中人闻受告,或就郊外观之。遇诸涂,见荷担二囊,莫不大笑。程老闻之,面诮其太简,惟有识之士奇之。'"①故事中透出了东坡对于祖父的敬爱与尊重,以及对于一脉相承的血缘亲情所带有的独特温情。

在东坡故事中,亦有东坡夸奖儿子苏迈诗才的内容,"东坡云:'儿子迈幼尝作林檎诗云:熟果无风时自脱,半窗迎日斗先红。'于等辈中亦号有思致者。今已老,无他技,但时出新句。作酸枣尉,有诗云:'叶随流水归何处,牛载寒鸦过别村。'"②虽然苏迈的诗作现在多已佚失,但东坡故事中表现出对儿子的欣赏与鼓励。

在东坡故事中,东坡极重视亲情,着力弥合亲戚们之间的裂隙。东坡之姐嫁给了母亲的娘家程氏,却因病早亡,故而两家交恶。但故事中的东坡依然于暮年之时,重新修复了这份亲情,使亲友和睦。"沧州先生程公许字季与,眉山人,仕至文昌,寓居雪上,与先子从容谈蜀中旧事,历历可听。其言老泉《族谱亭记》,言乡俗之薄,起于某人,而不著其姓名者,盖苏与其妻党程氏大不咸,所谓某人者,其妻之兄弟也。老泉有自尤诗,述其女事外家,不得志以死,其辞甚哀,则其怨隙不平也久矣。其后东坡兄弟以念母之故,相与释憾。程正辅于坡为表弟,坡之南迁,时宰闻其先世之隙,遂以正辅为本路宪将,使之甘心焉。而正辅反笃中外之义,相与周旋之者甚至。坡诗往复倡和,中亦可概见矣。"③

第三,东坡故事中深挚的夫妇之情。东坡曾娶两任王氏妻子,又得朝云等侍妾相伴,至情深厚。在东坡故事中,王夫人虽然不识诗文,但也颇有诗情,"元祐七年正月,东坡先生在汝阴,州堂前,梅花大开,月色鲜霁。先生王夫人曰:'春月色胜如秋月色,秋月色令人悽惨,春月色令人和悦,何如召赵德麟辈来饮此花下?'先生大喜曰:'吾不知子能诗耶?此真诗家语耳。'遂相召,与二欧饮。用是语作《减字木兰》词云:'春庭月午,影落春醪光欲舞。步转回廊,半落梅花婉娩香。轻风薄雾,都是少年行乐处。不似秋光,只与离人照断肠。'"④

---

① (宋)李廌撰,孔凡礼点校:《师友谈记》,中华书局2002年版,第38—39页。
② 阮阅:《诗话总龟前集》,人民文学出版社1987年版,第160页。
③ (宋)周密撰,张茂鹏点校:《齐东野语》,中华书局1983年版,第235页。
④ (宋)赵令畤撰,孔凡礼校点:《侯鲭录》,中华书局2002年版,第120页。

侍妾朝云则是东坡故事中不可缺少的红颜知己。"予尝见东坡一帖云：'王十六秀才遗拍板一串，意予有歌人，不知其无也。然亦有用，陪傅大士唱金刚经耳。'字画奇逸，如欲飞动。鲁直作小楷书其下云：'此拍板以遗朝云，使歌公所作满庭芳，亦不恶也。然朝云今为惠州土矣。'予意韩退之、张籍翰墨间，亦无此一段风流耳。"①在关于朝云的故事中，亦有秦少游写诗给朝云，赞颂她与东坡之间的情感的内容，"艺苑雌黄云：朝云者，东坡侍妾也，尝令就秦少游乞词，少游作《南歌子》赠之云'霭霭迷春态，溶溶媚晓光。不应容易下巫阳，只恐翰林前世是襄王。暂为清歌驻，还因暮雨忙。瞥然归去断人肠，空使兰台公子赋高唐。'"②《坚瓠集》亦载此词，文字稍异，于文末增加了"东坡见而赏之"③六字。

在东坡故事中，亦可见东坡与朝云之间浓厚的情感，东坡为朝云写诗、作偈，于文字之中，蕴于深情。"东坡南迁，侍儿王朝云者请从行。东坡佳之，作诗，有序曰：'世谓乐天有《鬻骆马放杨枝词》，佳其主老病不忍去也。然梦得诗曰：春尽絮飞留不得，随风好去落谁家。乐天亦云：病与乐天相共住，春同樊素一时归。则是樊素竟去也。予家有数妾，四五年相继辞去，独朝云随予南迁。因读乐天诗，戏作此赠之。'云：'不学杨枝别乐天，且同通德伴伶玄。伯仁络秀不同老，天女维摩总解禅。经卷药炉新活计，舞裙歌板旧因缘。丹成随我三山去，不作巫阳云雨仙。'盖绍圣元年十一月也。三年七月十五日，朝云卒，葬于栖禅寺松林中，直大圣塔。又和诗曰：'苗而不秀岂其天，不使童乌与我玄。驻景恨无千岁药，赠行惟有小乘禅。伤心一念偿前债，弹指三生断后缘。归卧竹根无远近，夜灯勤礼塔中仙。'又作梅花词曰：'玉骨那愁瘴雾'者，其寓意为朝云作也。"④故事中，朝云不离不弃，直至死去。

自杭州至惠州，朝云一路跟随东坡贬谪的足迹。在东坡故事中，朝云最终死于惠州的饮食，"广南食蛇，市中鬻蛇羹，东坡妾朝云随谪惠州，尝遣老兵买食之，意谓海鲜，问其名，乃蛇也，哇之，病数月，竟死。琼管夷人食动物，凡蝇蚋草虫蚯蚓尽捕之，入截竹中炊熟，破竹而食。"⑤东坡为朝云做墓志铭云："东坡先生

---

① （宋）邵博撰，刘德权、李剑雄点校：《邵氏闻见后录》，中华书局1983年版，第152页。
② 阮阅：《诗话总龟后集》，人民文学出版社1987年版，第226页。
③ （清）褚人获辑撰，李梦生点校：《坚瓠集》，上海古籍出版社2012年版，第238页。
④ 释惠洪：《冷斋夜话》，见《宋元笔记小说大观》，上海古籍出版社2001年版，第2168页。
⑤ （宋）朱彧撰，李伟国点校：《萍州可谈》，中华书局2007年版，第137页。

侍妾曰朝云，字子霞，姓王氏，钱塘人。敏而好义，事先生二十有三年，忠敬若一。绍圣三年七月壬辰，卒于惠州，年三十四。八月庚申，葬之丰湖之上栖禅山寺之东南。生子遁，未期而夭，盖常从比丘尼义冲学佛法，亦粗识大意。且死，诵《金刚经》四句偈以绝。铭曰：浮屠是瞻，伽蓝是依。如汝宿心，惟佛之归。"①

在明人笔下，有的东坡故事将朝云作为钱唐的名妓，所载他事不异，"朝云者，姓王氏，钱唐名妓也。苏子瞻宦钱唐，绝爱幸之，纳为常侍。朝云初不识字，既事子瞻，遂学书，粗有楷法。后从泗上比丘尼义冲学佛，亦通大义。有子曰干儿，未期而夭。苏子贬惠州，家妓都散去，独朝云依依岭外。子瞻甚怜之，赠之诗云：'不似杨枝别乐天，恰如通德伴伶玄。阿奴络秀不同老，天女维摩总解禅。经卷药炉新活计，舞衫歌扇旧因缘。丹成逐我三山去，不作阳台云雨仙。'未几，朝云病且死，诵金刚经四句偈而绝，葬之惠州栖禅寺松林中，东南直大圣塔。子瞻悼之诗云：'苗而不秀岂其天，不使童乌与我玄。驻景恨无千岁药，赠行唯有小乘禅。伤心一念偿前债，弹指三生断后缘。归卧竹根无远近，近灯勤礼塔中仙。'又作《咏梅》'西江月'以寓意云：'玉骨那愁瘴雾，冰肌自有仙风。海仙时过探芳丛，倒挂绿毛幺凤。素面翻嫌粉涴，洗妆不褪唇红，高情已逐晓云空，不与梨花同梦。'"②但在部分东坡故事中，坚决否认朝云为妓，"长卿曰：朝云三十四岁而卒，已事东坡先生者二十三年，是朝云归先生时止十一二岁耳，何以便为钱塘名妓，又何以便得绝爱幸于先生，又何以得依依岭外独从先生，又何以得死先生之手？"③陪伴东坡的年轻的朝云死后葬于惠州，《惠州志》记载有"朝云墓，守墓者百余家，至今清明奠馈如祀先祖"④，表现了人们对于朝云的喜爱与怀念。

此外，思乡之情也伴随东坡与子由的一生。在东坡故事中，虽然苏洵希望带着儿子们出蜀定居，但东坡与子由都于诗中抒发了浓郁的思乡之情，最终，东坡与子由都埋骨他乡，没能回到故里。"苏东坡兄弟，以仕宦久，不得归蜀，怀归之心，屡见于篇咏。东坡《金山诗》云：'江山如此不归山，江神见怪惊我顽。我谢江神岂得已，有田不归如江水。'《送程六表弟诗》云：'凭君寄谢江东叟，念我空见长安日。浮江泝蜀有成言，江水在此我不食。'子由《汝南迁居诗》云：'病暑暑

---

① 苏轼：《苏轼文集》，中华书局198年版，第473—474页。
② 田汝成：《西湖游览志余》，浙江人民出版社1980年版，第268页。
③ 吴震元：《奇女子传》，明清善本小说丛刊初编第2辑，天一出版社1985年版，卷四。
④ 吴震元：《奇女子传》，明清善本小说丛刊初编第2辑，天一出版社1985年版，卷四。

已退,思归未成归。'《初得南园》云:'千里故园魂梦里,百年生事寂寥中。'及子由颍滨买宅,坡又和其诗云:'剑关大道车方轨,君自不归归何难。山中故人应大笑,筑室种柳何时还。'则二苏未尝一日不怀归也。嘉祐丙申岁,老苏在京师,乃有厌蜀之意。尝有意嵩山之下,洛水之上,买地筑室而居。故为诗曰:'岷山之阳土如腴,江水清清多鲤鱼。古人居之富者众,我独厌倦思移居。'是时乡人陈景回自蜀居蔡,故以是诗告之。则是二苏欲归蜀,而老苏欲出蜀也。厥后老苏葬于蜀,而治命指其墓旁庚壬地为二子之藏,而二子终不得归焉。信知人事不可期也。"①老苏与大苏、小苏的人生意愿与最终结局在这个故事中形成了鲜明的对比,故事中以一种人事不可期的感慨来阐释他们的命运。

最后,东坡之恬淡之美,常被文人们在评论中与陶渊明相对比。在东坡故事中,东坡不仅非常欣赏陶渊明,更将陶渊明的人生体味,融入了自身的恬淡之美中。

东坡称赞渊明诗,自和渊明诗。在东坡故事中,亦有东坡赞赏陶渊明的内容,并为世人对陶渊明的误解进行辩解,"旧说陶渊明不知音,畜无弦琴以寄意,曰:'但得琴中趣,何劳弦上声!'东坡尝言:刘伯伶以锸自随曰'死便埋我'。予以谓伯伶非达者,棺椁衣衾不害为达;苟为不然,死则已矣,何必更埋?至于渊明,亦非忘琴者也。五音六律不害为忘琴;苟为不然,无琴可也,何独弦乎?以是知旧说之妄也。渊明自云'和以七弦',岂得为不知音?当是有琴而弦弊坏,不复更张,但抚弄以寄意。如此为得其真。《自祭文》出妙语于圹息之余,岂死生之流哉!但恨其犹以生为寓以死为真耳。嗟夫,先生岂非真死,得非寓乎?"②东坡示人以渊明诗之妙处,既赏其文字之高妙,更赏其诗中的意境高远。"东坡云:'渊明意不在诗,诗以寄其意耳。采菊东篱下,悠然见南山,则本自采菊,无意望山。适举首而见之,故悠然忘情,趣闲而累远。此未可于文字、语句间求之。'"③许多评论者认为在诸多追法渊明作诗的文人中,东坡最能逼真,"《冷斋夜话》谓道潜作诗,追法渊明,其诗有逼真处,曰:'数声柔橹苍茫外,何处江村人夜归?'又曰:'隔林仿佛闻机杼,知有人家住翠微'。余细味之,句格固佳,但异

---

① 葛立方:《韵语阳秋》,见《历代诗话》,中华书局1981年版,第586页。
② 阮阅:《诗话总龟前集》,人民文学出版社1987年版,第71页。
③ (宋)何汶撰,常振国、绛云点校:《竹庄诗话》,中华书局1984年版,第76页。

渊明语,岂得谓之逼真处。若东坡和陶诗'前山正可数,后骑且勿驱',此方是逼真处。"①甚至许多评论者认为东坡诗已经和渊明诗不分彼此,相与为一了,"《王直方诗话》云:'东坡在扬州《和饮酒》诗,只是如己所作,至惠州《和归田园》六首,乃与渊明无异。'"②也有文人们在评论中指出渊明诗的不足之处,并认为东坡诗在很多地方超越了渊明诗,"东坡尝曰:渊明诗初看若散缓,熟看有奇趣。如'日暮巾柴车,路暗光已夕。归人望烟火,稚子候檐隙。'又曰:'采菊东篱下,悠然见南山。'又'霭霭远人村,依依墟里烟。犬吠深巷中,鸡鸣桑树颠。'大率才高意远,则所寓得其妙,造语精到之至,遂能如此。似大匠运斤,不见斧凿之痕。不知者困疲精力,至死不之悟,而俗人亦谓之佳。……东坡作对则不然,如曰:'山中老宿依然在,案上楞严已不看'之类,更无龃龉之态。细味对甚的,而字不露,此其得渊明之遗意耳。"③《竹庄诗话》④、《诗话总龟》⑤、《菊坡丛话》⑥亦载此论,长短不一,文字略有不同,皆体现出了东坡对陶渊明的欣赏与喜爱,甚或是深深地性情相契。

究其原因,多有文人认为东坡虽是品评渊明之语,或是追法渊明做诗,难免都是夫子自道。"东坡拈出陶渊明谈理之诗,前后有三:一曰'采菊东篱下,悠然见南山',二曰'笑傲东轩下,聊复得此生',三曰'客养千金躯,临化消其宝',皆以为知道之言。盖摘章绘句,嘲弄风月,虽工亦何补。若觑道者,出语自然超诣,非常人能蹈其轨辙也。"⑦正因为在这样的评论中,肯定了东坡对于渊明文字、诗境有着透彻的解读,故而东坡被文人们称为深知、真知渊明者,"不立文字,见性成佛之宗,达磨西来方有之,陶渊明时未有也。观其《自祭文》,则曰:'陶子将辞逆旅之馆,永归于本宅。'其《拟挽词》,则曰:'有生必有死,早终非命促。'其作《饮酒诗》,则曰:'采菊东篱下,悠然见南山。此中有真意,欲辩已忘言。'其《形影神》三篇,皆寓意高远,盖第一达磨也。而老杜乃谓'渊明避俗翁,未必能达

---

① 阮阅:《诗话总龟后集》,人民文学出版社1987年版,第272页。
② (宋)何汶撰,常振国、绛云点校:《竹庄诗话》,中华书局1984年版,第188页。
③ 释惠洪:《冷斋夜话》,见《宋元笔记小说大观》,上海古籍出版社2001年版,第2169页。
④ (宋)何汶撰,常振国、绛云点校:《竹庄诗话》,中华书局1984年版,第83页。
⑤ 阮阅:《诗话总龟前集》,人民文学出版社1987年版,第107页。
⑥ 单宇:《菊坡丛话》,见《四库全书存目丛书·集部》第416册,齐鲁书社1997年版,第369页。
⑦ 葛立方:《韵语阳秋》,见《历代诗话》,中华书局1981年版,第507页。

道'何邪？东坡谂陶子自祭文云：'出妙语于纩息之余，岂涉生死之流哉？'盖深知渊明者。"①《诗话总龟》引《西清诗话》亦载此论②，文字不异。

东坡之所以能够以夫子自道与陶渊明形成共鸣，深层的原因依然是东坡所追求的人格理想在陶渊明处有所体现，故而为东坡所认同、敬仰。在东坡故事中，东坡欣赏陶渊明对于自由生活的向往，即使遭遇物质的困窘，也不因此而放弃精神的自由，"东坡每曰：古人所贵者，贵其真。陶渊明耻为五斗米屈于乡里小儿，弃官去，归久之，复游城郭，偶有羡于华轩。"③在故事中，东坡对于陶渊明的同情的理解，他人未到。在另一个东坡故事中，东坡曾请子由为自己的和渊明诗集作引，但东坡对子由的文字进行了改写，这就体现出了东坡、子由对于陶渊明的不同理解，"东坡既和渊明诗，以寄颍滨使为之引。颍滨属藁寄坡，自'欲以晚节师范其万一也'，其下云：'嗟夫！渊明隐居以求志，咏歌以忘老，诚古之达者，而才实拙。若夫子瞻仕至从官，出长八州，事业见于当世，其刚信矣，而岂渊明之拙者哉？孔子曰：述而不作，信而好古，窃比于我老彭。古之君子，其取于人则然。'东坡命笔改云：'嗟夫！渊明不肯为五斗粟，一束带见乡里小人，而子瞻出仕三十余年，为狱吏所折困，终不能俊，以陷大难，乃欲以桑榆之末景，自讬于渊明，其谁肯信之？虽然，子瞻之仕，其出入进退犹可考也，后之君子，其必有以处之矣。孔子曰：述而不作，信而好古，窃比于我老彭。孟子曰：曾子、子思同道。区区之迹，盖未足以论士也。'此文，今人皆以为颍滨所作，而不知东坡有所笔削也。宣和间，六槐堂蔡康祖得此藁于颍滨第三子，因录以示人，始有知者。"④故事中的子由显然是以陶渊明为仕途不得意的隐士，而东坡则回顾自己仕途的起落，着重于赞赏陶渊明不困于生活的艰难与窘迫，保持精神自由的开阔与恬淡，并希望自己能于老年的岁月中，如陶渊明般，拥有开阔与空灵的心灵与心境。

东坡的人生之美在东坡故事中得以多层面、多角度地展现出来，虽然不同时代的士人们于东坡着重欣赏的人格魅力的侧面不同，但东坡的人生之美，提供了一个可以多方面挖掘、重塑的可能。在东坡故事中，既有绚丽的文艺之美，又有高洁的人格之美，既有情感的真挚之美，也有善良平等的温厚之美，既有日常生

---

① 葛立方：《韵语阳秋》，见《历代诗话》，中华书局1981年版，第575页。
② 阮阅：《诗话总龟后集》，人民文学出版社1987年版，第283页。
③ 释惠洪：《冷斋夜话》，见《宋元笔记小说大观》，上海古籍出版社2001年版，第2169页。
④ （宋）费衮撰，金圆校点：《梁溪漫志》，上海古籍出版社1985年版，第36—37页。

活的风雅之美,还有渊明般自由心灵的恬淡之美。东坡故事将东坡的人生之美以更加绚丽多彩的方式予以了多样的诠释与由衷的赞叹。

三、山水的东坡印迹

东坡一生流离于仕途,走遍大半个中国,他的印迹,并不仅仅存在于古籍、文字之中,凡是东坡生活过的地方,都留有他的足迹、诗迹、传说等。在东坡故事中,这些胜迹都会因东坡更吸引人们关注的目光,"吾乡亦有岘山,在南门外,距城三里而近。东坡为守时,尝登此山,诗云:'苕水如汉水,鳞鳞鸭头青。吴兴胜襄阳,万瓦浮青冥。我非羊叔子,愧此岘山亭。悲伤意则同,岁月如流星。湛辈何足道,当以德自铭。'此山经东坡品题,亦因之而重。"①在这些地方,人们可以在实地的仪式化的实践中,感同身受东坡当年经过的山水月色,从而更加深刻地以自己切身的感受去体悟东坡留下的精神财富,对于熟悉东坡的文人来说,某些特定的地点、风景早已与东坡融为一体,而每一次游览、行走,都无疑也是一次精神的旅程,与东坡为伴,祭奠东坡。

在东坡故事中,客观的山水有着赏心悦目的景色与风姿独特的情致,例如险滩赣石,因为水少滩浅使得船只难以通过,于是来往旅人常常于庙中祈祷无雨而涨水,于故事中的东坡眼里,便有了人生空漠的无奈与随缘自适的洒脱意蕴。"赣石数百里之险,天下所共闻。若雨少溪浅,则舟舫皆艤以待,有留数月者。虔州水东有显庆庙甚灵,或至诚祷之,则一夕长水数尺,送舟出石。故无雨而涨,土人谓之清涨。前此,士大夫有祷辄应,刻石以识于庙庭甚多。东坡北归,行次清都观,有'自笑劳生消底物,半篙清涨百滩空'之句。"②同样的山水明月,只有在特定的诗人眼中,才能散发出特殊的文化魅力与人生体验。正如黄山谷所云,"山谷云:'天下清景,初不择贤愚而与之遇,然吾特疑端为我辈设。……东坡宿余杭山寺,赠僧曰:暮鼓朝钟自击撞,闭门欹枕有残釭。白灰旋拨通红火,卧听萧萧雪打窗。'人以山谷之言为确论。"③而东坡故事中通过东坡之笔描绘出的山水,都具有了更加丰富的蕴含。在东坡故事中,哪怕是偏远的海岛,也因东坡而

---

① 韦居安:《梅磵诗话》,见《历代诗话续编》,中华书局1983年版,第541页。
② (宋)方勺撰,许沛藻、杨立扬点校:《泊宅编》,中华书局1983年版,第17页。
③ 释惠洪:《冷斋夜话》,见《宋元笔记小说大观》,上海古籍出版社2001年版,第2183页。

备受瞩目,"东坡眉人,贬昌化;任德翁亦眉人,后亦贬昌化。张才叔赠德翁诗云:'儋耳百年经僻陋,眉山二老继驱除。'德翁和云:'身投魑魅家何在,泽逮昆虫罪未除。'苏、任两公同乡里,同贬所,大节相望。顾儋耳独何幸也。"①

与儋耳一样因东坡而备受关注的山水景物,还有很多,其中以西湖和赤壁较为典型。

东坡出任地方或被贬谪之时,曾生活于杭州、颖州与惠州,恰恰这三处地方都有西湖。因此,在东坡故事中,东坡便戏称自己为"西湖长"。"三处皆有西湖,东坡连镇二州,故表谢云:'入参两禁,每玷北扉之荣;出典二邦,辄为西湖之长。'晚谪惠州,州有丰湖,亦名西湖。淳熙中,秘书杨监(万里)使广东,过惠,游丰湖,赋诗云:'三处西湖一色秋,钱塘颖水更罗浮。东坡元是西湖长,不到罗浮便得休。'"②而关于西湖的故事,则是东坡故事中颇为引人注目的一类。

杭州西湖在历史上就是绝佳的胜景,东坡多次为西湖赋诗。在东坡故事中,西湖经过了东坡的品题与赋诗,更具有独特的诗情画意,"西湖之景,天下所稀,《扪虱新话》云:'苏东坡酷爱西湖,其诗云:若把西湖比西子,淡妆浓抹总相宜。已曲尽西湖情态。又诗云:云山已作蛾眉浅,山下碧流清似眼。是更与西子写真也。'"③在东坡故事中,人们观西湖美景,则联想东坡之诗句,景色之美与诗意之美互相融合,"东坡爱西湖,诗曰:'若把西湖比西子,淡妆浓抹也相宜。'……作诗书壁曰:'长爱东坡眼不枯,解将西子比西湖。先生诗妙真如画,为作春寒出浴图。'"④不仅如此,西湖上有以东坡命名的苏公堤,以纪念东坡疏浚修整西湖之功。在东坡故事中,讲述了苏公堤历经朝代更迭、人世变幻,时而繁荣、时而冷落的历史,但历经千年,始终未曾易名。"苏公堤,自南新路属之北新路,横截湖中。宋元祐间,苏子瞻守郡,浚湖而筑之,人因名苏公堤。夹植花柳,中为六桥,桥各有亭覆之。……自是湖分为两,西曰里湖,东曰外湖。南渡后,堤桥成市,歌舞丛之,走马游船,达旦不息。岁久弗治,两湖之涛,日淫啮之,堤渐廉削。我朝成化已前,里湖尽为民业,六桥水流如线。杨孟瑛辟之,西抵北新堤为界,增益苏堤,高二丈,阔五丈三尺,列插万柳,顿复旧观,久之,柳败而稀,堤亦就圮。嘉靖

---

① (宋)费衮撰,金圆校点:《梁溪漫志》,上海古籍出版社1985年版,第45—46页。
② (宋)费衮撰,金圆校点:《梁溪漫志》,上海古籍出版社1985年版,第84页。
③ 田汝成:《西湖游览志余》,浙江人民出版社1980年版,第322页。
④ 阮阅:《诗话总龟前集》,人民文学出版社1987年版,第192页。

十二年,县令王钬令犯人小罪可宥者,得杂植桃柳为赎,自是红翠烂盈,灿如锦带矣。"①苏公堤是为了纪念东坡而留下的名字,以命名的方式将东坡与苏堤的故事流传下去。

除了苏公堤,与东坡相关的西湖建筑如四贤堂,在东坡故事中曾提到,明正德年间修建时,即为祭祀李公泌、白居易、苏东坡、林和靖四公。"四贤堂,正德间,郡守杨孟瑛建,以祀唐刺史李公泌、白公居易,宋守苏公轼,处士林公逋者。……轼字子瞻,哲宗时任,浚湖甃井,治堰闸以利民,民立祠祀之。……先是,唐民怀白公之德,即山之广化寺以祀公。至宋,益以苏公、林公,名三贤堂。绍兴间,建四圣延祥观而尽徙之,祠遂废。京尹袁韶复建于苏堤中。"②在东坡故事中,东坡于西湖怀念林和靖。后代诗人们亦因循东坡的思维路径怀念林和靖,而和靖祠堂也因为东坡之诗而迁移。"和靖祠堂,旧在孤山故庐,后徙苏堤三贤祠中。此盖因子瞻诗语为之也。……其后朱淑真有吊林和靖诗云:'每逢清景夜归时,月白风清易得诗,不识酌泉拈菊意,一庭寒翠蔼空祠。'盖亦祖述东坡之遗意也。"③后人游西湖、观赏西湖甚至是画西湖图、作西湖诗时,或将东坡与西湖的故事以每个人不同的角度、视野进行重现、重构,使得西湖胜景中关于东坡的记忆更加深刻。"西湖赋、西湖图,俱难得佳者,盖摹景则滞,离景则虚。惟戴文进西湖图,稍稍超脱。刘士亨题其图云:'……羊肠路口树阴阴,鸭嘴滩头沙漠漠。和靖东坡不可逢,白云常护青芙蓉。'"④明代,西湖曾经衰败,不复宋时繁盛,于是在东坡故事中,文人们怀念西湖昔日的繁华,怀念东坡,"西湖巨丽,唐初未闻也。自相里君、韩仆射辈继作五亭,而灵竺之胜始显,白乐天搜奇索隐,江山风月,咸属品题,而佳境弥章。苏子瞻昭旷玄襟,追踪遐躅。南渡已后,英俊丛集,昕夕流连,而西湖底蕴,表襮殆尽,……盖盛极而衰,亦循环之理也。"⑤

不仅是西湖,黄州赤壁也是因东坡的赤壁故事而名声远扬的山水景致之一。虽然黄州赤壁在唐宋之际就常有文人游览赋诗,但真正使它声名远扬的是东坡于此怀古。苏东坡因乌台诗案被贬黄州,在黄州赤壁感怀战争与英雄,写下了千

---

① 田汝成:《西湖游览志》,浙江人民出版社1980年版,第18页。
② 田汝成:《西湖游览志》,浙江人民出版社1980年版,第9—10页。
③ 田汝成:《西湖游览志余》,浙江人民出版社1980年版,第125页。
④ 田汝成:《西湖游览志余》,浙江人民出版社1980年版,第297页。
⑤ 田汝成:《西湖游览志余》,浙江人民出版社1980年版,第376页。

古传诵的两赋一词——《前赤壁赋》、《后赤壁赋》与《念奴娇·赤壁怀古》，以阔大的心境、豪迈的基调、空漠的人生感悟为赤壁的山水景物、曾经的战争赋予了更多的文化意义与内涵，使黄州赤壁从一个疑似古战场的遗迹成为了文化史上熠熠生辉的明珠。东坡夜游赤壁怀古的赤壁故事在后代的作品以不同的理解方式被再现、重构，最终在物质层面、行为层面再到精神层面为黄州赤壁打下了深深的烙印。这不仅表现在戏剧、诗文等文学作品中，还表现在绘画等美术作品中。

首先，戏剧中的东坡与赤壁。以东坡游赤壁为题目的剧作有：元代无名氏《苏子瞻醉写赤壁赋》（杂剧），见于《古本戏曲丛刊》第四集、隋树森编《元曲选》、王季思编《全元戏曲》；明代许潮《赤壁游》（杂剧），见于《盛明杂剧》、《群音类选》之卷二十三；沈采《赤壁记》（杂剧），已佚；黄澜《赤壁记》（传奇），已佚；清代车江英《游赤壁》（杂剧），见于《清人杂剧二集》；姜鸿儒《赤壁记》（传奇），见于《古本戏曲丛刊》第五集，等等。其他东坡剧中也不乏游赤壁的内容，例如清代李玉的《眉山秀》。

元代杂剧《苏子瞻醉写赤壁赋》第三折中描述了黄鲁直、佛印邀东坡"携樽俎于沧波，吹洞箫于长夜"，夜游赤壁，赏景听乐，和诗写赋的情景。剧中全文录引了《赤壁赋》，并部分地化用了原赋中的赤壁景物。作者以《赤壁赋》之况味，让东坡从"看人间国祚丰盈，则愿的吾皇万岁社稷兴，有江山依旧青青"①转变为"不恋恁世情，无利无名……不受恁是非忧、宠辱惊"②。就此情节而言，赤壁的文化意象中并不涉及赤壁之战与三国人物，全是东坡与客如何赏景做赋。

许潮的《赤壁游》篇幅较短，只一折。讲述了东坡邀黄山谷、佛印共游赤壁，唐人张志和的后身化为渔翁、着黄冠羽衣与三人同赏。四人凭吊赤壁之战中的英雄，各拈取曹操、孙权、刘备、周瑜一阄，吟诗断案，评点成败得失，最后借《前赤壁赋》中的诗句感叹山川依旧，纵是英雄也已作古。江天清夜，把酒佐兴，兴尽归舟，自言此一夕之谈"堪入野史"③。整剧以东坡为主导，由他发起（起因）、感叹缺少道士（引出渔父）、提议抓阄（进入讨论）、首先做诗（高潮）、最后劝酒（结束）。作者以文学想象创造性地打开了《赤壁赋》中的情境与人物，所描述的

---

① 《苏子瞻醉写赤壁赋》，见《古本戏曲丛刊四集》第四函，商务印书馆1958年版，第三折。
② 《苏子瞻醉写赤壁赋》，见《古本戏曲丛刊四集》第四函，商务印书馆1958年版，第三折。
③ 沈泰：《盛明杂剧》，黄山书社1992年版，第378页。

景色之美虽未必如黄嘉惠所评"胜赤壁赋",却清雅幽静,所塑造的人物才华横溢,胸襟广阔,卓越不凡。不仅借四人之口凭吊了赤壁之战中的英雄,也借凭吊之事展现了东坡等四人的高逸襟怀。

沈采的《赤壁记》是《四节记》中的一折,已经佚失了。但据黄嘉惠在《赤壁游》中的评论所言,"却不如此剧感慨淋漓,墨酣笔饱"。可见沈采的《赤壁记》在许潮之前,其文学想象与艺术表达似不及《赤壁游》。

黄澜的《赤壁记》,在明代祁彪佳的《远山堂曲品》中著录为:"传子瞻事,叶桐柏有《玉麟》,陈太乙有《金莲》,及俗本有《麟凤记》。此拾旧曲余唾以成者,内有全抄《四节》数出,及误以诗余题为词,俱可捧腹。"①由此观之,该剧的艺术成就有限,以戏闹调笑为趣味。

清代车江英所做的《游赤壁》,东坡、佛印、山谷三人白日怀古,铺排当日战争的场面气势,但情节很快转向了饮酒行令、悠闲自得,"好是酒中仙"。但见罗汉、观音、善财童子、达摩之景,日落而返,依然陶醉其中:"爱今朝西风吹醉脸。"此剧中的赤壁意象着重于东坡等三位高士在赤壁山下泛舟饮酒、观景抒怀、吟诗作词、谈笑风生的闲逸情趣,对赤壁之战只是点到即止。

姜鸿儒《赤壁记》分为上、下两个部分,共二十出,基本上勾画出了东坡一生的经历。在《前游》与《后游》两出中集中描写了两次赤壁之游,以东坡为中心人物,与《赤壁赋》一样只以"客"指称同游之人。大量应用东坡的独白,将赤壁山水与人物心境参错交融。在《前游》中,吊古伤今,触景生悲,感叹硝烟弥漫的战场如今月白风清,山水依旧,生命短暂,充满了历史变迁的虚无与空漠之感。与其在胜负、得失中计较、争夺,不如"把江波点,欢歌醉眠",与其忧虑"没有盖世佳篇,又没有奇功久传",不如"达生之情,识命之理",在天地大自在中解放被尘世束缚、迷惑的自己,获得来自自然的欣悦与满足。在《后游》中,东坡与客于初冬时节再游赤壁,目之所及皆萧瑟凄凉,心中愿凌风飞去如舞燕,却只能望月升空。东坡看到一只鹤掠舟向西飞去,回家梦到了一位道士,认出他就是那只鹤,醒来后自叹南柯一梦。两出戏都较为忠实地演绎了前、后《赤壁赋》的情节。剧中的赤壁故事已经完全东坡化了,赤壁的山水成为东坡的舞台与画板,赤壁的文

---

① 祁彪佳:《远山堂曲品》,见《中国古典戏曲论著集成》第6册,中国戏剧出版社1959年版,第117页。

化记忆已经深深地融入了东坡的思想情感。

李玉的《眉山秀》第十七出《后游》演的是东坡、佛印、黄山谷三人再游赤壁。三人等船时行了一个"忙令",这一市井调笑的情节与明代陈汝元的《金莲记》相似。佛印说东坡"富贵迷心,风骚成性",时时提醒他切勿沉沦茫茫苦海。登岸以后,三人饮酒赋诗,随后,东坡独游,见鹤飞过,又见一道士与他问答后凭虚而去,遂认定所见的白鹤就是道士所化。归去时唱曰:"两番载月游赤壁,一宵鹤梦人不识。相与枕藉乎舟中,不知东方之既白。"此剧中的赤壁景物已经隐入幕景之中,整体性呈现出东坡所了悟的人生空漠短暂,东坡只有离尘去俗,回应了前文中佛印点化的剧情。

兴起于"勾栏瓦肆"的戏剧本身就带有强烈的娱乐气息,多以市井的方式重新理解东坡的赤壁之游,少有幽思古战的情思,《苏子瞻醉写赤壁赋》正是如此,《眉山秀》也在此列,只是在调笑之外,还铺展了东坡后赤壁赋中的情境。而许潮的《赤壁游》则带有较为浓重的怀古气息,赤壁之战嵌套在东坡夜游赤壁的情节之中,内外相济,使得剧中的赤壁在"古"——东坡之游与"更古"——赤壁之战的意境叠加中境界阔大,韵味悠长。车江英的《游赤壁》则远离了古战场的硝烟与人生困顿,将东坡的赤壁之游完全休闲化了,诗酒美景,悠闲醉乐。姜鸿儒的《赤壁记》则根据东坡二赋的思路,将文字转化为舞台场景。在现存的以赤壁为题目的戏剧中,东坡生平或他的夜游赤壁都是中心情节,赤壁之战则成为备选的内容由剧作家们选择使用。东坡渐成为戏剧舞台上赤壁戏的核心内容与文化象征符号。

其次,诗文中的东坡赤壁故事。民国谢功肃所辑《东坡赤壁艺文志》中李开先的序言说:"东坡后八百余年,盛衰存败幻若奕棋,过客骚人何止亿万。"①谢功肃自序中也说道:"自宋以及,吾黄文教称盛,坡仙赋后题咏必多。"②茅伯符曾经辑过《赤壁集》,贾可斋做过续集,可惜两书都散佚了。有学者曾专门将赤壁图上所提的诗、词、文加以整理,就内容而言分成三类:"偏重于主写东坡,侧写周瑜和曹操的'风流人物';遥想三国历史,批曹拥孔的'故国神游';因画抒怀,咏

---

① 谢功肃:《东坡赤壁艺文志》,武昌正信印务馆排印 1922 年版,第 1 页。
② 谢功肃:《东坡赤壁艺文志》,武昌正信印务馆排印 1922 年版,第 1 页。

叹兴废的'古今如梦'。"①在更广泛的有关赤壁的诗文中,这样的分类同样适用。但如果着眼于东坡怀古与赤壁之战两个要素之间的关系,二者的存缺、平行、叠加、隐显、扬抑等情况而言要比戏剧复杂得多,大略分为以下几类。

第一,只言赤壁之战与三国英雄,不及东坡,如明代蓝智咏的《咏赤壁诗》:"长江西来雨如雾,赤壁苍苍风雨暮。草木犹疑横槊时,尘沙尚想焚舟处。乌林渡口下舳舻,曹瞒已料无全吴。阵前部曲奔先主,眼中谈笑轻周瑜。君臣谋合士贾勇,玉帐旌旗亦飞动。楼橹晴空烟焰高,鱼龙白日波涛涌。荆门牢落驻残兵,野旷不闻鼙鼓声。战骨秋埋湖外草,捷书夜报石头城。雄图霸气两消歇,地老天荒秋一叶。石上残碑过客题,沙中古剑渔人得。汉王祠枕碧山隅,诸葛台荒野鸟呼。千年忠义《出师表》,万里江山八阵图。"②诗中歌颂的是诸葛亮,并不谈及东坡。

第二,追忆东坡游赤壁的故事,踏寻东坡足迹,发幽思追慕东坡为人。如清代陈浩诗:"江风如此清,江月如此明。惟公不可见,使我心屏营。我欲乘此月,泠然御风行。左携羡门子,右拉安期生。飞渡紫沂海,寻公白玉京。握手一欢笑,用慰千载情。"③也有惋惜因时空的距离而不能与东坡相见。清代张光壁所作《夜泛赤壁诗》中有:"矶上西蜀人,矶下西蜀水,蜀水三峡来,蜀人不再矣。小艇放渔歌,击楫中流驶,此夕非壬戌,渺渺烟波里。"④又有于东坡旧游处抒怀对东坡襟怀的体悟。清代彭心锦《赤壁放歌》:"坡公生平历坎坷,牢骚这尚留山崖。公之官穷穷于诗,公之人奇奇于才。至今两赋光万丈,照我颜色开幽怀。青山不改壬戌岁,吹箫客去空徘徊。……我得纵饮山之巅,直与坡老相周旋。登虬踞虎随沿缘,胸中块垒消万千。"⑤清代金德嘉《赤壁怀古二首》,一以诗为东坡写传,一以凭吊东坡,引为知己,感慨他早已逝去:"赤壁今夜溶溶月,犹照先生古时居。先生一去雪堂虚,何人堂上夜半呼斗酒。"⑥此外,也有诗人在东坡旧游处,感叹人生彻底的空漠,清代施闰章《赤壁》:"欹石荒烟路,千年人自游。空青

---

① 衣若芬:《战火与清游:赤壁图题咏论析》,《故宫学术季刊》第十八卷第四期 2001 年(夏)版,第 63 页。
② 谢功肃:《东坡赤壁艺文志》,武昌正信印务馆排印 1922 年版,第 15 页。
③ 谢功肃:《东坡赤壁艺文志》,武昌正信印务馆排印 1922 年版,第 13 页。
④ 谢功肃:《东坡赤壁艺文志》,武昌正信印务馆排印 1922 年版,第 12 页。
⑤ 谢功肃:《东坡赤壁艺文志》,武昌正信印务馆排印 1922 年版,第 22 页。
⑥ 谢功肃:《东坡赤壁艺文志》,武昌正信印务馆排印 1922 年版,第 24 页。

连赤岸,虚白倚沧洲。日气鲛空暖,风声汉水秋。谁怜词赋客,今古一虚舟。"①这一类的诗词作品数量较多,尤其常见于以东坡为师友、知己的文人作品中。

第三,追随东坡游赤壁故事中的怀古思路,思悼三国英雄人物。如清代李赞元的古文《赤壁无文碑记》所言:"读子瞻前后二赋而古今之兴废贤达之旷逸,其唏嘘于清风明月之间者,至人之文也。迨其后为歌为词为诗为记难更仆数然,……追吴迹而忆汉年者历历乎!"②诗如元代周北山《月下泛赤壁诗》中有:"为问黄州雪堂老,巧宦何如迁客好?酒酣携客夜拏舟,忧思都将谈笑了。……老瞒当日困周郎,千里楼船斗貔虎。……江山寂寞总陈迹,追忆往事怀风流。"③借东坡游赤壁故事的怀古思绪为切入点,阐发对于战争的看法。

第四,将东坡游赤壁的故事与赤壁之战进行对比,扬文抑武,认为东坡的人格境界、文章胜过战争霸业、武功,长留青史。如明方孝孺于战争的对比下,更加追慕东坡精神的旷达、清醒,其《赤壁图赞》云:"群儿戏兵,污此赤壁。江山无情,犹有惭色,帝命伟人,眉山之苏,酹酒大江以涤其污。挥斥元化,与造物伍。哀彼妄庸,攘敚腐鼠。明月在水,独鹤在山。勿谓公亡,公在世间。"④明代杨师孔的《茅伯符招饮赤壁席间赋》即认为霸业不如文章:"有时载酒秋月白,有时乘风军火红。乘风载酒成何事?霸图不过销一醉。十万轴舻化作灰,两篇词赋照天地。……老瞒今已随流水,回首东风亦羽毛。独在坡仙重兹明代土,泛舟抽毫驾千古。"⑤清代周起渭《避风赤壁登苏公亭放歌》:"人间风月不可驻,天上来此闲仙人。……忽忆美人思魏阙,自惊流落天南洲。我拜遗像空山陬,岩桂惨澹枝相樛。……二惇二蔡俱蜉蝣,唯公大节今古留。"⑥清代英启《重修赤壁怀古诗》有云:"造物置人各有地,赤壁巍峨江之隅。周郎壁垒空想像,坡公气节高持扶。"⑦清代刘子壮《赤壁》:"虽无一矩周郎烈,却有三秋苏子词。道士梦中犹借鹤,将军江上岂凭龟。山川自为文人重,谁起泉途问是非?"⑧

---

① 丁永淮、吴闻章:《东坡赤壁诗词选》,湖北人民出版社1984年版,第86页。
② 谢功肃:《东坡赤壁艺文志》,武昌正信印务馆排印1922年版,第4页。
③ 谢功肃:《东坡赤壁艺文志》,武昌正信印务馆排印1922年版,第15页。
④ 谢功肃:《东坡赤壁艺文志》,武昌正信印务馆排印1922年版,第7页。
⑤ 谢功肃:《东坡赤壁艺文志》,武昌正信印务馆排印1922年版,第215页。
⑥ 谢功肃:《东坡赤壁艺文志》,武昌正信印务馆排印1922年版,第21页。
⑦ 谢功肃:《东坡赤壁艺文志》,武昌正信印务馆排印1922年版,第27页。
⑧ 丁永淮、吴闻章:《东坡赤壁诗词选》,湖北人民出版社1984年版,第87页。

第二章　士文化中的东坡故事

第五，东坡游赤壁的故事与赤壁之战相交错，其中的意象也是最丰富的。或在想象中将东坡的赤壁故事与三国时的赤壁之战放入同一时空之中，如清代陈浩有诗句："赤壁在黄州，说者异闻见。岂知博达人，初不泥史传。指挥周郎军，来与孟德战。公从壁上观，奋击骇雷电。一声孤鹤鸣，惊落白羽扇。四顾寂无人，江光皎如练。"①

或在对于东坡赤壁之游的追忆中，融入对于东坡的敬仰与向往。清代王柏心《登赤壁作》："峨嵋仙客来帝傍，扁舟弄月歌流光。江湖回首忆魏阙，美人遥在天一方。酒酣忽挟飞仙舞，乾坤一瞬蜉蝣羽。眼中直欲无孙曹，何况当时王与吕。平身忠孝多奇节，九死崎岖气不折。宫禁徒呼宰相才，流传但许文章杰。我来长啸悲遗风，不见扁舟玉局翁。老仙一去七百载，乘云径向蓬莱宫。安得招之下瑶阙，更遣锦袍邀太白。同泛沧江万里流，青天揽取峨嵋月。"②

或借东坡的赤壁故事表达自己的体悟。如明代张元忭的古文《游赤壁记》，先讨论赤壁之战的战场遗迹在哪里并不重要，并陈说友人梦见东坡诉说平生困顿，竟相持而哭。张元忭不以为然，因为在他看来，东坡入苦海视入仙都、净土，"何其达也"！通过东坡而抒发了自己的情怀：唯有大觉之后方知大梦。③

或陷入虚无，或感慨生命的有限，借东坡的赤壁故事叹息历史的变迁与人世的流转沧桑。如明代方孝孺《赤壁歌》："东夏口，西武昌，赤壁峭绝当中央。奸雄将军气盖世，败卒零落惭周郎。得鲈鱼，沽美酒，孰若黄州苏子瞻，谪向江湖动星斗。噫呼嚱！曹公气势，苏子文章，销铄尘迹荒凉。惟有江水千古万古空流长。"④又如明代李东阳《题赤壁图诗》："荆州水军八十万，鼓櫂扬旗下江汉。江东将帅谁敢当，年少周郎独轻难。汉家英雄本龙种，怒指中原扼双腕。孔明决策讨虏迎，誓复深仇起相扞。东风吹沙暗赤壁，百里旌旗眼中乱。烈炬争驰疾若星，南军已在中流半。黄盖大呼老瞒走，乌鹊翻飞过江岸。攀缘失手势两孤，一纸军书万人散。贼兵未平壮士死，猜疑已作萧墙患。唇亡齿寒不自知，可惜衣冠尽涂炭。乾坤无情岁月改，千古兹山石不烂。东坡老翁好奇古，一官远向黄州窜。箫声入秋木叶枯，此地经过独肠断。高歌扣舷和者谁，回首斯人亦凋换。奸

---

① 谢功肃：《东坡赤壁艺文志》，武昌正信印务馆排印1922年版，第12页。
② 谢功肃：《东坡赤壁艺文志》，武昌正信印务馆排印1922年版，第21页。
③ 谢功肃：《东坡赤壁艺文志》，武昌正信印务馆排印1922年版，第1页。
④ 谢功肃：《东坡赤壁艺文志》，武昌正信印务馆排印1922年版，第15页。

雄僭窃何足数,青史离离后人数。为君击节歌此图,却立苍苔倚长叹。"①

黄州赤壁诗数量庞大,从探讨历史得失的论世作品,到由古论今、由人及我的怀古作品,再到超越时空,人我两忘的哲理诗,其间多涉及东坡夜游赤壁的故事,且其整体的基调与二赋一词紧密相连。例如李开侁所言:"适梁任公黄任之汤铸新诸名公并太虚上人应名流演讲之请,遽集鄂州,邀余作赤壁之游,俯仰凭吊、各舒怀抱,所据者惟东坡前后二赋。"至于清代于成龙《赤壁怀古》中所言:"赤壁临江渚,黄泥锁暮云。至今传二赋,不复说三分。"在一定程度体现出了历史发展中东坡在赤壁故事中的核心地位。

再次,绘画中的东坡赤壁故事。以东坡赤壁故事为题材的历代绘画作品中,几乎全部以东坡二赋一词的内容为中心展开、重构画面与意境。或以长卷,或以山水。画中的赤壁景象是作者"梦中说梦",创造出的意境化、情致化的山水,如镜般照映出作者想象中的东坡襟怀与情感,以及作者对东坡的或景仰或叹息的种种态度。

以长卷的形式,将《赤壁赋》的内容较为忠实地逐段表现出来,有连贯的情节与完整的故事的,例如北宋乔仲常的《赤壁图》②,藏于美国奈尔逊·艾特金斯美术馆。画中分别将《赤壁赋》中的文句题写出来,画面与文句、故事情节相映生辉,为了突出东坡,还将他的形象画得比其他人物大。

赤壁图中多有山水景景致,有的画作截取某一个画面进行创作,如《后赤壁赋》中飞鹤过江的瞬间颇受画家们的青睐。作品有南宋马和之的《后赤壁赋图》③,藏于故宫博物院。笔法飘逸,境界空阔,潇洒不羁。东坡与客乘一叶孤舟,飘于江水之上,一只鹤凌空飞向石壁。还有一棵枯树从岩边横斜而出,颇具凄凉幽寂之意;明代蒋乾的《赤壁图》④,藏于故宫博物院。东坡与客三人行于山崖下小路之上,舟停于岸边,显然是弃舟登岸后行走山间,抬头注视着鹤翔空中;朱朗的《赤壁赋图》⑤,藏于故宫博物院,与蒋乾的《赤壁图》非常相似,只是画面

---

① 谢功肃:《东坡赤壁艺文志》,武昌正信印务馆排印1922年版,第16页。
② 中国美术全集编辑委员会:《中国美术全集绘画编》,文物出版社1988年版,第三册,第138—146页。
③ 中国美术全集编辑委员会:《中国美术全集绘画编》,文物出版社1988年版,第四册,第38—39页。
④ 中国古代书画鉴定组:《中国古代书画图目》,文物出版社1988年版,第二十册,第194页。
⑤ 中国古代书画鉴定组:《中国古代书画图目》,文物出版社1988年版,第二十一册,第70页。

中树木繁盛,枝叶丰茂,看起来更有生气,不似蒋画萧瑟;清代钱杜的《后赤壁图》①,藏于南京博物院,画中东坡立于山间凸崖,仙鹤凌波飞去。两位客人坐在舟中,停泊在山脚下。

有的画作将二赋一词的意境融在一起,贯注于画中,表现其风神。金代武元直的《赤壁图》②,藏于台北故宫博物院,画面中临江石壁嶙峋挺拔,江中隐隐翻动波涛,东坡与客坐于舟中,相与交谈;明代陈道复的《前赤壁图卷》③,藏于大阪市立美术馆,画上自题:"余于赤壁,尚未识面,乌能图之。客强不已,乃勉执笔图。既玩之,不过江中片石耳,而舟中之人,将谓是东坡与客也。梦中说梦,宁不可笑耶。"悬崖峭壁之下,一叶小舟翩然而至,苏子与客举杯共饮,意兴甚欢;张灵的《赤壁后游图》④,日本私人收藏,画中山色苍茫,巨石嶙峋,东坡与客行于树间,一叶小舟,停在山崖边,半掩入芦苇之中,整幅画颇有高士雅逸之风;郭纯的《赤壁图》⑤,藏于故宫博物院,画作中山壁耸立,翠色欲滴,壁下水色空旷,扁舟载东坡与客正驶向彼岸,意境幽远;仇英的《后赤壁图》⑥,藏于上海博物馆,画面中心是东坡与友人泛舟江上,以远山近壁烘托画境,颇有"纵一苇之所如,凌万顷之茫然"的意境;戴进的《赤壁夜游图》⑦,藏于苏州灵岩山寺,画中山势甚是崔嵬,悬压向江面,东坡与客乘一带蓬小舟驶向崖下,谈兴正浓;清代任颐的《赤壁赋诗意图》⑧,藏于上海博物馆,画中既没有峭壁,也没有江涛,只有东坡立于崖石,举目远眺,若有所思的形象,且题写了《后赤壁赋》的原句;清代唐泰《前赤壁赋书画》⑨,藏于广州美术馆,画中烟波浩渺,清虚空旷。

总之,从南宋开始的赤壁图已经形成了相对固定的模式,而东坡是赤壁图不

---

① 中国古代书画鉴定组:《中国古代书画图目》,文物出版社1988年版,第七册,第235页。
② 中国美术全集编辑委员会:《中国美术全集绘画编》,文物出版社1988年版,第四册,第166—167页。
③ 海外藏历代中国名画编辑委员会:《海外藏历代中国名画》,湖南美术出版社1998年版,第92页。
④ 海外藏历代中国名画编辑委员会:《海外藏历代中国名画》,湖南美术出版社1998年版,第234页。
⑤ 中国古代书画鉴定组:《中国绘画全集》,文物出版社、浙江人民美术出版社2000年版,第十卷,第37页。
⑥ 中国古代书画鉴定组:《中国古代书画图目》,文物出版社1990年版,第三册,第66页。
⑦ 中国古代书画鉴定组:《中国古代书画图目》,文物出版社1988年版,第六册,第114页。
⑧ 中国古代书画鉴定组:《中国古代书画图目》,文物出版社1990年版,第五册,第424页。
⑨ 中国古代书画鉴定组:《中国古代书画图目》,文物出版社1990年版,第十四册,第60页。

可缺少的关键内容。此外,扇面画以及插图中的赤壁,都与怀念、敬仰、追慕东坡有关。

清代画家郭朝祚曾正式为黄州赤壁题额为"东坡赤壁",成为"湖北五赤壁之冠"①。而今也有"折戟沉沙'武赤壁'"——蒲圻赤壁②与"大江东去'文赤壁'"——黄州赤壁③分立的景观。然而,无论是戏剧、诗文还是绘画作品中,东坡夜游及二赋一词的影响无疑比赤壁之战占据了更重要的主体地位,为赤壁文化拓展出了新的空间。后世文人们越来越倾向于穿行于三国销烟与东坡夜游故事之中,往往有意无意地忽略地理的概念,履行着仪式一般的夜游赤壁的行为、游心于文人化的心灵图景和情感空间之中,寻找也抒发着古今如梦、生如朝露,一切终究虚空的幽思。后人既滋养于赤壁的文化意象,也不断地将自己列入赤壁故事的时间链条之中,使赤壁文化意象至今仍吸引着人们用个性化的艺术想象创造东坡怀古与赤壁之战的新的组合诠释方式。

四、东坡之死——生命的启示

生命有限的,死亡是人类必将面对的最终结局。怎样于有限的生命中去生活、去感受、去思考、去体悟,东坡不仅为历代士人们提供了新的人格精神范式,也以宽阔的胸襟与超旷的心灵空间为人们提供了情感慰藉与新的生命启示。正因如此,在东坡故事之中,东坡被称为坡仙。

在东坡刚刚考取功名、崭露头角的时候,程夫人去世了。东坡与父亲、弟弟三人匆忙离京奔丧,归家后所见,已是一片人亡家破的荒凉景象。在母丧期满而再度入京时,苏轼于《浰阳早发》一诗中写道:"富贵本无定,世人自荣枯。嚣嚣好名心,嗟我岂独无。"④东坡本就对世事的飘忽变幻和人生的偶然无常有着丰富的异于常人的敏感,此时,面对母亲的逝去,东坡已经对自己追求的仕途功名产生了怀疑,抒发了人生荣枯难料的虚无之感。当东坡再次踏上仕途之时,路过与弟弟赴京应试时住过的渑池县,得知所投宿寺庙的僧人已经圆寂,当年二人题

---

① 丁永淮、冯一德、吴闻章:《东坡赤壁》,湖北人民出版社1981年版,第20页。
② 段宝林,江溶:《山水中国·湖北卷》,北京大学出版社2007年版,第56页。
③ 段宝林,江溶:《山水中国·湖北卷》,北京大学出版社2007年版,第66页。
④ 苏轼:《苏轼诗集》,中华书局1982年版,第70页。

于僧舍壁上的字也已难辨认。人物两空、岁月飘忽、生死难定的虚无缥缈之感油然而生,于《和子由渑池怀旧》里抒发了人生感慨:"人生到处知何似?应似飞鸿踏雪泥。泥上偶然留指爪,鸿飞那复计东西。"清人查慎行在为苏轼的这几句诗作注时,引天衣义怀禅师所云:"雁过长空,影沉寒水。雁无遗踪之意,水无留影之心。"①用鸿雁飞过空中时,无意间留影迹于水中的意象,喻示世间万物的虚幻不实和似有非真,要人摆脱一切执著和迷妄,以无住无念,对待世间万物的迁流不息、生灭无常。在东坡以雁喻人所表达的人生体验中,已清楚地透露出对于人的存在、生死的认识的透彻。

东坡一生,几经生死之际。在东坡故事之中,他的最终死亡,是当这位老翁胜利地从海岛北归之时,却因病离开了人世。"冰华居士钱济明丈,尝跋施纯叟藏先生帖后云:建中靖国元年,先生以玉局还自岭海,四月自当涂寄十一诗,且约同程德孺至金山相候,既往迓之,遂决议为毘陵之居。六月自仪真避疾渡江,再见于奔牛埭,先生独卧榻上,徐起谓某曰:'万里生还,乃以后事相托也。惟吾子由,自再贬及归,不复一见而决,此痛难堪。'……即迁寓孙氏馆,日往造见,见必移时,慨然追论往事,且及人间,出岭海诗文相示,时发一笑,觉眉宇间秀爽之气照映坐人。七月十二日,疾少间,曰:'今日有意喜近笔研,试为济明戏书数纸。'遂书《惠州江月》五诗。明日又得《跋桂酒颂》,自尔疾稍增,至十五日而逝。"②在此则关于东坡死亡的故事中,东坡北归途中生病以后,即以后事相托付。而故事中的东坡老翁于病中示人以岭海所作诗文,谈论往事及时事时神情清爽。在故事所讲述的这个过程中,并没有对于死亡的恐惧与对自身生命延长的执着,也没有祈求于死后世界得到永生、依靠宗教的力量安顿即将逝去的生命。呈现出来的,是平静、安详与清朗的精神状态。在东坡故事中,亦有对于东坡之死的深深叹息,"余在南海,逢东坡北归,气貌不衰,笑语滑稽无穷,视面多土色,靥耳不润泽。别去数月,仅及阳羡而卒。东坡固有以处忧患,但瘴雾之毒,非所能堪尔。"③

径山惟琳是东坡的知己好友,曾多次与东坡论道,并与东坡一起做诗参禅。

---

① (宋)苏轼著,(清)冯应榴辑注,黄任轲、朱怀春校点:《苏轼诗集合注》,上海古籍出版社2001年版,第90页。
② 何薳:《春渚纪闻》,中华书局1983年版,第85页。
③ (宋)朱彧撰,李伟国点校:《萍州可谈》,中华书局2007年版,第139页。

但在东坡故事中,东坡始终未将自己的生命依托给惟琳所宣扬的死后极乐世界。"初入荆溪,有'乐死'之语,盖喜其风土也。继抱疾稍革,径山老惟琳来问候,坡曰:'万里岭海不死,而归宿田里,有不起之忧,非命也邪?然死生亦细故尔。'后二日,将属纩,闻根先离。琳叩耳大声曰:'端明勿忘西方!'曰:'西方不无,但个里着力不得。'语毕而终。"①在此则小故事中,雅善佛理的东坡即使在人生的最后一刻,也没有真正服膺于西方的极乐世界。与此类似的是,东坡故事中早已经指出东坡对于生死的洞察与透彻,"僧惠洪觉范尝言,东坡言语文字理性通晓,盖从般若中来。然尝恨其窥幻梦如隔雾见月,虽老而死者,圣达所不免。譬之昼则有夜,而东坡欲白日仙去,竟以病而殁,盖徐师川亦云,予以为不然。坡公胸次,韬藏万象,洞视八表,视天下万物无足以易其乐者,顾常好写字画竹,谈笑之余,犹复留意养生。盖游戏为之与道不妨也。公诗云:'平生万事足,所欠惟一死。'此岂死生梦幻所能障蔽乎?觉范之言,良亦未是。"②

东坡的极乐世界或在于他所生活的世界,即人间。在东坡故事中,东坡以阔大的胸襟与超人意表的艺术观念将人间的平凡事物打磨出动人的光彩,也以坦荡真诚的心灵在人间为自己开辟出深沉的情感寄托之所。"建中靖国元年,东坡自儋北归,卜居阳羡,阳羡士大夫犹畏而不敢与之游,独士人邵民瞻从学于坡,坡亦喜其人,时时相与杖策过长桥,访山水为乐。邵为坡买一宅,为钱五百缗,坡倾囊仅能偿之。卜吉入新第既得日矣,夜与邵步月,偶至一村落,闻妇人哭声极哀,坡徙倚听之,曰:'异哉,何其悲也!岂有大难割之爱,触于其心欤?吾将问之。'遂与邵推扉而入,则一老妪,见坡泣自若。坡问妪何为哀伤至是,妪曰:'吾家有一居,相传百年,保守不敢动,以至于我。而吾子不肖,遂举以售诸人。吾今日迁徙来此,百年旧居,一旦诀别,宁不痛心?此吾之所以泣也。'坡亦为之怆然,问其故居所在,则坡以五百缗所得者也。坡因再三慰抚,徐谓之曰:'妪之旧居,乃吾所售也。不必深悲,今当以是屋还妪。'即命取屋券,对妪焚之;呼其子,命翌日迎母还旧第,竟不索其直。坡自是遂还毗陵,不复买宅,而借顾塘桥孙氏居暂憩焉。是岁七月,坡竟殁于借居。前辈所为类如此,而世多不知,独吾州传其事云。"③正是出于对老妇人深切悲哀的体味与同情,故事中的东坡无偿将自

---

① (宋)周煇撰,刘永辉校注:《清波杂志校注》,中华书局1994年版,第123页。
② 陈善:《扪虱新话》,上海书店1990年版,卷十五。
③ (宋)费衮撰,金圆校点:《梁溪漫志》,上海古籍出版社1985年版,第39页。

第二章 士文化中的东坡故事

己倾尽所有买来的房屋赠还给老妇人,以至于临终时竟然客死于借住的居所。正因为东坡的善良真诚,在东坡故事中,人们出于对东坡的尊重,对他临死时所使用的器具也都怀有敬意,并不以为不祥之物,并写文以铭,叮嘱子孙代代相传,不要以此物为凶。"东坡北归至仪真得暑疾,止于毗陵顾塘桥孙氏之馆,气寖上逆,不能卧。时晋陵邑大夫陆元光获侍疾卧内,辍所御懒版以献,纵横三尺,偃植以受背,公殊以为便,竟据是版而终。后陆君之子以属苍梧胡德辉为之铭曰:'参没易篑,由殪结缨。毙而得正,匪死实生。堂堂东坡,斯文栋梁。以正就木,犹不忍僵。昔我邑长,君先大夫。侍闻梦奠,启手扶举。木君戚施,匪屏匪几。诒厥子孙,无曰不祥之器。'"①

在东坡故事中,对于生命的长短,东坡以游戏之语表达了颇具深味的见解,"东坡诗云:'无事此静坐,一日似两日。若活七十年,便是百四十。'有更之者曰:'无事此游戏,一日似三日。若活七十年,便是二百一。'冯犹龙反其诗曰:'多事此劳扰,一日如一刻。便活九十九,凑不上一日。'"②故事中的东坡认为提高生命的质量,那么一刻值得庸碌时几倍的价值。后人就此论引申开来,认为终生劳劳禄禄、随波逐流,纵使活了百岁,也比不上精神自由的一刻。而高质量的生命体验的前提是享有精神自由,其首先意味着不役于物,"东坡云:'靖节以无事为得此生,则见役于物者,非失此生耶?'"③故事中的东坡对于林和靖的推崇主要在其洒脱自由的精神风度,《诗话总龟》中有着更详细的记载,"东坡云:'秋菊有佳色,挹露掇其英。泛此忘忧物,远我遗世情。一觞虽独进,杯尽壶自倾。日入群动息,归鸟趋林鸣。笑傲东轩下,聊复得此生。靖节以无事为得此生,则见役于物者,非失此生耶!'"④不役于物,意味着人的生命不是某种为了物质、荣誉、品级或是其他任何身外之物而苦苦追求、心力交瘁的生命苦役,意味着人的精神主体脱离了"其寐也魂交,其觉也形开,与接为构,日以心斗"⑤的役使状态,只有精神主体的确立与精神自由的展开能够支持真正主体生命的实现,而这样的时刻,在东坡故事中弥足珍贵,超越了物质存在意义上的生命长度。

---

① (宋)费衮撰,金圆校点:《梁溪漫志》,上海古籍出版社1985年版,第40页。
② (清)褚人获辑撰,李梦生校点:《坚瓠集》,上海古籍出版社2012年版,第57页。
③ (宋)何汶撰,常振国、绛云点校:《竹庄诗话》,中华书局1984年版,第77页。
④ 阮阅:《诗话总龟后集》,人民文学出版社1987年版,第36页。
⑤ 《南华真经注疏》,中华书局1998年版,第27页。

正因对生死幻灭的透彻理解,故事中的东坡以独立自由的精神主体将道家的清净无为与周易的何思何虑、论语的仁者静寿融合为一,实现了自身对于各种学说的重构、重铸。"东坡《书上清宫碑》云:'道家者流,本于黄帝、老子。其道以清净无为为宗,以虚明应物为用,以慈俭不争为行,合于《周易》何思何虑、《论语》仁者静寿之说,如是而已。'谢显道亲见程伊川诵此数语,以为古今论仁,最有妙理也。"①在这个小故事中,程伊川对于东坡的说法非常肯定,可见其妙。

扣问生命,怎样度过、又怎样看待自己的境遇与自身的痛苦呢?尽管东坡在青少年时期就表现出了过人的才华和远大的抱负,但步入仕途后却命运多蹇,屡遭不幸。如因"乌台诗案"被捕入狱,经受了生与死的考验,晚年又一再遭政治迫害,贬官惠州、儋耳等蛮荒之地,白发苍苍、携子渡海至天涯海角,倍偿人生虚幻、命运无常。但东坡却能在身处逆境时,始终保持乐观旷达的情怀。

东坡贬谪黄州之后,多次于书信中表达"自得罪后,不敢作文字"②。而其一生都未能摆脱"文字"之祸的纠缠,东坡却能够于逆境中保持豁达洒脱,以日常生活艺术化的方式于审美创作活动中获得生命的升华和精神的自由,形成中国文人所特有的处世态度和人生追求。被贬黄州以后,东坡创作的重心由对社会政治问题的关注转向对人生问题的探讨,即如何对待严峻的生存困境,如何超越生死、是非、荣辱,使自己的生命体验与自然机趣融为一体,在审美的观照中获得精神的自由和解脱。在开阔的个人精神世界、物我合一的审美观照中实现,或可以乐而忘忧、通脱无碍。

体现在东坡故事中的东坡之死没有过分渲染的悲情,也没有舍身成仁的激昂,呈现出平静、安然却清朗、透彻的精神状态,故事中东坡老翁的去世,既是随缘自适的精神主体坦然地面对自己生命的终结,也是东坡对于生死人间的最后的启示。

---

① (宋)邵博撰,刘德权、李剑雄点校:《邵氏闻见后录》,中华书局1983年版,第38页。
② 苏轼:《苏轼文集》,中华书局1986年版,第1433页。

第三章　市井文化中的东坡故事

东坡一生,跌宕起伏,丰富多彩,湖山风月之胜,玉堂金马之荣,宾朋妓客之乐,流离颠沛之苦,离合悲欢的顷刻变幻,本身就充满了戏剧性,加之以哲理的思辨,不仅给人颇多启迪,本身亦足以为后人提供多样的创作素材。在后人的生花妙笔之下,出现了大量的风格各异的东坡故事。这些东坡故事都打下了作者所在的时代、所处的境遇、所接受的思想意识状态的烙印,"经过作家头脑编织出来的任何形象、画面,不管成功的、失败的、完整的、破碎的、真实的、虚假的,生动的、干瘪的,都以各种不同的方式联系着作者的生活经验,联系着客观的实际生活。"[1]

市井的最初起源与发展都与古代商业的繁荣有着密切的关系。至唐代,在大型的城市中,都设有专门的市以供交易。例如唐长安城就是由坊、市构成,每坊都设有围墙,墙上开门,坊间有连接的道路,长安设有东、西两市,每市各占据了两坊的大小,是贸易买卖的地方,也是贸易繁荣经济发达的地方。至宋代,一些大城市的商品经济已经相当发达,都市的繁华吸引着人们走入市井,

> 自宣德东去,东角楼乃皇城东南角也。……南通一巷,谓之"界身",并是金银彩帛交易之所,屋宇雄壮,门面广阔,望之森然,每一交易,动即千万,骇人闻见。以东街北曰潘楼酒店,其下每日自五更市合,买卖衣物书画,珍玩犀玉。至平明羊头、肚肺、赤白腰子、奶房、肚胘、鹑兔鸠鸽野味,螃蟹蛤蜊之类讫,方有诸手作人上市,买卖零碎作料。饭后饮食上市,如酥蜜食、枣𩛃、澄砂团子、香糖果子、蜜煎雕花之类。向晚,卖河娄头面、冠梳、领抹、珍

---

[1] 马振芳:《小说艺术论》,北京大学出版社1999年版,第58页。

玩、动使之类。东去则徐家瓠羹店。街南桑家瓦子,近北则中瓦,次里瓦。其中大小勾栏五十余座。内中瓦子莲花棚、牡丹棚;里瓦子夜叉棚、象棚最大,可容数千人。自丁先现、王团子、张七圣辈,后来可有人于此作场。瓦中多有货药、卖卦、喝故衣、探搏饮食、剃剪纸画令曲之类。终日居此,不觉抵暮。①

各色的物品都能在市井中看到,时令的菜品、甜点、夜宵应有尽有,而瓦子中各种娱乐终日不绝,热闹非凡。

勾栏瓦舍之中,"说话"成为新的文化娱乐方式。"说话"是一种民间技艺,唐代城市中已经出现,至宋代较为盛行。听众主要是市民;听"说话",是市民文化生活重要内容之一。"说话"技艺中,分为不同"家数","小说"和"讲史"占据重要地位。"小说"的主要内容为现实生活,也就是以市民要或市民所熟悉的人物为主角的短篇故事。

"话本"最初是以单篇的形式流行的。大约到明代中叶嘉靖前后,才有丛集许多单篇、刊印成书的"话本"出现,如《清平山堂话本》等。冯梦龙编纂的"三言"成书较晚,多刊行于明末。"三言"搜罗颇广,选择较精,除了宋、元以来流传的旧"话本"以外,还包括了明代民间艺人、作家和冯氏自己的新作品。

明代,市井故事多偏爱宋代人物与故事,说唱艺人亦多演宋时事,以杭州为例,"杭州男女瞽者,多学琵琶,唱古今小说、平话,以觅衣食,谓之'陶真'。大抵说宋时事,盖汴京遗俗也。瞿宗吉《过汴梁》诗云:'……陌头盲女无愁恨,能拨琵琶说赵家。'……其俗殆与杭无异,若红莲、柳翠、济颠、雷峰塔、双鱼扇坠等记,皆杭州异事,或近世所拟作者也。"②

虽然这些异彩纷呈的热闹戏剧表演已经不能再现,但正如美国当代戏剧史家布罗凯特在其《世界戏剧艺术欣赏——世界戏剧史》中提到:"戏剧脚本是我们的价值观与过去的价值观间的一座桥梁。我们要欣赏与了解另一时代的种种,非得在其中找出至今仍具有意义的意念与态度不可,否则我们是不会受感动的。昔日诸般戏剧艺术,如与脚本分离开来,会显得与今天毫无联系。但是另一

---

① (宋)孟元老撰,邓之诚注:《东京梦华录注》,中华书局1982年版,第66页。
② 田汝成:《西湖游览志余》,浙江人民出版社1980年版,第326页。

些时代的伟大剧本却可以在情感上、思想上与生活上和这些时代发生连系,进而作为了解戏剧艺术其他部分的桥梁。"①通过存留至今的戏剧脚本,依然能够透过历史的尘埃,回溯至勾栏瓦肆里的思想、观念与情感。

第一节 贬谪中失意的东坡故事

在东坡故事中,描绘了东坡失意窘迫的贬谪生活。既重构了东坡高才被弃、斯文扫地的落魄,以及社会的冷暖炎凉与小人的势利鄙俗,又将贬谪作为一种讽刺与洞察,嘲笑了穷酸文人的迂腐无能,讽刺了东坡多嘴多舌、自取其辱,同时将贬谪故事作为一场恩怨必报、不差分毫的劝世良言。在贬谪故事中,东坡的形象多元、丰富,融寄了各种关于文人失意的理解与想象。

一、穷途末路的冷暖炎凉

东坡一生仕途坎坷,尤其是黄州、惠州、儋州之贬使东坡成为士人贬谪文化中的代表人物之一,以至于后代流传的东坡故事中,贬谪成为较为引人关注的部分,而东坡也成为市井文化中被贬士人的代表形象之一。

事实上,东坡不仅是科举中的翘楚,亦曾是显赫一时的官员,于东坡故事中也有所体现。东坡入仕之后,曾因深得神宗赏识而被太后起用,不仅推心置腹、委以重任,且以金莲送归之殊荣赠于东坡。"子瞻为学士,一日,锁院,召至内东门小殿,时子瞻半醉,命以新水漱口解酒。已而入对,授以除目:吕公著司空、平章军国事,吕大防、范纯仁左右仆射。承旨毕,宣仁忽谓:'官家在此。'子瞻曰:'适已起居矣。'宣仁曰:'有一事要问内翰,前年任何官职?'子瞻曰:'汝州团练副使。'曰:'今为何官?'子瞻曰:'备员翰林,充学士。'曰:'何以至此?'子瞻曰:'遭遇陛下。'曰:'不关老身事。'子瞻曰:'必是出自官家。'曰:'亦不关官家事。'子瞻曰:'岂大臣荐论耶?'曰:'亦不关大臣事。'子瞻惊曰:'臣虽无状,必不别有干请。'曰:'久待要学士知,此是神宗皇帝之意。当其饮食而停箸看文

---

① 布罗凯特:《世界戏剧艺术欣赏——世界戏剧史》,中国戏剧出版社1987年版,第5页。

字,则内人必曰:此苏轼文字也。神宗忽时而称之曰:奇才!奇才!但未及用学士而上仙耳。'子瞻哭失声,宣仁与上左右皆泣。已而赐坐吃茶,曰:'内翰内翰,直须尽心事官家,以报先帝知遇。'子瞻拜而出,撤金莲烛送归院。子瞻亲语余如此。"①不仅是太后,故事中皇帝亦以私人的身份悄悄赏赐东坡,以示亲近。然而,这些故事中皇帝的青睐大多被用来作为东坡贬谪时落魄的对比,"子瞻自杭召归,过宋,语余曰:在杭时,一日中使至,既行,送之望湖楼上,迟迟不去。时与监司同席,已而曰:'某未行,监司莫可先归。'诸人既去,密语子瞻曰:'某出京师,辞官家,官家曰:辞了娘娘了来。某辞太后殿,复到官家处,引某至一柜子旁,出此一角,密语曰:赐与苏轼,不得令人知。'遂出所赐,乃茶一斤,封题皆御笔。子瞻具劄子,附进称谢。至宋语余曰:'且教子由伏事娘娘,我小使头出来,自家门打一解。'哲宗眷遇如此,复为大臣谗逐,至贬海岛,命矣。"②在东坡故事中,东坡科举的成功与入仕之初的顺利往往被有意忽视了,即使出现,常常只是作为一个将要发生的贬谪故事的较高起点而已。

相对于关于东坡入仕的成功,东坡因性情耿直、好谏好言而得罪权贵、被一贬再贬的故事无疑更多:一个在政治上难免书生气的高才文人,被政敌屡次故意以文字狱弹劾、戏弄。在故事中,东坡功名尽失,富贵无望,斯文扫地,生计困难,儒生酸窘之态被放大、重构、赋予了新的内蕴。

东坡从乌台诗案死里逃生之后,被贬至黄州。在许多东坡故事中,都有盛传东坡于黄州死去的内容。"东坡既迁黄岗,京师盛传白日仙去。神庙闻之,对左丞蒲宗孟叹惜久之。故东坡谢表有云:'疾病连年,人皆相传为已死;饥寒并日,臣亦自厌其余生'也。"③《山中一夕话》亦载其事,文字稍异:"苏东坡迁黄冈,京师盛传白日仙去,神宗闻之叹息久之。后东坡谢表有云:疾病连年,人皆相传其已死,饥寒并日,臣亦自厌其余生。"④东坡故事也一定程度地呈现了这段"自厌余生"的岁月,东坡所经历的人生极为焦灼的精神思考,以及深重的苦楚与悲凉。"中秋夜对月独酌,作《西江月》词曰:'世事一场大梦,人生几度秋凉。夜来

---

① (宋)王巩撰,戴建国、陈雷整理:《随手杂录》,见《全宋笔记》第二编第六册,大象出版社2006年版,第57页。
② (宋)王巩撰,戴建国、陈雷整理:《随手杂录》,见《全宋笔记》第二编第六册,大象出版社2006年版,第58页。
③ (宋)邵博撰,刘德权、李剑雄点校:《邵氏闻见后录》,中华书局1983年版,第129页。
④ 《山中一夕话》,明清善本小说丛刊初编第六辑谐游篇,天一出版社1985年版,卷之一。

风叶已鸣廊,看取眉头鬓上。酒贱常愁客少,月明多被云妨。中秋谁与共孤光,把盏凄然北望。'坡以谗言谪居黄州,郁郁不得志,凡赋诗缀词,必写其所怀。然一日不负朝廷,其怀君之心,末句可见矣。《苕溪渔隐》曰:《聚兰集》载此词,注云寄子由。故后句云'中秋谁与共孤光?把酒凄然北望',则兄弟之情见于句意之间矣。疑是倅钱唐时作,子由时为睢阳幕客,若词话所云则非也。"①无论故事中"把盏凄然北望"之处是哪里,故事中孤独的东坡在经历了"命如鸡"的生死飘摇之后,在贬谪地黄州对着中秋月色作此凄凉语,充满了悲凉与无可奈何。

在故事中,东坡一些自嘲穷酸窘态的诗句成为笑语流传,"坡有'试问高吟三十首,何如低唱两三杯',又'譬如长鬣人,不以长为苦。归来被上下,一夜著无处。'《天觉真赞》云:'书生大抵多穷相,金眼除非是党公。'皆笑林语也。"②东坡不仅在故事中成为了酸儒窘态的代表人物,"杜《夜宴左氏庄》云:'检书烧烛短',烛正不宜观书,检阅时暂可也。退之'短檠二尺便且光',可谓灯窗中人语。犹有未便,灯不笼则损目,不宜勤且久。山谷'夜堂朱墨小灯笼',可谓善矣,而虚堂非夜久所宜。子瞻云:'推门入室书纵横,蜡纸灯笼晃云母。'惯亲灯火,儒生酸态尽矣。"③也成为士人中苦行僧形象的代表人物,"东坡尝言,见今正是行脚僧,但吃些酒肉耳。予谓坡不独是行脚僧,乃苦行僧也。坡盖自谪黄州后,便见学道工夫,晚年笔墨挟海上风涛之气,益穷益工,此则苦行僧又不是也。"④东坡故事所讲述的艰苦生活塑造了一位窘困儒生的形象,这个形象在市井故事中反复出现,并最终将东坡刻画为腐儒的代表性人物之一。

沉重的文人忧患与专注的精神探寻总是严肃而费尽心神的,市井中的东坡故事虽然乐于讲述东坡被贬谪的情节,但对于其中所蕴含的沉重的精神思考进行了过滤与替换,将重心转向了东坡被贬谪中所遭遇的物质困窘、人格屈辱与人情的冷暖炎凉。

在宋人笔下,势利之徒见诸于笔记之中,在东坡通达时谄媚,在东坡穷困时唯恐避之不及。"晁以道言:当东坡盛时,李公麟至,为画家庙像。后东坡南迁,公麟在京师遇苏氏两院子弟于途,以扇障面不一揖,其薄如此。故以道鄙之,尽

---

① 阮阅:《诗话总龟后集》,人民文学出版社1987年版,第217页。
② 黄彻:《䂬溪诗话》,见《历代诗话续编》,中华书局1983年版,第365页。
③ 黄彻:《䂬溪诗话》,见《历代诗话续编》,中华书局1983年版,第359页。
④ 陈善:《扪虱新话》,上海书店1990年版,卷十二。

弃平日所有公麟之画于人。"①不仅如此,在东坡故事中,还有当东坡文章动天下之时,趋而诒之,当东坡落魄被贬时落井下石之人。"林文节子中,以启贺东坡入翰苑曰:'父子以文章名世,盖渊、云、司马之才,兄弟以方正决科,迈晁、董、公孙之学。'其褒美如此。后草坡责惠州告词云:'勑具位轼:元丰间,有司奏轼罪恶甚众,论法当死,先皇帝赦而不诛,于轼恩德厚矣。朕初即位,政出权臣,引轼兄弟以为己助。自谓得计,罔有悛心,忘国大恩,敢肆怨诽。若讥朕过失,何所不容,乃代予言,诬诋圣考。乖父子之恩,害君臣之义。在于行路,犹不戴天;顾视士民,复何面目!以至交通阉寺,矜诧佞恩,市井不为,搢绅共耻。尚屈彝典,止从降黜。今言者谓某指斥宗庙,罪大罚轻,国有常刑,朕非可赦。宥尔万死,窜之远方。虽轼辩足以饰非,言足以惑众,自绝君亲,又将奚憝?保尔余息,毋重后愆。可责授宁远军节度副使,惠州安置。'极于丑诋如此。"②除此以外,在东坡故事中,也有见风使舵者,"王履道初为东坡门下士,颇有文名。后附蔡京,遂叛东坡。"③故事中人投靠权势,唯利而趋,也以独特的方式体现了社会人心。

对于敏感细腻的作者而言,东坡所遭遇的冷暖炎凉极易于具有类似经历的文人处引起共鸣。其将这种困窘与卑屈融入市井作品之中,着意表现出了落魄的文人与倒霉的官员在人生低谷的失意,也在一定程定上呈现出了市井对于文人士大夫们的洞察。在东坡被贬向黄州的路上,《苏子瞻风雪贬黄州》中呈现了"寒森森朔风失留疏剌串,舞飘飘瑞雪踢良秃乐旋"的景象,剧中,东坡于寒风大雪中诉不尽无限凄凉意。而到了黄州以后,生活更加穷困潦倒,不仅自己饥寒交迫,家人的生计也很困难。"自来到黄州,举眼无亲,借得两间破房住着,衣不盖身,食不充口,无一个人来看顾,天哪,苏轼一身受苦,也不打紧,连累妻子如此受苦,我空有凌云志气,治世才猷,怎生施展也呵。"剧中设置了典型环境来表现东坡的穷困:一日,东坡晨起无饭,不由悲从中来,"住的是小窗茅屋疏篱,吃的是粗羹淡饭黄齑。穿的是破帽歪靴布衣,一身褴褛,……这早晚还没得早饭吃,兀的不饿杀我也。"④凄苦潦倒之中,东坡备感世人的势利与薄情。剧中的东坡多

---

① (宋)邵博撰,刘德权、李剑雄点校:《邵氏闻见后录》,中华书局1983年版,第215页。
② (宋)周煇撰,刘永辉校注:《清波杂志校注》,中华书局1994年版,第267页。
③ (清)褚人获辑撰,李梦生校点:《坚瓠集》,上海古籍出版社2012年版,第536页。
④ (元)费唐臣:《苏子瞻风雪贬黄州》,见《孤本元明杂剧》,中国戏剧出版社1957年版,第三折。

次去谒求杨太守,请求他给予物质上的帮助以度过饥寒,但是杨太守为了讨好王安石,非但不见,还打了通报的门人二十板以羞辱东坡,门子归怨于东坡,将他赶走。东坡于饥寒之中,饱尝了人格上的屈辱,"平生气昂昂,不肯屈于人"的东坡放下所有的尊严苦苦哀求,却仍然走投无路,一家人忍饥受冻,"他把贤门闭,英雄弃,莫那孟尝君是你,畅好人面逐高低,今日羞归去呵,思量可知,可知那经天纬地孔仲尼,遇害着轻贤重色柳盗跖,不争富贵骄人,小人喻利。"而当剧中的东坡被召还回朝、委以重任之时,杨太守却带领着妓乐前去祝贺,设酒钱行,席间尽改傲慢轻蔑之态,极尽诌媚之言,"下官才力短浅,数年以来,多有欠恭之罪,又奉台阁风旨,因此相见远阔。大人海涵,恕罪恕罪。"①

与此剧中的杨太守类似,《苏子瞻醉写赤壁赋》中也塑造了此类势利官员。剧中的东坡到达黄州之后,刺史一味势利,既不见面,也不帮助他,而当天子使者宣诏召东坡星夜回京官复原职之后,刺史惧怕东坡报复,遂前往东坡住所,见到东坡则"慌忙跪举手捧金盃",剧中的东坡狠狠地奚落了势利小人的面目,"往日小官临门数次拜谒,则推睡着并不放参,今日见奉使重宣,他才个克己复礼,你算的个人面逐高低,降尊临卑,往常时得相逢是梦里,今日百事休题。"刺史曰:"大人恕免这一遭,小官不是了。"②剧中官员对东坡极度的困厄冷眼旁观、视而不见,而当东坡被召回京之时,惧怕东坡追究报复,以金杯盛酒,跪请东坡饮下,并自诉其罪,自疚其责,这两位官员都呈现出了"前倨而后恭"之态。

清代《孤鸿影》一剧中,东坡于仕途的升沉中怨天尤人,将自己的不得意的境遇归结为命运的安排。剧中东坡被贬惠州,自我安慰为惠州不第之学子。"俺想人生富贵云烟,功名蕉鹿,乃至流离颠沛、聚散悲欢,尤如苍狗白衣,顷刻变幻,有何足道,似俺谪居于此,只譬如原是惠州秀才,累举不第有何不可。"③但依然难忘曾经得意之时,感叹自己鼠窜于海岛,羡达而厌穷,"想俺东坡,当日召对便殿,宣仁后曰:先帝诵卿文章,必叹曰奇才、奇才,但未及进用耳,俺哭失声,帝后亦俱泣下,已命坐赐茶,彻金莲烛送俺归院,可谓千载一时,今日窜徙天南,飘零海外,咳!人生遭际,何可意量,敢是俺命磨蝎为宫,合使迹遍遐方,身投荒

---

① (元)费唐臣:《苏子瞻风雪贬黄州》,见《孤本元明杂剧》,中国戏剧出版社1957年版,第三折。
② 《苏子瞻醉写赤壁赋》,见《古本戏曲丛刊四集》第四函,商务印书馆1958年版,第四折。
③ 周如璧:《孤鸿影》,见《杂剧三集》,中国戏剧出版社1958年版,第一出。

裔,故有此行也,怎忘得,君恩浩荡,今日呵,便葬鱼腹,枯骨犹香。"①

东坡被贬,甚至于老年被远贬至海岛都是历史上真实发生之事,在东坡故事中,或以贬谪抒发仕途不得志的失意郁积,或是将贬谪作为才高位重的文人人生中一个小小的插曲。以市井中看客的角度对被贬的穷酸文人进行讽刺、取笑,却也艳羡于故事中的名利美色。众多的市井故事中,东坡贪财好色,得则喜形于外,失则怨天尤人,有恩报恩,有仇报仇,因果毕现。

二、善恶对立思维下的怨天尤人

东坡生平虽与人发生过甚至激烈的冲突,但其只有公敌,没有私怨。然而,在市井化的理解方式中,恩与仇是明确对立的,有恩报恩,有仇报仇成为主要的故事框架。在市井化的东坡故事中,较为鲜明地体现了二元对立思维模式,东坡被一贬再贬的原因被简单地归因于小人、政敌的陷害,而东坡最终死于北归途中,则在东坡故事中被解读为正邪二元对立的最终胜利。

东坡故事中被树立为反面人物的如章惇,曾于乌台诗案中为东坡殿前辩解,"石林诗话载,元丰间,东坡系狱,神宗本无意罪之。时相因举轼《桧诗》:'根到九泉无曲处,岁寒惟有蛰龙。'且云:'陛下龙飞在天,轼以为不知己,而求知地下之蛰龙,非不臣而何?'得章子厚从而解之,遂薄其罪。而王定国《见闻录》云:东坡在黄州时,上欲复用,王禹玉以'岁寒惟有蛰龙知'激怒上意,章子厚力解,遂释。余观东坡自狱中出《与章子厚书》云:'某所以得罪,其过恶未易一二数,平时惟子厚与子由极口见戒,反复甚苦,某强很自不以为然。'又云:'异时相识,但过相称誉,以成吾过,一旦有患难,无复相哀者。惟子厚平居遗我以药石,及困急又有以救卹之,真与世俗异矣。'则知坡系狱时,子厚救解之力为多,石林诗话不妄也。"②然而,这位被东坡称为"能自判命者,能杀人也"的章子厚却成为了故事中东坡晚年被一贬再贬的主要原因之一。

明代剧作《金莲记》以章惇为东坡的最大政敌,甚至乌台诗案都是章惇谗言陷害为之,其原因是章惇的嫉妒。"苏轼奇才,应制科独对,名压儒流,特赐金莲

---

① 周如璧:《孤鸿影》,见《杂剧三集》,中国戏剧出版社1958年版,第三出。
② 葛立方:《韵语阳秋》,见《历代诗话》,中华书局1981年版,第527页。

归第,帝眷绸缪,恩沾椿树,羡连枝翰苑同游,奈奸憸计倾外调,朝云契合鸾俦,蓦地狱成诗案。"其诗曰:"苏学士金莲宠渥,章丞相雠挤南海。"仅仅是因为妒忌东坡的才华与恩渥,章惇便迫害东坡,一日,程颐约王安石、苏轼、章惇共同讨论"青苗法",东坡表示反对,惹得程、王二人不满,章惇乘机挑拨离间,将东坡贬谪出朝堂。最终,皇帝识破了章惇的阴谋,东坡得以昭雪,重新回到了朝廷。皇帝承认因一己过失才使得东坡飘零海外,而东坡则以奸臣蛊惑为之为皇帝开脱。"卿忠肝义胆,揭日月于重光;绣口锦心,挽文章于一变,致使浮沉外职,抑且漂泊遐方,已明百折之忠,实是九重之过。"东坡则言:"臣眉山篓质,锦水樗材,丹陛陈谟,荷先帝金莲之赐。黄堂献最,遭奸臣贝锦之灾,顾瀚海穷居,自甘埋剑,……今朝得觐龙颜,此际奚胜雀跃。"①善恶——得到报偿和惩罚的结局中,明主与忠臣经历了种种磨难,破除了章惇的谗言与阴谋,各得其所,正是市井伦理观念中"种瓜得瓜、种豆得豆"式因果报应思维的满足,也是市井伦理中必然的、被期望的结局。

东坡故事中,更多的被树立为反面人物的是王安石。虽然以王安石为代表的主张新政的士人与反对新政的士人之间有着不可调和的矛盾,但在多数的市井故事中,王安石是出于私心对忠直的东坡进行迫害。

王安石与东坡同朝为官,学识不同,政见不和。王安石曾创作了"字说"的学说,以解释字义,其中多荒诞不经之语。在东坡故事中,东坡性不忍事,脱口而戏讽之,"王荆公在熙宁中,作字说,行之天下。东坡在馆,一日因见而及之,曰:'丞相赜微窅穷,制作某不敢知,独恐每每牵附,学者承风,有不胜其凿者。姑以犇、麤二字言之,牛之体壮于鹿,鹿之行速于牛,今积三为字而其义皆反之,何也?'荆公无以答,迄不为变。党伐之论,于是浸闿,黄冈之贬,盖不特坐诗祸也。"②在另一些东坡故事中,苏洵尤其不欣赏王安石的人格气质,以其为国贼,使得王安石对三苏都记恨于心,"温公在翰苑时,尝饭客,客去,独老苏少留,谓公曰:'适坐有囚首丧面者何人?'公曰:'王介甫也,文行之士。子不闻之乎?'(介甫不修饰,故目之囚首丧面。)洵曰:'以某观之,此人异时必乱天下,使其得志立朝,虽聪明之主,亦将为其斑惑。内翰何为与之游乎?'洵退,于是作《辩奸

---

① 陈汝元:《金莲记》,见《古本戏曲丛刊二集》,商务印书馆影印本1955年版,第三十二出。
② (宋)岳珂撰,吴企明点校:《桯史》,中华书局1981年版,第14页。

论》行于世。是时介甫方作馆职,而明允尤为布衣也。"①这则故事将王安石与东坡的恩怨追溯到了老苏。

这些情节于元代戏剧中进一步被强化。元代剧作《苏子瞻风雪贬黄州》中,王安石是因为东坡直言、反对其提出的新法方案,遂设计将他挤出朝廷,并有意置东坡于死地的。王安石:"我有一策,要行青苗助役于民间,在朝诸官,多言不便,独翰林学士苏轼,十分与我不合,昨日上疏说我奸邪,蠹政害民,我欲报复,况主上素重其才,难以轻去,且本官志大言浮,离经叛道,见新法之行,往往形诸吟咏。我已着御史李定等劾他赋诗讪谤,必致主上震怒,置之死地,亦何难哉?"②而《苏子瞻醉写赤壁赋》一剧中,更是明确地将王安石与东坡的矛盾重构为个人恩怨的钩心斗角。在第一折中,王安石设宴庆祝苏轼官拜端明殿大学士,王夫人久闻苏轼大名,便混在女乐之中一见。宴席中,苏轼疑其为王夫人,写了《满庭芳》一词戏之。王安石平时就气恼东坡恃才傲物,对此事更加恼怒,参了一本,东坡遂被贬黄州。《花间四友东坡梦》中,由于东坡谏阻青苗法,作《满庭芳》词嘲戏王安石之妻,再加上曾与王安石争论菊花诗,忤怒王安石,被贬至黄州,看菊花落满地,"谁想天下菊花不谢,惟有黄州菊花独谢。一时失言,翻成大怨。"③故事中,东坡的机敏自负,王安石的器量狭小都成为东坡被贬的原因。

归纳起来,东坡故事中东坡得罪王安石的原因有四,其一,谏阻新法,"小官自登第以来,屡蒙擢用,官拜端明殿大学士。今有王安石在朝,当权乱政,特举青苗一事。我想这青苗一出,万民不胜其苦,为害无穷。小官屡次移书谏阻,因此王安石与俺为仇。"④其二,戏谑安石,"一日天子游御花园,见太湖石摧其一角。天子问为何太湖石摧其一角,安石奏言:此乃是苏轼不坚。小官上前道:非苏轼不坚,乃安石不牢。天子大笑回宫,安石好生怀恨。"⑤其三,调戏王夫人,"一日请俺赴宴,出歌者数人,见一女子擎杯良久,不见其手。俺佯言道:小娘子金钗坠也。那女子出其手,扪其髻,众官皆发大笑。安石令俺为赋一词,小官走笔赋

---

① (宋)方勺撰,许沛藻、杨立扬点校:《泊宅编》,中华书局1983年版,第65—66页。
② (元)费唐臣:《苏子瞻风雪贬黄州》,见《孤本元明杂剧》,中国戏剧出版社1957年版,第一折。
③ 《花间四友东坡梦》,见《全元曲》,河北教育出版社1998年版,第1896页。
④ 《花间四友东坡梦》,见《全元曲》,河北教育出版社1998年版,第1895页。
⑤ 《花间四友东坡梦》,见《全元曲》,河北教育出版社1998年版,第1895页。

《满庭芳》一阕。谁想那女子就是安石的夫人。到次日,安石将小官的《满庭芳》奏与天子,道俺不合吟诗嘲戏大臣之妻,以此贬小官到黄州团练。"①其四,续安石诗。"一日朝罢,众官聚于待漏院,见一从者腰插一扇,扇上写诗两句道:'昨宵风雨过园林,吹落黄花满地金。'某想黄花者,菊花也,菊花从来不谢,自然干老枝头。意甚以为不然,乃于诗后续两句道:'秋花不比春花落,付与诗人仔细吟。'谁想此诗乃安石所作。"②正因如此,王安石成为东坡故事中导致东坡被贬的最直接也是最主要的原因。

至明代,因王安石记恨东坡、从而以谗言陷害东坡、将他贬出朝廷的东坡故事依然可见。剧作《狮吼记》中东坡自述其遭遇,因科举之议不同于王安石而被陷害:"下官方直史馆,因科举之议,不合荆公,从此外补,历守吴兴。言事者承望风旨,道我谢表谤君,蒙圣主宽恩,责授黄州团练副使。"③小说《古今小说·明悟禅师赶五戒》中,因东坡在策题中讥刺安石而被陷害:"那苏东坡在翰林数年,到神宗皇帝熙宁改元,差他知贡举,出策题内讥诮了当朝宰相王安石,安石在天子面前谮他恃才轻薄,不宜在史馆,遂出为杭州通判。"④

清代剧作《眉山秀》的主线是写秦观、苏小妹与蔡文娟三人的爱情故事,剧中穿插了苏轼的政治生涯和朋友交往的情节。剧中东坡被贬谪的原因简单地表达为忤逆王安石,并没有具体展开。在剧作《长公妹》中,东坡、秦观、黄山谷闲谈时提到了王安石,以老苏之论为主,但并未提及王安石对于东坡的迫害。"【生】闻此公垢面敝衣,是作假的人,若得秉政,可不误了天下苍生。【末】正是,家大人著有《辨奸论》,正为此公学术偏诐,恐其流毒海内。"⑤

较为典型的是《六桥才迹》,在故事矛盾冲突的设置中,东坡每一次被贬都是因为王安石的怪异脾气与小肚鸡肠。因东坡多次相忤,王安石屡次陷害东坡。"那王安石是个执拗之人,一意要行'青苗钱法',苏轼却言青苗法害民不便。王安石又一意要变更科举,苏轼又言科举不当变更,只宜仍旧。神宗要买灯,苏轼

---

① 《花间四友东坡梦》,见《全元曲》,河北教育出版社1998年版,第1895—1896页。
② 《花间四友东坡梦》,见《全元曲》,河北教育出版社1998年版,第1895页。
③ (明)汪廷讷著,李占鹏点校:《狮吼记》,见《汪廷讷戏曲集》,巴蜀书社2009年版,第359页。
④ 冯梦龙:《古今小说·明悟禅师赶五戒》,人民文学出版社1984年版,第483页。
⑤ 南山逸史:《长公妹》,见《杂剧三集》,中国戏剧出版社影印1958年版,第二出。

奏罢买灯,事事相忤。王安石如何容得,遂把他出了外任。"①甚至在这则故事中乌台诗案也是王安石迁怒于无辜的东坡,以阴谋陷害东坡:"东坡既到密州任,不多时又迁他到徐州,既到徐州,任不多时,又迁到湖州。你道此是为何?只因他在京时曾论过王安石的青苗法不便,今青苗法行,果然不好,以致百姓受害生怨,王安石却归罪到东坡身上,说是他起的祸根。因叫门下人寻他的过失,参论他。"②故事中,乌台诗案之后,东坡被一再贬谪,但王安石的党羽仍构陷东坡,将其贬至偏远的惠州。"那时王安石虽死,而王安石一班奸人舒亶等,尚布满朝中,未曾除去。他们见东坡为天子所知,官渐渐做大了,十分妒忌,因又诬他谤讪朝政,群相附和,仍谪贬他到惠州。"③将王安石作为故事中的典型反面角色来处理,而王安石与东坡的冲突构成了整个故事向前发展的原动力。

除了章子厚与王安石,东坡故事中其他的反面人物形象亦会得到惩罚。在一则故事中,东坡死后,蔡京串通徐神翁诬东坡下地狱,而这位徐神翁亦死于非命。"《宋世旧闻》:蔡京自少好方士之说,言尝遇异人。及作相,为徽宗言道士徐神翁能知未来事,曾云苏轼当堕地狱,祸及七祖。彼方外士而能嫉元祐党人,所宜褒显。其可笑如此。又言哲宗曾遣人密问圣嗣,神翁云:'吉人君子。'吉人者,上名也。于是帝喜,召至都,依太宗见陈抟故事,御绦褐,就便殿以宾礼接之,赐予甚厚。未几以恶疾死。"④

与故事中章子厚、王安石等的恶人形象形成鲜明对比的,是故事中在东坡最为困难的时刻帮助过他的善良的人们,例如东坡的好友马正卿,在东坡被贬黄州时多次救济,甚至东坡那片荒地都是马正卿为东坡申请的。在剧作《苏子瞻风雪贬黄州》中,恩情是一定要被报答的。剧中的东坡被贬黄州之后,马正卿常常接济他,被东坡视为恩人。当东坡被召回京师,皇帝问东坡:"卿在黄州,谁是恩人,谁是仇人?卿说来朕听。"东坡明确地回答道:"臣在黄州,多亏致仕马正卿周给,实被杨太守窘辱。"皇帝遂以此为依据进行了赏惩,"马正卿为国重贤,扶持公道,有恩于苏轼,封京兆府尹,走马到任者。杨太守怀奸结党,妒贤戕善,削

---

① 古吴墨浪子:《西湖佳话・六桥才迹》,江苏古籍出版社1993年版,第33页。
② 古吴墨浪子:《西湖佳话・六桥才迹》,江苏古籍出版社1993年版,第38—39页。
③ 古吴墨浪子:《西湖佳话・六桥才迹》,江苏古籍出版社1993年版,第48页。
④ (清)褚人获辑撰,李梦生校点:《坚瓠集》,上海古籍出版社2012年版,第1002页。

去官职,本家为民者。"①故事中,最终善恶都得到了其应有的回报与惩罚,以最为符合市井中认可的基本伦理规范的样貌出现。

三、自作自受与世俗享乐中的贬谪之旅

东坡之所以仕途坎坷、被一贬再贬的原因,在明清的许多东坡故事中被赋予了新的解读——自作自受。有的故事认为东坡爱管闲事,喜欢讥讽别人,祸从口出而自食恶果。有的故事认为东坡恃才夸己,爱耍小聪明,从而聪明反被聪明误,导致了人生的波折。这些解读东坡仕途坎坷的方式都已经完全市井化了,以实用功利的家长里短的日常道德角度来批评东坡不懂得人情世故,不能在与他人建立的良好的人际关系网络中处于相对安全的位置,并与其他人互利互惠。早已滤去了元代沉郁下僚文人式的愤懑与凄凉,更淡漠了不能兼济天下的精神痛苦,取而代之的是仕途得意与失意之间所获得的物质与权势的落差。东坡故事中,政治上多嘴多舌、不够成熟的东坡因为自己的政治幼稚而被贬谪,受到了教训之后,再重新回到朝堂、官复原职。此类故事里,东坡即使处于被贬谪的过程中,也往往没有遭受到物质的极度迫迫与人格精神上的屈辱,要么独善其身,要么在丰厚的物质繁华中尽享人间乐事,要么在基本的物质基础之上过着悠然的闲逸生活。

东坡少年即熟读经史,胸怀壮志,渴望为国建立功业。然而,其性格开朗,心中所想即是口中所言,且喜笑谑,个性洒脱。在东坡故事中,东坡"不外饰"的性格特征,加之其高才了悟,又喜戏谑,常常以出人意表的幽默来表达讽刺与不满,"一日东坡谒微仲,微仲方昼寝,久而不出。东坡不能堪,良久见于便坐有一菖蒲盆畜绿毛龟,东坡云:'此龟易得,若六眼龟则难得。'微仲问六眼龟出何处,东坡曰:'昔唐庄宗同光中林邑国,尝进六眼龟,时伶人敬新磨在殿下进口号曰,不要闹,不要闹,听取这龟儿口号。六只眼儿,分明睡一觉抵别人三觉。'"②而在有的东坡故事中,出现了被东坡戏谑过的文人报复东坡的行为,"元祐初,吕惠卿责建州,苏轼行词有云:'尚宽两观之诛,薄示三危之窜。'其时士论甚骇。闻绍

---

① (元)费唐臣:《苏子瞻风雪贬黄州》,见《孤本元明杂剧》,中国戏剧出版社1957年版,第四折。
② 《山中一夕话》,明清善本小说丛刊初编第六辑谐游篇,天一出版社1985年版,卷之一。

圣初苏轼再责昌化军,林希行词云:'赦尔万死,窜之遐陬。虽轼辩足以惑众,文足以饰非,自绝君亲,又将谁憨?'或谓其已甚,林曰:'聊报东门之役。'"①与此类似,故事中,东坡因无意间与身居高位的文人们开玩笑,却使其人"终身以为恨":"吕丞相微仲,性沉厚刚果,遇事无所回屈;身干长大而方,望之伟然。初相,苏子瞻草麻云:'果毅而达,兼孔门三子之风;直大以方,得坤爻六二之动。'盖以戏之。微仲终身以为恨,言固不可不慎也。"②

在东坡故事中,日常生活里的小事,但是当积少成多,积小成大之时,东坡难免被部分同僚、文人排挤。故而,在东坡故事中,其性情中的幽默与性不忍事使其只能成为一个不合时宜的人物,"东坡一日退朝,食罢,扪腹徐行,顾谓侍儿曰:'汝辈且道此中何物?'一婢遽曰:'都是文章。'坡不以为然,又一婢曰:'满腹都是机械。'坡亦未以为当。至朝云乃曰:'学士一肚皮不合时宜。'坡捧腹大笑。"③

此外,在东坡故事中,东坡对于不欣赏的人与事物,尝有言词犀利的刻薄批评,"孟郊诗'楚山相蔽亏,日月无全辉。万株古柳根,擎此磷磷溪。大行横偃脊,百里方崔嵬'等句,皆造语工新,无一点俗韵。然其他篇章,似此处绝少也。……东坡谓'初如食小鱼,所得不偿劳。又似食蟛蚎,竟日嚼空螯。'贬之亦太甚矣。"④东坡评论之犀利刻薄,却也有着一针见血言人所未能言的痛快淋漓,"《晋史》书事鄙陋可笑者非一端。如论阮孚好屐、祖约好财,同是累而未判得失。夫蜡屐固非雅事,然特嗜好之僻尔,岂可与贪财下俚者同日语哉?而作史者必待客见其料财物,倾身障篦,意未能平,方以分胜负。此乃市井屠沽之所不若,何足以汙史笔,尚安论胜负哉?许敬宗之徒汙下无识,东坡以为'人奴',不为过也。"⑤

《狮吼记》中东坡因得罪王安石被贬黄州,而柳氏在指摘东坡为季常抱不平时,毫不客气地尖锐嘲讽东坡:"有官奏你诽谤朝廷,原来你好管人家闲事。"⑥将

---

① (宋)朱彧撰,李伟国点校:《萍州可谈》,中华书局2007年版,第117—118页。
② 叶梦得撰,宇文绍奕考异,侯忠义点校:《石林燕语》,中华书局1984年版,第149页。
③ 《山中一夕话》,明清善本小说丛刊初编第六辑谐游篇,天一出版社1985年版,卷之一。
④ 葛立方:《韵语阳秋》,见《历代诗话》,中华书局1981年版,第487页。
⑤ (宋)费衮撰,金圆校点:《梁溪漫志》,上海古籍出版社1985年版,第52页。
⑥ (明)汪廷讷著,李占鹏点校:《狮吼记》,见《汪廷讷戏曲集》,巴蜀书社2009年版,第372页。

东坡被贬谪的命运归因于其自身的口舌之灾,而多嘴多舌一贯被市井看做好管闲事、惹是生非的行为之一。明确地表达了明代市井理解东坡的方式。

《警世通言·王安石三难苏学士》中也有类似的看法,认为东坡的被贬正是"是非只为多开口,烦恼皆因巧弄唇",以至于"天资高妙,过目成诵,出口成章,有李太白之风流,胜曹子建之敏捷"的东坡恃才轻薄,得罪了王安石,被贬湖州。"(东坡)在宰相荆公王安石先生门下,荆公甚重其才。东坡自恃聪明,颇多讥诮。荆公作《字说》,一字解作一义,偶论东坡的坡字,从土从皮,谓坡乃土之皮。东坡笑道:'如相公所言,滑字乃水之骨也。'一日,荆公又论及鲵字,从鱼从儿,是鱼子。四马曰驷,天虫为蚕。古人制字,定非无义。东坡拱手进言:'鸠字九鸟,可知有故。'荆公认以为真,欣然请教。东坡笑道:'《毛诗》云:鸣鸠在桑,其子七兮。连娘带爷,共是九个。'荆公默然,恶其轻薄,左迁为湖州刺史。"①

这个故事于笔记中出现过:"东坡闻荆公字说新成,戏曰:'以竹鞭马为笃,不知以竹鞭犬,有何可笑。'公又问曰:'鸠字从九从鸟,亦有证据乎。'坡云:'《诗》曰鳲鸠在桑,其子七兮,和爷和娘,恰是九个。'公欣然而听,久之始悟其谑也。"②但笔记以赞赏的态度来张扬东坡的耿直与幽默,"东坡常举坡字问荆公曰:坡字何义?公曰:坡者土之皮。东坡曰:然则滑者水之骨乎?荆公默然。"③与《警世通言·王安石三难苏学士》中讽刺挖苦的态度截然不同了。

此外,在许多东坡故事中,东坡被塑造为自满骄傲、不懂谦虚求知的典型形象,常常因为卖弄才华而自食恶果。在对东坡的评价中,"聪明"是较为常见的,但其中的内涵发生了很大的变化。宋代文人笔下,"曾旼过泗州,谓余曰:某罢扬州教授,时子瞻守扬,某往见吕吉甫真州,吉甫问曰:'轼何如人也?'旼曰:'聪明人也。'"④而《警世通言·王安石三难苏学士》称东坡聪明,则带着讥诮,赞叹他才华虽高,却不懂得人情世故、收敛自己。"聪明二字,求之不得,如何说'聪明不可用尽'?见不尽者,天下之事;读不尽者,天下之书;参不尽者,天下之理。宁可懵懂而聪明,不可聪明而懵懂。"⑤东坡正是其中所描述的"古来第一聪明

---

① (明)冯梦龙纂辑,钱伯城评点:《新评警世通言》,上海古籍出版社1992年版,第29页。
② 《山中一夕话》,明清善本小说丛刊初编第六辑谐游篇,天一出版社1985年版,卷之一。
③ 《山中一夕话》,明清善本小说丛刊初编第六辑谐游篇,天一出版社1985年版,卷之一。
④ (宋)王巩撰,戴建国、陈雷整理:《随手杂录》,见《全宋笔记》第二编第六册,大象出版社2006年版,第58页。
⑤ (明)冯梦龙纂辑,钱伯城评点:《新评警世通言》,上海古籍出版社1992年版,第28页。

的":"吟诗作赋般般会,打诨猜谜件件精。不是仲尼重出世,定知颜子再投生。"聪明的东坡,却为了显示自己的才学,一再地忤怒王安石,被一贬再贬。

《警世通言·王安石三难苏学士》中,东坡看到王安石的诗句"西风昨夜过园林,吹落黄花满地金",以为王安石的诗意有误,便"兴之所发,不能自已,举笔舐墨",写下了"秋花不比春花落,说与诗人仔细吟"。王安石看到东坡嘲讽自己的诗句,立刻想到报复,"苏轼这个小畜生,虽遭挫折,轻薄之性不改。不道自己学疏才浅,敢来讥讪老夫!明日早朝,奏过官里,将他削职为民。"①遂将东坡贬去黄州。东坡在黄州看到了菊花落地,知道是自己错了,就感叹道"吾辈切记,不可轻易说人笑人。正所谓经一失,长一智耳。"②得到了教训,"项托曾为孔子师,荆公反把子瞻嗤。为人第一谦虚好,学问茫茫无尽期。"③此类东坡故事将东坡刻画为"满招损"的文人形象,戒寓人们不可得意自满。

清代的东坡故事中,市井伦理批评也不时出现。《六桥才迹》中,子由十分担心东坡因讥刺新法而惹下大祸,一再叮嘱东坡莫再吟诗,"那时他兄弟子由同在京做官,见哥哥屡屡触犯王安石,恐有大祸,甚是忧心,今见他出判杭州,脱离虎口,方才欢喜;又恐怕他到杭州旧性复发,又去作诗作赋,讥刺朝政,重起祸端,因与表兄文同,于饯行之际,苦苦劝诫他一番。……文同到他临行之时,恐他忘了前言,又做诗两句赠他道:北客若来休问答,西湖虽好莫吟诗。"④与此相似,戏剧《长公妹》中,老苏也对东坡再三叮嘱,让他莫多言取祸。"【指末介】轼儿近前来,【末】孩儿有。【外】汝不闻人之所畏者三端乎?那文人之舌端与法家之笔端、武士之剑端并提而论,似你这胸蟠五岳,笔涌三湘,未免多蹭蹬。仕途盘九曲,妒才名安得堂中共听莺。"⑤清末,在"馌妇吟诗"的故事中,面对东坡的讥讽,村妇毫不迟疑地嘲笑他多言招祸,"东坡闻新会有仙,访之。至古博里,遇村妇肩馌具,蓬发短衣,胸露两乳,口占诗曰:'蓬发星星两乳乌,朝朝担饭去寻夫。'妇应声曰:'是非只为多开口,记得朝廷贬汝无!'"⑥调谑东坡的长舌多言而自惹祸端,对东坡进行家长里短式的伦理指责。在市井的家庭、邻里生活中,

---

① (明)冯梦龙纂辑,钱伯城评点:《新评警世通言》,上海古籍出版社1992年版,第30—31页。
② (明)冯梦龙纂辑,钱伯城评点:《新评警世通言》,上海古籍出版社1992年版,第33页。
③ (明)冯梦龙纂辑,钱伯城评点:《新评警世通言》,上海古籍出版社1992年版,第39页。
④ 古吴墨浪子:《西湖佳话·六桥才迹》,江苏古籍出版社1993年版,第34页。
⑤ 南山逸史:《长公妹》,见《杂剧三集》,中国戏剧出版社1958年版,第一出。
⑥ 梁绍壬:《两般秋雨盦随笔》,见《清代笔记小说大观》,上海古籍出版社2007年版,第5683页。

多嘴多舌、讥讽他人则往往不能与人和睦相处,必然给生活带来诸多麻烦,而以此角度来批评东坡的直言戏谑,则是另一种视角下对东坡性格与命运的解读了。

《狮吼记》中,将东坡形象进行了再一次重构,以市井生活与夫妇伦理作为主题,使东坡贬黄州的生活一洗凄凉之暗调,充盈了对物质繁华的享乐与以诗酒歌舞生活的流连。

该剧演的是陈季长之妻柳氏善妒之事,影响广泛。究其本事,始于东坡嘲弄陈季常的一首小诗,见于洪迈《容斋随笔·三笔》:"(季常)好宾客,喜畜声妓,然其妻柳氏,绝凶妒,故东坡有诗云:'龙丘居士亦可怜,谈空说有夜不眠。忽闻河东狮子吼,拄杖落手心茫然。'河东狮子,指柳氏也。"①正是东坡之诗令柳氏"妒名鹊起"。《诗话总龟》中亦载此故事,文字较为详尽,"东坡云:'龙丘子自洛之蜀,载二女侍,戎装骏马,至溪山佳处,辄驻终日,见者以为异人。后十年,筑室黄冈之北,号静庵居士,作《临江仙》赠之云:细马远驮双侍女,青巾玉带红靴。溪山好处便为家。谁知巴峡路,却见洛城花。回旋落英飞玉蕊,人间春日初斜。十年不见紫云车。龙丘新洞府,铅鼎养丹砂。'龙丘子即陈季常也。'《西清诗话》云:季常自以为饱禅学,而妻柳颇悍忌。季常畏之。故东坡因诗戏之,有'忽闻河东狮子吼,拄杖落手心茫然'之句。观此,则知季常载二侍女以远游,及暮年甘于枯寂,盖有所制而然,亦可悯笑也。"②明代《山中一夕话》也载有此事,"陈慥字季常,公弼之子,居于黄州之岐亭,自称龙丘先生,又曰方山子,好宾客,喜蓄声妓。然其妻柳氏绝凶妒,故东坡有诗云:龙丘居士亦可怜,谈空说有夜不眠。忽闻河东狮子吼,在杖落手心茫然。河东狮子指柳氏也,坡又尝醉中与季常书云:一绝乞秀英君,想此其妾小字。"③可见这则故事流传之广。

在《狮吼记》中,东坡不管是得志于朝廷,还是被贬于各地,都过着物质上相当丰裕的生活,成为享受繁华与流连诗酒的风流文人。元剧中贬谪黄州时的苦闷、沉重的思考在该剧中都被过滤了,没有颠沛流离的困厄与屈辱,也消散了无故遭难的愤懑之情。既享充足的物质资料,又呈现出"吟诗度曲,风月任招呼"的悠闲场面。与此类似的是《警世通言·王安石三难苏学士》中描述东坡被贬黄州的情节,"黄州合府官员,知东坡天下有名才子,又是翰林谪官,出郭远迎,

---

① (宋)洪迈撰,孔凡礼点校:《容斋随笔》,中华书局2005年版,第457页。
② 阮阅:《诗话总龟后集》,人民文学出版社1987年版,第213页。
③ 《山中一夕话》,明清善本小说丛刊初编第六辑谐游篇,天一出版社1985年版,卷之一。

选良时吉日,公堂上任。过月之后,家眷方到。东坡在黄州,与蜀客陈季常为友,不过登山玩水,饮酒赋诗,军务民情,秋毫无涉。"丝毫不见被贬谪的压抑与屈辱,没有元代文人"困煞中原一布衣"、"天涯断肠人"的对命运坎坷的强烈感喟,因而少有愤世嫉俗之情愫,却一心向往着长生极乐。与之相关,东坡没有抑郁悲怆的情调,而表现出情逸景绮、清扬明快的韵致,贬谪被构为有惊无险、最终柳暗光明的悲喜剧。

明中期以后,前所未有的都市繁华与物质丰裕使文人们打通凡圣,争相流连于繁华之中,享受物质生活带来的愉悦,"晚明士流的人生观是恋世的、适世的、娱世的,……其性格与心态是达观明快、活泼洒脱的。"①此类视角之下,剧中的东坡虽然感慨"寄天地,寄天地蜉蝣可吊",但失落与萧寂只是寥寥几笔,多的是逍遥优游的禅趣,吟诗把酒、携妓助兴的悠闲情致与文人气息被凸显、强调出来。

有趣的是,《狮吼记》中一向不合时宜的东坡被塑造为夫妇伦理中"疗妒劝顺"的代言人。究其原因,随着城市商品经济的发展,伦理道德观念日渐松动,妻子们越来越不能容忍文人丈夫们的贫庸无能与流连花酒。传统的家庭秩序被逐渐打破,导致原有夫权社会男性权威地位的下降。士人们希望通过道德劝惩进行纲常修复,重塑自我形象,如剧中东坡一般拥有和睦的家庭却享有风流的生活。在黄州,美妓柔婢常伴东坡左右,不仅琴操一路跟随,而且有熟悉女仪、温婉贤淑的秀英等众妾姬在身边。惬意而悠闲的日常家庭生活中,风流东坡居于家中尊贵的核心地位,由他决定妾姬们的生活。而东坡也被看做是男权社会中坚定的妇德代言人,站在道德至高点上,批判柳氏的不守妇德,以精神优势讽刺陈季常的胆小懦弱。

《金莲记》则以更加彻底的市井价值观念重构了东坡被贬谪的情节以及贬谪生活。以情节的曲折跌宕、恩仇的鲜明对立、美色欲海的内容增强了戏剧张力下的观赏性与娱乐性,营造了狂欢化的戏剧效果。其题目为:"苏学士金莲渥宠,王美人玉管联姻。"正名为:"章丞相仇济南海,印禅师果证西天。"

《金莲记》取名于金莲送归之事。剧作中东坡在殿试之日由皇帝亲点为翰林学士,特撤御前金莲烛送他归第,荣耀之至。却惹来章惇的嫉妒与挑拨,从而被贬黄州。东坡将家人遣散回乡,只将朝云和刚出生的孩子带在身边。"丈夫

---

① 夏咸淳:《情与理的碰撞——明代士林心史》,河北大学出版社 2001 年版,第 223 页。

寒谪黄冈,妻子遄归锦水,何殊星散怕见云飞,"渲染出悲凉的氛围。东坡的情绪十分低落,"魂飞梦飞又讶长途,日暮脱钩鱼见月犹惊,离弦鸟闻风还怖",老父苏洵也为他悲哀:"舒开眉皱,恨孩儿黄冈逗遛,我老生涯,鸥水相依,他旧风流,鸿塞荒投,黄花酒瓯,青蝉蒯缕,何时归路儿童候。"对个人仕途的期望与现实的落差使得贬谪的悲伤倍加凄凉,却不同于元代剧作中深重的愤懑与幻灭的凄厉。

《金莲记》中,轮回果报等观念也被置入了重构中的东坡贬谪故事之中,使故事情节成为轮回中的既定命运的安排。佛印"在京时料他有杭州之行,在杭时料他有黄冈之贬,便在今日也,预知他改谪琼崖,只是不好道破耳"。与小说《明悟和尚赶五戒》的故事情节类似,东坡的前身是五戒和尚,因为当年一念之差淫污了红莲,故而转世在宦海中屡遭波折。佛印禅师则专门为点化东坡而两世相随。最终皇帝看穿了章惇的奸计,召东坡还朝,并满门封赠。东坡却在佛印的点化下了悟了世间虚妄,与朝云、琴操一起息心修道。皈依的结局表面上宣扬了佛教的解脱之说,但否极泰来、亲人团聚、高官荣华等都是市井喜闻乐见的结局,而"修道"更是落入了神仙点度剧的窠臼。

清代故事中,即使描述东坡被贬谪的生活,也较少物质匮乏的困扰与世人冷眼的炎凉,多是悠游自在,乐在其中。乌台诗案之后,话本《六桥才迹》如此描述东坡贬于黄州的生活:"东坡出狱,因钦限紧急,不敢久停,即时同家眷到于黄州。因那诏书上不许签书公事,东坡便幅巾芒鞋,日日与田夫野老说趣打诨。且喜听人说鬼,听了一个,又要人说一个。那人回说道:'胸中没有鬼了',东坡道:'若是没了,姑谎言之,亦可也,何必真鬼。'众皆大笑,率以为常。"①而他被贬儋州以后,"东坡原是个慷慨人,见人情甚好,便毫无抑郁,日日与这班门生学者,饮酒赋诗为乐,一些瘴疫也不沾染。"②

此外,自元至清的东坡故事中,无论东坡最终的结局是得道成仙还是点悟成佛,多有平反昭雪、被诏回朝、享有高官厚禄的情节。如《苏子瞻醉写赤壁赋》中邵雍病逝,只有东坡知道邵雍家事,遂被召回京,东坡叹"我则想人无再少年,元来这花有重开日。今日个袖得春风,可便马上归。"③加官赐赏,红衣翠袖,美酒

---

① 古吴墨浪子:《西湖佳话·六桥才迹》,江苏古籍出版社1993年版,第40页。
② 古吴墨浪子:《西湖佳话·六桥才迹》,江苏古籍出版社1993年版,第49页。
③ 《苏子瞻醉写赤壁赋》,见《古本戏曲丛刊》四集第四函,商务印书馆1958年版,第四折。

佳宴,不胜其乐。《明悟禅师赶五戒》:"子瞻一举成名,御笔除翰林学士,锦衣玉食,前呼后拥,富贵非常。"①佛印对东坡的预言是:逢永而返,逢玉而终。东坡被贬在永州不多时,赦书又到,召还提举玉局观。此时东坡已经早不眷恋人世,只求早日了结恶业,解脱轮回。《六桥才迹》中,"后来朝廷感悟,知他是个忠臣,遂赦免其罪,起为提举成都玉局观,听其还乡,把舒亶一班奸人,尽置之死地。人人称快。""(东坡)死后有人传说,朝廷正要降旨拜他为相,因闻死信方才止了。"在官方,"徽宗因喜他的才名,就复了苏轼的官爵,追赠苏轼为太师,谥文忠。"在民间,"杭州百姓因见朝廷如此隆礼,也便闻风感念旧德,遂于孤山建起白、苏二公祠来,至今不废,游湖者无不景仰焉。"②《赤壁记》的最终结局,也是东坡重回京城,先是任兵部尚书,再任礼部尚书,且全家团聚,其乐融融,苏夫人、朝云伴于左右,子由也与东坡团聚,全家谢恩,尽显皇恩浩荡,恩宠有加。"帝恩愈重来如阵,庆全家显荣旋进。"此结局既是文人士大夫们对仕途、命运的期待,又是市井文化中大团圆结局的情节需要,成为东坡故事中最为寻常的结局。

第二节 风流传奇的东坡故事

东坡一生对于生活中的美有着浓厚的兴趣,而歌舞佳人之美,也是东坡生活中重要的部分。在东坡故事中,常出现宴酒游宴、观舞听歌的场面,故而东坡被许多后代文人重构为风流士人。而东坡对超出日常经验奇异事情也有着浓厚的兴趣,并乐于将其记录下来、思考再三。例如东坡就当时传闻的神仙事之事做诗以记之,"有道人过沈东老饮酒,用石榴皮写绝句壁上称回山人。东老送出门,渡桥不知所往。或曰此吕洞宾也。仆见东老子偕道其事,为和此诗。后复与偕遇钱塘,更为书之。回山人诗云:'西邻已富忧不足,东老虽贫乐有余。白酒酿来缘好客,黄金散尽为收书。'东坡和曰:'世俗那知贫是病,神仙可学道之余。但知白酒留佳客,不问黄公觅素书。''符离道士晨兴际,华岳先生尸解余。忽见黄庭丹篆字,犹传青纸小朱书。''凄凉雨露三年后,仿佛尘埃数字余。至用榴皮

---

① 冯梦龙:《古今小说·明悟禅师赶五戒》,人民文学出版社1984年版,第481页。
② 古吴墨浪子:《西湖佳话·六桥才迹》,江苏古籍出版社1993年版,第50页。

缘底事,中书君岂不中书?'"①风流传奇的东坡使东坡故事更为绚丽多彩,充满乐趣。

一、诗酒歌舞的流连与才子佳人故事

在宋代文人丰富多彩的生活中,饮酒作诗与赏舞听歌往往连在一起,醇酒和美女,带给文人们赏心悦目之美。不仅朝廷各级官府多有官妓,而且允许士人蓄妓纳妾,文人士大夫们常于种种公共、私人的宴会上与歌妓们歌舞取乐。在东坡故事中亦多有饮酒作诗、美人相伴的情境,但自元代之后,审美化欣赏被逐渐重构为对闲逸快活生活的肯定与向往。在才子佳人小说的影响下,东坡在故事中被塑造为负心的才子形象,与历史中的东坡就相去甚远。

在东坡故事中,歌妓常与东坡相伴,而东坡也参加各种有美妓陪伴的宴饮。稍饮辄醉的东坡于酒席间发生了许多流传甚广、被誉为美谈之事。例如韩康公的家宴中,有得宠的妓女鲁生被蜜蜂螫到,东坡以此为题,为之赋诗,妙句天成。"韩康公绛子华谢事后,自颍入京看上元。至十六日,私第会从官九人,皆门生故吏,尽一时名德,如傅钦之、胡完夫、钱穆父、东坡、刘贡父、顾子敦皆在坐。钱穆父知府至晚,子华不悦。坡云:'今日为本殿烧香,人多留住。'……方坐,出家妓十余人,中燕后,子华新宠鲁生舞罢,为游蜂所螫,子华意不甚怪。久之,呼出,持白圆扇从东坡乞诗。坡书云:'窗摇细浪鱼吹日,舞罢花枝蜂绕衣。不觉南风吹酒醒,空教明月照人归。'上句记姓,下句书蜂事。康公大喜。坡云:'惟恐他姬厮赖,故云耳',客皆大笑。"②《菊坡丛话》③、《山中一夕话》④、《坚瓠集》⑤亦载此事。东坡将席间的趣事融入诗情之中,化解了美妓的尴尬,也为席间增添了乐趣。故事中,东坡为美妓秀兰作诗辩护,也是如此。"苏子瞻倅杭日,府僚湖中高会,群妓毕集,惟秀兰不来,营将督之再三,乃来。子瞻问其故,答曰:'沐浴

---

① 阮阅:《诗话总龟前集》,人民文学出版社1987年版,第458页。
② (宋)赵令畤撰,孔凡礼校点:《侯鲭录》,中华书局2002年版,第100页。
③ 单宇:《菊坡丛话》,见《四库全书存目丛书·集部》第416册,齐鲁书社1997年版,第371页。
④ 《山中一夕话》,明清善本小说丛刊初编第六辑谐游篇,天一出版社1985年版,卷之一。
⑤ (清)褚人获辑撰,李梦生校点:《坚瓠集》,上海古籍出版社2012年版,第501页。

倦卧,忽有叩门声急,起询之,乃营将催督也。整妆趋命,不觉稍迟。'时府僚多属意于兰者,见其不来,恚恨不已,云必有私事。秀兰含泪力辩,而子瞻亦从旁冷语,阴为之解,府僚终不释然也。适榴花盛开,秀兰以一枝藉手献座中,府僚愈怒,责其不恭,秀兰进退无据,但低首垂泪而已。子瞻乃作一曲名'贺新凉',令秀兰歌以侑觞,声容绝妙,府僚大悦,剧饮而罢。其词云:'乳燕飞华屋,悄无人,槐阴转午,晚凉新浴。手弄生绡白团扇,扇手一时似玉,渐困倚,孤眠清熟。帘外谁来推绣户,枉教人,梦断瑶台曲。又却是,风敲竹。石榴半吐红巾蹙,待浮花浪蕊都尽,伴君幽独。秾艳一枝细看取,芳心千重似束,又恐被秋风惊绿。若待得君来,向此花前,对酒不忍触,共粉泪,两簌簌。'"①

然而,自宋代始,就有学者怀疑此词是否为美妓而作、以佐席间之乐。《诗话总龟》引《古今词话》以此故事为谬,以为东坡词远高于此境界。"东坡此词冠绝古今,托意高远,宁为一娼而发耶!'帘外谁来推绣户,枉教人,梦断瑶台曲。又却是,风敲竹。'用古诗'卷帘风动竹,疑是故人来'之意,今乃云,'忽有人叩门声急,起而问之,乃乐营将催督',此可笑者一也。'石榴半吐红巾蹙,待浮花浪蕊都尽,伴君幽独。浓艳一枝细看取,芳心千里重似束。'盖初夏之时,千花事退,惟榴花独芳,因以写幽闺之情。今乃云:'是时榴花盛开,秀兰以一枝藉手告倅,其怒愈甚。'此可笑者二也。此词空(腔)调寄《贺新郎》,乃古曲名也。今乃云:'取其沐浴新凉,曲名《贺新凉》,后人不知之,误为《贺新郎》,'此可笑者三也。词话中可笑者甚众,姑举其尤者。"②

事实上,东坡虽喜好饮酒歌舞,但并非酒色之徒。其酒量有限,却喜与他人共饮,"见客举杯徐引,则予胸中为之浩浩焉,落落焉,酣适之味,乃过于客。"③东坡写过不少描写女性的诗词,或幽默,或风趣,或深婉,却绝没有单纯描写女性肉体与姿态的好色之徒笔下的玩赏之作,在与女性的交往中,东坡所欣赏的亦是一种情趣,一种精神上的愉悦,而不是感官肉欲。面对女性之美,东坡能欣赏却不沉湎于此,东坡的过人之处,正在于能不离俗世,却又能脱俗。东坡在生活中并不拒绝美妓歌舞,却又能以审美的眼光来发现、看待这一切,表达出的是自己的审美感受和奇思妙想,表现出超然物外的情怀和自由潇洒的想象,以达胸中浩然

---

① 田汝成:《西湖游览志余》,浙江人民出版社1980年版,第268页。
② 阮阅:《诗话总龟后集》,人民文学出版社1987年版,第212页。
③ 苏轼:《苏轼文集》,中华书局1986年版,第2049页。

洒落、旷然天真的无我之境,追求一种富有诗意的充满精神自由、不为外物所役的自然适意的人生。艺术的创造与对美的欣赏,能够达到某种程度的精神满足,将人生经验升华为审美体悟之后,能化解现实忧患,使情感得到宣泄,生命得到愉悦。这与自我个性意识觉醒之后、走向及时寻乐的纵欲及玩味感官刺激的艳情之类的享乐主义,是有很大不同的,前者更注重抒写性灵,后者难免为肉欲所支配、追求感官的刺激。

宋代之后,东坡对于诗酒歌舞的欣赏在东坡故事中越来越被解读为感官的享乐与生活的闲逸。《花间四友东坡梦》中,东坡彻底沉溺于酒色之中,在世俗感官享乐生活中欣欣然乐此不疲。剧中毫不掩饰对人间感官世界美色醇酒的享受与欣赏,佛印作法使东坡入梦,与花间四友——夭桃、嫩柳、翠竹、红梅幻化的美女诗酒歌舞,好不畅快,营造了一个喜剧"狂欢"式的颠覆。《狮吼记》中,对于东坡流连酒色更是直言不讳,柳氏就怒视赠送姬妾给季常的东坡:"我素知东坡是风流人豪,寄兴花酒。"①剧中的东坡因常约季常携妓游玩而遭到柳氏的记恨,"恨不青藜打杀你老牵头。"②《五戒禅师私红莲记》中,表现出了对文人诗酒风流生活的艳羡,佛印以诗僧身份陪伴东坡,诗酒相会,优游度日,既没有生计之忧,又没有烦心恼事,美酒佳肴,美妓在侧,好不畅快。《佛印师四调琴娘》中,东坡常于家中设宴,饮酒歌舞,乐不可及,并以此为人生要旨,设计撮合佛印禅师与琴娘的云雨之事,好使佛印破了戒还俗,文中的诗酒风流已经完全感官化了。

清代话本《六桥才迹》中的东坡故事,塑造的是娱情于声色的东坡。"东坡原久闻西湖之名,恨不能一见,今见了西湖,又觉见面胜似闻名,那诗酒襟怀、风流性格,那里还把持得定,按纳得下,便不免要淘情声色。"③故事中,即使是政事,东坡亦风流处之。"东坡在杭州做官,不但诗酒流连,就政事也自风流。"④称赞了东坡为政亦乐,列出了为郑容、高莹两妓落籍从良之事,该事笔记中多有记载。"东坡集中有《减字木兰花》词云:'郑庄好客,容我樽前时堕帻。落笔生风,籍甚声名独我公。高山白早,莹雪肌肤那解老?从此南徐,良夜清风月满湖。'

---

① (明)汪廷讷著,李占鹏点校:《狮吼记》,见《汪廷讷戏曲集》,巴蜀书社2009年版,第363页。
② (明)汪廷讷著,李占鹏点校:《狮吼记》,见《汪廷讷戏曲集》,巴蜀书社2009年版,第371页。
③ 古吴墨浪子:《西湖佳话·六桥才迹》,江苏古籍出版社1993年版,第35页。
④ 古吴墨浪子:《西湖佳话·六桥才迹》,江苏古籍出版社1993年版,第36页。

人多不晓其意,或云坡昔寓京口,官妓郑容、高莹二人尝侍宴,坡喜之,二妓间请于坡,欲为脱籍,坡许之,而终不为言。及临别,二妓复之船所恳之,坡曰:'尔但持我此词以往,太守一见便知其意。'盖是郑容落籍、高莹从良八字也。此老真尔狡狯耶"①《诗话总龟后集》亦引《诗说隽永》载此事,文字稍异,"东坡自钱塘被召,过京师,林子中作守,郡有会。坐中营妓出牒,郑容求落籍,高莹求从良。子中命呈东坡。东坡索笔为《减字木兰花》书牒后,云:'郑庄好客,容我樽前先堕帻。落笔生风。籍籍声名不负公。高山白早,莹骨冰肌那解老?从此南徐。良夜清风月满湖。'暗用此八字于句端也。《苕溪渔隐》曰:《聚兰集》载此词乃东坡赠润守许仲涂,且以'郑容落籍,高莹从良'为句首,非林子中也。"②《坚瓠集》亦载此事,只有东坡诗句部分。"元祐中,苏东坡自钱塘被召,过京口。时林子中作守,郡有宴会,坐中营妓出牒:'郑容求落籍,高莹求从良。'子中命呈东坡,东坡索笔为《减字木兰花》书牒后云:'郑庄好客,容我尊前时坠帻。落笔风生,籍籍声名满帝京。高山白早,莹骨冰肌那解老。从此南徐,良夜清风月满湖。'盖句端有'郑容落籍,高莹从良'八字云。"③颇类似于文字游戏。

随着才子佳人小说的出现与传播,东坡作为历史上的才子也被重构为爱情故事的主人公,"才子二字,乃文人之美称。然诗书科甲中,文人满天下而奇才能有几人?即或间生一二,亦不过逞风花雪月于一时,安能留古今不朽之迹在天壤间,以为人之羡慕?今不意西湖上却有一个。你道是谁?这人姓苏,名轼,字子瞻,别号东坡,乃四川眉山人也。"④在《金莲记》中,东坡被刻画为典型的才子形象,受到女性的敬仰与倾慕。琴操、月素与东坡、佛印共饮于船上,二妓坦言对于东坡的敬仰,曰:"老爷翰苑蜚声,素羡风流太守,贱妾平康献媚,自惭窈窕佳人,既一笑以相逢,似三生之契合。"⑤

《苏长公章台柳传》也是此一类作品,作品中的章台柳是杨柳院中的一位歌妓,容貌艳丽,歌声动听,"此女生得有沉鱼落雁之容,闭月羞花之貌。体态妖娆,精神清爽。……东坡问章台柳道:'闻知汝能文章,怨落在风尘里。汝果有

---

① 陈善:《扪虱新话》,上海书店 1990 年版,卷九。
② 阮阅:《诗话总龟后集》,人民文学出版社 1987 年版,第 301 页。
③ (清)褚人获辑撰,李梦生校点:《坚瓠集》,上海古籍出版社 2012 年版,第 535 页。
④ 古吴墨浪子:《西湖佳话·六桥才迹》,江苏古籍出版社 1993 年版,第 32 页。
⑤ 陈汝元:《金莲记》,见《古本戏曲丛刊二集》,商务印书馆 1955 年版,第十一出。

此意乎？我今日出个题目与你做一篇,若做得好,纳了花冠褙子,便与你从良嫁人去。敢是我就娶了你。'那女子闻言,乃上前深深地道个万福,道:'妾果有此意,若得相公如此,山海之恩不忘。'"①章台柳做了一首好诗,东坡与佛印当下大喜,饮酒和诗。章台柳因此回家待嫁,"闭了门在家里专候太守来娶她。不想东坡是醉中之言,哪里记得娶她。"②章台柳在家里等了一年,也没有等到东坡。无奈之下,只好嫁了一个丹青大夫。又过了一年,秦少游来到临安探访东坡,东坡在杨柳院中招待他,因为一片柳叶随风飘落在酒杯里,突然记起了"前年有一个妓女章台柳,我曾许去娶,不料一向失忘了。如今不知那女子在也不在?"遂派人去探听,得知章台柳已嫁时东坡感叹道:"是我负了他。"

《苏长公章台柳传》无疑有一半杂入了唐代许尧佐《柳氏传》所记载的韩翊故事的前半段,尤其是作为这个故事的核心、平添了无限诗情的小诗:"章台柳,章台柳,昔日青青今在否？纵使柔条似旧垂,多应折在他人手。"只是故事的主人公换成了才子东坡,结局是文人一时游戏,辜负了痴情女子的一往情深与默默等待。虽然这个故事的品格不高,如郑振铎曾经评说:"像《苏长公章台柳传》风格极为幼稚。"但东坡在才子佳人小说的影响下被重构为爱情故事中的人物,确为东坡故事至明清之际的扩展,而究其结局,往往是东坡辜负了美貌才女,成为了不解风情、负心才子的典型。

《孤鸿影》一剧,剧名来源于东坡的《卜算子》:

> 缺月挂疏桐,漏断人初静,时见幽人独往来,缥缈孤鸿影。惊起却回头,有恨无人省,拣尽寒枝不肯栖,寂寞沙洲冷。

据《古今词话》所言,苏轼贬谪到惠州时,当地有一位叫超超的温氏女子,爱慕他的才华,常在其住所的窗外徘徊,听他吟咏诗词,一心愿嫁与他。东坡因朝云之逝没有再娶之意,并为温超超另择佳偶。但温超超意属东坡,遂因此病死,葬于沙洲。东坡渡海归来时拜谒她的坟墓,并为她作了这首《卜算子》词,寄托幽渺哀思。然而,宋时便有人考辨,认为此词是写鸿雁的咏物词,当别有寄托,不

---

① 《苏长公章台柳传》,见《熊龙峰刊行小说四种》,江苏古籍出版社1990年版,第19页。
② 《苏长公章台柳传》,见《熊龙峰刊行小说四种》,江苏古籍出版社1990年版,第19页。

能以世俗之情来附会。

《情史类略》中,冯梦龙将温超超归入了"情爱"类,并记载了这个故事和这首词,其言甚简:

> 坡公之谪惠州也,惠有温都监女,颇有色,年十六,不肯嫁人。闻坡公至,谓人曰:"此吾婿也。"每夜,闻坡讽咏,则徘徊窗外,坡觉而推窗,则其女逾墙而去。坡从而祷色之,温具言其然,坡曰:"吾当呼王郎与子为姻。"未几,坡过海,此议不谐。及坡回惠日,其女已死,葬沙滩之侧矣。坡怅然,赋《孤鸿》。

在这则简要的故事中,突出了温超超的痴情及其无奈失落的悲哀。评论却赞温超超独具慧眼,钟情于白发苍颜、被迫害远贬的东坡,叹其虽知东坡之价值,但因不能结合,至于死亡。"人知朝云为坡公妾,而不知此女乃真坡公妾也。坡公迁谪岭外,婆娑六十老人矣。十六之女何喜乎?而心许之,且死之也。然坡公非当时须眉如戟,诸人所欲极力而杀之者哉?而一女子独见怜,悲夫!李和尚曰:'余独悲其能具只眼,知坡公之为神仙,知坡公之为异人,知坡公之外,举世更无与两。是以不得亲近,宁有死耳!'"①

剧作者以此则故事为素材,创作了颇有才子佳人品格的剧作《孤鸿影》。剧中,东坡已是老年,饱经人世变化,飘零寂寞,"下官苏轼,字子瞻,别号东坡,西蜀眉州人也,远性风疏,逸情云上,博观载籍之传,海涵地负,直追正始之作,玉振金声,荷仁宗皇帝国士之知,宣仁后不次之擢,曾以黄州团练使召对便殿,争奈党人侧目,不容朝廷之上,真是三仕三已,无喜无愠,近奉告命,落两职追一官,以承议郎知英州军事,续奉告命,责授宁远军节度副使,惠州安置,两寓合江楼,再移嘉祐寺,目睹近事,料北归无日,因此选白鹤观隙地,斫木陶瓦,作屋二十间,迁居于此,小窗疏篱颇有幽趣,只是一件,南迁以来,侍人星散,独有朝云相随过岭,又于去秋长逝,客居萧索,正类楚囚,所幸东邻翟秀才善于剧谈谐谑,西家林行婆妙能酿酒、栽花,犹未十分寂寞,今日野步归来,已是黄昏时候,且篝灯闲坐一回,

---

① (明)冯梦龙辑评:《情史》,浙江古籍出版社2011年版,第129页。

咳,俺东坡呵。"①

剧中的温超超出身官宦人家,颇有才华,且父母给予她婚姻的自由。温超超欣赏东坡才情,下定决心要嫁给东坡,以为方才不辜负人生。"妾身姓温,字超超,俺爹爹官为都监,雅负才名,因此妾身也一般笔墨憨痴,才情自许,年方十六,心未许人,爹爹却也随俺意儿,颇得从容自在,向闻大苏学士,天上谪仙,举世无两,近日移居到此,喜得俺家这颓垣荒圃,咫尺可通,每夜闻他讽咏之声,果然是才子风流,大家标韵,此乃真吾婿也。"②同时,温超超也倾慕于朝云与东坡之间的爱情,"曾闻学士向有侍姬王子霞,敏而好义,学书学佛,皆得大意,死诵金经四句偈而绝,学士为铭其墓,又作六如亭覆之,使我惠州片土,千古流香,以妾视子霞,何异鹡鸰之于鸾凤。"③朝云的魂魄看到温超超的一片深情,而东坡全然不为所动。她有心要为两个人牵红线搭鹊桥,"昨见温小姐与俺相公,相会在悠然亭上,这壁厢雅意相挑,那壁厢全然不解,咳,相公,相公,你可也曾带得些风流福分来,那小姐一意慕才,全无俗韵,他见相公神情不接,却借俺往事闲絮了一番,咳,俺朝云虽身居鬼录,颇得灵通,眼见那小姐这段因缘,正如空花水月,但可种因来世,未得证果今生,只可怜那小姐一片真诚,都归虚幻,俺承他殷勤怜惜,亦属前因,趁此闲夜魂游,与他梦中邂逅一番,也算个天涯知己,且自乘风游戏,访他去也。"④

正在此时,剧中的东坡又被贬离惠州,迁移至海岛。温超超见东坡在林行婆家留下的咏花诗,不觉思念东坡,心里凄然,"那苏学士乃天下奇才,玉堂仙客,他的诗岂比寻常题咏,我既见此花,又闻此诗,想慕风流,未能亲近,不觉凄然欲泣,咳,行婆,假如俺今生得事此君,即为箕帚妾亦所不恨。……人世浮浪因缘,百年如梦,果得婿如此,便相依一日,胜似三生。"⑤时已染病,故大恸而绝。"止道病入膏肓,料怹北归无日,不复相见,有诗笺一幅,讬我收藏好了,付与学士,道今生已矣,愿结来生,呜咽了半晌,唤婆子扶他到榻儿上去了,不隔半日,大恸一

---

① 周如璧:《孤鸿影》,见《杂剧三集》,中国戏剧出版社 1958 年版,第一折。
② 周如璧:《孤鸿影》,见《杂剧三集》,中国戏剧出版社 1958 年版,第一折。
③ 周如璧:《孤鸿影》,见《杂剧三集》,中国戏剧出版社 1958 年版,第一折。
④ 周如璧:《孤鸿影》,见《杂剧三集》,中国戏剧出版社 1958 年版,第二折。
⑤ 周如璧:《孤鸿影》,见《杂剧三集》,中国戏剧出版社 1958 年版,第二折。

声,遽然长逝。"①

剧中,东坡北归后,林行婆去海边接他,告知他温超超的死讯。东坡甚为感动,遂去温超超的坟墓上看望,"问沙洲何处埋玉树,还傍著生存旧庐,想俺东坡昔日呵,为甚卜宅近仙居,敢是寒修为我先驱,谁知道三年海上亡家客,生折损,万里桥边女校书,茫无据,小姐,你做了未从夫的德耀,我做了枉薄幸的相如。"②此剧讲述了痴情才女与怅惘才子的爱情故事,温超超的情感真挚、热烈,至情不悔,以生死相托,而东坡冷静、理性,却因怜才惜玉,造就了戏曲舞台上一段痴情女子的生死爱情。

清代,东坡形象依然以才子佳人故事的范式被重构,"苏东坡宿灵隐山房,夜闻窗外有女子歌云:'音,音,音,你负心,真负心,辜负俺,到如今。记得当初低低唱,浅浅斟,一曲值千金。如今抛我在古墙阴,秋风荒草白云深,断桥流水何处寻。凄凄切切,冷冷清清。'东坡推窗即之,见女子冉冉没于墙下。明日掘取,得古琴一张。"③只是这位控诉负心男子的女子非温超超等佳人,乃古琴所化之精。

在东坡在故事中,东坡或被塑造为轻视人格尊严的负心才子,"坡公又有婢,名春娘。公谪黄州,临行,有蒋运使者钱公。公命春娘劝酒,蒋问:'春娘去否?'公曰:'欲还母家。'蒋曰:'我以白马易春娘可乎?'公诺之。蒋为诗曰:'不惜霜毛四雪蹄,等闲分付赎蛾眉。虽无金勒嘶明月,却有佳人捧玉卮。'公答诗曰:'春娘此去太匆匆,不敢啼叹懊恨中。只为山行多险阻,故将红粉换追风。'春娘敛衽而前曰:'妾闻景公斩厩吏,而晏子谏之。夫子厩焚而不问马,皆贵人贱畜也。学士以人换马,则贵畜贱人矣!'遂口占一绝辞谢,曰:'为人莫作妇人身,百般苦乐由他人。今日始知人贱畜,此生苟活怨谁嗔。'下阶触槐而死。公甚惜之。"④《坚瓠集》亦载其事,文字不同"⑤,这则故事中的东坡以春娘换良马,以人易畜,使春娘受到了人格的轻贱,自撞槐树而亡,徒留东坡独自怅恨。

诗酒歌舞的流连在市井化东坡故事中,越来越趋向于感官的享乐与对闲适

---

① 周如璧:《孤鸿影》,见《杂剧三集》,中国戏剧出版社1958年版,第六折。
② 周如璧:《孤鸿影》,见《杂剧三集》,中国戏剧出版社1958年版,第六折。
③ (清)褚人获辑撰,李梦生校点:《坚瓠集》,上海古籍出版社2012年版,第262页。
④ (明)冯梦龙辑评:《情史》,浙江古籍出版社2011年版,第273—274页。
⑤ (清)褚人获辑撰,李梦生校点:《坚瓠集》,上海古籍出版社2012年版,第169页。

无忧生活的向往与认可,而在才子佳人小说的影响下,东坡也被重构为痴情女子爱情故事中的负心才子,这些都为东坡故事的发展增添了多样的色彩,从而使东坡故事呈现出更加多元丰富的内涵。

二、携妓参禅的喜剧

东坡素知佛理,又与僧人们的交往甚多,故而在东坡故事中,风流的东坡与高僧们诗酒谈天,美妓佳人在旁陪伴,就有了文人、美妓、高僧、诗酒常常同时出现的场景,美女与高僧、戒律与欲望、诗酒风雅与沉湎声色,共同营造出了此类故事在市井中轻松幽默的娱乐化效果。

宋代就有东坡故意携妓参禅的故事情节,"东坡居士在钱塘,无日不在西湖。尝携妓谒大通禅师,师愠形于色,东坡作南柯子,使妓歌之曰:'师唱谁家曲?宗风嗣阿谁?借君拍板与门鎚,我也逢场作戏莫相疑。溪女方偷眼,山僧莫眨眉,却愁弥勒下生迟,不见阿婆三五少年时。'"①《诗话总龟》亦据此收录此事②。《西湖游览志余》③、《山中一夕话》④则只引用了东坡之词,没有仲殊之和词。《调谑录》则言其参破高僧禅,云:"大通禅师者,操律高洁,人非斋沐,不敢登堂。东坡一日挟妙妓谒之,大通愠形于色;公乃作南柯子一首,令妙妓歌之,大通亦为解颐。公曰:'今日参破老禅矣。'"⑤清代《坚瓠集》亦载此事,文字稍异。"⑥

故事中的东坡带着妓女去参禅,无疑是对于佛、法、僧、戒律的一种冒犯,且大通僧师是一位有道高僧,不仅一般的民众非常尊敬他,"人非斋沐,不敢登堂,"帝王也十分敬重他,"哲宗遣中使抚问,降香宣赐高丽磨衲衣,敕赐大通禅师,大观入灭,追谥圆定之号,塔号定光之塔。"⑦东坡面对如此高僧,带其诗酒美

---

① 皇都风月主人:《绿窗新话》,古典文学出版社1957年版,第157页。
② 阮阅:《诗话总龟前集》,人民文学出版社1987年版,第408页。
③ 田汝成:《西湖游览志余》,浙江人民出版社1980年版,第242页。
④ 《山中一夕话》,明清善本小说丛刊初编第六辑谐游篇,天一出版社1985年版,卷之一。
⑤ 皇都风月主人:《绿窗新话》,古典文学出版社1957年版,第157页。
⑥ (清)褚人获辑撰,李梦生校点:《坚瓠集》,上海古籍出版社2012年版,第64页。
⑦ 吴自牧:《梦粱录·历代方外僧》,见《东京梦华录(外四种)》,古典文学出版社1956年版,第278页。

妓前去与其参禅,无异于是世俗人欲对于清规戒律的挑衅,对自身欲望的张扬,冒犯的快感与紧张的矛盾使这则故事扣人心弦,充满喜剧式的乐趣。

除了东坡携妓拜谒大通禅师的故事情节,故事中,亦有东坡携妓与道潜同席,令妓挑逗之,道潜不仅不为所动,还写下了"禅心已作沾泥絮,不逐春风上下狂"的情节。这个故事在笔记中多有记载,"东吴僧道潜,有标致。尝自姑苏归湖上,经临平,作诗云:'风蒲猎猎弄轻柔,欲立蜻蜓不自由。五月临平山下路,藕花无数满汀洲。'坡一见如旧。及坡移守东徐,潜往访之,馆于逍遥堂,士大夫争欲识面。东坡馔客罢,与俱来,而红妆拥随之。东坡遣一妓前乞诗,潜援笔而成曰:'寄语巫山窈窕娘,好将魂梦恼襄王。禅心已作沾泥絮,不逐春风上下狂。'一座大惊,自是名闻海内。然性偏尚气,憎凡子如仇,尝作诗云:'去岁东风上苑行,烂窥红紫厌平生。如今眼底无姚魏,浪蕊浮花懒问名。'士论以此少之。"①

更多的东坡携妓参禅故事中的高僧是佛印禅师。故事中的佛印虽然是高僧,却熟谙于世事人心,头脑灵活,雅善戏谑,"佛印好诙谐,时有殿岩王观父邀禅师说法,禅师升座唱云:'此一瓣香,为扫烟尘博士,护世界天王,杀人不眨眼上将军,立地成佛大居士。'"②在许多东坡故事中,东坡常携妓拜访佛印,并欲以俗欲美色引诱佛印,结局往往是佛印引导东坡参禅悟道。

《花间四友东坡梦》中,东坡的好友谢瑞卿在庐山东林寺落发为僧,法名了缘,号佛印,十五年来未下禅床,道行甚深。东坡带着歌妓白牡丹至寺庙中,劝他还俗一同为官,并娶白牡丹为妻。然而佛印坚决不允。次日,东坡又带白牡丹去寺里,叫她引诱佛印破戒。佛印让一个行者扮作他,与白牡丹暗中欢会,白牡丹发觉自己受骗,含羞离寺而去。此时,为了让东坡了悟,佛印作法使其入梦与美女游乐。突然,行者一声大喊,禅师升座说法。东坡方才惊醒,携白牡丹同去法座问禅。几番回合下来,白牡丹因佛印的点拨而悟,当即削发为尼,而东坡终也明白了世事欢愉的虚假,悟道修行。该剧虽然以佛教救度的形式出现,但张扬的是对醇酒美妇的由衷欣赏,其剧情内容本身就是对其形式的一个反讽。

《佛印师四调琴娘》中,谢瑞卿高才绝世,企望通过科举入仕做官,只因为想

---

① 释惠洪:《冷斋夜话》,见《宋元笔记小说大观》,上海古籍出版社 2001 年版,第 2200 页。
② 田汝成:《西湖游览志余》,浙江人民出版社 1980 年版,第 241 页。

见皇帝的龙颜,才乔装打扮成僧人模样随东坡进入寺庙斋坛,却被皇帝御赐剃度,称为佛印,心有不甘。但不久之后,佛印即服膺于佛理,看透了功名的虚假,从内心中真正参禅修道,并时时提点东坡,希望能够点破他的功名富贵、美色诗酒的虚梦,共同修道。在这个故事中,出现了东坡为五戒禅师后身、而佛印为明悟禅师后身的情节,却没有铺展开来。

清代,东坡携妓登山,欲使佛印破戒的故事依然流传,"东坡挟妓登金山,以酒醉佛印,戏命妓同卧。佛印醒而书壁云:'夜来酒醉上床眠,不觉琵琶在枕边。传语翰林苏学士,不曾弹动一条弦。'"①在东坡故事中,曾有东坡为僧的友人还俗的情节,"思聪为行童日,东坡倅杭州,令和参寥子昏字诗。聪立成,有'千点乱山横紫翠,一钩新月挂黄昏'之句,东坡大称赏。大观、政和间,聪挟琴游梁,日登中贵人之门;久之,遂还俗,为御前使臣。"②但是,在诱惑高僧佛印的东坡故事中,佛印始终没有还俗,反而是东坡在佛印的劝说、点化之下,最终放弃了酒色功名的俗欲,悟道修行了。"佛印禅师者,杭之蜡烛庵、圣水寺,皆其道场也。世传其诙谐滑稽,而僧史亦眇其人,不为列传。东坡贬惠州时,佛印致书云:'子瞻负高材,远放寂寞之滨,权臣忌子瞻为相耳。人生如白驹过隙,三二十年功名富贵,转眼成空,何不一笔都勾,寻取本来面目?子瞻读书万卷,而未知性命所居,不可谓之聪明也。努力向前,珍重,珍重!'观此书,亦似乎近道者,惜渠所谓性命之旨,无从质难之耳。"③

故事中,东坡以美妓诱惑高僧,而代表尘世俗欲的美妓却被东坡或高僧点化,在东坡的帮助下,由高僧渡其出家为尼。琴操参禅故事,就是较为典型的美妓出家故事。"苏子瞻守杭日,有妓名琴操,颇通佛书,解言辞,子瞻喜之。一日,游西湖,戏语琴操曰:'我作长老,汝试参禅。'琴操敬诺。子瞻问曰:'何谓湖中景?'对曰:'落霞与孤鹜齐飞,秋水共长天一色?''何谓景中人?'对曰:'裙拖六幅湘江水,髻挽巫山一段云。''何谓人中意?'对曰:'随他杨学士,鳖杀鲍参军。''如此究竟何如?'子瞻曰:'门前冷落车马稀,老大嫁作商人妇。'琴操言下大悟,遂削发为尼。"④琴操是杭州官妓,平素就喜欢闻佛理、读佛书,在与东坡西

---

① (清)褚人获辑撰,李梦生校点:《坚瓠集》,上海古籍出版社2012年版,第427页。
② 田汝成:《西湖游览志余》,浙江人民出版社1980年版,第240页。
③ 田汝成:《西湖游览志余》,浙江人民出版社1980年版,第241页。
④ 田汝成:《西湖游览志余》,浙江人民出版社1980年版,第269页。

湖泛舟斗机锋参禅的过程中,被东坡点悟,从此出家为尼。

《狮吼记》中则是由琴操陪同东坡、参寥、陈季常于赤壁泛舟、饮酒谈笑,参寥于不经意间点化了琴操,"人生虚幻如沤泡,寄天地、寄天地蜉蝣可吊,总不如讬醉乡,讬醉乡磊磈堪浇。"琴操闻言,当下有所悟,便请求佛印收她为弟子,出家修行,"禅师,奴家虽系蒲柳之姿,颇厌风尘之态,适间谈及蜉蝣、沤泡,令人惕然猛省。从今愿发菩提,望禅师收为弟子。"东坡从旁帮她请求,云:"不意嬉游谈笑之间,令你脱离苦海。禅师幸借慈航,力为接引"。参寥终于答应了琴操的请求:"此贫僧本愿,何俟叮咛。"①琴操从此出家跟随参寥修行。

杂剧《琴操参禅》则更为详尽地描述了东坡与琴操在西湖上参禅之事。琴操一向爱佛理,东坡寻找机会将他引荐于参寥。"有个妓女琴操,虽身在风尘,性耽禅悦,几次向我说要向参寥子处一参。"琴操对于人生苦难有着深刻的体会,"历尽繁华觑破方知世缘假,但逢人献笑。"对于解脱,就有着更加迫切的愿望,"千金夜,风月无加,则落得背人处泪珠盈把,看今年欢笑明年过,终究一场话靶。"当三人在西湖上泛舟游赏之时,东坡真诚地要参寥渡"虽居下流,是禀上根"的琴操入佛门:"她瓣一瓣心香敬扣老僧伽,要你发个慈悲渡着他,休猜是湖上红莲闲作耍。"参寥虽然听了东坡与琴操的机锋,仍然担心"百戏场中长大,几曾经习过空王法,不过听堂头一句话,哪里便拴得住心猿意马,今日一时高兴出了家,倘后动了凡心破了戒,留在空门,枉教人笑杀"。东坡为琴操劝说参寥:"你不见西天天女从天下,向维摩丈室撒花,当时共证无声话,几曾经担甚差,今日里他叩着咱,咱化着他,定然此生缘份嘉,禅师呵,你可依了咱度了他,自古道佛门广大。"在东坡的"谆谆嘱咐"之下,参寥为琴操于佛前忏悔并剃度为尼,安排在清波门外紫竹林中修道。东坡赞琴操是"猛火里现出莲花",并真诚地祝愿她早日得道。

高僧与美女,是佛教故事中经常出现的内容。"其目的就在于揭示高僧战胜色欲诱惑走向西天极乐世界的艰难而又可敬的历程,引导信徒看破红尘皈依佛教。"②携妓参禅的喜剧故事中有着许多看似互相矛盾的人物与情节,如剧中对于感官享乐的津津乐道、享受的态度,与美妓最终皈依佛门、好酒贪色的东坡

---

① (明)汪廷讷著,李占鹏点校:《狮吼记》,见《汪廷讷戏曲集》,巴蜀书社2009年版,第381—382页。

② 吴光正:《中国古代小说的原型与母题》,社会科学文献出版社2002年版,第19页。

被佛印点化的结局之间就形成了一种反差。这种结局与其说是展现了对于佛教义理的尊崇、对世俗生活的厌弃、大彻大悟的超然与对尘俗的决裂,不如说是尽情书写了东坡在远离仕途旋涡之后、融入民间时的彻底解脱与对世俗生活的欣然享受,从更深层次呈现出了对市井价值观念的认同与张扬。

三、传奇东坡

东坡一生中,常将奇异之事、奇异之人记录于诗文之中,表现出浓厚的兴趣。东坡虽精熟于释道经典,但并未真正地将精神世界托付其中。当东坡遇到曾结识的爱好道术与炼丹的友人之子,便写到"曾陪令尹苍髯古,又见郎君白发新"①;东坡临终道"平生笑罗什,神咒真浪出"的绝笔,更拒绝高僧维琳"勿忘西方"的劝诫。确如其诗歌所言:"莫从老君言,亦莫用佛语。仙山与佛国,终恐无是处。"②在东坡故事中,奇人异事、佛道故事,以及以东坡为主人公重构的奇异故事,都为故事中的东坡形象增添了几分神秘与奇异的色彩。

首先,东坡故事中的鬼故事。东坡故事中,有许多东坡遇鬼的故事,此类故事中东坡不仅不惧不畏,且最终以人胜鬼。"东坡先生居阊阖门外白家巷中。一夕,次子迨之妇欧阳氏,产后因病为祟所凭,曰:'吾姓王氏,名静奴,滞魄在此居,久矣。'公曰:'吾非畏鬼人也。且京师善符剑遣厉者甚多,决能逐汝。汝以愚而死,死亦妄为祟。'为言佛氏破妄解脱之理,喻之曰:'汝善去,明日昏时当用佛氏功德之法与汝。'妇辄合爪,曰:'感尚书去也。'妇良愈。明日昏时,为自书功德疏通,仍为置酒肴秋遣送之。

公曰:某平生屡与鬼神辩论矣。顷迨之幼,忽云有贼貌瘦而黑,衣以青,公使数人索之,无有也。乳媪俄发狂,声色俱怒,如卒伍辈唱喏甚大。公往视之,辄厉声曰:'某即瘦黑而衣青者也,非贼也,鬼也。欲此媪出,为我作巫。'公曰:'宁使其死,出不可得。'曰:'学士不令渠出,不奈何,只求少功德,可乎?'公曰:'不可。'又曰:'求少酒食,可乎?'公曰:'不可。'又曰:'求少纸,可乎?'公曰:'不可。'又曰:'只求盃水,可乎?'公曰:'与之。'媪饮毕,仆地而甦。然媪之乳,因此

---

① 苏轼:《苏轼诗集》,中华书局1982年版,第2411页。
② 苏轼:《苏轼诗集》,中华书局1982年版,第2307页。

遂枯。

　　公曰：顷在凤翔罢官来京师，道由华岳，忽随行一兵，遇祟甚怪，自褫其衣巾不已。公使人束缚之，而其巾自坠。人皆曰：'此岳神之怒，故也。'公因谒祠，且曰：'某昔之去无祈，今之回无祷，特以道出祠下，不敢不谒而已。随行一兵，狂发遇祟，而居人曰神之怒也，未知其果然否？此一小人如蚁虱尔，何足以烦神之威灵哉！纵此人有隐恶，则不可知，不然，以其懈怠失礼，或盗服御饮食等，小罪尔，何足责也，当置之度外。窃谓岳镇之重，所隶甚广，其间强有力富贵者，盖有公为奸慝，神不敢于彼示其威灵，而乃加怒于一卒，无乃不可乎！某小官，一人病则一事阙，愿恕之，可乎？非某愚直，谅神不闻此言。'出庙，马前一旋风突而出，忽作大风，震鼓天地，沙石警飞。公曰：'神愈怒乎，吾弗畏也。'冒风即行。风愈大，惟趁公行李，而人马皆辟易，不可移足。或劝之，曰：'祷谢之？'公曰：'祸福，天也。神怒即怒，吾行不止，其如予何？'已而风止，竟无别事。"①这段文字共讲述了三则故事，第一则故事是东坡的儿媳欧阳氏被鬼所祟，因其鬼魂滞留而求作佛家功德，东坡厉声喝止，但又怜其愚，故而置酒炙香火遣送了她。第二则故事讲述了乳媪亦为鬼所祟，要挟东坡以求功德，东坡不许，又求酒食、纸钱，亦不许，最后东坡给了她一杯水，遂去。第三个故事中，东坡的兵卒为岳神所祟而发狂，东坡谒其祠并撰文劝告，却没有效果，东坡于大风沙中昂步前进，并不畏惧，最终与兵卒安然无恙。东坡不惧鬼神，自言平生常与鬼神辩论，并笃信祸福在天，即使鬼神做祟也不能改变人的命运。

　　东坡故事中不仅有以东坡为主人公的鬼故事，还有以东坡记载的方式流传下来的鬼故事。《诗话总龟》引《复斋漫录》，"东坡记秦少游言，宝应民有嫁娶会客者，酒半，客一人径赴水曰：有妇人以诗招我，诗云'长桥直下有兰舟，破月冲烟任意游。金玉满堂何所用，争如年少去来休'。"②故事中的东坡怀着浓厚的兴趣不惜笔墨地将这种鬼故事记录下来。

　　其次，东坡故事中的神仙故事。东坡形象在东坡故事中被重构为奎星、神仙，充满神秘色彩，而其遇仙的故事也有很多。东坡故事中，自幼与东坡一起读书的同窗里就有学道成仙者，"吾八岁入小学，以道士张易简为师。童子几百

---

① （宋）李廌撰，孔凡礼点校：《师友谈记》，中华书局2002年版，第12页。
② 阮阅：《诗话总龟后集》，人民文学出版社1987年版，第266页。

人,师独称吾与陈太初者。太初,眉山市井人子也。予稍长,学日益遂,第进士制策,而太初乃为郡小吏。其后,予谪居黄州。有眉山道士陆推忠自蜀来云:'太初已尸解矣。'蜀人吴师道为汉州太守,太初往客焉。正旦日,见师道求衣食钱物且告别,持所得尽与市人贫者,反坐于戟门下,遂卒。师道使卒舁往野外焚之,卒骂曰:'何物道士,使我正旦舁死人!'太初微笑开目曰:'不复烟汝。'步自戟门,至金雁桥下趺坐而逝。焚之,城人见烟焰上眇眇焉有一陈道人也。"①

在东坡故事中,子由曾经遇到一位得道仙人为他治疗病痛,东坡一见之后留此仙人相与陪伴半年之久。"高安丐者赵生,敝衣蓬发,未尝洗浴。好饮酒,醉辄殴骂其市人。虽有好事者时常与语,生亦慢骂,斥其过恶,故高安之人皆谓之狂人,不敢近也。然其与人遇,虽未相识,皆能道其宿疾,与其平生善恶。其人能见地狱,"吾尝至泰山下,所见与世说地狱同"。外貌特异,"生两目皆翳,视物不能明,然时能脱翳,见瞳子碧色。自脐以上,骨如龟壳,自心已下,骨如锋刃,两骨相值,其间不合如指。"东坡谪居黄州时,曾留其相伴,"是时,予兄子瞻谪居黄州,求书而往,一见,喜其乐易,留半岁不去。及子瞻北归,从之,与兴国知军杨绘见而留之。"其人死后重生,并且请人向东坡致谢,居兴国畜骏骡,为骡所伤而死,绘具棺葬之。元祐元年,予与子瞻皆召还京师,蜀僧法震来见,曰:'震泝江将谒公黄州,至云安酒家,见一丐者曰:吾姓赵,顷在黄州识苏公,为我谢之。'予惊问其状,良是。时知兴国军朱彦博在坐,归告其父,发其葬,空无所有,惟一杖及两胫在。……古书尸假之下者,留脚一骨。生岂假者耶!"②这位赵生破衣烂衫,好酒嗜骂,却正是"恶言秽行自晦"的得道之人,在故事中,东坡与之相处甚厚,且赵生也请人代为感谢东坡的欣赏与款待,整个故事颇具传奇色彩。

此外,在东坡故事中,东坡还与紫姑厕神甚为相熟。"紫姑者,厕神也,金陵有致其神者。沈邁尝就问之,即画粉为字曰:'文通万福。'邁问仙姑姓,答云:'姓竺,《南史》竺法明,乃吾祖也。'亦有诗赠邁。近黄州郭殿直家有此神,颇黠捷,每岁率以正月一日来,二月二日去。苏轼与之甚狎,常问轼乞诗,轼曰:'轼不善作诗。'姑书灰云:'犹里犹里。'轼云:'轼非不善,但不欲作尔。'姑云:'但

---

① 阮阅:《诗话总龟后集》,人民文学出版社1987年版,第247页。
② (宋)苏辙撰,俞宗宪点校:《龙川略志》,中华书局1982年版,第9—11页。

不要及它新法便得也。'"①故事中,东坡与紫姑神互相论诗逗乐,谐谑玩笑,且以东坡文祸为讥。

在东坡晚年被贬谪的海岛,相传有两口井,在东坡故事中,东坡与这两口井中的白龙相处得非常融洽,"海南城东有两井,相去咫尺而异味,号双井。井源出山源山石罅中。东坡酌水异之,曰:'吾寻白龙不见,今家此水乎?'同游怪问其故,曰:'白龙当为东坡出。'俄见其脊尾,如烂银蛇状,忽水浑有气浮水面,举首如插玉箸,乃泳而去。余至两井,太守张子修为造庵井上,号思远,亭号洞酌。崖有怪树,树枝腋有诗曰:'岩泉未入井,蒙然冒沙石。泉嫩洇为屚,石老生罅隙。异哉寸波中,露此横海脊。先生酌泉笑,泉香龙神蛰。举首玉箸插,忽去银钉掷。大身何时见,夭矫翔霹雳。谁言鹏背大,更觉宇宙窄。'字画如颜书,无名衔日月。此诗气格似东坡,而言泉嫩石老,似非东坡。又语散缓,疑学而为之也。龙为蛇形,小如玉箸。"②文人们因为传说前去观察这两口井,且怀疑其诗句是否为东坡所作。

东坡故事中的东坡遇仙,所遇多是人间的尸解仙与得道仙去的道人,东坡遇仙的地点也都是平常普通的日常生活之处似实录而实虚妄。

再次,东坡故事中的异人异事。在故事中,对于所见到的奇异之人,或听到的奇异之事,东坡总是不惜笔墨记录下来。有的是关于皇帝、名臣的轶事,如故事中东坡所记载的曾安禅院僧人因梦而接济艺祖,最终得禅院的故事。"东坡言:普安禅院,初在五代时,有一僧曰某者,卓庵道左,艺蔬丐钱,以奉佛事。一日,于庵中昼寝,梦一金色黄龙来食所艺莴苣数畦。僧寤,惊曰:'是必有异人至此。'已而见一伟丈夫于所梦地取莴苣食之。僧视其貌,神色凛然,遂摄衣迎之,延于庵中,馈食甚勤。复取数镮钱之,曰:'富贵无相忘。'因以所梦告之,且曰:'公他日得志,愿为老僧只于此地建一大寺,幸甚。'伟丈夫乃艺祖也。既即位,求其僧,尚存,遂命建寺,赐名曰普安,都人至今称为道者院。元祐八年,因送范河中是院,闲言之尔。"③如故事中东坡曾记郭子仪许河伯嫁女之事,"东坡云:郭子仪镇河中日,河甚为患。子仪祷河伯,曰:水患止,当以女奉妻。已而河复故

---

① (宋)孔仲平撰,王根林校点:《孔氏谈苑》,见《宋元笔记小说大观》,上海古籍出版社2001年版,第2246页。
② 阮阅:《诗话总龟前集》,人民文学出版社1987年版,第477页。
③ (宋)李廌撰,孔凡礼点校:《师友谈记》,中华书局2002年版,第32页。

道,其女一日无疾而卒。子仪以其骨塑之于庙,至今祀之。惜乎此事不见于史也。"①又如东坡所记载的诸葛亮与孙权论事之石,云:"镇江府甘露寺,有石如羊,相传谓之狠石。云诸葛孔明坐其上,与孙仲谋共论曹公。坡诗曰:狠石卧庭下,穹窿如伏虪。缅怀卧龙公,挟策事琱钻。一谈收猘子,再说走老瞒。"②

在东坡故事中,会记载平常人家出现的不平常之事。如故事中东坡记载的李绚之子,不善文字,却忽然如有神助写出佳作,"东坡记徐州通判李绚,有子年十七八,不善作诗,忽咏落花云:'流水难穷目,斜阳易断肠。谁同砑光帽,一曲舞山香。'人惊问之,若有物凭者,云是谢中舍。问其砑光帽事,自云:'西王母宴群仙,有舞者戴砑光帽,帽上簪花,舞山香一曲,未终,花皆落去。'余读唐羯鼓录,汝阳王琎,明皇爱之,乃随游幸。琎常戴砑绡帽子打曲,上有摘红槿花一朵置之帽上,遂奏舞山香一曲,花不落坠,上大笑。此事与前极相类。"③此类故事都将东坡与奇异之人、奇异之事密切地联系起来。

在东坡故事中,东坡曾于路途中偶遇世外的隐者,其言或有启示于东坡。"东坡南迁,度岭次,于林麓间遇二道人,见坡即深入不出。坡谓押送使臣:'此中有异人,可同访之。'既入,见茅屋数间,二道人在焉,意象甚潇洒。顾使臣:'此何人?'对以苏学士。道人曰:'得非子瞻乎?'使臣曰:'学士始以文章得,终以文章失。'道人相视而笑,曰:'文章岂解能荣辱,富贵从来有盛衰。'坡曰:'何处山林间无有道之士乎!'"④

再次,东坡故事中东坡所记录的诙谐故事。东坡本就幽默善谑,其与刘贡父、佛印等人的戏谑故事数量众多,不仅如此,东坡常记录他人的诙谐事,也都融入了东坡故事之中。如东坡讲述的一个关于"瓮算"的故事,"东坡诗注云:'有一贫士,家惟一瓮,夜则守之以寝。一夕,心自惟念,苟得富贵,当以钱若干营田宅,蓄声妓,而高车大盖,无不备置,往来于怀,不觉欢适起舞,遂踏破瓮。故今俗间指妄想者为瓮算。'又诗序云:'刘几仲饯饮东坡,中觞闻笙箫声,若在云霄间,抑扬往返,粗中音节。徐察之,出于双瓶,水火相得,自然吟啸。食顷乃已。作瓶

---

① (宋)李廌撰,孔凡礼点校:《师友谈记》,中华书局2002年版,第32页。
② 单宇:《菊坡丛话》,见《四库全书存目丛书·集部》第416册,齐鲁书社1997年版,第363页。
③ 阮阅:《诗话总龟后集》,人民文学出版社1997年版,第267页。
④ (宋)周煇撰,刘永辉校注:《清波杂志校注》,中华书局1994年版,第196页。

笙诗记之。'"①

在东坡故事中,也有东坡偶然听来的,自己或他人将其记下来的。例如故事中,东坡偶然见到王中令的玄孙,夜间闲话中得知王中令曾经遇到过一个食肉饮酒且能作诗的主僧,颇有趣味,便记载了下来,"王中令既平蜀,捕逐余寇,与部队相远,饥甚,入一村寺中。主僧醉甚,箕踞。公怒,欲斩之,僧应对不惧。公奇而赦之,问求蔬食,僧曰:'有肉无蔬。'公益奇之,馈之以蒸猪头,食之甚美。公喜问:'僧止能饮酒食肉耶?为有他技也?'僧自言能为诗,公令赋食蒸豚诗,操笔立成,曰:'嘴长毛短浅含膘,久向山中食药苗。蒸处已将蕉叶裹,熟时兼用杏浆浇。红鲜雅称金盘荐,软熟真堪玉箸挑。共把膻根来比并,膻根只合吃藤条。'公大喜,与紫衣师号。东坡元祐初见公之玄孙讷,夜话及此,为记之。"②以东坡夜话的方式,记载了这个小故事。

再次,东坡故事中的东坡与法术故事。在东坡故事中,东坡曾经尝试过炼丹以及行气等导引之术,并且曾经遇到过高僧传授他炼金之术。"予兄子瞻尝从事扶风,开元寺多古画,而子瞻少好画,往往匹马入寺,循壁终日。有二老僧出揖之曰:'小院在近,能一相访否?'子瞻欣然从之。僧曰:'贫道平生好药术,有一方能以朱砂化淡金为精金。老僧当传人而患无可传者,知公可传,故欲一见。'子瞻曰:'吾不好此术,虽得之,将不能为。'僧曰:'此方知而不可为,公若不为,正当传矣。'是时,陈希亮少卿守扶风,平生溺于黄白,尝于此僧求方,而僧不与。子瞻曰:'陈卿求而不与,吾不求而得,何也?'僧曰:'贫道非不悦陈卿,畏其得方不能不为耳。贫道昔尝以方授人矣,有为之即死者,有遭丧者,有失官者,故不敢轻以授人。'……后偶见陈卿,语及此僧,遽应之曰:'近得其方矣。'陈卿惊曰:'君何由得之?'子瞻具道僧不欲轻传人之意,不以方示之。陈固请不已,不得已与之。陈试之良验,子瞻悔曰:'某不惜此方,惜负此僧耳,公慎为之。'陈姑应曰:'诺!'未几坐受邻郡公使酒,以赃败去。子瞻疑其以金故,深自悔恨。后谪居黄州,陈公子愷在黄,子瞻问曰:'少卿昔竟尝为此法否?'愷曰:'吾父既失官至洛阳,无以买宅,遂大作此。'然竟病指痈而没,乃知僧言诚不妄也。"③在这个

---

① 韦居安:《梅磵诗话》,见《历代诗话续编》,中华书局1983年版,第560页。
② 释惠洪:《冷斋夜话》,见《宋元笔记小说大观》,上海古籍出版社2001年版,第2178页。
③ (宋)苏辙撰,俞宗宪点校:《龙川略志》,中华书局1982年版,第1—2页。

故事中,东坡并不爱好黄白之术,正是因为不贪婪,高僧将炼金术传给他,而陈希亮执着于此方,期以不劳而获,最终却因病早亡,付出了生命的代价。

再次,东坡故事中的记梦故事。东坡常将自己的梦境与梦中发生的事情记载下来,构成了东坡故事的一部分。东坡记梦的许多故事都是于仙界、水底等异质空间发生的,且其中多数有写诗、吟诗之举。东坡尝梦见在天帝的住所中为月娥仙子们作词,醒来之后,词作犹记,"东坡自云:尝梦至帝所,见侍女月娥仙,为作裙带诗,其词曰:'百叠漪漪水皱,六铢纚纚云轻。植立广寒深殿,风来环佩微声。'"①故事中的东坡亦尝梦见神宗宣诏他入宫,命他题诗,"东坡倅钱塘日,梦神宗召入禁,宫女环侍,一红衣女捧红靴一双,命轼铭之。觉而记其中一联云:'寒女之丝,铢积寸累。天步所临,云蒸雷起。'既毕,进御,上极叹其敏。使宫女送出,睇视裙带间有六言诗一首,曰:'百叠漪漪水皱,六铢縱縱云轻。植立含风广殿,微闻环佩摇声。'"②《坚瓠集》亦据此载其事,文字稍异。③《诗话总龟》中用更加简练的语言描述了这个故事,"东坡倅钱塘,梦神考召入禁中。宫女环侍,一红衣女捧红靴一只命坡铭之,其中一联云:'寒女之丝,铢积寸累;步武所及,云蒸雷起。'上极叹其敏捷。"④

无论是东坡所经历的,还是东坡所记载的,或是被融入东坡故事中所重构的,东坡所遇的奇人异事、幽默故事、梦境赋诗、鬼神法术等,都是神秘奇丽的文学世界中想象力的展开与活跃,亦为整个东坡故事带来了奇异的魅力。

四、轮回与救赎

受家庭环境和师友讲习的熏陶,东坡很早就接触佛、道两家的思想,在《真相院释迦舍利塔铭叙》里,东坡自述他的父亲和母亲均笃信佛教,常做佛事;在《十八罗汉叙》里,他又记述幼时家中曾供有十八罗汉像。东坡与弟弟苏辙早在少年时代就已开始阅读佛道典籍了。东坡八岁时入眉州天庆观北极院从道士张易简读书,对道教的飞仙悟真之说也较为熟悉。在凤翔任职期间,向同事王大年

---

① (宋)朱彧撰,李伟国点校:《萍州可谈》,中华书局2007年版,第123页。
② 释惠洪:《冷斋夜话》,见《宋元笔记小说大观》,上海古籍出版社2001年版,第2167页。
③ (清)褚人获辑撰,李梦生校点:《坚瓠集》,上海古籍出版社2012年版,第275页。
④ 阮阅:《诗话总龟前集》,人民文学出版社1987年版,第354页。

学习佛法,"予始未知佛法,君为言大略,"①在为王大年写的哀辞中,东坡自述:"予之喜佛书,盖自君发之"。② 出任杭州之后,东坡遍游江南名山寺庙,广泛地与禅师及诗僧交往,例如海月法师慧辩、辩才法师元净、了元禅师佛印以及诗僧惠勤、清顺、参寥等。东坡在《海月辩公真赞》中描述其与法师"清坐相对,时闻一言,则百忧冰解,形神俱泰"③,参禅学佛。东坡借助佛道思想,在变幻无常的人生历程和风浪险恶的政治生活中,获得身心的清净和安宁。随缘自适,不为物役,保有自己人格的完整,做到进退有据,在充满不平和烦恼的现实生活中,豁达通脱。

虽然东坡学佛的初衷不在于真正地脱离人间、极乐成佛,但是并未影响到东坡在东坡故事中被塑造为某位高僧的转世后身。在当时,有很多学者都被指为高僧的后身。"旧说房琯前身为永禅师,娄师德前身为远法师,岂世所谓聪明英伟之才者,必自般若中来耶?……东坡前身亦具戒和尚,坡尝言在杭州时,尝游寿星寺,入门便悟曾到,能言其院后堂殿石处,故诗中有'前生已到'之语。此皆异事,盖由二公平生学道性地纯一,神观清净,于一念顷遂见前生。"④至清代,关于名人前身后世的故事被总结在一起,颇似一本阐述轮回的"前身大全":"轮回之事,正史载羊祜前身为李氏子。……苏子瞻是五戒和尚。"⑤东坡在故事中就被纳入前世后身的轮回链条之中,指为认五戒和尚的后身。

《清波杂志》已经对所谓轮回身世表示怀疑,"房次律为永禅师,白乐天海中山,本朝陈文惠南庵,欧阳公神清洞,韩魏公紫府真人,富韩公昆仑真人,苏东坡戒和尚,王平甫灵芝宫。近时所传尤众,第欲印证今古名辈,皆自仙佛中去来。然其说类得于梦寐渺茫中,恐止可为篇什装点之助。"⑥清代学者则更清楚地认识到了转世的虚妄,都是好事者为之,"袁伯修云:'苏子瞻前身为五祖戒,后身为径山果。'董遏周云:'按子瞻辛巳岁殁延陵,而妙喜实以己巳生,岂先十余年子瞻已托识他所耶? 总是一个大苏,沙门扯他做妙喜老人,道家又道渠是奎

---

① 苏轼:《苏轼文集》,中华书局1986年版,第1965页。
② 苏轼:《苏轼文集》,中华书局1986年版,第1965页。
③ 苏轼:《苏轼文集》,中华书局1986年版,第638页。
④ 陈善:《扪虱新话》,上海书店1990年版,卷十五。
⑤ (清)褚人获辑撰,李梦生校点:《坚瓠集》,上海古籍出版社2012年版,第881页。
⑥ (宋)周煇撰,刘永翔校注:《清波杂志校注》,中华书局1994年版,第56页。

宿。'及阅《长公外纪》云：在宋为苏轼，逆数前十三世在汉为邹阳。子瞻入寿星寺语客曰：'某前是此寺僧，山下至忏堂有九十二级。其蒉也，吾郡莫君濛复有紫府押衙之梦。'余戏为语曰：'大苏死去忙不彻，三教九流都扯拽。'纵好事者为之，亦词场好话柄也。"①不仅指出了前后身的虚妄所在，更指出了之所以会出现这种说法的原因之一，即是好事者喜为话柄。

在东坡故事中，东坡不仅被认为是五戒禅师的后身，还会被认为是邹阳的后身，"蘧一日谒冰华丈于其所居烟雨堂，语次偶诵人祭先生文，至降邹阳于十三世，天岂偶然，继孟轲于五百年，吾无间也之句。冰华笑曰：'此老夫所为者。'因请降邹阳事。冰华云：'元祐初，刘贡甫梦至一官府，案间文轴甚多，偶取一轴展视云：在宋为苏某，逆数而上十三世，云在西汉为邹阳。盖如黄帝时为火师，周朝为柱下史，只一老聃也。"②有的故事认为东坡死后为紫府押衙，"雪川莫蒙养正，崇宁间过余言：夜梦行西湖上，见一人野服鬓髻，颀然而长，参从数人，轩轩然常在人前。路人或指之而言曰：'此苏翰林也。'养正少识之，亟趋前拜，且致恭曰：'蒙自为儿时诵先生之文，愿执巾侍不可得也。不知先生厌世仙去，今何所领，而参从如是也。'先生顾视久之曰：'是太学生莫蒙否？'养正对之曰：'然。'先生领之曰：'某今为紫府押衙。'"③

这些关于前后身的解释似言之凿凿、确有其事，例如以为山谷前世为女子，而其腋下之病患就是明证。④后人也会因为某处相传为东坡自悟前身之所，专程游览题诗，"寿星院，……苏子瞻守杭日，常游焉，入门，即悟前身曾到，历言院后殿阁山石之名，无一遗谬，故湖中诗咏，于此居多。"⑤戏剧小说中，常以东坡的前身后世作为主要线索组织素材，串接情节，在前生后世的轮回故事中宣扬佛理、点悟众生。

东坡与佛印的转世故事，主要是东坡前世因色破戒、佛印两世相随提醒东坡时时修道为主要内容的。自《五戒禅师私红莲记》之后，故事的梗概逐渐固定下来：五戒和明悟同为孝光禅寺高僧，两人互论佛法，情谊深厚。寺中清一和尚拾

---

① （清）褚人获辑撰，李梦生校点：《坚瓠集》，上海古籍出版社2012年版，第648页。
② 何薳：《春渚纪闻》，中华书局1983年版，第85页。
③ 何薳：《春渚纪闻》，中华书局1983年版，第86页。
④ 何薳：《春渚纪闻》，中华书局1983年版，第5页。
⑤ 田汝成：《西湖游览志》，浙江人民出版社1980年版，第96页。

得一女名红莲,将其抚养成人。五戒见红莲美色,萌动凡心,淫污了红莲,被明悟察觉,因羞愧而坐化,转世投胎为苏轼。明悟惧五戒转世后不信佛、法、僧三宝,灭佛谤僧,后世堕落苦海,不得皈依佛道,亦即相随坐化,投胎为谢端卿,后出家,号佛印,点拨苏轼信佛,最后双双悟道。

然而,最初在宋代笔记中的关于东坡前世为五戒的故事,仅仅是将著名的高僧与著名的文人相对应起来,增添了一些转世的神秘色彩而已,并不涉及女色与破戒的情节。

东坡前世为僧的传说屡见于笔记之中,如"钱塘西湖寿星寺老僧则廉言,先生作郡倅日,始与参寥子同登方丈,即顾谓参寥曰:'某生平未尝至此,而眼界所视,皆若素所经历者。自此上至忏堂,当有九十二级。'遣人数之,果如其言。即谓参寥子曰:'某前身山中僧也,今日寺僧皆吾法属耳。'后每至寺,即解衣盘礴,久而始去。则廉时为僧雏侍仄,每暑月袒露竹阴间,细视公背,有黑子若星斗状,世人不得见也,即北山君谓颜鲁公曰:'志金骨,记名仙籍'是也。"①直接指出东坡的前世是五戒禅师的也为数不少,"山谷初与东坡先生同见清老者,清语坡前身为五祖戒和尚,"②《冷斋夜话》也曾记录过东坡为五戒的故事:

> 苏子由初谪高安时,云庵居洞山,时时相过。聪禅师者,蜀人,居圣寿寺。一夕,云庵梦同子由、聪出城迓五祖戒禅师,既觉,私怪之。以语子由,未卒,聪至。子由迎呼曰:"方与洞山老师说梦,子来亦欲同说梦乎?"聪曰:"夜来辄梦见吾三人者,同迎五戒和尚。"子由拊手大笑曰:"世间果有同梦者,异哉!"良久,东坡书至,曰:"已次奉新,旦夕可相见。"三人大喜,追笋舆而出城,至二十里建山寺,而东坡至。坐定无可言,则各追绎向所梦以语坡。坡曰:"轼年八九岁时,尝梦其身是僧,往来陕右。又先妣方孕时,梦一僧来托宿,记其颀然而眇一目。"云庵惊曰:"戒,陕右人,而失一目,暮年弃五祖来游高安,终于大愚。"逆数盖五十年,而东坡时年四十九矣。后东坡复以书抵云庵,其略曰:"戒和尚不识人嫌,强颜复出,真可笑矣。既法契,可痛加磨砺,使还旧规,不胜幸甚。"自是常衣衲衣。③

---

① 何薳:《春渚纪闻》,中华书局1983年版,第93页。
② 何薳:《春渚纪闻》,中华书局1983年版,第5页。
③ 释惠洪:《冷斋夜话》,见《宋元笔记小说大观》,上海古籍出版社2001年版,第2204页。

《诗话总龟》也据《冷斋夜话》的记录收入了这个故事：

> 苏子由谪高安，云安时时相过，有聪禅师亦蜀人。一夕，云安梦同子由、聪迓五祖戒禅师。既觉，语子由，聪亦至。子由曰："方与洞山说梦，子今来同说梦乎？"聪曰："夜来梦吾三人迎戒和尚。"子由曰："世间果有同梦者。"久之，东坡书至曰："已至奉新，旦夕相见。"三人喜，出城而坡至，则以语坡。坡曰："轼七八岁，常梦是僧，又先妣方孕时，梦一僧来托宿。"及谪英州，云遣书至南昌，坡引纸大书曰："戒和尚又错脱也。"后监玉局观，作偈答南华长老曰："恶业相缠四十年，常行八棒十三禅。却着衲衣归玉局，自疑身是五通仙。"①

纵观笔记中关于转世、前世为僧的故事，不仅东坡，许多知名的文人都有类似故事。例如："张文定公方平为滁州日，游琅邪，周行廊庑，神观清净。至藏院，俯仰久之，忽呼左右梯梁间，得经一函。开视之，则《楞伽经》四卷，余其半未写。公因点笔续之，笔迹不异。味经首四句曰：'世间相生灭，犹如虚空花。智不得有无，而兴大悲心。'遂大悟流涕，见前世事。……暮年出此经示东坡居士，坡为重写，题公之名于其右，刻于浮玉山龙游寺。"②东坡也曾记载房琯前身是永禅师之事，"《东坡集》中有《观宋复古画序》一首，曰：'旧说房琯开元中宰卢氏，与道士邢和璞过夏口村，入废佛寺，坐古松下。和璞使人凿地，得瓮中所藏娄师德与永禅师画，笑谓琯曰：颇忆此耶？因怅然悟前生之为永禅师也。"③其时著名文人前世为僧之说较为流行，东坡为五戒禅师的后身的说法也易为世人所接受，并广泛传播开来。

红莲女的角色加入到故事之中，或由宋张邦基《侍儿小名录》中的故事演化而来的："五代时有一僧，号至聪禅师。祝融峰修行十年，自以为戒行具足，无所诱掖也无何，一日，下山，于道旁见一美人，号红莲。一瞬而动，遂与合欢。至明，僧起沐浴，与妇人俱化。"此故事还以其他人物流传，被诱惑的僧人是玉通禅师，玉通转世为妓女柳翠，后被月明和尚度脱成佛，以此为题材的戏曲、小说数量不

---

① 阮阅：《诗话总龟前集》，人民文学出版社1987年版，第216页。
② 释惠洪：《冷斋夜话》，见《宋元笔记小说大观》，上海古籍出版社2001年版，第2205页。
③ 释惠洪：《冷斋夜话》，见《宋元笔记小说大观》，上海古籍出版社2001年版，第2213页。

少。佛教主张"四大皆空"以达到涅槃境界,而情欲往往具有难以抵御的破坏力。东坡为五戒后身的传说由来已久,以东坡为主人公,以"交合败道"故事类型嵌入,以颇具刺激性的僧徒与美女的冲突再加上文人轶事,增强了小说的娱乐化与戏剧化。

《五戒禅师私红莲记》中的描写着重于有道高僧一时难耐,为色破戒,并且以此内容为题目,集中刻画了五戒禅师如何看中红莲、最终破戒、羞愤坐化的过程,详细细致,而对于东坡转世的故事描写相对简略,只是出于对故事的发展的交代,《五戒禅师私红莲记》所呈现的趣味重于民间娱乐,并且其中内容多与史实出入,舛误较多。

明代,《明悟禅师赶五戒》虽然也以转世故事为梗概,但描写得更加完整、丰富,故事中突出的重点也不在于女色,而在于东坡与佛印对于富贵与佛法的争执,以及深挚的两世友情。

《太平广记》卷三百八十六中《甘泽谣》收录了一个"三生石上旧精魂"的故事,赞颂二人生死不渝的友情。这个故事在唐以后就流传甚广,东坡也曾经删削此则故事的文本。"唐《忠义传》,李澄之子源,自以父死王难,不仕,隐洛阳惠林寺,年八十余,与道人圆观游甚密,老而约自峡路入蜀。源曰:'予久不入繁华之域。'于是许之。观见锦裆女子浣,泣曰:'所以不欲自此来者,以此女也。然业影不可逃,明年某日,君自蜀还,可相临,以一笑为信。吾已三生为比丘,居湘西岳麓寺,寺有巨石林间,尝习禅其上。'遂不复言,已而观死。明年如期至锦裆家,则儿生始三日,源抱临明檐,儿果一笑。却后十二年,至钱塘孤山,月下闻扣牛角而歌者,曰:'三生石上旧精魂,赏月吟风不要论。惭愧情人远相访,此身虽坏性常存。'东坡删削其传,而曰圆泽,而不书岳麓三生石上事。"①《明悟禅师赶五戒》的入话即是李源与僧圆泽三世相逢的故事,与文中两世相随的友谊相得益彰。

《明悟禅师赶五戒》中很多情节直接来源于笔记的记载。例如东坡出生时,"院君王氏,夜梦一瞽目和尚,走入房中,吃了一惊。明旦分娩一子,生得眉清目秀,父母皆喜。"②与《冷斋夜话》的记载不异。其中东坡与佛印的形象都在前代

---

① 释惠洪:《冷斋夜话》,见《宋元笔记小说大观》,上海古籍出版社2001年版,第2222页。
② 冯梦龙:《古今小说·明悟禅师赶五戒》,人民文学出版社1984年版,第480页。

笔记记载的基础上进行了再创作，人物更加丰满，也更富有生活气息。例如描写五戒禅师："形容古怪，左边瞽一目，身不满五尺。本贯西京洛阳人，自幼聪明，举笔成文，琴棋书画，无所不通。长成出家，禅宗释教，如法了得，参禅访道。"①而明悟禅师："年二十九岁，生得头圆耳大，面阔口方，眉清目秀，丰彩精神，身长七尺，貌类罗汉。本贯河南太原府人氏，俗姓王，自幼聪明，笔走龙蛇，参禅访道。"②

《明悟禅师赶五戒》中的主要矛盾是转世的东坡沉迷于仕宦富贵，代表着执著于现实的功利心，而佛印时时以佛法提点，处处劝说，代表着佛教追求的超脱。二人少年时便时时辩论，各执一词。"却说苏老泉的孩儿，年长七岁，教他读书写字，十分聪明，目视五行书。行至十岁来，五经三史，无所不通，取名苏轼，字子瞻。此人文章冠世，举笔珠玑，从幼与谢瑞卿同窗相厚，只是志趣不同。那东坡志在功名，偏不信佛法，最恼的是和尚，常言：'不秃不毒，不毒不秃，转毒转秃，转秃转毒。我若一朝管了军民，定要灭了这和尚们，方遂吾愿。'见谢瑞卿不用荤酒，便大笑道：'酒肉乃养生之物，依你不杀生，不吃肉，羊、豕、鸡、鹅，填街塞巷，人也没处安身了。况酒是米做的，又不害性命，吃些何伤？'每常二人相会，瑞卿便劝子瞻学佛，子瞻便劝瑞卿做官。瑞卿道：'你那做官，是不了之事，不如学佛三生结果。'子瞻道：'你那学佛，是无影之谈，不如做官，实在事业。'终日议论，各不相胜。"③

《明悟禅师赶五戒》对于东坡生平的叙述与史实较为切合，出仕杭州通判，徙知密州、徐州、湖州，因为"乌台诗案"而被贬黄州，元祐中重新还朝，再度出知杭州，又再被贬至惠州、儋等地，四处辗转流落，最终提举玉局观。东坡所到之处几乎都有佛印跟随的脚步。东坡在家读书时，谢瑞卿劝他学佛。东坡升任翰林学士，谢瑞卿担心东坡得到富贵之后，更加不肯息心弃欲，为了让他悟道息心，跟随他来到京师。因为东坡的无心安排，谢瑞卿出家为僧。谢瑞卿被御赐法号为佛印，经常故作抱怨，利用东坡的内疚，"使他不得不一步步听其言、效其行，任凭佛印谈经说法，只得悉心听受；若不听时，佛印就发恼起来"。使东坡越来越了解佛教因缘之说，"把个毁僧谤佛的苏学士，变做了护法敬僧的苏子瞻了"。

东坡因乌台诗案被囚于牢狱之中，巨大的灾难使他认识到世事荣华一场虚幻，在绝境之中感受到了富贵的虚幻，想道："我今日所处之地，分明似鸡鸭到了

---

① 冯梦龙：《古今小说·明悟禅师赶五戒》，人民文学出版社1984年版，第475页。
② 冯梦龙：《古今小说·明悟禅师赶五戒》，人民文学出版社1984年版，第475页。
③ 冯梦龙：《古今小说·明悟禅师赶五戒》，人民文学出版社1984年版，第481页。

庖人手里,有死无活。想鸡鸭得何罪,时常烹宰他来吃?只为他不会说话,有屈莫伸。今日我苏轼枉了能言快语,又向那处申冤?岂不苦哉!记得佛印时常劝我戒杀持斋,又劝我弃官修行,今日看来,他的说话,句句都是,悔不从其言也。"①遂开始悟道。随后,东坡与佛印同时做了一个梦,梦到同去五戒的禅寺赏莲花,并且看到了少女红莲以及五戒写的《辞世颂》,醒来之后,"忽听得远远晓钟声响,心中顿然开悟:'分明前世在孝光寺出家,为色欲堕落,今生受此苦楚。若得佛力覆庇,重见天日,当一心护法,学佛修行。'"②认识到轮回的确实存在,并幡然悔悟,要跟随佛印出家。佛印没有应允:"学士宦缘未断,二十年后,方能脱离尘俗。但愿坚持道心,休得改变",以前世所种之"业"今生必还之的因果逻辑解释了东坡被贬谪的宿命。苏轼虽未出家,但从此"不杀生,不多饮酒,浑身内外,皆穿布衣。每日看经礼佛",这个情节,颇类笔记中的记载:"哲宗问右珰陈衍:'苏轼衬朝章者,何衣?'衍对曰:'是道衣。'哲宗笑之。及谪英州,云居佛印遣书追至南昌,东坡不复答书,引纸大书曰:'戒和尚又错脱也。'后七年,复官,归自海南,监玉局观,作偈戏答僧曰:'恶业相缠卅八年,常行八棒十三禅,却着衲衣归玉局,自疑身是五通仙。'"③

东坡彻底悟得前世今生,便一心一意地等待"业"完,好皈依佛教、摆脱轮回。东坡时常询问佛印,"何时得脱?"而佛印如先知般预言他的命运,并告诉他还不到时间。"东坡怏怏而别",因为"宿业未除",东坡被一贬再贬,期待着最终的解脱。东坡被刻画成为一时失足的有道高僧的形象,佛印充满着转世投胎的使命感——即为拯救东坡而出生,他的生存就是为了将东坡从宿业的轮回之中拯救出来,最终,佛印在相国寺等待苏轼回京,二人相见后,同时逝去,终成正果。

明代剧作《红莲债》中,五戒转世为东坡,明悟转世为佛印,红莲转世为朝云,清一转世为琴操。五戒因红莲而破戒,转世后却再成为了夫妻。东坡曾劝琴操共度良宵,莫入佛门,"进拱销长夜钟声,胜彼挥尘谈禅独闭空山月影",无奈琴操一心向佛,却向东坡推荐了朝云,东坡甚喜,"琴操既劳撮合,毋得逡巡。"东坡这位"多情翰苑郎"终于和朝云这位"金谷娇娃,如此良缘定"。不同于《五戒禅师私红莲记》与《明悟禅师赶五戒》对于佛教解脱的皈依,在此故事中,高扬起

---

① 冯梦龙:《古今小说·明悟禅师赶五戒》,人民文学出版社 1984 年版,第 484 页。
② 冯梦龙:《古今小说·明悟禅师赶五戒》,人民文学出版社 1984 年版,第 485 页。
③ 释惠洪:《冷斋夜话》,见《宋元笔记小说大观》,上海古籍出版社 2001 年版,第 2202 页。

了对人欲的张扬,实际上是肯定五戒对情欲的追求、否定宗教中的禁欲思想。相比而言,《红莲债》中的五戒性格更为立体,形象更为鲜明、生动。如五戒抨击清规戒律对身心的束缚,宣言:"倒不如拈花弄柳,讨个燕侣莺俦,管甚么碎骨粉身,撞着牛头马面。"作者在行文中也处处表现出对情欲的张扬和肯定:五戒在吩咐清一去唤红莲后,着重刻画了他焦急等待的心情,清一和红莲对此事提出异议时,五戒则坚决地说:"谩说我禅宗戒律素明,争奈你媚脸儿相迎。我若是不採娇花忒浅情,怎肯把凡缘销净。"红莲几番推拒,五戒欲火始终不灭:"我也不念楞严,只念着软款温柔七字经。"五戒在投胎前道:"不向禅关躭寂寞,且投尘世恣风流。"转世后,又成就了与红莲的再世姻缘,只图今生享乐,不修来世。或可看作明中叶始兴起的情欲解放思潮在文学作品中的张扬。

清杂剧《琴操参禅》中参寥子介绍东坡为五戒禅师后身,"根器尽好"。而《眉山秀》中,有"老东坡参透红莲迷"的情节,也以东坡前世为五戒,因淫污红莲而转世为东坡。不同于其他作品,《眉山秀》中东坡悟前身事被放在了人生的最末,当东坡从海岛回到京城,功名之愿已酬,富贵之分已极,皇帝赐酒,宫娥劝饮,金莲宝炬送归,大醉如梦,此时方了解前身后世之事一时顿悟。东坡故事大部分关于轮回与救赎的故事,都以东坡的顿悟作结,或是顿悟前生、息心修道,以求脱离人世苦海,或是顿悟功名富贵美色的虚幻,于佛法中求得真正的解脱。甚至在有的故事结局中,东坡与季常、琴操、柳氏就已经了却尘缘,共赴仙境灵山会了。"离浊世幡幢导往,居净土身心欢畅,琉璃界,优钵香,看稳坐莲台,寿延无量。"

轮回的观念在市井中有着旺盛的生命力,而善恶果报更是深刻地融入市井道德伦理之中。借佛家轮回之语,东坡故事中呈现了或谓壮观的文化景象。虽然结局都是看破人世虚无的大彻大悟,但其中蕴涵着市井对于长生、富贵、美色、钱财等外在欲望满足的期望,也体现着市井最根本的伦理价值与道德判断。

第三节 与友交往的东坡故事

苏轼一生交往广泛,上至帝王将相,下至贩夫走卒,无不往来。东坡故事中亦是如此。首先,东坡与佛印、参寥等高僧的交往故事数量较多,流传广泛,也被后人以各种方式进行重构。其次,东坡与文人们的交往故事中,与王安石等人的矛盾、与黄山谷等人的友谊,都是故事所着力刻画的。最后,东坡与秦观的交往,在后世被引入了苏小妹故事之中,更加具有戏剧性、娱乐性。

一、与佛印、参寥等僧人交往故事

东坡生平曾与许多高僧有过密切的来往,在东坡故事中,关于他和高僧们交往的故事数量亦多,且多饶有兴味。究其原因,一是因为东坡熟谙佛理,与高僧们言谈无碍;二是因为东坡与高僧之间真挚而浓厚的感情。许多高僧在东坡得意之时或是落魄之处,都给予了精神支持与友谊的温暖。

首先,东坡了悟佛理。虽然没有出家修行,但东坡有着敏锐的感知力与深入的体悟能力,并且熟悉典籍与思想,甚至有人评论东坡悟得的佛理之深超过了寻常的老僧,"子由诵《楞严经》,悟一解六亡之义,自言于此道更无疑。然其作《风痹诗》,乃有'数尽吾则行,未应堕冥漠'之句,则于理尚有碍也。而东坡乃谓子由闻道先我何邪?东坡《奉新别子由诗》云:'何以解我忧,粗了一事大。'《哭遯儿诗》云:'中年忝闻道,梦幻讲已详。'故《赠钱道人诗》云:'首断故应无断者,冰消那复有冰知。主人苦苦令侬认,认主人人竟是谁?'又云:'有主还须更有宾,不知无镜自无尘。只从半夜安心后,失却当年觉痛人。'《赠东林总老诗》云:'溪声便是广长舌,山色岂非清净身。夜来四万八千偈,他日如何举似人。'如此等句,虽宿禅老衲,不能屈也。"[1]东坡不仅于诗中以诗意参悟,也将佛经中的文字用于诗中,"东坡《赤壁词》'灰飞烟灭'之句,《圆觉经》中佛语也。"[2]又如"东坡曰:'桑畴雨过罗纨腻,麦陇风来饼饵香。'如《华严经》举因知果,譬如莲花,方其吐华,而果具蕊中。"[3]

其次,乌台诗案之后,高僧们在东坡一贬再贬之际,给予了东坡真诚的友谊与情感的支持。在东坡贬居黄州之时,许多昔日的亲朋好友都因惧祸而与他断绝了音信,东坡于精神困苦之中,承受了巨大的心理压力,"故人不复通问讯,疾病饥寒疑死矣。"[4]而此时,在东坡处境艰难之际,曾经结识的一些僧人,却不远

---

① 葛立方:《韵语阳秋》,见《历代诗话》,中华书局1981年版,第577页。
② (宋)邵博撰,刘德权、李剑雄点校:《邵氏闻见后录》,中华书局1983年版,第152页。
③ 释惠洪:《冷斋夜话》,见《宋元笔记小说大观》,上海古籍出版社2001年版,第2194页。
④ 苏轼:《苏轼诗集》,中华书局1982年版,第1270页。

千里寄信来问候,东坡不由得感叹道:"以此知道德高风,果在世外也。"①正是出于淡泊功利、不畏强权的情感支持,东坡与高僧们的关系分外融洽。

东坡故事当中出现的诗僧多矣,首先是参寥。他是东坡诗文中出现次数尤多的名字。参寥,名道潜,号妙总。道潜本名昙潜,苏轼改为道潜,年龄比苏轼小七岁,有学者认为参寥子与维琳是师兄弟,"同属云门下五世"②。在东坡故事中,参寥对于东坡而言不仅是一位诗僧,更重要的是一位相契甚厚、能够远俗的诗僧。"参寥者,于潜人,出家智果寺。其见知于东坡也,以临平绝句。……其他小诗,亦清新可赏,其诗云:'风蒲猎猎弄轻柔?欲立蜻蜓不自由,五月临平山下路,藕花无数满汀洲。'……《次韵吴承老推官观开西湖》诗:'伟人谋议不求多,事定纷纷自唯阿。尽放龟鱼还绿净,肯容萧苇障前坡。一朝美事谁能纪,百尺苍厓尚可磨。天上列星当亦喜,月明时下浴晴波。'如此数首,庶几能远尘俗者。"③正是浓郁诗情与人格气质,使得东坡与参寥既是互相欣赏的知己,正如《竹庄诗话》引《冷斋夜话》云:"吴僧道潜有标置,常自姑苏归西湖,临平道中作诗云云。东坡赴官钱塘,过而见之,大称赏。"④又是情谊深厚、不离不弃的朋友。

当东坡贬居黄州之时,参寥不远千里前去看望并与东坡同住,一起谈诗论文,游览山水美景。东坡曾于给参寥的一封信中写道:"仆罪大责轻,谪居以来,杜门念咎而已。平生亲识,亦断往还,理故宜尔。而释、老数公,乃复千里致问,情义之厚,有加于平日。"⑤这种情谊超越于世间政治忌讳和利害得失之上,真挚而珍贵,令东坡十分感动。七年后,苏轼出知杭州,参寥在西湖畔的智果院,两人来往密切。东坡被贬至惠州、海岛之时,参寥也因为与东坡的交往而被迫因"度牒冒名"的罪名还俗。但即使如此,参寥与东坡依然保持着书信的来往,互通音讯,东坡在北归途中从朋友钱济明来信中得知参寥重新为僧的消息,为之庆幸。直至病中,东坡依然与参寥子互相写信寄诗问候。在东坡眼中,参寥其人特点鲜明,"维参寥子,身寒而道富。辩于文而讷于口。外腒柔而中健武。与人无竞,而好刺讥朋友之过。枯形灰心,而喜为感时玩物不能忘情之语。此余所谓参寥

---

① 苏轼:《苏轼文集》,中华书局1986年版,第1860页。
② 杨曾文:《宋元禅宗史》,中国社会科学文献出版社2006年版,第587页。
③ 田汝成:《西湖游览志余》,浙江人民出版社1980年版,第238页。
④ (宋)何汶撰,常振国、绛云点校:《竹庄诗话》,中华书局1984年版,第409页。
⑤ 苏轼:《苏轼文集》,中华书局1986年版,第1859页。

子有不可晓者五也。"①描述了一位活泼泼的诗僧形象,寡言却妙笔如花,不与人争,但却好讥讽他人的过失。

在东坡故事中,东坡与参寥情谊甚笃,参寥在黄州陪伴了东坡半年,东坡则戏称他为"机杼和尚","东坡云:参寥善绝句,有云'隔林仿佛闻机杼,知有人家在翠微'。每为人诵。后来黄州,相聚半年。京师故人以书相遗曰:'知有僧在彼,非隔林仿佛闻机杼和尚耶?'仆谓参寥曰:'此吾师七字师号也。'"②类似的记载还有:"道潜作诗,追法渊明,其语逼真处,'数声柔橹苍茫外,何处江村人夜归?'又曰:'隔林仿佛闻机杼,知有人家住翠微。'时从东坡在黄州,京师士大夫以书抵坡曰:'闻公与诗僧相从,岂非隔林仿佛闻机杼者乎?真东山胜游也!'坡以书示潜,诵前句,笑曰:'此吾师十四字师号耳。'"③两人在东坡贬谪之时仍然互相支持,并一起欣然享受审美化的生活中点点滴滴的乐与美。

在东坡故事中,东坡与参寥不仅互谑取乐,且时常相约泛舟赏景,烹茶论诗。"智果院,旧有参寥泉,其时有僧道潜者,号参寥子,于潜人,通内外典,能诗。苏子瞻守黄州,参寥子自吴中访之,梦与赋诗,有'寒食清明都过了,石泉槐火一时新'。后七年,子瞻守杭州,参寥子始卜居智果院,有泉出石缝间,甘冷宜茶。寒食之明日,子瞻与客泛舟自孤山来访,参寥子汲泉钻火,烹黄柏茶,适符所梦。……参寥子答诗:'泰山屹天下,四海同仰止。我公命世英,突兀等于是。胸中涵秋汉,皎绝微云滓。当年事危言,轩冕如脱屣。但贵知我希,宁惭不吾以?风云果尔符,六翮排空起,一夕厌承明,抗章求迤逦。余杭古雄藩,比屋富生齿,立谈政事成,兴不负山水。雍容梵末契,访我顽且鄙,大旆辉松门,禽猿亦惊喜。森森门下士,左右集珠履,使君道德姿,圭角非所恃。软语如东风,熏然著桃李,今朝真胜事,千载足遗美,安得笔如椽?磨崖为公纪。'"④智果寺因是东坡与参寥烹茶论诗之处,后代文人遂重建此地,以示纪念。"智果寺,旧在孤山,吴越王所建,宋绍兴间,徙筑于此。先是苏子瞻守杭州,与智果院禅师参寥子善,名其所居泉曰参寥泉。寺既徙北山,有泉适出寺后,好事者仍名参寥泉,以志旧迹。元末毁。明洪武初,僧可祥、惠炬重建,其梁题云:'元祐五年,岁在庚午,二月辛卯

---

① 苏轼:《苏轼文集》,中华书局1986年版,第639页。
② 阮阅:《诗话总龟前集》,人民文学出版社1987年版,第162页。
③ 释惠洪:《冷斋夜话》,见《宋元笔记小说大观》,上海古籍出版社2001年版,第2187页。
④ 田汝成:《西湖游览志》,浙江人民出版社1980年版,第15—16页。

朔,二十五日乙卯上梁。'盖子瞻手书,自孤山移置者。"①后人为了纪念这两位颇具诗才的朋友之间的友谊与机趣,一次次重建他们曾经对诗烹茶之处,寄托情思。

其次,佛印禅师无疑是东坡故事中又一位时常出现的僧人形象。从笔记、小说、诗话、词话、戏曲,至民间传说,都有佛印禅师与东坡的交往故事。

佛印禅师即了元(1032—1098),俗姓林,字觉老,号佛印,饶州浮梁人,家世业儒。《禅林僧宝传》有传,《五灯会元》有传云:"南康军云居山了元佛印禅师,饶州浮梁林氏子。诞生之时,祥光上烛,须发爪齿,宛然具体。风骨爽拔,孩孺异常。发言成章,语合经史。闾里先生称曰神童。年将顶角,博览典坟,卷不再舒,洞明今古。才思俊迈,风韵飘然,志慕空宗,投师出家。试经圆具,感悟夙习,即遍参寻,投机于开先法席,出为宗匠。"②

东坡因乌台诗案谪居黄州之时,佛印在庐山,与东坡有着文字往来。不久,佛印主持润州金山寺,东坡与佛印"承有金山之召,应便领徒东来,……惟早趣装,途中善爱"③。元丰七年,苏轼与了元晤于庐山,元丰八年,苏轼回京路过金山,居有时日,此段时间与佛印交往颇多。因此,佛印虽然没有像小说、戏曲中一直追随东坡,但他们相交颇厚却是不争事实。在宋人的笔记中,佛印还曾谋划为东坡买田。"浮玉老师元公,欲为吾买田京口,要与浮玉之田相近者。此意殆不可忘。吾昔有诗云:'江山如此不归山,山神见怪惊我顽;我谢江神岂得已,有田不归如江水。'今有田矣不归,无乃食言于神也耶!"④

有学者将笔记、传记、方志中的佛印故事的主要内容作了总结为四类:

第一,是佛印烧猪待子瞻。宋周紫芝《竹坡老人诗话》卷三有载。已佚失的金院本《佛印烧猪》和元剧《佛印烧猪待子瞻》及《花间四友东坡梦》都提到了这件事情,可见此事在当时流传甚广。第二,以偈迎苏轼。《指月录》卷二十四有载,《酉溪渔隐丛话·前集》卷五十七引《禅林僧宝传》此文、《舆地纪胜》卷七《镇江府》亦同。第三,为武将祝祷。见于《指月录》卷二十四。《西湖游览志

---

① 田汝成:《西湖游览志》,浙江人民出版社1980年版,第91页。
② (宋)普济著,苏渊雷点校:《五灯会元》,中华书局1984年版,第1026页。
③ 苏轼:《苏轼文集》,中华书局1986年版,第1871页。
④ 华东师范大学古籍研究所点校注释:《东坡志林》,华东师范大学出版社1983年版,第55—56页。

余》亦载,文字稍异。第四,留东坡玉带以镇山门事,东坡曾为之作褐三首。《五灯会元》卷十六记此事。《续传灯录》、《苏诗王注》、《指月录》、《镇江府志》中记载东坡将玉带赠给佛印,佛印报之以衲衣,《许彦周诗话》则言苏轼赠玉带于宝觉禅师,诗亦是赠宝觉禅师的,未知孰说为确。① 只是这些本事皆未被后世小说、戏曲所广泛采用。

被后世小说、戏曲大量采用的是伪托东坡所作的《问答录》,其中大部分的内容是东坡和佛印的互谑。具体有:与佛印嘲戏、纳佛印令、佛印讥谑、题僧诗轴、为佛印真赞题答,联佛印松诗、游藏春坞、联句嘲僧、与佛印答问、因扪虱诘辨、佛印纳东坡令、佛印因东坡见罪、与佛印商谜、佛印与东坡商谜、佛印与东坡斗墨说、与佛印起令、佛印题茶诗与东坡、登厕讥行者等②,以粗鄙的玩笑,开启了东坡与佛印在市井文化中的戏谑滑稽。

佛印与东坡的交往在市井文化中被演绎出了数量庞大的多元故事,既有东坡携妓诱惑佛印破戒,又有东坡与佛印二人互谑,既有东坡与佛印二世相随,又有诗酒流连歌舞游赏等内容。《佛印烧猪待子瞻》是宋代有名的故事,元代的《南村辍耕录》中曾经记录了这个杂剧的剧名,内容佚失。而东坡与佛印都好戏谑,《花间四友东坡梦》中,东坡一心想以白牡丹诱使佛印破戒还俗,却被佛印施以法术,最终悟道。东坡在贬官安置惠州期间,佛印曾致书慰问,对东坡三十年功名富贵的转盼成空表示感慨,劝他将过去一笔勾断,寻取自家本来面目。但东坡终究没有出家修道,而在戏曲的结局中,东坡却与佛印一起出家修行。《五戒禅师私红莲记》、《明悟禅师赶五戒》、《佛印四调琴娘》、《金莲记》、《赤壁游》等主要剧目中都有东坡与佛印的交往故事,以东坡为五戒禅师后身、佛印为明悟禅师后身的二世相随故事逐渐形成。明代的物质繁华、声色之乐以及市井中低俗的调笑都大量地被融入了东坡与佛印的交往故事之中。《金莲记》中安排佛印作为丑角人物上场,他自谓"笔管中有谑浪的文章,舌头上有诙谐的高兴"。剧中颇多恶谑,且时有猥琐下流之语。清代,《赤壁记》、《眉山秀》等作品中,仍然有二世相随故事的印迹,虽然保留了一些市井调笑,但整体上已趋于平淡。

东坡与佛印的交往之所以如此受到关注,或因两个人都有诗才,且爱好广

---

① 胡莲玉:《苏轼、佛印故事在戏曲小说中的流传及演变》,《南京师范大学文学院学报》2003年第3期
② 《问答录》,四库全书存目丛书子部第250册,齐鲁书社1995年版,第528页。

泛、富有雅趣、敏捷善对。在东坡故事中，佛印与东坡可谓是棋逢对手，"佛印禅师法名了元，饶州人，未为僧日，乃儒家流，书无不读，滑稽应对，当时无出其右者。与东坡厚善，会饮必相谐谑。在宋神庙朝，因祷旱，乃诏在京各僧入内修设道场，演经说法，东坡乃戏谓佛印曰：君素喜释教，窃闻诏僧供奉，盍不冒侍者之名，入观盛事。佛印信之，既入，上适见之状貌魁伟，遂赐披剃。佛印不得已而顺受，实非本意亦颇衔恨。后东坡宴而戏之曰：向尝与公谈及昔人诗云，时闻啄木鸟，疑是叩门僧。又云鸟宿池边树，僧敲月下门。未尝不叹息前辈，以僧对鸟，不无薄僧之意，岂谓今日师亲犯之？佛印曰：所以老僧今日得对学士。东坡愈喜其辨捷。"①

此外，东坡故事中，饶有趣味的是东坡与佛印之间的互谑。"东坡元丰末年得请归耕阳羡，舟次瓜步，以书抵金山了元禅师曰：'不必出山，当学赵州平等接人。'元得书径来，东坡迎笑问之，曰(元)以偈为献曰：'赵州当日少谦光，不出三门见赵王。争似金山无量相，大千都是一禅床！'东坡拊掌称善。"②而他们互相戏谑以争食物的故事借助语言的机趣，以日常调笑的方式，充满诙谐之乐。"东坡、山谷、佛印同饮，坡与谷密约，止买肉三片，行一令以困佛印。乃谓印曰：'要说数目令，能者方许食肉。'坡先言曰：'二八一十六，且吃一块肉。'遂取一片食之。山谷曰：'二九一十八，两片一齐夹。'遂取二片食之。止遗醋一碟，佛印还令曰：'贫僧不识数，且吃一碟醋。'"③

清代故事中出现了几乎完全不同于以往的东坡与佛印的形象，即在和尚与老爷智斗的情节模式中，将东坡塑造为老爷，佛印塑造为和尚。故事中东坡不再雅好佛理，而是极恶僧道，佛印也不再是谢瑞卿，而改为贾进士。"贾进士晚年削发为僧，名佛印，住持虎丘山寺，贯穿六经，旁通奥义。东坡新任苏州，极恶僧释，佛印竟至府门求见。卒入报，坡曰：'好生与他说，府尊火正红。'卒传命，印曰：'门外一块铁。'卒再入报，坡命之进，印立丹墀下，放杖作揖。坡曰：'山僧如何揖公侯？'印曰：'大海终当纳细流。昨夜虎丘山上望，一轮明月照苏州。'坡大喜，以府堂正对吴山，以吴山为题，命印作诗。印曰：'和尚说，老爷请提笔。'坡许之。印立成曰：'吴山突兀势峥嵘，险阻崎岖径路横。猛虎出林风激耳，老龙

---

① 《山中一夕话》，明清善本小说丛刊初编第六辑谐游篇，天一出版社1985年版，卷之一。
② 阮阅：《诗话总龟后集》，人民文学出版社1987年版，第281页。
③ 《山中一夕话》，明清善本小说丛刊初编第六辑谐游篇，天一出版社1985年版，卷之一。

入洞雨汀泙。槎牙古树离斜倒,拉挞高岩屈窍生。对景颠纤吟不就,静听流水响嘤呱。'中有难字,遽未能写,阁笔久思,又恐失体,询知是佛印,遂与之定交。"①东坡以高高在上的姿态要求佛印作诗,并因欣赏其诗才而与之交往。东坡与佛印的交往在这则故事中完全没有以往的意蕴,而是仅借东坡与佛印之名虚构故事。

再次,东坡故事中也会出现辩才僧师。辩才元净(1011—1091),俗姓徐。先在杭州上天竺寺传法,后移至南山龙井,虽讲天台教义,然而尤重西方净土法门,与参寥子为友。东坡两次于地方任上治杭州,与他往来尤多,诗文中经常提到。在《辩才大师真赞》中写道"余顷年尝闻妙法于辩才老师"②,元净去世时,东坡为他写了著名的《祭龙井辩才文》③。

故事中,东坡与辩才的友情十分真挚,因东坡来访,退隐于山林的辩才远途出迎,甚至跨越了象征着隐居界限的虎溪。"杭州辩才老师退居龙井,不复出入。子瞻往见之,常出至风篁岭。左右惊曰:'公复过虎溪矣。'辩才笑曰:'杜子美不云乎:与子成二老,来往亦风流。'因作亭岭上,名过溪,亦名二老。"④

再次,风流僧人仲殊,东坡因其嗜蜜,称之为"蜜殊",在东坡故事中,也有关于他的情节,"仲殊嗜蜜,思聪嗜琴,东坡诗所谓'招得琴聪与蜜殊'者是也。仲殊善词,而小调尤胜。……此僧风流蕴藉,不减少年,然恐非莲社本色也。"⑤无论是辩才还是仲殊,在东坡故事中都与东坡有着令人愉悦的交往。

最后,虽然东坡与许多僧人有着愉快的交往,留下各种饶有兴味的故事,但并不是所有的僧人皆如此,僧人可遵与东坡的交往故事,就是令人啼笑皆非的故事。"僧可遵者,诗本凡恶,偶以'直待众生总无垢'之句为东坡所赏,书一绝于壁间。继之山中道俗随东坡者甚众,即日传至圆通,遵适在焉,大自矜诩,追东坡至前塗。而塗中又传东坡《三峡桥》诗,遵即对东坡自言:'有一绝,却欲题三峡之后,旅次不及书。'遂朗吟曰:'君能识我汤泉句,我却爱君三峡诗。道得可嚫不可漱,几多诗将竖降旗。'东坡既悔赏拔之误,且恶其无礼,因促驾去。观者称

---

① (清)褚人获辑撰,李梦生校点:《坚瓠集》,上海古籍出版社2012年版,第572页。
② 苏轼:《苏轼文集》,中华书局1986年版,第639页。
③ 苏轼:《苏轼文集》,中华书局1986年版,第1961页。
④ 阮阅:《诗话总龟前集》,人民文学出版社1987年版,第239页。
⑤ 田汝成:《西湖游览志余》,浙江人民出版社1980年版,第239页。

快。遵方大言曰：'子瞻护短，见我诗好甚，故妒而去。'径至栖贤，欲题所举绝句。寺僧方礱石刻东坡诗，大诟而逐之。山中传以为笑。"①据此则故事，僧人可遵偶然以一句诗的"片言之善"得到东坡赞赏便骄傲自满，四处和东坡诗，东坡厌恶离去时，却以为东坡妒嫉。《冷斋夜话》中的可遵故事，增加了佛印的出场以及淋漓尽致的嘲讽，"福州僧可遵，好作诗，暴所长以盖人，丛林貌礼之，而心不然。尝题诗汤泉壁间，东坡游庐山，偶见，为和之。遵曰：'禅庭谁立石龙头？龙口汤泉沸不休。直待众生尘垢尽，我方清冷混常流。'东坡曰：'石龙有口口无根，龙口汤泉自吐吞。若信众生本无垢，此泉何处觅寒温。'遵自是愈自矜伐。客金陵，佛印元公自京师还，过焉。遵作诗赠之曰'上国归来路几千，浑身犹带御炉烟。凤凰山下敲蓬咏，惊起山翁白昼眠'。元戏答曰：'打睡禅和万万千，梦中趋利走如烟。劝君打快修禅定，老境如蚕已再眠。'元诗虽少蕴藉，然一时快之。"②至此，自吹自擂的僧人可遵成为笑料，令文人绝倒，"高致虚云：东坡言过温泉壁上见诗云：'直待众生总无垢，我方清冷混常流。问人云，可遵作。因作一绝云：'石龙有口口无根，自在流泉谁吐吞。若信众生本无垢，此泉何处觅寒温？'可遵缘此知名。后来京师，每有宾客，必出数十篇，读者无不绝倒。"③更增加了故事的讽刺效果和喜剧意味。

二、与王安石、黄山谷交往故事

东坡既入仕途，与士人们有着密切的交往，在东坡故事中，亦多有东坡与士人的交往故事，士人们的角色与形象是多元、多彩的，其与东坡的交往也是意兴盎然、妙趣横生的。

有些文人与东坡相处甚厚，但在东坡故事中并不多见。例如文同（1018—1079），字与可，人称石室先生等，尤为东坡所敬重，善画竹。

据笔记所言，东坡不仅赞赏文同的墨竹，也很赞赏文同的文才，"东坡尝对欧公诵文与可诗曰：'美人却扇坐，羞落庭下花。'欧公笑曰：'与可无此句，与可拾得耳。'世徒知与可扫墨竹，不知其高才兼诸家之妙，诗尤精绝。戏作《鹭鸶》

---

① （宋）陆游撰，李剑雄、刘德权点校：《老学庵笔记》，中华书局1979年版，第55页。
② 释惠洪：《冷斋夜话》，见《宋元笔记小说大观》，上海古籍出版社2001年版，第2201页。
③ 阮阅：《诗话总龟前集》，人民文学出版社1987年版，第227页。

诗曰：'颈细银钩浅曲，脚高绿玉深翘。岸上水禽无数，有谁似汝风标。'"①《诗话总龟》引《直方诗话》，亦载此事，文字稍简，"东坡云：余昔对文忠公诵文与可诗云：'美人却扇坐，羞落庭下花。'公曰：'此非与可诗，世间元有此句，与可拾得耳。'后五年，秀来惠州见予，偶道其事。"②但作为东坡故事中的人物，文同并不多见。

有些文人虽然常出现于东坡故事中，但主要是陪伴的作用。黄庭坚（1045—1105），字鲁直，自号山谷道人，其诗文、书法成就都很高，与东坡亦师亦友，相交深厚。据宋人笔记，东坡去世之后，他在家悬挂东坡像，日日祭奠。

山谷与东坡并称为"苏黄"，在东坡故事中，东坡以游戏之语赞赏山谷的才华，"山谷有茶诗押肠字韵，和者已数四，而山谷最后有'曲几团蒲听煮汤，煎成车声入羊肠'之句。东坡云：'黄九怎得不穷？'故晁无咎复和云：'车声出鼎细九盘，如此佳句谁能识！'"③故事中两人十分默契。

东坡故事中，黄山谷并不是主要的人物，但却是不可或缺的。无论是东坡吟诗唱和，还是互相戏谑，尤其是在赤壁之游的故事中，都少不了山谷的出场。剧作《苏子瞻醉写赤壁赋》中，黄鲁直与佛印于七月十五日到黄州，邀请东坡一起夜游赤壁，并邀东坡写作诗文，于是留下了《赤壁赋》。许潮戏剧的《赤壁游》中，东坡邀黄山谷、佛印禅师共游赤壁，再加上自称张志和后身的道士，凑齐了儒、释、道三家共赏共饮。清代车江英的戏剧《游赤壁》中，东坡与山谷、佛印，饮酒行令，赏景怡情。戏剧《金莲记》中，黄鲁直、章子厚邀请东坡一起郊游，后东坡贬居黄州之时，东坡邀请山谷、佛印一起泛舟赤壁。此外，山谷与子由一同梦见了五戒禅师，以此揭示了东坡为五戒祖师的后身，戏剧《眉山秀》中，东坡、佛印、黄山谷三人再游赤壁，化用的是《后赤壁赋》中的情景。可见，黄山谷在东坡故事中，是东坡一位亲密的友人，但主要是"愿得奉陪"的角色。

在东坡故事中个性特征较鲜明的人物是米芾（1051—1107），字元章，工书法，善水墨。米元章天资高迈、性情萧散，好洁成癖，对于诗画奇石有着非同一般的热爱与痴迷，故世称米颠。

---

① 释惠洪：《冷斋夜话》，见《宋元笔记小说大观》，上海古籍出版社2001年版，第2170页。
② 阮阅：《诗话总龟前集》，人民文学出版社1987年版，第168页。
③ 阮阅：《诗话总龟前集》，人民文学出版社1987年版，第102页。

据宋人笔记,米芾与东坡的相识始于东坡贬居黄州时期,"米元章尝写其诗一卷投许冲元,云:'芾自会道言语,不袭古人。……元丰中,至金陵,识王介甫;过黄州,识苏子瞻,皆不执弟子礼,特敬前辈而已。"①但两人真正相知之时,似于东坡的晚年时期,如笔记所载:"米元章以书名,而词章亦豪放不群。东坡尝言,自海南归,舟中闻诸子诵其所作古赋,始恨知之之晚。"②也有学者从东坡诗中发现,东坡以老年方知米元章为憾事,"东坡诗云:'元章作书日千纸,平生自苦谁与美。画地为饼未必似,要令痴儿出馋水。'如此等句,似非知元章书者。晚年尺牍中语乃不然,所谓岭海八年,念我元章,迈往凌云之气,清雄绝俗之文,超迈入神之字,何时见之,以洗瘴毒。又云:'恨二十年相从,知元章不尽。'所谓'画地为饼未必似'者,其知元章不尽者与?"③

据笔记,米元章的诗也有佳作,只是因为书法非常出色,人们常常忽略了他的诗才,"米元章赋诗绝妙,而人罕称之者,以书名掩之也。如《不及陪东坡往金山作水陆诗》云:'久阴阵夺佳山川,长澜四溢鱼龙渊。众看李郭渡浮玉,晴风扫出清明天。颇闻妙力开大施,足病不列诸方仙。想应苍壁有垂露,照水百怪愁寒烟。'《柄云阁》云:'云出救世旱,泽浃云寻归。入石了不见,丰功已如遗。龙骞荐复起,抱石明幽姿。云乎无定所,隐者何当棲。'如此二诗,殆出翰墨畦径之表,盖自迈往凌云之气流出,非寻规索矩者所可到也。"④在这则故事中,米芾的诗作,少有规矩套路的束缚,思之所至,意之驰骋,出人意表。

在宋人笔下,米芾嗜好古人诗书佳作,常不择手段据为己有,由于他的痴迷远远超出了一般嗜好者的程度,搜集书画作品的方式非常极端,被称为米癫。"老米酷嗜书画,尝从人借古画自临搨,搨竟,併与真赝本归之,俾其自择而莫辨也。巧偷豪夺,故所得为多。东坡二王帖跋云:'锦囊玉轴来无趾,粲然夺真疑圣智。'因借以讥之。旧传老米在仪真,于中贵人舟中见王右军帖,求以他画易之,未允。老米因大呼,据舷欲赴水,其人大惊,亟畀之。好奇喜异,虽性命有所不计,人皆传以为笑。"⑤东坡曾经在诗歌中戏谑米元章,"东坡跋米元章所收书

---

① (宋)曾敏行著,朱杰人标校:《独醒杂志》,上海古籍出版社1986年版,第47页。
② (宋)曾敏行著,朱杰人标校:《独醒杂志》,上海古籍出版社1986年版,第50页。
③ 葛立方:《韵语阳秋》,见《历代诗话》,中华书局1981年版,第593页。
④ 葛立方:《韵语阳秋》,见《历代诗话》,中华书局1981年版,第500页。
⑤ (宋)周煇撰,刘永翔校注:《清波杂志校注》,中华书局1994年版,第227页。

云:'画地为饼未必似,要令痴儿出馋水。'又云:'锦囊玉轴来无趾。'山谷和之云:'百家传本略相似,如月行天见诸水。'又云:'拙者窃钩辄斩趾。'皆谓元章患净病及好夺人话。"①甚至为了得到书画佳作而不惜以性命相要挟,"米元章书画奇绝,从人借古本自临拓,临竟,并与临本真本还其家,令自择其一,而其家不能辨也。以此得人古书画甚多。东坡屡有诗讥之。二王书跋尾则云:'锦事囊玉轴来无趾,粲然夺真拟圣智'。又云:'巧偷豪夺古来有,一笑谁似痴虎头。'山谷亦有戏赠云:'澄江静夜虹贯月,定是米家书画船。'余谓人之嗜好耽著,乃至于此。"②痴狂与不羁共同构成了东坡故事中米芾的形象。

不仅如此,在东坡故事中,东坡与米元章都幽默善谑,其交往中,亦可见戏谑之乐,"苏子瞻在维扬,一日设客,皆一时名士,米元章亦在坐。酒半,元章忽起立自赞曰:世人皆以芾为颠,愿质之子瞻。公笑答曰:'吾从众'。"③

米芾,"喜服唐衣冠,宽袖博带,人多怪之。又有洁疾,器用不肯令人执持。尝衣冠出谒,帽檐高,不可以乘肩舆,乃彻其盖,见者莫不惊笑。所为类多如此。"④米芾形象如果在小说中或者在戏剧舞台上,以其颠覆性的不合常理的思维与行为,定能在文学的想象力世界中迸发出夺目的光彩,然而,在东坡故事之中,尤其是小说、戏曲之中,都少有米元章的出场。

陈慥,字季常,少年时嗜酒好剑,颇有侠义之风,然终不遇,居于黄州之歧亭,喜爱佛教,亦自参禅,自称龙丘先生,晚年隐居,又称方山子。东坡被贬黄州之时,与季常来往频繁,被世人熟知。然而,季常在东坡故事中的人物形象及其丰富程度,远远超越本人。这是一位被东坡故事放大、重构得较多的士大夫,在市井中,陈季常惧内的故事既被传为笑谈,也成了明清滑稽戏中的佳作。

东坡与季常相识得很早,东坡入仕之初,签判于凤翔,与陈季常的父亲陈公弼共事。在东坡故事中,当时的东坡年轻气盛,而陈公弼屡次删改东坡文字,两人相处不欢,但当东坡贬于黄州之时,陈公弼已经坐祸去世,东坡亦悔当初,与陈季常甚相知厚。"陈希亮字公弼,天资刚正人也。嘉祐中,知凤翔府。东坡初擢制科,签书判官事,吏呼苏贤良。公弼怒曰:'府判官何贤良也?'杖其吏不顾,或

---

① 阮阅:《诗话总龟前集》,人民文学出版社1987年版,第99页。
② 葛立方:《韵语阳秋》,见《历代诗话》,中华书局1981年版,第599页。
③ 《山中一夕话》,明清善本小说丛刊初编第六辑谐游篇,天一出版社1985年版,卷之一。
④ (宋)曾敏行著,朱杰人标校:《独醒杂志》,上海古籍出版社1986年版,第50页。

第三章 市井文化中的东坡故事

谒入不得见。故东坡《客次假寐》诗:'虽无性命忧,且复忍斯须。'又《九日独不预府宴登真兴寺阁》诗'忆弟恨如云不散,望乡心似雨难开'。其不堪如此。……公弼子慥季常,居黄州之岐亭,慕朱家、郭解为人,闾里之侠皆归之。元丰初,东坡谪黄州者,执政疑公弼废死自东坡,委于季常甘心焉。然东坡、季常相得驩甚,故东坡特为公弼作传,至比之汲黯,曰:'轼官凤翔,实从公二年。方是时,年少气盛,愚不更事,屡与公争议,至形于言色,已而悔之。'"①故事中的东坡与陈季常之间有着不同寻常的深厚情感。

被东坡故事大量重构、虚构的,不是东坡与陈季常父子之间的交往,而是陈季常的悍妻柳氏,东坡曾写诗嘲讽柳氏善妒,使她在后世故事中成为了恶妒妇人的代表。

东坡诗云:"东坡先生无一钱,十年家火烧凡铅。黄金可成河可塞,只有霜鬓无由玄。龙邱居士亦可怜,谈空说有夜不眠。忽闻河东狮子吼,拄杖落手心茫然。"②。"诗中所云龙丘居士,即陈季常也。"③陈季常也因此成为"怕老婆"的典型人物。

《狮吼记》是明代杰出的滑稽剧之一。剧中柳氏奇妒,不允许季常在外与妓女同游,也不允许妾纳,如有不合柳氏心意的地方,则用青藜打手,罚跪池塘。为了防止季常与其他的女性接触,柳氏把绳子牵季常身上,每隔一段时间,拽绳子以确定季常在家,又以水泼地,责令季常在水干之前回家,否则就要受到责罚。季常虽然想亲近美姬,但是迫于惧怕柳氏,不得不时时警惕,刻刻担心,如履薄冰。剧中还采用了重叠相同场景的方式,以"狠似狼"的妒妇与"软似羊"懦夫将"怕老婆"强调出来。柳氏带着季常去官府打官司评理,官员刚刚责备了柳氏几句,便被其夫人破口大骂,无奈之下,季常只好忍气吞声,又去土地庙评理,然而土地爷也是个怕老婆的,被土地娘娘一阵好打,"直打得你下寻地狱,上走天堂。"④虽然剧中最终以地狱的可怕点化了柳氏,但是怕老婆的故事与妒妇的行为使该剧在市井中呈现出非常明显的娱乐性与"狂欢"意味。

---

① (宋)邵博撰,刘德权、李剑雄点校:《邵氏闻见后录》,中华书局1983年版,第121—122页。
② 苏轼:《苏轼诗集》,中华书局1982年版,第1341—1342页。
③ (宋)何汶撰,常振国、绛云点校:《竹庄诗话》,中华书局1984年版,第180页。
④ (明)汪廷讷著,李占鹏点校:《狮吼记》,见《汪廷讷戏曲集》,巴蜀书社2009年版,第377页。

王安石是多数东坡故事中迫害东坡的反面人物,或是因为东坡续其菊花诗,或是因为东坡以词戏王夫人等原因,在皇帝面前逸言陷害东坡,使东坡被贬谪地方。东坡故事中的东坡既对王安石新政有不同的见解,更加戏谑王安石的学说。虽然偶有东坡故事中将王安石作为东坡的知言之人,"舒王在钟山,有客自黄州来。公曰:'东坡近日有何妙语?'客曰:'东坡宿于临皋亭,醉梦而起,作《成都圣像藏记》千有余言,点定才一两字。有写本,适留舟中。'公遣人取而至。时月出东南,林影在地,公展读于风檐,喜见眉须,曰:'子瞻,人中龙也,然有一字未稳。'客曰:'愿闻之。'公曰:'日胜日贫,不若曰如人善博,日胜日负耳。'东坡闻之,拊手大笑,亦以公为知言。"①但在东坡故事中,王安石对于东坡的文章,一向持尖锐的批评态度,"东坡中制科,王荆公问吕申公:'见苏轼制策否?'申公称之。荆公曰:'全类战国文章,若安石为考官,必黜之。'故荆公后修《英宗实录》,谓苏明允有战国纵横之学云。"

　　除了政见不同、文章不同,在东坡故事中,王安石亦因为苏洵之《辩奸论》而记恨三苏,以私人恩怨诽谤苏洵,"《英宗实录》:'苏洵卒,其子轼辞所赐银绢,求赠官,故赠洵光禄寺丞',与欧阳公之志'天子闻而哀之,特赠光禄寺丞'不同。或云《实录》,王荆公书也。又书洵机论衡策文甚美,然大抵兵谋权利机变之言也。盖明允时,荆公名已盛,明允独不取,作辩奸以刺之,故荆公不乐云。"②《眉山秀》中,苏洵反对新法,又路遇因为青苗钱交不上而送至京城正法的乡民,激奋之下,当面指斥了王安石,而王安石亦誓言要报复苏氏,迁怒于东坡,借口让东坡取来的是下峡水而不是中峡水,贬东坡于杭州。

　　其原因,也许在于人们对于东坡与王安石的基本认识有着很大的区别,例如宋人记载了欧阳修对东坡和王安石的看法,从一开始就不一样,"欧阳公谓曾子固云:'王介甫之文,更令开廓,勿造语,及模拟前人。'又云:'孟、韩文虽高,不必似之也。'谓梅圣俞云:'读苏轼之书,不觉汗出,快哉!老夫当避路,放他出一头地也。'又曰:'轼所言乐,乃修所得深者尔,不意后生达斯理也。'欧阳公初接二公之意已不同矣。"③正是这样的认识,使他们在东坡故事中形成了截然不同的形象。

---

① 释惠洪:《冷斋夜话》,见《宋元笔记小说大观》,上海古籍出版社2001年版,第2192页。
② (宋)邵博撰,刘德权、李剑雄点校:《邵氏闻见后录》,中华书局1983年版,第111页。
③ (宋)邵博撰,刘德权、李剑雄点校:《邵氏闻见后录》,中华书局1983年版,第108页。

三、苏小妹的故事——东坡与秦观的交往

苏氏一门三杰,都是才华横溢的才子,被称为三苏,在这样的家庭里成长的女子,会是什么样子呢?东坡的姐姐早夭,并没有留下文字与事迹,但被虚构出来的苏小妹却在小说、戏曲中赢得了明清两代市井越来越多的青睐。

在东坡故事中,父子三人都是文杰,"眉山苏洵,少不喜学,壮岁犹不知书,年二十七,始发愤读书,举进士,又举茂才,皆不中,曰:'此未足为吾学也。'焚其文,闭户读书,五六年,乃大究六经、百家书说。嘉祐初,与二子轼、辙至京师,欧阳文忠公献其书于朝,士大夫争持其文,二子举进士亦皆在高等,于是,父子名动京师,而苏氏文章擅天下,目其文曰三苏,盖洵为老苏,轼为大苏,辙为小苏也。"①苏小妹正是被置于三苏的家庭背景中被创作了出来。伪托东坡所作的《东坡问答录》中已经出现苏小妹的形象,书中称其为"坡妹"。坡妹所涉及的主要情节是"坡妹与夫来往歌诗"、"秦少游叠字诗"、"坡妹采莲叠字诗",即坡妹与秦少游之间的婚姻以及他们文字往来的故事,意在凸显小妹的聪慧与才华以及其与秦少游夫妻唱和的和谐。在小妹故事中,作为陪衬的东坡参不透、答不出的问题,往往都被坡妹毫不费力地解决了。

明人小说《最娱情》中的《女翰林》,把《问答录》中东坡与佛印的一些情节嫁接给了苏小妹与秦少游,例如《问答录》中的斗墨,"佛印持匠人墨斗谓东坡曰:'吾有两间房,一间赁与转轮王。有时放出一线路,天下邪魔不敢当。'东坡答云:'我有一张琴,一条丝弦藏在腹,有时将来马上弹,弹尽天下无声曲。'"②成为苏小妹与秦少游成婚以后,苏小妹、秦少游与东坡之间互相逗趣的话题,并加上了小妹所对的四句,"我有一只船,一人摇橹一人牵,去时牵纤去,来时摇橹还。"且由小妹最后揭示出谜底,"我的就是你的,你的就是大兄的,大兄的就是我的。"③《女翰林》中,将小妹比作女中状元,"聪明男子做公卿,女子聪明不出身,若许裙钗应科举,状元榜眼属佳人。"④三苏都是作为陪衬的高才男子,被小

---

① (宋)王辟之撰,吕友仁点校:《渑水燕谈录》,中华书局1981年版,第41页。
② 《问答录》,见《四库全书存目丛书·子部》第250册,齐鲁书社1995年版,第533页。
③ 《最娱情·女翰林》,见《古本小说丛刊》第二六辑第四册,中华书局1991年版,第1492页。
④ 《最娱情·女翰林》,见《古本小说丛刊》第二六辑第四册,中华书局1991年版,第1450页。

妹比下去。虽然说"三苏学问惊朝野",但是"小妹文章动鬼神","是妹妹吟诗答对如良友,与哥哥角胜争奇不让亲。"①东坡作为兄长,其性格与面目都刻画得相对模糊。

不仅才华出众,苏小妹如东坡一般善谑,兄妹互谑的故事流传广泛,"东坡与妹戏言曰:'脚踪未出香房内,额头先到画堂前,好个冲头。'妹答坡云:'去年一点相思泪,今日方流到嘴边,好个长面。'女史亦云:东坡有小妹,善词赋,敏慧多辨,其额广而如凸,东坡尝戏之曰:'莲步未离香阁下,梅妆先露画屏前。'妹即应歌曰:'欲扣齿牙无觅处,忽闻毛里有声传。'以坡公多须髯,遂亦戏答之耳。"②但是,文人们也早已考证苏小妹其人是否存在,以及秦少游的妻子究竟是谁,"《女史》云:东坡有小妹善词赋,敏慧多辨。其额广而如凸,东坡尝戏之曰:'莲步未离香阁下,梅妆先露画屏前。'妹即答云:'欲扣齿牙无觅处,忽闻毛里有声传。'以东坡多须髯故也。《两山墨谈》所记相戏之语,又皆不同。坡戏妹曰:'脚踪未出香房内,额头先到画堂前。'以其冲额也。妹答坡云:'去年一点相思泪,今日方流到嘴边。'以坡长面戏之。又云:苏小妹能诗,代婢作愁苦诗答秦少游。世传苏小妹为秦少游妻。《戒庵漫笔》云:考《淮海集》徐君主簿行状云:徐君女三人,尝叹曰:'子当读书,女必嫁士人。'以文美妻余,如其志云。则少游之妻乃徐氏,非苏小妹也。'"③长面多髯的东坡与额头凸出的妹妹都有过人的才华,常互谑为乐,带来轻松愉快,如家常般亲切,为市井中喜闻乐见的内容。

《醒世恒言·苏小妹三难新郎》将《问答录》中关于小妹的情节收入其中,使趣闻得到了广泛传播。说话人用朱淑真和李清照两个才女婚姻不幸的悲剧引出小妹故事,只有小妹的生活最为幸福。

> 说话的,为何单表那两个嫁人不着的?只为如今说一个聪明女子,嫁着一个聪明的丈夫,一唱一和,遂变出若干的话文。正是:
> 说来文士添佳兴,道出闺中作美谈。④

---

① 《三难新郎》,见《清蒙古车王府藏子弟书》,国际文化出版公司1994年版,第682页。
② 《山中一夕话》,明清善本小说丛刊初编第六辑谐游篇,天一出版社1985年版,卷之一。
③ (清)褚人获辑撰,李梦生校点:《坚瓠集》,上海古籍出版社2012年版,第208页。
④ 冯梦龙:《醒世恒言·苏小妹三难新郎》,人民文学出版社1995年版,第228页。

第三章 市井文化中的东坡故事

苏小妹的故事是在"文士佳兴"之外,增添的"闺中美谈"。主要情节是苏小妹无意间续完了老苏的诗,被大加称赞。王安石为自己的儿子求婚,苏小妹从文章中看出其子必然早逝,拒绝了这段婚姻,选择了秦少游。秦少游听闻苏小妹貌丑,扮作道人偷看小妹。为此,小妹在新婚之夜出题考新郎,在东坡的帮助下,少游顺利地答完了题目。婚后,少游与小妹互寄回环诗,表达思念之情。小说中,苏小妹固然才华出众,但更着重于表现她如何选择丈夫、经营婚姻、于婚姻当中享受幸福。苏小妹"虽不是妖娆美丽,却也清雅幽闲,全无俗韵。"① 东坡则是一位传统兄长,没有过多的描写与个性特征。全篇轻松热闹,活泼闲适,小妹的才气之超人,对自己婚姻即命运的把握,都是被肯定的。

剧作《长公妹》的主要情节与《醒世恒言·苏小妹三难新郎》相似,仍然是小妹续诗、选中秦观、三试新郎、最终结合的故事。详写小妹续诗,略写王安石为子求婚。并未采用少游提诗、少游道观偷看小妹的情节。制作增强了对秦观的刻画,且东坡对于秦观敬仰有佳,不仅亲自拜会,还亲自为妹妹提亲。剧中提及对王安石以及新法的控诉与对官吏的劝诫,也有对当试考官们的辛辣讽刺,但主要基调是享受人生,诗酒风雅。剧中依然称小妹为"女翰林","你看孩儿们应口而成,各吐奇句,男子尚不为希罕,如吾家小妹真可称女翰林也"。

子弟书《三难新郎》中,着重于小妹于新婚之夜三试新郎之事,文字通俗简明,晓畅明白,雅俗共赏。如顾玉林《书词绪论》所云:"无论缙绅先生,乐此不疲,即庸夫俗子,亦喜撮口而效。"也可以看出苏小妹的故事在当时的传播之广。

在明清东坡故事的发展过程中,苏小妹故事占据了越来越大的比例,尤其在市井中,受到了越来越多的关注,苏小妹的故事成为人们喜闻乐见、广为传播的才子佳人故事,而东坡形象在苏小妹故事中越来越隐匿,只作为小妹机敏、聪慧的陪衬,或是小妹与少游的媒人、撮合者。

之所以将虚构人物苏小妹与秦少游联系起来,部分原因应该是秦少游其人的才华与性情,以及与东坡的交往。

首先,秦少游有着较高的文字造诣,也是难得的才子。在宋人笔下,东坡欣赏他的才华,并且不吝赞扬之语,"鬳谓少游曰:'比见东坡,言少游文章如

---

① 冯梦龙:《醒世恒言·苏小妹三难新郎》,人民文学出版社1995年版,第233页。

美玉无瑕,又琢磨之功,殆未有出其右者。'少游曰:某少时用意作赋,习贯已成,诚如所谕,点检不破,不畏磨难,然自以华弱为愧。邢和叔尝曰:'子之文,铢两不差,非秤上秤来,乃等子上等来也。'廌曰:人之文章,阔达者失之太疏,谨严者失之太弱。少游之文词虽华而气古,事备而意高,如钟鼎然。其体质规模,质重而简易,其刻画篆文,则后之铸师莫仿佛,宜乎东坡称之为天下奇作也,非过言矣。"

其次,秦少游生性浪漫潇洒,文士风流,他的词凄婉动人,情感至深,在宋人笔下,东坡于少游词多有激赏:"少游在横州,饮于海棠桥,桥南北多海棠。有老书生家海棠丛间。少游醉卧宿于此。明日题其柱曰:'唤起一声人悄,衾枕梦寒窗晓。瘴雨过,海棠晴,春色又添多少。社瓮酿成微笑。半破瘿瓢共舀。觉健到,急投床,醉乡广大人间小。'东坡爱之,恨不得其腔。"①

再次,在宋人笔记中,秦少游与东坡的相识颇具有戏剧性,结局也充满宿命化的无奈。"东坡初未识秦少游,少游知其将复过维扬,作坡笔语题壁于一山中寺。东坡果不能辨,大惊。及见孙莘老,出少游诗词数百篇,读之,乃叹曰:'向书壁者,岂此郎邪!'"②事实上,秦少游一生仕途不得志,与东坡有着类似的贬谪生涯,"先生自惠移儋耳,秦七丈少游亦自郴阳移海康,渡海相遇。二公共语,恐下石者更启后命。少游因出自作挽词呈公,公抚其背曰:'某常忧少游未尽此理,今复何言。某亦尝自为志墓文,封付从者,不使过子知也。'遂相与啸咏而别。初少游谒公彭门,和诗有'更约后期游汗漫',盖谶于此云。"③东坡故事将其中的戏剧成分进一步扩展开来,并在此基础上进行了大胆的重构。

苏小妹的故事与人物形象逐渐发展、广泛传播开来,无论是从才子佳人故事的角度改造她与秦少游的爱情故事,还是以颂扬聪明才女的角度来讲述她的美满人生,或是从娱乐的角度着重于她和东坡、佛印的戏谑,都无一例外地将东坡故事中原有情节内容逐渐转移,而在苏小妹故事的发展、普及的过程中,东坡的人物形象越来越面目模糊,渐渐淡去了个性特点呈现扁平化。

---

① 阮阅:《诗话总龟前集》,人民文学出版社1987年版,第181页。
② 释惠洪:《冷斋夜话》,见《宋元笔记小说大观》,上海古籍出版社2001年版,第2166页。
③ 何薳:《春渚纪闻》,中华书局1983年版,第91页。

第四节　另一种重构的方式：庸俗化、
　　　　狂欢化的东坡故事

在东坡故事中,东坡是亦庄亦谐的,能够出人意表地采用独特的方式来解决问题、处理问题,其风雅为人们所推崇。东坡幽默善谑的个性、悠游审美的心境,又为他平添人生乐趣。然而,更多元的解读也寄于东坡故事之中,好色好酒、长舌多嘴、贪慕虚名、流连富贵、沉溺于感官的享乐与欲望的满足,甚至是猥亵下流的取笑喧闹。不仅如此,对于东坡命运沉浮的原因也有多种解读方式,或是因为出生时辰而命中注定,或是因为诗谶,或是某种物谶,再或者是因为轮回的前生后世的行为所导致,等等。这些故事都是较为庸俗化的记取东坡的方式,然而,它们一方面反证了东坡故事流传与接受的广泛,另一方面也展现了对于东坡更多的理解方式与诠释方法。

一、亦庄亦谐与滑稽下流

东坡勤政爱民,直言敢谏,济困救危,兴建水利,是一位勤政的官员、难得的良吏。然而,在东坡故事中,幽默诙谐的个性、审美化的生活态度,往往超越了东坡的政绩,被深刻地融入故事之中,从而走向了游戏人间的诙谐人物形象。

东坡故事中不乏对于东坡诙谐的描述,东坡以令人意想不到的方法来处理各种政事,充满才情与机趣。例如:"先生临钱塘日,有陈诉负绫绢钱二万不偿者。公呼至询之,云:'某家以制扇为业,适父死,而又自今春已来,连雨天寒,所制不售,非故负之也。'公熟视久之,曰:'姑取汝所制扇来,吾当为汝发市也。'须臾扇至,公取白团夹绢二十扇,就判笔作书草圣及枯木竹石,顷刻而尽。即以付之曰:'出外速偿所负也。'其人抱扇泣谢而出。始踰府门,而好事者争以千钱取一扇,所持立尽,后至而不得者,至懊恨不胜而去。遂尽偿所逋,一郡称嗟,至有泣下者。"① 做扇者是市井中的小商贩,如果按照律法来处置,不能说没有秉公执

---

① 何薳:《春渚纪闻》,中华书局1983年版,第93页。

法。但东坡以自己的才情,画扇帮助了被告,以出人意料的近乎喜剧色彩的方式解决了这桩诉讼。所谓"亦庄",是指东坡在原则上维护了律法的精神,所谓"亦谐",是指东坡在具体实践的方法上,灵活多样,颇有些游戏的潇洒意味。

在笔记中,为了留住石塔长老,东坡聚众诵读所写之疏,将长老留在了维扬,而长老因为东坡的高妙之作亦名留士林。"东坡镇维扬,幕下皆奇豪。一日,石塔长老遣侍者投牒求解院,东坡问:'长老欲何往?'对曰:'归西湖旧庐。'即令出,别候指挥。东坡于是将僚佐,同至石塔,令击鼓,大众聚观。袖中出疏,使晁无咎读之,其词曰:'大士何曾出世,谁作金毛之声;众生各自开堂,何关石塔之事。去无作相,住亦随缘。戒公长老,开不二门,施无尽藏,念西湖之久别,亦是偶然;为东坡而少留,无不可者。一时稽首,重听白槌。渡口船回,依旧云山之色;秋来雨过,一新钟鼓之声。谨疏。'予谓戒公甚类杜子美黄四娘耳,东坡妙观逸想,托之以为此文,遂与百世俱传也。"①同样是这件事,清人则向往东坡以文托意、以妙语解难的亦庄亦谐的风度,"以文为戏,一时咸慕其风。"②

然而,在许多后世创作的文学作品中,东坡"亦庄"、"亦谐"式的诙谐被直转而下地重构为低俗的嘲讽与谩骂。《问答录》即是其一。东坡与佛印的关系相当密切,《东坡居士佛印禅师语录问答》中收入了东坡、佛印两人的嘲戏、行令、讥谑、题诗、赞语、联诗、问答等内容,故事还涉及了子由、秦少游、苏小妹、月素、王安石、欧阳永叔等人。《问答录》中,东坡、佛印机智善谑,"东坡旷世天才游戏人间,佛印亦滑稽人也,其往还事迹宋人笔记喜言之,必当时所乐闻,自是说参请者之绝好题目。"③然而,《问答录》中东坡与佛印的对话,附会之事颇多,多迎合听众的低级趣味,杂市井戏弄嘲骂之语,禅机少而恶谑多。《问答录》之后,在诸多的小说、戏曲故事中,将东坡与低俗的玩笑联系了起来。

东坡故事中,东坡与佛印的戏谑或被重构为格调较低的调笑,"东坡与佛印同饮,要行一令,即一处有四物,或洁净或龌龊,不许差韵。东坡曰:'美妓房、象牙床、玻黎盏、百合香。'佛印曰:'推猪水、癞疮腿、妇人阴、胡子嘴。'"④再如,"东坡与佛印同饮,偶一斑鸠在上啼叫,坡出对云:'斑鸠无礼,老僧头上叫姑

---

① 释惠洪:《冷斋夜话》,见《宋元笔记小说大观》,上海古籍出版社2001年版,第2203页。
② (清)褚人获辑撰,李梦生校点:《坚瓠集》,上海古籍出版社2012年版,第500页。
③ 张政烺:《〈问答录〉与"说参请"》,见《历史语言研究所集刊》第17册,中华书局1987年版。
④ 《山中一夕话》,明清善本小说丛刊初编第六辑谐游篇,天一出版社1985年版,卷之一。

姑。'佛印答曰：'白虱有情，小姐胸前叮奶奶。'"①

在戏剧舞台上，大量使用科诨。科诨是戏曲中喜剧性的穿插，能使悲戏欢作，欢戏闹作，活跃舞台气氛，调节观众心理，因而被李渔称为看戏人之"参汤"。利用与宗教清规戒律相悖的内容来打诨，在宗教题材戏曲中较为普遍，或粗俗、或雅致，具有较强的喜剧效果，有效地调节了舞台气氛。在东坡与佛印参禅等宗教意味较为深厚的戏曲中，同样采用了打诨的表演方式。利用与宗教清规戒律相悖的言语、行动来打诨，大多粗俗鄙陋，为了营造喜剧效果、调节了舞台气氛、取悦观众，且许多都是低俗的笑料。

《金莲记》中，佛印描述东坡"富贵迷心，风骚成性"，在三人等船泛舟江上的时候，还要行一个行"忙不忙"的令：

（末）：我有十筐蚕，全无一叶桑。春已相将半，问君忙不忙？

（小生）：我有百亩田，及全无一寸秧。夏已相将半，问君忙不忙？

（副净）：和尚养婆娘，相携正上床。丈夫门外叫，问君忙不忙？

（小生）：禅师虽属嘲人亦是自招供状。

明代笔记小说中，就记载了这个"忙令"："东坡、佛印、黄鲁直三人饮酒，至数杯，佛印去小遗，坡曰：'那去？'印曰：'忙片诗即至。'及来坐行一忙令，坡曰：'我有百亩田，全无一叶秧。夏已相将半，问君忙不忙。'黄鲁直曰：'我有百筐蚕，全无一叶桑，春已相将半，问君忙不忙。'佛印曰：'和尚养婆娘，相率正上床，夫主门外立，问君忙不忙。'"②而《眉山秀》、《东坡诗话》中也都有此情节。

养蚕、插秧以及和尚偷情都是市井民众熟悉的事物与调笑内容。类似的情节在东坡剧中并不少见，如《金莲记》中琴操与佛印斗嘴的情节，佛印曰："碧纱帐里睡佳人，烟笼芍药。"琴操曰："青草池中洗和尚，水浸葫芦"。琴操曰："斑鸠无理，老僧头上叫姑姑。"佛印曰："白虫有情，在姐胸前喝奶奶。"这段对话在《山中一夕话》曾经出现过③，《东坡诗话》中换作朝云与佛印的对话，而《坚瓠集》中

---

① 《山中一夕话》，明清善本小说丛刊初编第六辑谐游篇，天一出版社1985年版，卷之一。
② 《山中一夕话》，明清善本小说丛刊初编第六辑谐游篇，天一出版社1985年版，卷之一。
③ 《山中一夕话》，明清善本小说丛刊初编第六辑谐游篇，天一出版社1985年版，卷之一。

则是换作佛印与琴操的对话,"苏东坡与僧佛印、妓琴操每相往来,饮酒赓和。一日,佛印往苏家,见琴操卧于纱橱,因戏曰:'碧纱帐里睡佳人,烟笼芍药。'琴操即对曰:'青草池边洗和尚,水浸葫芦。'佛印大笑曰:'和尚得对娘子,实出望外。'"①

此外,《眉山秀》中除了采用"忙不忙"令以及佛印与琴操、月素相互斗嘴的情节,还增加了船上的唱曲:"二八佳人寺里去烧香,山僧看见圈留进房,浑身赤膊拖来上床,姐道郎呀,你好似老和尚领子小和尚,上头光对子下头光。"②《东坡诗话》中则又行了一个"急"字令,

> 东坡曰:急急急,穿靴水上立,走马到安邑;走马却回来,靴尖犹未湿。
> 山谷曰:急急急,连箭射粉墙,走马到南场,走马却回来,箭头未点墙。
> 佛印曰:急急急,娘子放个屁,走马到西市,走马却回来,屁门犹未闭。③

亦庄亦谐的东坡故事,在市井中的重构过程中,夹杂了许多低俗甚至猥琐的内容,而故事中东坡的幽默善谑,"东坡公诗天才宏放,宜与日月争光。凡古人所不到处,发明殆尽,万斛泉源,未为过也。然颇恨似方朔极谏,时杂滑稽,故罕逢蕴藉",④一定程度上被改造为单纯的滑稽逗乐、戏耍。不论是和尚偷情,还是娘子放屁,都形成了另一种理解东坡的方式,甚至将东坡完全狂欢化、娱乐化,仅供玩笑,体现出市井民众对文人的洞察与讽刺,以及作者对于市井价值观念与伦理道德的认同,是以市井之镜照出的东坡影像。

二、坡仙——宿命的必然

宿命与命定,是市井中解释东坡一生荣辱的常见方式之一,宿命之说,相信所有的遭遇都是命中注定,人力无法与之抗衡,而命运也会以某种隐秘的方式提

---

① (清)褚人获辑撰,李梦生校点:《坚瓠集》,上海古籍出版社2012年版,第158页。
② 李玉:《眉山秀》,见《古本戏曲丛刊》三集第五函,文学古籍刊行社1957年版,下11页。
③ (清)无名氏编撰,林辰校点:《东坡诗话》,中国古代珍稀本小说第一册,春风文艺出版社1996年版,第300页。
④ (宋)何汶撰,常振国、绛云点校:《竹庄诗话》,中华书局1984年版,第11页。

示当事人。在东坡故事中,宿命的观点主要解释了两个问题,第一,为什么东坡为有不可思议的卓越才华。第二,为什么一个拥有超凡才华的人却一生坎坷。

首先,东坡之所以会拥有卓越的才华,有的东坡故事解读为:是因为东坡本就是天上的奎宿,掌管着人间的科举与士人们的成败。"徽宗初,建宝箓宫,设醮,车驾尝临幸。讫事之夕,道士以章疏俯伏奏之,逾时不起,其徒与旁观者,皆怪而不敢近。又久之,方起。上宣问其故,对曰:'臣章疏未上时,偶值奎宿星官入奏,故少候其退。'上曰:'奎宿何神?'对曰:'主文章之星,今乃本朝从臣苏轼为之。'上默然。"①姜鸿儒的《赤壁记》"监试"一折中,即以东坡为奎星。浙省举行乡试,但上帝君以及天官们还不清楚士子们的善恶,不知道该给多少定额。于是召东坡魂入殿,由他定下士子中额。东坡曰:"监试名场精神俊爽,要分别贤愚,驱遣腾骧,都将品行褒扬。"最终定了该中九名,奎星方退下。

有的东坡故事则认为东坡前世就是著名的文人、禅师,故而转世的东坡分外聪慧,影响最为广泛的说法,就是东坡前世是五戒禅师,因为破了色戒而转世为东坡,聪颖过人,幼时读书便过目成诵。

其次,东坡之所以一生命运坎坷,屡遭诽谤,有的东坡故事的解释是因为其先天命宫所致,"则知太阴在磨蝎者,主得谤誉。东坡尝援退之《三星行》之句,以谓仆以磨蝎为命,殆与退之同病。然观东坡《谢生日启》云:'摄提正于孟陬,已光初度;月宿直于南斗,更借虚名'。则是东坡亦磨蝎为身宫,而乃云磨蝎为命,岂非身与命同宫乎?寻常算五星者,以为命宫灾福,不及身宫之重,东坡以身命同宫,故谤誉尤重于退之。职鋆坡而代言,犯鲸波而远谪,退之之荣悴,未至如是也。"②并将韩愈与东坡的命宫作比较,结论是东坡比韩愈更易遭谤。

有的东坡故事解释东坡的人生之所以变得不顺利,是因为违背了命运的安排,走上了仕途。"泰州天庆观布衣徐三翁,不知所从来,日扫观中地,非众道士残食不食,时言人灾福,必应。予兄子瞻自黄州起知登州,见而问之,曰:'君无作官即善。'子瞻信之而不能用,其后果有岭南、海南之行。"③禀赋异常之人往往能洞破天机,而东坡的荣辱祸福也早在徐三翁的预料之中。

有的东坡故事认为东坡缘在东南,个人的意愿终究无法违背命运的安排,难

---

① (宋)曾敏行著,朱杰人标校:《独醒杂志》,上海古籍出版社1986年版,第9页。
② 葛立方:《韵语阳秋》,见《历代诗话》,中华书局1981年版,第622页。
③ (宋)苏辙著,俞宗宪点校:《龙川略志》,中华书局1982年版,第64页。

以北归。"东坡平生宦游,多在淮、浙间。其始通守余杭,后又为守,杭人乐其政,而公乐其湖山。尝过寿星院,恍然记若前身游历者。其于是邦,每有朱仲卿桐乡之念。谪居于黄凡五年,移汝。既去黄,夜行武昌山上回望东坡,闻黄州鼓角,凄然泣下,赋诗云:'黄州鼓角亦多情,送我南来不辞远。'寻上章乞居常州,其后谢表有'买田阳羡,誓毕此生'之语。在禁林,与胡完夫、蒋颖叔酬唱,皆以卜居阳羡为言。晚自儋北归,爱龙舒风土,欲居焉,乃令郡之隐士李惟熙买田以老。已而得子由书,言:'桑榆末景,忍复离别!'遂欲北还颖昌。作书与惟熙云:'然某缘在东南,终当会合,愿君志之,未易尽言也。'至仪真,乃闻忌之者犹欲攻击,遂不敢兄弟同居,竟居毗陵以薨。'缘在东南'之语,乃尔明验。古之伟人,自能前知,所谓有开必先者,不假数术也。"①故事认为东坡缘在东南之语,不是数术,而是天才人物能够通过自己的领悟体会得到造化的安排,而这种直觉往往会被应验。

最后,在东坡故事中,东坡也会以各种方式的占卜,来确定未知命运的归宿与方向。"东坡在海外,语其子过曰:'我决不为海外人,近日颇觉有还中州气象。'乃涤砚焚香,写平生所作八赋,当不脱误一字以卜之。写毕,大喜曰:'吾归无疑矣!'后数日,廉州之命至。八赋墨迹,初归梁师成,后入禁中。煇在建康,于老尼处得东坡元祐间绫帕子,上所书薄命佳人诗,末两句全用草圣,笔势尤超逸。"②已经安排好的宿命给了东坡很多隐蔽的提示,而这些提示往往要等到应验之后,才更让人笃信。

第一,诗谶。东坡诗中有很多诗句,在东坡故事中最后被证明暗示出东坡后来的遭遇。"东坡北归至岭下,偶肩舆折杠,求竹于龙光寺。僧惠两大竿,且延东坡饭。时寺无主僧,州郡方令往南华招请,未至。公遂留诗以寄之,诗云:'斫得龙光竹两竿,持归岭北万人看。竹中一滴曹溪水,涨起江西十八滩。'谓赣石也。东坡至赣,留数日,将发舟,一夕江水大涨,赣石无一见,越日而至庐陵。舟中见谢民师,因谓曰:'舟行江涨,遂不知有赣石,此吾龙光诗谶也。'民师问其故,东坡因举以诗之本末。"③《诗话总龟》亦载其事④。

被贬黄州之后,东坡还会再贬南方亦有谶语。在东坡故事中,东坡醉写之诗

---

① (宋)费衮撰,金圆校点:《梁溪漫志》,上海古籍出版社1985年版,第38页。
② (宋)周煇撰,刘永辉校注:《清波杂志校注》,中华书局1994年版,第59页。
③ (宋)曾敏行著,朱杰人标校:《独醒杂志》,上海古籍出版社1986年版,第20页。
④ 阮阅:《诗话总龟前集》,人民文学出版社1987年版,第285页。

句有"南游"字眼,一语成谶,"东坡谪黄州,元丰五年,因诞日置酒赤壁高峰,与客饮,有进士李委怀笛以进,因献新曲曰《鹤南飞》,仍求诗。坡醉,信笔赠诗,有'山头孤鹤向南飞,载我南游到九疑'之句。盖南迁之兆,已见于此,七年远谪,岂偶然哉?"①命中注定的无可更改显示了对于宿命的无奈与叹息,并为东坡被贬做了看似合理的注解。

故事中东坡被贬海岛、入海,早有诗谶。或是他人赠东坡的诗句中有海、舟之类的字句,"东坡以侍读为礼部尚书,时正得志之秋,而陈无己寄其诗,乃云:'经国向来须老手,有怀何必到壶头。遥知丹地开黄卷,解记清波没白鸥。'是劝其早休也。洎坡知定州,时事变矣,又为诗劝之曰:'功名不朽聊通袖,海道无违具一舟。'坡未能用其语,而已有南迁绝海之祸矣。所谓'海道无违具一舟'者,盖用坡所作《八声甘州》'约他年东还海道,愿谢公雅志莫相违'之意以动公,而不知二句皆成谶也。"②或是东坡自己的诗中,就有入海之谶语,"东坡游金山寺诗云:我家江水初发源,宦游直送江入海。《松醪赋》亦云,遂从此而入海,渺翻天之云涛,人以坡此语为晚年南迁之谶。"③此类说法无疑都是从东坡死后看生前的寻章摘句之法,甚至关于东坡之死,后人也会从他的诗句找到谶语。"东坡有《送戴蒙赴成都玉局观》诗云:'莫欺老病未归身,玉局他年第几人。'又有《过岭》一篇云:'剑南西望七千里,乘兴真为玉局游。'后卒于是观。"④虽难免有牵强之处,将单纯的文字与人的生死命运联系在一起,但也正因为如此使得东坡故事更具有戏剧性,易于被市井接受、传播。

在故事中,东坡不仅会在自己的文字之中不经意间留下谶语,也会在赠送他人的诗句中暗示出他人的命运,不仅自谶,也谶杀他人。"坡又尝赠潘谷诗云:一朝入海寻李白,空看人间画墨仙。潘后数年果因醉赴于井中跌坐而死,人皆异之,坡固不独自谶,且又谶杀潘谷耶。"⑤东坡不仅自谶坎坷的命运,还使他人因其谶语而死。

有文人指出诗谶不足取信,如《诗话总龟》引《苕溪渔隐》认为东坡词中所用

---

① (宋)方勺撰,许沛藻、杨立扬点校:《泊宅编》,中华书局1983年版,第32页。
② 葛立方:《韵语阳秋》,见《历代诗话》,中华书局1981年版,第573页。
③ 陈善:《扪虱新话》,上海书店1990年版,卷九。
④ 阮阅:《诗话总龟前集》,人民文学出版社1987年版,第337页。
⑤ 陈善:《扪虱新话》,上海书店1990年版,卷九。

谢安、羊昙之事,却并未如其二者之命运,"东坡别参寥长短句云:'有情风万里卷潮来,无情送潮归。问钱塘江上、西兴浦口,几度斜晖!不用思量今古,俯仰昔人非。谁似东坡老,白首忘机。记取西湖西畔,正暮山好处,空翠烟霏,算诗人相得,如我与君稀。约他年东还海道,愿谢公雅志莫相违。西州路,不应回首,为我沾衣。'《晋书》:'谢安虽受朝寄,然东山之志始末不渝,每形于言色。及镇新城,尽室而行。造泛海之装,欲须经略粗定,自海道还东。雅志未就,遂遇疾笃。'还都寻薨。羊昙'为安所爱重。安薨后,辍乐弥年,行不由西州路。尝因大醉,不觉至州门,左右曰:此西州门。昙悲感,以马策扣扉,诵曹子建诗曰:生存华屋处,零落归山丘。因恸哭而去。'东坡用此故事,若世俗之论,必以为谶矣。然其词石刻后东坡自题云:'元祐六年三月六日。'余以《东坡先生年谱》之考,元祐四年知杭州,六年召为翰林学士承旨,则长短句盖此时作也。自后复守颍,徙扬,入长礼曹,出帅定武,至绍圣元年,方南迁岭表。建中靖国元年北归至常,乃薨,凡十一载,则世俗成谶之论,安可信耶。"①有理有据地以东坡的生平事迹与其作诗时间一起考察,用事实来批驳关于东坡诗谶的说法,更富有理性,也更具有说服力。

诗谶多是市井中的玄妙之论,论诗者则言东坡作诗并没有谶语的顾忌,诗谶亦是无稽之谈。"夫气之夺人,百种禁忌,诗亦如之。富贵中不得言贫贱事,少壮中不得言衰老事,康强中不得言疾病死亡事,脱或犯之,人谓之诗谶,谓之无气,是大不然。诗者,妙观逸想之所寓也,岂可限以绳墨哉,……坡在儋耳,作诗曰:'平生万事足,所欠惟一死。'岂可与世俗论哉!予尝与客论至此,而客不然予论。予作诗自志其略,曰:'东坡醉墨浩琳琅,千首空余万丈光。雪里芭蕉失寒暑,眼中骐骥略玄黄'云云。"②《诗话总龟》亦载此论,文字稍异,且赞东坡之不畏诗谶,不同俗流。"夫富贵中不得言贫贱事,少壮中不得言衰老,康强不得言疾病死亡,或犯之,谓之诗谶。是大不然。诗者妙观逸想,岂限绳墨哉!东坡诗曰:'平生万事足,所欠惟一死。'岂可与俗论!"③推崇东坡诗句不与现实得失升沉紧密相联,是真正深味于诗意的文人。

第二,梦谶。东坡故事中,东坡常将自己的梦境记载下来,而后则会发现某些梦境预示的信息。例如东坡在黄州的梦境中,梦到了参寥子的诗句,描述的正

---

① 阮阅:《诗话总龟后集》,人民文学出版社 1987 年版,第 215 页。
② 释惠洪:《冷斋夜话》,见《宋元笔记小说大观》,上海古籍出版社 2001 年版,第 2189 页。
③ 阮阅:《诗话总龟前集》,人民文学出版社 1987 年版,第 108 页。

是七年后,他与参寥在杭州相聚的情形。"仆在黄州,参寥自武陵来访,馆之东坡,一日梦参寥诵作新诗,觉而记两句云:'寒食清明都过了,石泉槐火一时新。'后七年,出守钱塘,而参寥始卜居湖上智果院。院有泉出石缝间,其冷宜作茶。寒食之明日,仆与客泛舟自孤山来谒参寥,汲泉钻火,烹黄糵茶,忽悟所梦诗兆于七年之前,众客惊叹,知传记所载盖不妄也。"①故事中,当东坡刚刚于梦中与仲殊谈论琴理,仲殊便来见东坡,颇为巧合,东坡也认为其中有着某种神秘的联系,甚为惊叹。"仆泊船吴江,梦仲殊弹一琴十三弦,颇损,而有异声。余问云:'琴何为十三弦?'殊不答,但诵云:'度数形名不偶然,破琴今有十三弦。此生若见邢和璞,方信秦筝是响泉。'梦中了然谕其意,觉而识之。至晚到苏,殊当来见,即以示之。写至此,笔未绝,殊老叩船来见,惊叹不已,遂以赠之。"②

东坡故事中,也在有他人梦中预示东坡命运的情节。例如萧士京之妻梦到一位僧伽要护送东坡过海,而几天后,东坡被贬至儋州的消息传来,梦被现实证实。"萧士京大夫为广东转运使,其妻事僧伽甚谨。一夕,梦僧伽别去,其妻问:'欲何往?'曰:'后十二日苏子瞻当渡海,我送过之。'惊起,语其夫。后十二日,子瞻果有儋州之命。萧亲语于余。"③《东坡志林》则以为是方子容之妻所梦④,但故事的情节非常类似。

第三,物品名称的音谶。最为典型的是东坡所主持修建的西湖苏堤,因为堤与低同音,故而在流传的东坡故事中认为这预提示着东坡被贬。"苏子瞻责黄州,居州之东坡,作雪堂,自号'东坡居士',后人遂目子瞻为东坡,其地今属佛庙。子瞻元祐中知杭州,筑大堤西湖上,人呼为苏公堤,属吏刻石榜名。世俗以富贵相高,以堤音低,颇为语忌。未几,子瞻迁责。"⑤

东坡故事中,以宿命的方式来解释东坡的生平,虽然难免牵强,但更易于得到市井的接受和认可,从而具有顽强的生命力,在东坡故事中反复出现并一再地重演。

---

① 阮阅:《诗话总龟前集》,人民文学出版社1987年版,第345页。
② 阮阅:《诗话总龟前集》,人民文学出版社1987年版,第345页。
③ (宋)王巩撰,戴建国、陈雷整理:《随手杂录》,见《全宋笔记》第二编第六册,大象出版社2006年版,第56页。
④ 华东师范大学古籍研究所点校注释:《东坡志林》,华东师范大学出版社1983年版,第61页。
⑤ (宋)朱彧撰,李伟国点校,《萍州可谈》,中华书局2007年版,第126页。

第四章　想象东坡的方式

东坡的丰富与多元,提供了后世多种解读、想像东坡的可能性。时至今日,学者们依然会对东坡及其作为符号所蕴含的文化意义饶有兴致地加以探讨,"作为中国传统文化的化身,苏轼总是扮演一个受到国家冤屈却保持了对国家的忠诚、同时又擅长把政治痛苦('忧患意识')转换为文化欢娱的多重角色。但他实际上不过是一个政治官僚和封建文人的完美的混合体。他的魅力在于在每一个角色上都得体与适度:作为高层文官,他忠于国家(皇帝)却不失潇洒,而作为封建文人,他放达江湖却不失体统。他罕见地兼具了中国文人'理想人格'的各个主要侧面。这是一个由盛世开始走向败落的种族提供出的生命策略样本,它照亮了文人(文官)处理个人仕途危机的前景。"①充满现代意识的批判,也正是东坡在整个封建社会倾覆之后的历史语境下出现的多种解读方式之一。从苏轼到东坡,从历史真实到文化想象,从金堂玉马到勾栏瓦肆,从花酒诗人到鄙俗市侩,都是东坡经历几千年的风尘岁月而依旧生机盎然的表征。

第一节　接受与重构之间——苏轼与东坡

经过乌台诗案,作为中国文化史上最著名的文人之一的苏轼,在他人生中最深重的灾难中发现了新的起点。死里逃生的苏轼通过困厄中切身的省察与体悟,完成了自身人格、精神的确立,使他的内在自我真正从混沌走向清朗,从疑惑犹豫走向坚定自信,从痛苦忧闷走向旷达自适。也正是从他自号东坡开始,才有

---

① 朱大可:《守望者的文化月历》,花城出版社 2005 年版,第 21 页。

了后世家喻户晓、妇孺皆知的东坡先生和东坡故事。正如周必大所评论的那样："东坡立名。"①黄州时期形成的以"东坡"为标志的独立人格精神随着宦海沉浮、悲欢离合的个人经历不断地走向圆熟，而以东坡为主人公的东坡故事也由此受到了高度的关注、广泛传播。苏轼向苏东坡的转变，是人生的重大转折，是文学艺术创作的高峰，更是人格魅力形成的重要标志。从苏轼到东坡，从历史人物到被历代被熟知的蕴含着丰富文化信息的东坡，也正是真实与重构的过程。

第一，从苏轼到东坡，是政治身份的转变，由政治新锐转变为一个"不得签署公事"的罪臣。一举成名的青年东坡"暴得大名"、名噪京师，"苏文生，喝菜羹；苏文熟，吃羊肉"，但是乌台诗案之后，苏轼则是经历了政治倾轧下的生死边界最终躬耕于田野的罪臣东坡，也是从此时起，东坡开始了他的贬谪生涯，也开始了充满戏剧性的升沉不定的仕宦生涯。

第二，从苏轼到东坡，是苏轼人生经历的转变，由读书人转变为"识字耕田夫"。苏轼自幼就与诗书相伴，无论家庭还是学校教育，都力图将他培养成一个优秀的士大夫，而东坡则是耕种于一片荒地上的不熟农事的农夫，不时地得到当地农夫们的指点与帮助，使农作物的收成好一些。

第三，从苏轼到东坡，是社会交往的转变。苏轼所结交的大多是文人士大夫，而东坡所结交的是更广大范围中的人，既有农夫、小贩，又有僧人、道士，既有山林老叟，又有海岛老妪，从而将东坡的视野在实践的层面打开，一定程度上，从士大夫视野的局限中将自身释放了出来，带入更广大、真实的世界。

第四，从苏轼到东坡，是人生态度的转变。苏轼是勇往直前的，"致君尧舜，此事何难"；而东坡则是蕴藉的，有了更多人生的沉淀，也增加了人生的维度，随缘适任，"小舟从此逝，江海寄余生"。以精神的自由来抵抗种种规训与惩罚，以日常生活的愉悦来体味生命的自由与美。

第五，从苏轼到东坡，是文字的转变。真正令苏轼能够超越他人的，是东坡贬居黄州、惠州、儋州时期，所写下的诗、词、文。早期的苏轼文字，虽然有着能"令人汗出"的酣畅淋漓，却不足以成就如此卓著的文学功业。正是东坡的胸襟、气度，对人生苦难深刻的体验与极其细致的洞察，通过普通平淡的文字，表达出高妙无尽的意味。

---

① 周必大：《二老堂诗话》，见《历代诗话》，中华书局1981年版，第656页。

当苏轼真正转变为东坡,其人物形象除了诸多史传的记载之外,东坡在众多文学作品中鲜明地呈现出了对自身形象的抒写。这无疑也是重构东坡的起点,后世文人们通过东坡的文字所表达出来的信息确立了他的形象、心灵、人格。

首先,东坡诗词中呈现出的官吏形象。"我欲走南涧,春禽始嘤呦。鞅掌久不决,尔来已徂秋。桥山日月迫,府县烦差抽。王事谁敢愬,民劳吏宜羞。中间罹旱暵,欲学唤雨鸠。"①诗中塑造的是为民劳而羞,愿学鸠鸟鸣叫唤雨除旱的官吏形象。"明年劳苦应更甚,我当畚锸先黥髡。……高城如铁洪口快,谈笑却扫看崩奔。农夫掉臂免狼顾,秋谷布野如云屯。还须更置软脚酒,为君击鼓行金樽。"②呈现的是决心身先士卒、修筑河防、消灾解厄、盼望五谷丰登、百姓安康的地方父母官形象。

其次,文人形象。"我生天地间,一蚁寄大磨。区区欲右行,不救风轮左。虽云走仁义,未免违寒饿,剑米有危炊,针毡无稳坐"③、"夜饮东坡醒复醉,归来仿佛三更。家童鼻息已雷鸣。敲门都不应,倚杖听江声。"④的诗意、词意中,既有命如蝼蚁、坐如针毡的痛苦,也有夜饮沉醉、倚杖听涛、寄生江海的解脱,"眼看时事力难任,贪恋君恩退未能。迟钝终须投劾去,使君何日换聋丞"⑤、"嗟予与子久离群,耳冷心灰百不闻。若对青山谈世事,当须举白便浮君"⑥、"未成小隐聊中隐,可得长闲胜暂闲。我本无家更安往,故乡无此好湖山"⑦、"居官不任事,萧散羡长卿。胡不归去来,滞留愧渊明,"⑧呈现出的既是进不能合、退不能容的士大夫,又是一个耳冷心灰、愧对渊明的遁世知识分子,还是一个无所追求、来去听便、随遇而安的读书人。

再次,田野农夫形象。"种稻清明前,乐事我能数。毛空暗春泽,针水闻好语。分秧及初夏,渐喜风叶举。月明看露上,一一珠垂缕。秋来霜穗重,颠倒相撑拄。但闻畦陇间,蚱蜢如风雨。新春便入甑,玉粒照筐筥"⑨,与其说诗中呈现

---

① 苏轼:《苏轼诗集》,中华书局1982年版,第180页。
② 苏轼:《苏轼诗集》,中华书局1982年版,第775页。
③ 苏轼:《苏轼诗集》,中华书局1982年版,第1053页。
④ 邹同庆、王宗堂:《苏轼词编年校注》,中华书局2007年版,第467页。
⑤ 苏轼:《苏轼诗集》,中华书局1982年版,第314页。
⑥ 苏轼:《苏轼诗集》,中华书局1982年版,第407页。
⑦ 苏轼:《苏轼诗集》,中华书局1982年版,第341页。
⑧ 苏轼:《苏轼诗集》,中华书局1982年版,第389页。
⑨ 苏轼:《苏轼诗集》,中华书局1982年版,第1081页。

的是独善其身的隐者,不如说,是一个等待着庄稼收获的农夫,既是一位斩荆披棘、拾瓦除砾的垦荒老农,又是一位种稻、插秧、浇水、治虫、收割等农活样样都干得津津有味的田家。相比陶渊明,更具有农夫的情感而少隐士意趣。

最后,老翁形象,"寂寂东坡一病翁,白须萧散满霜风","父老争看乌角巾,应缘曾现宰官身。溪边古路三叉口,独立斜阳数过人","北船不到米如珠,醉饱萧条半月无。明日东家当祭灶,只鸡斗酒定膰吾。"①衰病中,尽管白须萧散,却满面酒红。闲散中,尽管独立斜阳,但因为曾为宰官,闲散之中依然关怀民瘼。贫困中,尽管醉饱萧条,食米如珠,却仍然有乞食东家、鸡酒膰吾的意趣,通脱放达。这就是东坡所述的老翁,虽衰老病颓,却依然襟怀超迈。

东坡是坦荡的。在东坡诗词中,多用第一人称直抒胸臆的手法,将主观世界充分地袒露出来,其诗词深入了精神世界深处的各个侧面,大而言之,呈现对理想的追求、对民瘼的同情、对国家的忧虑、对朝政的批判;小而言之,呈现对身世的感喟、对亲友的怀恋,对山水的流连、对花草的情致,天地万物,嬉笑怒骂,无不鼓舞于笔端、形之于诗词,完全地展示于世间。

东坡是丰富的。就东坡个性的复杂多面、思想的交织融会、生活的坎坷多变、情趣的丰富多彩而言,在其所处时代是少有的,在历史上也是屈指可数的。东坡的自我形象,始终立体地、鲜活地呈现出来。刚直、耿介、旷达、豪放、悲观、颓唐……并存于一身,东坡绝不是某种思想或某种理念的标本,其具有独特的活力与生机,融入文化的血脉之中,代代相传。

此外,正如《苏东坡轶事汇编》的编者所言,各种轶事丰富了东坡的形象,"通过轶事所反映出来的苏东坡的形象是生动的,活泼的,丰满的。他的声容笑貌、神情状态,通过众多有关作家的记叙,栩栩如生,跃然纸上。轶事中不少关于苏东坡在谪居生活中的记载,扩大和丰富了苏东坡在自己诗文中所塑写的形象。"②虽然苏轼与东坡不过是名与号的差别,但对于中国大多数的百姓来说,东坡无疑是更为亲近、更为熟知的,也更为喜爱和接受的。这和苏轼自号东坡以后的人生经历有关,也与苏轼自号东坡以后的文字有关,正是丰富又统一的生动的东坡人格形象,才为东坡故事的发展注入了源头的动力,而一代代人们在重新理

---

① 苏轼:《苏轼诗集》,中华书局 1982 年版,第 2327 页。
② 颜中其:《苏东坡轶事汇编》,岳麓书社 1984 年版,第 435 页。

解、诠释、重构东坡时,就为东坡故事的发展提供了源源不断的活水,使其流淌至今,充满活力。

第二节 作为文化记忆的东坡故事

苏轼名著当时,蜚声后世。东坡先生和与他相关的脍炙人口的故事以其独特的魅力,跨过时空的局限,吸引着历代四方人士关注的目光,以各种方式广泛流传,同时也被各个阶层的人们作为文学想象的对象,代代相继,于今不绝。

笔记小说中的东坡故事。笔记小说是东坡故事的渊薮,更为其他文学体裁的艺术创造提供了大量的素材。除了少数专述东坡故事的,如《东坡志林》、《仇池笔记》、《东坡居士佛印禅师语录问答》、《东坡诗话》等,大多数的笔记小说都是杂散记载的,如《侯鲭录》、《冷斋夜话》、《调谑编》、《坚瓠集》等。其内容十分广泛,或张扬、赞颂东坡高才,如东坡赤壁作词、谈词论诗事;或倾慕其"政事忠亮,风节凛凛,过人远甚"[①],如罢万花会、整饬军备事;或是描绘了东坡日常生活的轶事趣闻,展现了即使在困厄之中依然能够在日常生活中发现生命的乐趣,如东坡戴笠、起舞金山事;或记东坡睿智幽默的雅谑之事,如东坡与刘贡父互嘲、携妓参禅事;或载东坡歌台舞榭、风流情深,如朝云、温超超事;或言东坡养生之道,与僧、道人士的交往等,举不胜举,不仅涉及东坡治仕为学、日常生活的各个方面,而且折射了人们对东坡的不同认识。有趣的是,东坡故事在流传的过程中,不断与传统的故事主题、情节模式相融合,例如与章台柳故事相结合的《苏长公章台柳》、与红莲故事相融合的《五戒禅师私红莲记》等,虽然与东坡本人的经历相去甚远,但无疑是东坡形象被充分艺术创造后的结果,大大丰富了东坡故事的文学想象空间。

此外,诗话、词话与历代诗文中也会留有东坡故事的印迹。不管是以作品系其生平事迹,或是讲述作品的创作故事,或是作品流传、接受过程中产生的故事,还是以典故的形式将东坡故事运用至诗文当中,都主要是文人群体在历史文化的传承中记载的东坡记忆。

---

① (宋)李廌撰,孔凡礼点校:《师友谈记》,中华书局2002年版,第42页。

第四章　想象东坡的方式

绘画作品中的东坡故事。在关于东坡的绘画作品中,赤壁图占据了相当大的比例,此外,还有西园雅集图、笠屐图、东坡画像等。赤壁图多依据东坡在前后《赤壁赋》中所描述的情节与景象,再现了画家对东坡赤壁之游的想象。或以长卷叙事,或以山水造境。虽然明代文徵明等人的赤壁图逐渐疏离了东坡的襟怀情致,呈现一派江南闲逸的格调,但赤壁图已经在绘画史上形成了一种传统,那就是与对东坡的敬慕怀念有关。西园雅集图描绘的是苏门十六位学者的聚会。虽然历史上是否真有其事尚待考证,但其中挥毫、作画、听琴、题石、讨论佛理的才彦毕集、风雅怡然之境,足令后人向往:"'西园雅集'已成为美术史中一个摹本、仿本不绝、久盛不衰的题材。"① 笠屐图展现是东坡晚年被贬儋州时遇雨着农人笠屐的情境,东坡摇摇摆摆,农人们笑语盈盈,充满了悠然的天真之乐。此外,东坡的形象以及"东坡留带"等故事也会出现在画作之中。

戏剧中的东坡故事。据《古典戏曲存目丛考》,以东坡为主题的戏剧作品共有二十九种,现存十七种。在元代以正史确载的文人为题材的戏剧作品中,东坡故事的数量居首,且集中于东坡被贬黄州的情节。明清之际,不仅作品的数量增多,题材也更加广泛。东坡两游赤壁、转世悟道、与佛印交往、与王安石斗智、画竹赏夏、点化琴操、路遇春梦婆乃至苏小妹的故事等都被再现于剧作当中。与《苏子瞻风雪贬黄州》、《换扇巧逢春梦婆》这样的文人剧中展现出的凝重的家国责任与矛盾的文人心态不同,《花间四友东坡梦》、《红莲债》、《长公妹》等剧则着重于对文人诗酒风流生活的流连,对女性与情爱不受约束的自由想象,以大量的乡间俗语和夸张的插科打诨、戏谑调笑营造出了轻松活泼的民间娱乐效果。共同彰显了东坡作为文化记忆的广泛与多元,以及其深入、持久的魅力。

口传文学中的东坡故事。以口头的形式在民间广泛流传的东坡故事仍然是文化文本的重要内容,主要为民间传说、笑话等。东坡佛印、小妹属对等故事展现了东坡个人生活中的风趣,而东坡借地、画扇判案、东坡与白字先生、"坡仙头曲"酒、为鸭儿耙抱不平、救豆腐西施等,则以东坡与普通百姓的交往为主要情节,内容驳杂传奇、幽默生动,充满田野、市井的生活气息,体现了相对自由的思维方式与不羁的生气活力,同时也体现出民众对爱民清官的期盼与向往。东坡本人幽默善谑,故其笑话亦多。不仅有令文人们会心解颐的精彩一瞬,也有以日

---

① 王水照:《苏轼研究》,河北教育出版社1999年版,第6页。

常生活经验即可理解的风趣小事。

作为文化记忆的媒体的笔记小说、画作、戏剧、诗话、词话、诗文以及口传文学等,相互之间也会彼此影响,例如画作中的内容就会吸取戏剧中的情节,而戏剧也会借鉴笔记小说中的内容,在不同的时代共同实现了东坡记忆的经久不衰,富于生命力与活力。

人们不仅可以游赏与东坡相关的美景、品尝东坡所创制的美食、观赏与东坡相关的歌舞、吟诵东坡诗词、聆听关于东坡的风物故事,还可以从历代修建、重修三苏祠、东坡祠、东坡书院、塑东坡像等纪念东坡的物质景观以及其过程中的奠基、揭幕、拜谒等仪式中一再地记忆东坡。

首先,游览与东坡紧密相关的山水、建筑,是关于东坡的文化记忆中"仪式化"媒介的重要内容之一。各地以东坡为名的胜迹数不胜数,作为西湖十景之一的苏堤春晓,定县的苏泉、凌云山的东坡楼、海南的东坡书院等都蕴涵着丰富的文化内涵。以游览黄州东坡赤壁为例,东坡被贬黄州之后,曾两游赤壁写下了前后《赤壁赋》与《念奴娇·赤壁怀古》,融入了仕途人生中对待困厄的襟怀与态度,对生命与解脱的思考,反映了他的人格精神。后人在仪式化的游览中,获得的不仅是美景带来的愉悦,更是从相似的仕宦生涯出发,获得了一种切身的体验:庄严的精神洗礼、人格态度的叩问重构、对永恒认知的群体认同。

与东坡密切相关的各种风物文化也同样承载着东坡故事。其中,以东坡命名的饮食文化尤为著名。东坡肉是脍炙人口的佳肴美味,而关于东坡肉的来历虽有许多不同的说法,却都体现出对东坡的喜爱与崇敬。东坡饼、苏饼、东坡鱼等亦因与东坡的渊源而闻名于世。东坡壶,又称提苏,传说是东坡设计出的一种提梁式的紫砂壶,不仅形状美观独特,煮出的茶也更加香浓。此外,东海县虎山的廉石也是人们为了纪念东坡的清廉而立,而定县的秧歌戏据说也是东坡为了鼓励人们耕种而创作流传下来的。这些饮食、器物、歌舞等都留下了东坡人格精神不同方面的印迹,因东坡故事所赋予的多样文化品位与深厚意蕴而历经岁月的变迁传承了下来,至今仍然充满魅力。

其次,历代修建、重修、扩建各种纪念东坡的建筑、景点、塑东坡像等,其中奠基、揭幕、刻碑等仪式都是仪式媒体中不可缺少的记忆方式。仍以东坡赤壁为例,历史上赤壁曾四次被战火焚毁,又屡次重修。明代重修赤壁时,就新建了羡江楼、江月亭、问鹤亭、东白亭、酹江亭、共适轩、浮春亭、临江亭、万仞堂等楼阁,大都以东坡二赋中的字句命句。至今,东坡赤壁正门额书为"东坡赤壁"、门楼背面提有"赤壁之游乐乎"的字样,有二赋堂、挹爽楼、留仙阁、碑阁、酹江亭、坡仙亭、睡仙亭、喜雨亭、问鹤亭等与东坡相关的景观。其他地方的建筑,如陕西扶风的喜雨亭、山东诸城的超然台、河南郏县的三苏坟、海南海口市的苏公台、儋县的载酒堂、四川眉山县的三苏祠等,也大多经历了多次重修的过程。在修建、重修、扩建、塑像的过程、仪式中,不仅由文人们作诗写赋纪念东坡,也在当地的地域文化传递中加强了关于东坡的记忆。值得注意的是,关于东坡的文化记忆在不同时代、不同地域的内容、侧重不尽相同,各个时代、各个地方的人们用特有的角度与方式去理解东坡,呈现出多层次、多角度、丰富多彩的关于东坡的想象世界。

东坡以其渊博的知识、广阔的心胸、坎坷经历中的个人体悟与天才的创造力对自然山水、历史资源进行了超越性的、也是个人化"整理",被后世奉为典范。

首先,东坡本人的人格精神与旷达胸襟影响深远,不仅是集大成的宋代士人文化的典型代表,亦是中国文人倾慕敬仰的杰出对象,在某种程度上深入体现、丰富了中国的民族精神。"毫无疑问,苏轼的人生模式是体现我们民族文化性格的最典型之模式。"①

第一,为政以德,为善于世。不管是青年得志,还是老年贬谪海岛,东坡始终"道理贯心肝、忠义填骨髓",勤政爱民,忠谏直言,在政治权谋之中从未放弃过立身的道德节操。

第二,创造性地吸收儒、释、道各家思想,在各种境遇中以心灵的适意与空灵、宽广的襟怀、审美的眼光拓展出即使最普通平常的日常生活中无尽的意义与乐趣,呈现出一种新的对待自我、安顿心灵、抚慰情感的内心模式。

第三,深入到民族的精神之中。"当人们在生活中遇到生与死、痛苦与逍遥、失意与自得、充实与虚无等问题的纠缠时,都会与苏轼有相似的生命体验和感受,都能在读他的作品时引起共鸣。所以我们才会把一个民族的诗人当做这个民族心灵和精神的体现者来看待,因为在他们的作品里蕴含着一个民族对生活最深的体会和文化心理。"②因此,东坡不仅得到了后代文人们普遍的认同,更

---

① 王水照、朱刚:《苏轼评传》,南京大学出版社2004年版,第544页。
② 张毅:《苏轼与朱熹》,天津教育出版社2007年版,第182页。

得到了全民族跨越身份、地域、时代的普遍认同。

其次,后代对东坡的敬仰与认同是关于东坡的文化记忆能够不断延续的基础。东坡无疑是民族精神深入浅出的优秀诠释者,作为"文化偶像",不仅在文人群体影响深刻:"后世中国文化人的心灵世界里,无不有一个苏东坡在。"①不仅如此,东坡在民间也受到少见的广泛关注,不断地以各种形式被创作、重构,流播深远。

第一,故事中的东坡是令人敬仰的知音。在关于东坡的文化记忆中,文人们留下了大量的追慕东坡、以东坡为异代师友、知音的内容。随着历史的推移,人们在对东坡的怀念与崇敬中融入了每个时代的特征,甚至以借东坡酒杯,浇胸中块垒。例如,金元文人尤其赞赏东坡的文韬武略,至明清之际,一方面,刚正不阿"坡公气节"与品格则被不断地强调;另一方面,许多作品呈现出了江南水乡似的柔美安宁,闲逸自得,清雅悠然。

第二,故事中的东坡是落魄文人的典型代表。也许由于东坡高才与个人的困厄仕途形成了明显的反差,故而历代关于东坡的文化记忆中总是少不了将东坡作为落魄文人的内容。以东坡被贬或被贬途中发生的故事为题材的作品也占据了相当大的比例,例如现存的三部关于东坡的元代戏曲全部围绕着东坡贬黄州展开。潦倒沦落的东坡故事为市井阶层提供了某种典型化的文人场景,被寄予了民众对文人们的洞察与讽刺,故事中的东坡形象多贪利好色、追求荣华、迂腐庸俗、怨天尤人,形成了另一种以底层的理解方式出现的东坡记忆。

第三,故事中的东坡是疏狂放浪的深情才子。醉酒豪歌,不拘一格的东坡记忆有着可与李白媲美的疏狂,不仅"金莲送归"的情节出现在笔记小说、戏曲、绘画之中,而且"醉归图"②中醉酒骑驴的主人公是东坡还是李白至今说法不一。骨肉亲情、与妻妾的爱情以及与各阶层、各种职业友人的友情在关于东坡的文化记忆中尤为感人。东坡与弟弟子由的手足之情屡次出现在笔记小说之中,"夜雨对床"中两兄弟相约早退闲居,正显情之至笃。东坡与朝云的爱情故事,尤其是"一肚皮不合时宜"更是广为流传,而东坡调戏王安石的妻子、与众妓女嬉闹调笑、携妓参禅、诱破色戒等故事则多属后人虚构。此外,东坡与僧、道、文人、民

---

① 王水照、朱刚:《苏轼评传》,南京大学出版社 2004 年版,第 544 页。
② 海外藏历代中国名画编辑委员会:《海外藏历代中国名画》,湖南美术出版社 1998 年版,第五册,第 198 页。

众之间众多的交往故事往往风格多样,富于夸张的戏剧色彩。

第四,故事中的东坡是富有情趣的幽默大师。东坡乐观豁达,善于用反讽的方式取得喜剧的效果,用智慧的语言与行动勾通人际、增添乐趣、化解人生的悲苦与辛酸。在关于东坡的文化记忆中,从政治事件、文化现象、友人聚会、个人经历到一砚一竹一歌一饼,都成为东坡特有的幽默中不可缺少的素材。署名为东坡的《艾子杂说》就是一本笑话集,《调谑编》、《雅笑篇》等书收录的以及民间流传的东坡幽默故事使东坡成为了人们心目中的幽默大师。故事中,幽默是一种才华,一种力量,在困难中为人生减轻重负,以愉悦的方式表达心灵的适然与友谊的契合,在朋友、家人、歌妓、仆人那里,东坡总能妙语如珠,流露出天真机趣,尽显阔大的胸怀之中对所有人的尊重与善意。

从苏轼到东坡,从一个人的生命到一种文化传承的符号,相对于独立完整的苏轼本人而言,他身后的东坡和东坡故事是零碎而庞大的,由零散的碎片所形成的多元却又统一的东坡故事,使东坡形象成为各种矛盾的集合,后代文人、作者、市井观众们对这位文化伟人的各种性格、思想、情感进行了一次又一次地重新体会与重新诠释、选择与重构。时至今日,无论是新兴的影视作品、网络小说,还是东坡酒家,无不在彰显着东坡故事依然在以各种方式进行重构、再创造,东坡形象依然生机勃勃地活跃于当代的文化之中。

参考文献

[1](宋)苏轼撰,孔凡礼点校:《苏轼文集》,中华书局1986年版
[2](宋)苏轼著,(清)王文诰辑注,孔凡礼点校:《苏轼诗集》,中华书局1982年版
[3]邹同庆、王宗堂:《苏轼词编年校注》,中华书局2007年版
[4]四川大学中文系唐宋文学研究室编:《苏轼资料汇编》,中华书局1994年版
[5]曾枣庄、舒大刚主编:《三苏全书》,语文出版社2001年版
[6]颜中其:《苏东坡轶事汇编》,岳麓书社1984年版
[7]王文诰:《苏文忠公诗编注集成总案》,巴蜀书社1985年版
[8]孔凡礼:《三苏年谱》,北京古籍出版社2004年版
[9]王水照编:《宋人所撰三苏年谱汇刊》,上海古籍出版社1989年版
[10]华东师范大学古籍研究所点校注释:《东坡志林》,华东师范大学出版社1983年版
[11]华东师范大学古籍研究所点校注释:《仇池笔记》,华东师范大学出版社1983年版
[12](宋)苏辙撰,俞宗宪点校:《龙川略志》,中华书局1982年版
[13](宋)苏轼撰:《问答录》,载四库全书存目丛书子部第250册,齐鲁书社1995年版
[14](宋)赵令畤:《侯鲭录》,中华书局2002年版
[15](宋)方勺撰,许沛藻、杨立扬点校:《泊宅编》,中华书局1983年版
[16](宋)陈师道撰,李伟国校点:《后山谈丛》,上海古籍出版社1989年版
[17](宋)朱彧撰,李伟国校点:《萍州可谈》,上海古籍出版社1989年版
[18](宋)孔仲平:《孔氏谈苑》,见《宋元笔记小说大观》,上海古籍出版社2001年版
[19](宋)王巩:《甲申杂记》,见《宋元笔记小说大观》,上海古籍出版社2001年版
[20](宋)王巩:《随手杂录》,见《笔记小说大观》,江苏广陵古籍刻印社出版1984年版
[21](宋)李廌撰,孔凡礼点校:《师友谈记》,中华书局2002年版
[22](宋)王辟之撰,吕友仁点校:《渑水燕谈录》,中华书局1981年版
[23](宋)何薳撰,张明华点校:《春渚纪闻》,中华书局1983年版
[24](宋)曾敏行撰,朱杰人标校:《独醒杂志》,上海古籍出版社1986年版
[25](宋)叶梦得撰,侯忠义点校:《石林燕语》,中华书局1984年版
[26](宋)周辉撰,刘永翔校注:《清波杂志校注》,中华书局1994年版
[27](宋)陆游撰,李剑雄、刘德权点校:《老学庵笔记》,中华书局1979年版

[28]（宋）陆游撰，孔凡礼点校：《家世旧闻》，中华书局1993年版
[29]（宋）邵博撰，刘德权、李剑雄点校：《邵氏闻见后录》，中华书局1983年版
[30]（宋）费衮撰，金圆校点：《梁溪漫志》，上海古籍出版社1985年版
[31]（宋）彭乘撰，孔凡礼点校：《墨客挥犀》，中华书局2002年版
[32]（宋）岳珂撰，吴企明校点：《桯史》，中华书局1981年版
[33]（宋）周密著，张茂鹏点校：《齐东野语》，中华书局1983年版
[34]（宋）洪迈：《容斋随笔》，中州古籍出版社1993年版
[35]（宋）陈善：《扪虱新话》，上海书店影印1990年版
[36]（宋）葛立方：《韵语阳秋》，见《历代诗话》，中华书局1981年版
[37]（宋）黄彻：《䂬溪诗话》，见《历代诗话续编》，中华书局1983年版
[38]（宋）阮阅编：《诗话总龟》，人民文学出版社1997年版
[39]（宋）何汶撰，常振国、绛云点校：《竹庄诗话》，中华书局1984年版
[40]（宋）皇都风月主人编，周夷校补：《绿窗新话》，古典文学出版社1957年版
[41]（宋）周必大撰：《二老堂诗话》，见《历代诗话》，中华书局1981年版
[42]（宋）韦居安撰，丁福保辑：《梅磵诗话》，见《历代诗话续编》，中华书局1983年版
[43]（宋）邵浩编：《坡门酬唱》，清宣统三年（1911）贵池刘世珩影宋刻本，南开大学图书馆藏
[44]（元）费唐臣：《苏子瞻风雪贬黄州》，见《孤本元明杂剧》，中国戏剧出版社1957年版
[45]（明）胡文焕编：《群音类选》，中华书局1980年版
[46]（明）沈泰编：《盛明杂剧》，黄山书社1992年版
[47]（明）陈汝元：《金莲记》，载古本戏曲丛刊二集，商务印书馆1955年版
[48]（明）田汝成：《西湖游览志余》，浙江人民出版社1980年版
[49]（明）田汝成：《西湖游览志》，浙江人民出版社1980年版
[50]（明）熊龙峰刊刻：《熊龙峰刊行小说四种》，载《中国话本大系》，江苏古籍出版社1991年版
[51]（明）古吴墨浪子搜辑：《西湖佳话》，载《中国话本大系》，江苏古籍出版社1993年版
[52]（明）冯梦龙编，许政扬校注：《古今小说》，人民文学出版社1984年版
[53]（明）冯梦龙纂辑，钱伯城评点：《警世恒言》，上海古籍出版社1992年版
[54]（明）冯梦龙编著，顾学颉校注：《醒世恒言》，人民文学出版社1956年版
[55]（明）冯梦龙撰，张万钧主编：《古今谭概》，天津古籍出版社1995年版
[56]（明）梅鼎祚：《青泥莲花记》，见《四库全书存目丛书》第253册，齐鲁书社1995年版
[57]（明）冯梦龙纂辑：《情史》，浙江古籍出版社2011年版
[58]（宋）苏轼著，（明）徐长孺辑：《东坡禅喜集》，陈继儒、陆树声作序本，明神宗万历十八年（1590），南开大学图书馆藏
[59]（清）褚人获撰，李梦生校点：《坚瓠集》，上海古籍出版社2012年版
[60]（清）何文焕辑：《历代诗话》，中华书局1981年版
[61]（清）丁福保辑：《历代诗话续编》，中华书局1983年版

［62］（清）杨潮观著,胡士莹点校:《吟风阁杂剧》,上海古籍出版社1983年版

［63］（清）佚名著,林辰点校:《东坡诗话》,见《中国古代珍稀本小说》,春风文艺出版社1996年版

［64］《东坡居士佛印禅师语录问答》,明清善本小说丛刊初编谐谑篇第六辑,天一出版社1985年版

［65］花韵菴主人填词:《花间九奏》,见《清人杂剧初集》,长乐郑氏影印本1931年版

［66］徐征等编:《全元曲》,河北教育出版社1998年版

［67］隋树森编:《元曲选外编》,中华书局1959年版

［68］邹式金辑:《杂剧三集》,中国戏剧出版社影印武进董氏诵芬室刻本1958年版

［69］北京市民族古籍整理出版规划小组辑校:《清蒙古车王府藏子弟书》,国际文化出版公司1994年版

［70］（元）脱脱等撰:《宋史》,中华书局1977年版

［71］（明）宋濂等撰:《元史》,中华书局1983年版

［72］（清）张廷玉等撰:《明史》,中华书局1974年版

［73］（宋）李焘,（清）黄以周等辑补:《续资治通鉴长编》,上海古籍出版社1986年版

［74］（晋）郭象注,（唐）成玄英疏,曹础基等点校:《南华真经注疏》,中华书局1998年版

［75］（宋）苏辙著,曾枣庄、马德富校点:《栾城集》,上海古籍出版社1987年版

［76］（宋）苏过著,舒大刚等校注:《斜川集校注》,巴蜀书社1996年版

［77］（宋）陈师道撰:《后山居士文集》,上海古籍出版社1984年版

［78］（宋）孟元老撰,邓之诚注:《东京梦华录注》,中华书局1982年版

［79］（宋）吴自牧:《梦粱录》,浙江人民出版社1980年版

［80］（明）张岱:《西湖梦寻》,上海古籍出版社2001年版

［81］（明）《（万历）儋州志》,见《日本藏罕见中国地方志丛刊》,书目文献出版社1991年版

［82］朱易安、傅璇琮等主编:《全宋笔记》,大象出版社2006年版

［83］丁传靖:《宋人轶事汇编》,中华书局1981年版

［84］谭正璧:《三言两拍资料》,上海古籍出版社1980年版

［85］丁永淮:《东坡赤壁》,湖北人民出版社1981年版

［86］谢功肃:《东坡赤壁艺文志》,武昌正信印务馆排印1922年版

［87］丁永淮、吴闻章:《东坡赤壁诗词选》,湖北人民出版社1984年版

［88］傅惜华:《元代杂剧全目》,作家出版社1957年版

［89］傅惜华:《明代杂剧全目》,作家出版社1958年版

［90］傅惜华:《清代杂剧全目》,人民文学出版社1981年版

［91］宁稼雨:《中国文言小说总目提要》,齐鲁书社1996年版

［92］庄一拂:《古典戏曲存目汇考》,上海古籍出版社1982年版

［93］李修生:《古本戏曲剧目提要》,文化艺术出版社1997年版

［94］王水照、朱刚:《苏轼评传》,南京大学出版社2004年版

[95] 王水照:《苏轼研究》,河北教育出版社 1999 年版
[96] 曾枣庄:《苏轼评传》,四川人民出版社 1981 年版
[97] 曾枣庄:《苏轼研究史》,江苏教育出版社 2001 年版
[98] 林语堂:《苏东坡传》,陕西师范大学出版社 2006 年版
[99] 曾枣庄:《苏轼图传》,河北人民出版 2006 年版
[100] 刘尚荣:《苏轼著作版本论丛》,巴蜀书社 1988 年版
[101] 莫砺锋:《漫话东坡》,凤凰出版社 2008 年版
[102] 刘叶秋:《历代笔记概述》,北京出版社 2003 年版
[103] 胡士莹:《话本小说概论》,中华书局 1980 年版
[104] 吴光正:《中国古代小说的原型与母题》,社会科学文献出版社 2004 年版
[105] 马振方:《小说艺术论》,北京大学出版社 1999 年版
[106] 王霄冰:《文字、仪式与文化记忆》,民族出版社 2007 年版
[107] 余英时:《士与中国文化》,上海人民出版社 2003 年版
[108] 包弼德著,刘宁译:《斯文:唐宋思想的转型》,江苏人民出版社 2001 年版
[109] 张邦炜:《宋代政治文化史论》,人民出版社 2005 年版
[110] 徐大军:《元杂剧与小说关系研究》,河南人民出版社 2006 年版
[111] 幺书仪:《元人杂剧与元代社会》,北京大学出版社 1997 年版
[112] 高益荣:《元杂剧的文化精神阐释》,中国社会科学出版社 2005 年版
[113] 梁归智、周月亮:《大俗小雅——元代文化人心追踪》,河北大学出版社 2001 年版
[114] 夏咸淳:《情与理的碰撞——明代士林心史》,河北大学出版社 2001 年版
[115] 赵伯陶:《市井文化与市民心态》,湖北教育出版社 1996 年版
[116] 陈宝良:《明代社会生活史》,中国社会科学出版社 2004 年版
[117] 王尔敏:《明清时代庶民文化生活》,岳麓书社 2002 年版
[118] 约翰·费斯克:《理解大众文化》,中央编译出版社 2006 年版
[119] 刘康:《对话的喧声:巴赫汀文化理论述评》,麦田出版社 1995 年版
[120] 张岂之:《中国思想文化史》,高等教育出版社 2006 年版
[121] 葛兆光:《中国思想通史》,复旦大学出版社 2000 年版
[122] 葛兆光:《禅宗与中国文化》,上海人民出版社 1986 年版
[123] 侯杰、范丽珠:《世俗与神圣,中国民众宗教意识》,天津人民出版社 2001 年版
[124] 罗宗强:《明代后期士人心态研究》,南开大学出版社 2006 年版
[125] 王汉民:《道教神仙戏曲研究》,人民文学出版社 2007 年版
[126] 葛兆光:《道教与中国文化》,上海人民出版社 1987 年版
[127] 马克斯·韦伯,王容芬译:《儒教与道教》,商务印书馆 2002 年版

责任编辑:洪 琼

图书在版编目(CIP)数据

苏东坡故事流变研究/郭 茜 著. —北京:人民出版社,2018.11
ISBN 978-7-01-018307-7

Ⅰ.①苏… Ⅱ.①郭… Ⅲ.①苏东坡(1036—1101)-人物研究 Ⅳ.①K825.6

中国版本图书馆 CIP 数据核字(2017)第 238859 号

苏东坡故事流变研究

SUDONGPO GUSHI LIUBIAN YANJIU

郭 茜 著

人民出版社 出版发行
(100706 北京市东城区隆福寺街 99 号)

北京中科印刷有限公司印刷 新华书店经销

2018 年 11 月第 1 版 2018 年 11 月北京第 1 次印刷
开本:710 毫米×1000 毫米 1/16 印张:15.25
字数:270 千字

ISBN 978-7-01-018307-7 定价:59.00 元

邮购地址 100706 北京市东城区隆福寺街 99 号
人民东方图书销售中心 电话 (010)65250042 65289539

版权所有·侵权必究
凡购买本社图书,如有印制质量问题,我社负责调换。
服务电话:(010)65250042